本书是河南省 2021 年度高等教育教学改革省级重大研究项目“河南省大学生公共安全教育研究与实践”(2021SJGLX031)的成果之一。

大学生公共安全教育

主　编　刘济良　徐明成
副主编　杜　静　申梓刚　王　东

河南大学出版社
HENAN UNIVERSITY PRESS
·郑州·

内容简介

本书以总体国家安全观为统领，旨在贯彻党的二十大精神和习近平总书记总体国家安全观，深入落实党中央、国务院关于加强大中小学公共安全教育文件的相关精神，依照教育部《普通高等学校学生安全教育及管理暂行规定》《大中小学国家安全教育指导纲要》等法规纲要，结合当前公共安全形势不断变化的时代背景，探析大学生公共安全问题。本书具有鲜明的时代性、系统性、创新性、知识性、实用性，紧密围绕新时代公共安全教育面临的新形势进行内容的选择与编排，深入探讨了公共安全教育的价值意蕴与时代背景，论述了大学生公共安全教育的必要性与重要性，阐明了大学生公共安全教育的时代特征与基本内容，辩证分析了公共安全与个人安全、国家安全之间的联系与区别，并选取社会安全、公共网络安全、公共卫生安全、公共交通安全、公共意外伤害、校园安全、实验室安全、心理安全、性安全、财产安全、自然灾害、法制安全等十二个方面作为大学生公共安全教育的内容，探索其基本含义、重要意义、预防与应对措施等。同时，本书配有二维码、拓展阅读、典型案例等丰富的课程资源，具有较强的可读性与实用性，既能够作为提升大学生公共安全素养和公共安全防范技能的教材，又能够作为高等院校教育工作者以及从事大学生公共安全教育的相关工作人员的工具书。

图书在版编目(CIP)数据

大学生公共安全教育 / 刘济良，徐明成主编. --郑州：河南大学出版社，2024.1
ISBN 978-7-5649-5074-3

Ⅰ.①大… Ⅱ.①刘…②徐… Ⅲ.①大学生-公共安全-安全教育-高等学校-教材 Ⅳ.①G641

中国国家版本馆 CIP 数据核字(2024)第 011463 号

责任编辑 郑　鑫　屈琳玉
责任校对 林方丽
封面设计 郭　灿

出　版 河南大学出版社
地址：郑州市郑东新区商务外环中华大厦 2401 号　　邮编：450046
电话：0371-86059715(高等教育与职业教育分公司)　　网址：hupress.henu.edu.cn
0371-86059701(营销部)
排　版 郑州市今日文教印制有限公司
印　刷 广东虎彩云印刷有限公司
版　次 2024 年 1 月第 1 版　　**印　次** 2024 年 1 月第 1 次印刷
开　本 787 mm×1092 mm　1/16　　**印　张** 20.75
字　数 498 千字　　**定　价** 49.00 元

前言

安全是人类生存与发展的基本前提，公共安全作为安邦定国的重要基石，是社会和谐发展、国家繁荣富强的基础保障，更是每个人创造与享受美好生活的必要条件。党的十八大以来，中国特色社会主义进入新时代，中国社会的主要矛盾已经转化为人民日益增长的美好生活需要和不平衡不充分的发展之间的矛盾。党的二十大报告指出，当前，世界之变、时代之变、历史之变正以前所未有的方式展开……恃强凌弱、巧取豪夺、零和博弈等霸权霸道霸凌行径危害深重，和平赤字、发展赤字、安全赤字、治理赤字加重，人类社会面临前所未有的挑战。面对世界百年未有之大变局，公共安全成为各国在社会发展进程中不断关注的重要内容，公共安全形势也面临诸多风险与挑战。基于当前公共安全形势的复杂性与严峻性日益凸显这一现实背景，大学生群体作为社会群体的重要组成部分，更是当前国家发展壮大的重要建设力量和总体国家安全格局建设的重要推动力量，大学生公共安全教育是国家公共安全治理格局构建的必要内容。加强大学生公共安全教育，提升大学生预防与应对公共安全事件的能力，顺应了新时代国家安全格局建构的内在要求，有助于推进公共安全治理模式的时代转型，对于大学生自身的全面发展、对社会公共安全的维护、对社会主义和谐社会的构建都具有重要意义。

国家的希望在青年，民族的未来在青年。正如习近平总书记所说："青年兴则国家兴，中国发展要靠广大青年挺膺担当。"大学生作为实现社会主义现代化强国的中坚力量，必须具备较高的公共安全素养才能适应社会发展的时代需求，才能成为创造美好生活、维护国家安定与和谐、推进中华民族伟大复兴的高素质人才。因此，面向大学生开展公共安全教育显得尤为迫切，高校应主动担负起大学生公共安全教育的重任，将大学生公共安全教育作为高校教育教学工作的重要内容，探讨如何高质量建设具有中国特色的高等学校公共安全教育体系，进而推动国家公共安全环境的创设与维护。鉴于此，本书秉持着"厚植大学生公共安全情怀，培养大学生公共安全理性，涵养大学生公共安全精神，践行大学生公共安全行为，培养大学生的公共安全防御能力、公共安全管理能力、公共风险化解能力、公共安全救助能力"的教育理念，围绕"什么是大学生公共安全教育"以及"如何开展大学生公共安全教育"这两大问题开展探究，从生存层面、学校层面、发展层面和可持续层面构建出相对完整、系统的大学生公共安全教育内容体系。具体包括生存层面的公共安全教育如财产安全、公共意外伤害、性安全和心理安全；学校层面的公共安全教育如校园安全、实验室安全；发展层面的公共安全教育如社会安全、公共网络安全、公共交通安全；可持续层面的公共安全教育如自然灾害教育、公共卫生安全、法制安全教育，以此突显当前大学生公共安全教育内容的广度与深度，旨在帮助大学生系统掌握公共安全教育的时代内涵、价值意义和内容体系，了解预防与应对各类公共安全事件的基本方法与技能，涵养维护公共安全的自觉意识，引导大学生成长为具备公共价值关怀、公共安全意识、公共安全防范和维护能力，具有较高公共安全素养的新时代青年，成为新时代美好生活的创造者与守护者。本书具有以下几个特点：

一是明确的政治方向性。本书在编写的过程中，坚持以习近平新时代中国特色社会主义思想为指导，紧扣社会主义核心价值观，落实党中央、国务院关于学校公共安全教育工作的相关决策部署，坚持社会主义办学方向，贯彻立德树人这一根本任务，将公共安全教育的重要性、必要性、价值性与新时代我国发展的现实目标与未来奋斗方向紧密联系，始终坚持为人民服务、为中国共产党治国理政服务、为巩固和发展中国特色社会主义制度服务、为改革开放和社会主义现代化建设服务，彰显本书鲜明的政治性，努力探索出同我国社会主义制度属性及宗旨相契合的、彰显新时代中国特色的大学生公共安全教育新体系。

二是鲜明的时代性。本书立足国家安全格局建设的时代背景探究大学生公共安全教育，旨在全面提高大学生的公共安全意识、公共安全防范能力、公共安全素养，由此为培养社会主义的合格建设者与可靠接班人奠定坚实基础，引领大学生自觉成为助力国家安全全民防线建立的中坚力量，自觉推动国家公共安全环境的创设与维护。

三是内容编排的科学性。本书在全面分析、借鉴已有公共安全教育相关文献的基础上，选择社会安全、公共网络安全、公共卫生安全、公共交通安全、公共意外伤害、校园安全、实验室安全、心理安全、性安全、财产安全、自然灾害、法制安全等十二个方面作为大学生公共安全教育的基本内容，遵循由整体到局部的逻辑顺序，进行各章节内容的编排。一方面，对大学生公共安全教育的意蕴、时代背景、现实意义、时代特征与主要内容进行阐述。另一方面，依次对十二个方面安全问题的基本含义、重要意义、构成内容、预防与应对的具体措施等展开系统化的探讨。需要特别指出的是，本书将所选取的十二个方面的公共安全教育内容横向划定为生存层面、学校层面、发展层面、可持续层面，并针对十二个层面的公共安全影响范围的大小、公共安全受影响主体的广度、公共安全受影响因素的多少等进行纵向的组织编排，以期能够通过横向与纵向相结合的系统编排来提升本书内容的系统性、可读性、创新性。

四是调查数据的广泛性。本书是河南省 2021 年度高等教育教学改革省级重大研究项目“河南省大学生公共安全教育研究与实践”（2021SJGLX031）的成果之一。本书的编写团队秉承科学严谨的态度在全国 9 个省（自治区、直辖市）开展大学生公共安全教育的现状调查，调查涵盖了河南、重庆、陕西、浙江、广东、宁夏、云南、上海、北京等 9 个省（自治区、直辖市）的北京理工大学、郑州大学、河南大学、华南师范大学、上海理工大学、杭州师范大学、西北民族大学、昆明学院、重庆三峡学院等 20 多所高校，回收有效问卷 3308 份。针对调查结果展开科学化、系统化地分析，力求立足于新时代大学生公共安全教育的时代背景，找准当前大学生公共安全教育存在的痛点、难点，从而在此基础上进行本书内容的选取、编排，力争能够使本书对于大学生公共安全教育内容与路径的探究更贴近新时代大学生的现实需求。

五是教材形态的创新性。本书作为一种新形态教材，通过数字化技术以动态、交互性的数字化形态超越单一的纸质方式呈现的传统教材，采用纸质教材与线上资源相结合的方式，创新大学生公共安全教育的呈现形式，丰富大学生公共安全教育的课程资源，读者可通过扫描书中二维码获取拓展阅读、相关案例、影音资料等课程资源，以丰富和生动的呈现形式提升读者的参与度和学习积极性。

本书作为在线开放课程《大学生公共安全教育》的配套教材,可供大学生、高等院校教师和教育管理者,以及所有关注和关心大学生公共安全教育的各界人士参阅。

目　录

第一章　大学生公共安全教育的意蕴

思维导图

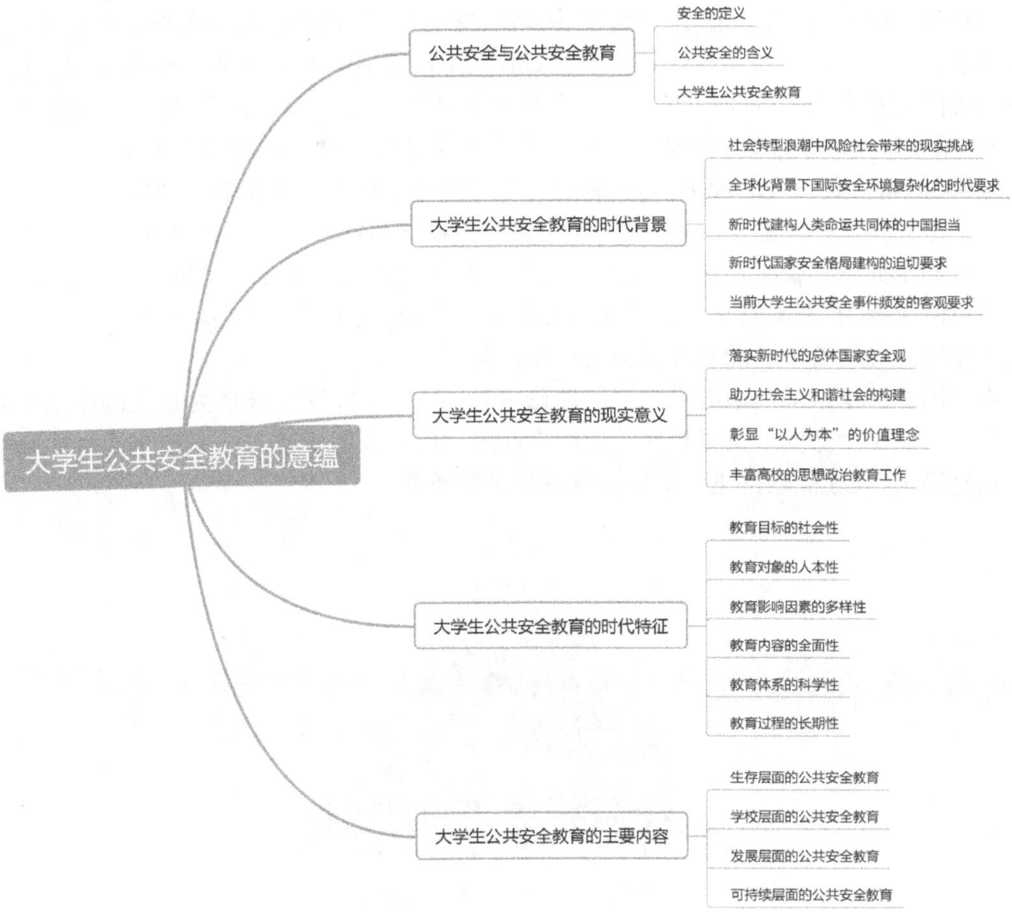

学习目标

【知识目标】教育大学生理解安全、公共安全教育的相关概念，了解公共安全教育的价值意蕴与时代背景，参透大学生公共安全教育的必要性与重要性，掌握大学生公共安全教育的时代特征与基本内容。

【能力目标】引导大学生具备辩证看待公共安全与个人安全间联系与区别的能力，并整体把握大学生公共安全教育内容的侧重点。

【素质目标】培养大学生形成公共安全的意识，具有自觉维护公共安全的素养，养成立足于公共立场展开日常思考与行动的自觉意识。

【思政目标】带领大学生成长为具备公共价值关怀、公共安全意识与公共安全防范和维护能力的新时代公民。

随着时代的进步与发展，越来越多的人共同生活在聚集性的城市之中，关乎生命安全的个体性与公共性联系日益紧密。公共安全成为当前社会多个领域的关注重点。教育部于2007 年 2 月发布了《中小学公共安全教育指导纲要》，提出公共安全教育的主要内容包括预防和应对社会安全、公共卫生、意外伤害、网络信息安全、自然灾害以及影响学生安全的其他事故或事件六个模块。2020 年 10 月，教育部印发《大中小学国家安全教育指导纲要》，指出大学阶段的国家安全教育应当重点围绕理解中华民族命运与国家关系，践行总体国家安全观，树立国家安全底线思维，将国家安全意识转化为自觉行动，强化责任担当。党的二十大报告强调，提高公共安全治理水平，完善公共安全体系，推动公共安全治理模式向事前预防转型。推进安全生产风险专项整治，提高防灾减灾救灾和重大突发公共事件处置保障能力，健全生物安全监管预警防控体系，健全共建共治共享的社会治理制度。可见，在社会主义现代化建设的进程中，开展安全的实践活动是社会的期盼，立足于公共立场开展大学生公共安全教育是新时代教育事业的基础使命与长期任务。

在美国心理学家马斯洛的需求层次理论中（见图 1-1），安全被认为是人的生命发展基本的需要。满足生命安全需求构成了人的生命追求的重要组成部分。只有当人的生命安全需求得到满足，人才能获得进一步向前发展的必要条件。

图 1-1 马斯洛需求层次理论

通常情况下，人具有个我性的安全意识，而公共性的安全意识相对缺乏，在应对陌生人的安全向度方面，一些人缺少对他们的关注与敬畏。随着人的年龄不断增长，视野不断拓宽，人的生命发展进入更高的发展阶段，这意味着针对学生这一生命个体的安全教育也应当递进式地转变，尝试从个人安全教育层面向公共安全教育层面的超越。接受教育是人的生命存在与发展过程中必不可少的实践活动，人从幼儿园到小学，从小学再到中学，从中学再到大学，接受的教育内容与所处的生命发展阶段具有内在的契合性与一致性，这彰显了本真的教育具备的"为人"性与灵动性。公共安全教育是合乎人的生命发展规律、遵循人的生命发展顺序、顺应人的生命发展追求、提升人的生命发展层次的一项实践活动。它旨在引领大学生超越个我性的立场，以他者性或公共性的立场思考与处理安全问题，从而收获富有整全性的公共安全知识，激发具备道德性的公共安全意识，养成彰显超越性的公共安全能力，具备关怀他人安全、社会公共安全的公共精神。从这一意义上来讲，公共安全教育是契合人的生命超越式发展的必然走向，也是应对新时代大学安全教育的超越式发展。

第一节　公共安全与公共安全教育

一、安全的定义

一般来说，安全可以定义为："没有危险和威胁的状态或情况，使人免受伤害或损失"。从这个角度来看，安全即稳定、可靠、减少风险，能够让人感到放心、安心的状态或情况。在各个领域中，安全的定义略有差异，但都强调对人身财产和公共利益的保护，以避免意外事故的发生，确保人们的生命财产安全。

二、公共安全的含义

（一）公共安全的概念

本书中我们对公共安全的内涵界定如下：

首先，从作用对象的层面来看，公共安全关涉多数人而非单个人的安全，它意味着个体行为作用的对象、范围是普遍的多数人。只有从个人安全的立场向公共安全的立场转变，将自身的行为举止向维护大多数人的安全转变才能称为公共层面的安全。其次，从维护内容的层面来看，公共安全是一个集合概念，它包含了公众的和公共的生命安全、财产安全、信息安全、环境安全、校园安全、法制安全、社会安全、心理安全等多个层面的内容。最后，从参与主体的层面来看，公共安全的保障是全主体的，它需要每个公民的共同参与，这其中既需要来自政府相关机构的管理与维护，同时也需要社会中每一位成员的携手努力。离开多主体相互负责、联合行动、共同维护安全的公共意识，而去谈论公共安全等同于空中楼阁，失去了其具备的重要意义。

可以看出，公共安全是基于社会中的每一个体在从事公共的生产与生活中必然维护与保障的全体人民的生命安全、财产安全、信息安全、法制安全、心理安全等集合性的安全概念。

（二）公共安全的特征

1. 公共安全具有普遍性

公共安全是一个集合性的概念，其中囊括了诸多子概念，比如社会安全、交通安全、卫生安全、财产安全、法制安全、校园安全等等。既有基于人的身体层面的生命安全，也有基于人的精神、心理、财产等层面的安全。因此，公共安全关注的不是特定的某一类安全，面向公众所处生活与生产环境中的诸多安全内容都在公共安全的概念集合之中。

2. 公共安全具有公共性

公共安全重在“公共”，它立足于公共的视角而非仅仅是个体的视角去审视安全问题。比如，自杀行为是危害生命安全的行为。从个体安全的层面来看，自杀是对个体自身生命安全的危害；从公共安全的层面来看，假若个体所采取的自杀行为危害了公共安全或对公共安全造成了一定程度的威胁，那么，个体的自杀行为就不仅仅是具有个体性的行为，而是危害公共安全的行为。因此，公共安全侧重于个人的行为是否从维护公共层面的安全出发，是否对公共场所的安全造成威胁，是否对公众的安全造成威胁，以及个人行为造成的不利影响与消极后果是否具有一定程度的公共性。不同于个人安全立足于个人的立场进行思考、抉择与行动，公共安全侧重于从公共的立场考量能够最大限度地保障公众安全的行动方向，具有鲜明的公益性与利群性。

3. 公共安全具有价值性

公共安全指向人对公众安全的维护与保障，这意味着公共安全是人类社会的一种孜孜追求的价值目标。其中包含着人们对行为是否具有威胁公众的生命安全、信息安全、社会安全、世界安全、自然安全等进行的价值判断，它是由所有人共同参与才能达到的“共同善”。可以说，公共安全包含了人对自由、平等、秩序、公共利益和责任的价值追求，它所立足的是公共群体，所关怀的是公共利益，所建构的是公共秩序，所追求的是公共价值。

4. 公共安全具有预防性

公共安全不是对已经发生的危害公众安全的事情予以处理解决从而实现安全的结果，它强调以预防为主，尽可能减少或阻断危害公共安全的可能性。一方面是提升公众的公共安全意识来营造维护公共安全的主观条件，另一方面是政府要预先创设保障公共安全的有利环境来营造维护公共安全的外在条件。只有全体公民与公共管理部门的协力联合，公共安全才能得到有效保障。

5. 公共安全具有为人性

公共场所的安全是为了保障身处公共场所中人的生命、财产、心理等多个方面的安全。当我们谈论公共场所的安全时，不是孤立地就公共场所的安全展开探讨，我们也必然要围绕人这一主体来进行，只有当公共场所的安全对公众群体的安全造成威胁或消极影响时，谈论公共场所的安全才具有意义与价值。这正是公共安全所蕴含的人本关怀。

（三）公共安全与个人安全的辨析

人是双重性的生命存在。一方面，人是作为个体化的生命存在，个体人需要依靠日常的生产与生活来维持自我生命的存续与发展，这是基于个体利益层面的需求。另一方面，人是作为社会化的生命存在，人与社会、他人须臾不可分离，人需要在公共的生产活动与公共生活中维持社会的和谐、促进社会的发展，这是基于公共利益层面的需求。可以看出，个人安全是公共安全的基础，公共安全是个人安全的保障。个人安全构成公共安全的前提，公共安全也构成了个人安全的前提。当公共安全遭遇破坏时，作为个体的人遭受伤害的同时，其所生活的公共空间也遭受了损害。因此，公共安全的保障与个体安全的保障是彼此仰赖、密不可分的联结体。公共安全是作为社会人的基本需求，围绕公共安全展开的活动，本质上是为了满足作为社会人与作为个体人的双重需求。

可见，公共安全并不是与个人安全非此即彼、二元对立的概念。公共安全是在尊重与认可个人安全需求的基础上，强调将公民的个人行为置于公共的场域中去思考、分析其对自我、他人、社会等造成的多重影响，并以公共取向的行为来维护公共利益、追求公共价值、建构公共秩序。

三、大学生公共安全教育

进入 21 世纪以来，高等教育普及程度日益提高，大学生群体日益成为社会成员中的重要组成部分。与此同时，公共安全关乎国家安定与社会的稳定，关乎社会主义现代化强国的建设，关乎中华民族伟大复兴的实现，关乎人民对美好生活这一追求的实现。大学生是实现社会主义现代化强国的中坚力量。国家的希望在青年，民族的未来在青年。青年大学生是国家、民族、社会的希望，大学生对公共安全的认知水平关系国家安全环境的营造。因此，大学生公共安全教育是必要的。新时代高等教育应当主动担负起大学生公共安全教育的重任，将大学生公共安全教育作为高校教育教学工作的重要组成部分。

从接受教育开始，安全教育的内容始终贯穿学生学习的过程中。中小学生的安全教育更多地聚焦于个体生命层面的保全，是侧重以个人得失为标准的安全教育。大学生安全教育是针对大学生的心理、精神发展较为成熟的阶段开展的公共取向的安全教育，是侧重从公共后果的角度让大学生理解公共安全事件及其具有的公共性的教育。可以说，大学生公共安全教育具有独特的意蕴内涵。大学生公共安全教育以大学生为教育对象，指高校教育管理者和教育者以国家的法律法规和党的方针、政策为依据，采取公共安全知识性教育、实践性教育等多种教育教学方式来强化大学生对公共安全的整体认知与准确把握，以期通过公共安全教育来培养大学生的公共安全意识，引导大学生在日常生活、学习、工作等现实的校园与社会实践情境中，摒弃仅仅出于自利的角度来被动地接受和遵守社会规范，自觉地遵守相关法律法规，切实履行公民法定义务，自主超越基于个人利益安危的自我保全层面，迈向公共利益的公众保全层面，保障生活在公共空间内的公众生命安全、财产安全、信息安全、交通安全、法制安全、校园安全等，自觉维护公共利益，自主树立利他与利群意识。由此，满足大学生的生命安全需求，增强大学生的安全防范意识，健全大学生的公民人格，引领大学生成长为具有公共精神、公共道德、公共价值观的新时代公民。这是新时代高校实现“立德树人”这一本真教育与教学目标的必然举措，也是新时代青年大学生成长的必然需求。

第二节 大学生公共安全教育的时代背景

一、社会转型浪潮中风险社会带来的现实挑战

社会是人类生活在一起所构筑的共同体,社会的存在是以人类的存在为基础的。人类是由多个个人组成的集合体,不同个人代表不同的利益体,利益主体的多元化发展是社会的常态,这意味着社会在发展的过程中,总是会产生一系列冲突与矛盾。因此,社会安全与社会发展的矛盾是普遍的共在。社会发展经历了农业社会向工业社会的迈进,工业社会向信息社会的跨越,信息社会向智能社会的更迭,世界上多数国家的社会发展正在经历飞速转型,国家的经济、政治、文化、科技等方方面面发生着巨大的变革。我国作为一个发展中国家同样也不例外。我国的社会发展经历了从传统意义上的农业社会向现代化的工业社会发展,从政府调控的计划经济社会向自主高效的市场经济社会发展,从乡土中国向现代化中国发展,从传统伦理型社会向现代市民社会发展。然而,社会转型必然带来矛盾,引发冲突,进而出现多种社会问题和社会不稳定因素。

社会转型在促进社会多方面飞速发展的同时也带来了"风险社会"这一现实的发展样态,民众的生存环境和生存状态发生变化,威胁民众公共安全的因素日益多元化、复杂化。将育人作为根本目标的大学教育要培养的是面向社会发展的人。这要求大学教育应当引导大学生对当前风险社会的风险要素构成、风险作用方式、风险化解措施等有相对全面、系统的认知,增强大学生对威胁公共安全因素的预判意识和解决能力,强化大学生对公共安全的整体感知与把控。

二、全球化背景下国际安全环境复杂化的时代要求

当今世界处于"百年未有之大变局",国与国、民族与民族、人与人之间已然成为一个"你中有我,我中有你"的集合"村落",全球化成为了世界发展的主要趋势,世界多个主体之间的交流范围扩大,各个国家的政治、经济、文化、科技等不断融合冲突,可以说,全球化将各个国家引入全球的视野中,各个国家的发展彼此影响、相依相存,机遇与挑战的并存也正是全球化发展的特质所在。一国的决策会影响多个国家的命运,影响全世界人民的生活状态,安与危的联系纵横交织,各个领域、各个群体、各个国家都无法独善其身,关乎人民安全问题的因素愈发多元,国际的安全环境愈发复杂。

目前,充斥着单边主义、保护主义的西方霸权政治有意打破稳定的国际局势,无视全球公共利益,遏制其他国家的发展,引发战争冲突,这在一定程度上破坏了各国稳定的国家安全环境,导致不同地区的居民处于动荡不安的国际环境之中。诸如,近些年来的中东战争、俄乌冲突、核泄漏、恐怖主义横行、网络犯罪等一系列发生在不同国家的安全事件不仅威胁

到各个国家的公共安全,也给国际公共安全环境的维系带来了隐患。同时,全球化时代各国人员间流动的频率和范围也在不断增加,这在一定程度上给全体人类的安全带来了诸多挑战与威胁。诸如非洲地区的埃博拉、黄热病等烈性传染病,新型冠状病毒、艾滋病等流行性传染疾病扩散的范围和速度在全球人民彼此联结的全球化时代难以遏制与把控,这使得全球社会中的不稳定因素日益增多,全球人民的公共安全感有所下降,全球公共安全陷入失序状态。此外,全球化背景下我国的留学人口与在我国学习、生活、居住的外籍人士相对较多,境外间谍情报机关借机潜入我国对大学生展开意识形态渗透等威胁我国公民人身安全与我国国家安全的事件频频发生。

因此,在全球化的深入推进这一时代背景下各种公共安全问题也接踵而至,大多安全隐患逐渐跨越单一国家与单一民族的限域,各类公共安全事件引发的连锁反应波及范围愈发广泛,种种威胁人民安全的传统安全问题与非传统安全问题都亟须关注并解决。党的二十大报告中,首次将国家安全方面的内容单独成章,以"推进国家安全体系和能力现代化,坚决维护国家安全和社会稳定"为题展开系统阐述。报告中强调,国家安全是民族复兴的根基,社会稳定是国家强盛的前提。必须坚定不移贯彻总体国家安全观,把维护国家安全贯穿党和国家工作各方面全过程,确保国家安全和社会稳定。由此可见,大学生公共安全教育是全球化背景下高校教育内容的必然选择,如何应对复杂的公共安全环境,如何维护稳定的公共安全秩序等一系列内容成为全球化进程中大学生公共安全教育的重要组成部分。

三、新时代构建人类命运共同体的中国担当

习近平总书记指出:"人类命运共同体,顾名思义,就是每个民族、每个国家的前途命运都紧密联系在一起,应该风雨同舟,荣辱与共,努力把我们生于斯、长于斯的这个星球建成一个和睦的大家庭,把世界各国人民对美好生活的向往变成现实"。2017 年 1 月,习近平总书记在达沃斯和日内瓦进行关于人类命运共同体理念的演讲,指出人类命运共同体的建构是应对国际难题、抵抗"逆全球化"思潮的一剂"良药"。党的十九大报告中,习近平总书记再次强调"普遍安全"的新安全观,将"共同、综合、合作、可持续"作为组成内容。这其间彰显了中国的大国情怀与世界担当,中国作为世界大国所追求的是全人类共同利益、共同理想、共同价值的普遍实现,中国作为社会主义国家所向往的是和合大同、公平正义的国际社会新秩序,中国作为世界体系的组成部分所希冀的是人类和谐共在、互信互利、共治共享的国际安全新格局。

站在人类命运共同体建构的新时代,大学生作为我国社会主义现代化建设的主力军,是人类命运共同体构建的参与者,承担着人类命运共同体构建的重任,因此,大学生公共安全教育切合当前人类社会发展的现实需要与未来愿景。大学生公共安全教育应当引领大学生将个人福祉与人类福祉紧密结合,关注未来人类社会的发展,对待公共性事件能够展开理性的思考与公共关怀,超越个体利益保全的层面去对他人负责,自觉参与公共秩序的维护,自觉树立理性的公共意识,自主养成利他的公共精神,将全人类的安全发展作为同自我生命不可分割的重要组成部分,将全人类层面的公共价值实现作为大学生公共生活中的道德要求与价值理念,由此使大学生群体成为真正为人类社会发展贡献力量的时代新人。

四、新时代国家安全格局建构的迫切需求

中国共产党始终将人民利益的保障作为第一要义,从毛泽东思想到中国特色社会主义理论再到习近平新时代中国特色社会主义思想,人民至上的理念时刻贯穿其中,对人民群众的真切关怀始终根植其中。2014 年,习近平总书记在国家安全委员会第一次会议上提出“以人民安全为宗旨,以政治安全为根本,以经济安全为基础,以军事、文化、社会安全为保障,以促进国际安全为依托”的总体国家安全观。党的二十大报告对中国特色国家安全观展开系统阐释,将国家安全作为民族复兴的根基与前提,指出国家安全应当贯穿党和国家工作的全方面、全过程,形成“全域联动、立体高效的防护体系,增强维护国家安全能力,提高公共安全治理水平,完善社会治理体系”四位一体的新时代国家安全新格局。这彰显出我国的国家安全观是集合公共安全、国家安全、国际安全的总体安全观,其中公共安全是国家安全的重要组成部分,对公共层面的安全进行保障是促进国家安全大环境建构的首要与基础内容。只有当公共安全这一作为国家内部的安全得到有效的保障时,国家安全才能够实现,总体国家安全观念才能得到贯彻与践行。

因此,总体国家安全观对“总体”的关涉实质上是对影响多层次安全的多重因素进行整体探知与把控,个人层面的安全不可能与公共层面的安全进行完全的割裂,公共安全与国家安全之间不是泾渭分明的分水岭,而是彼此相依相存的整体,公共安全是国家安全的基础与必要的组成部分。不难看出,新时代的国家安全观中包含着我国对公共安全的多层面、多方位的关注与重视,它意味着公共层面的全体国民安全被纳入整个国家的顶层设计之中,它彰显出我国当前具备公共情怀和公共价值取向的新安全观念。然而,不同于我国的新时代国家安全观,具有“排斥他人”色彩的部分西方国家安全理念,是一种充斥着强制输出、唯我独尊、一家独大的“霸凌式安全观”。这种安全观不利于当前全人类公共安全环境的构建与维护,阻碍了当前全人类共同发展这一美好愿景的追求与实现。我国的国家安全指向的是共建、共享的共同安全,而不是偏狭、利己的个人安全。我国的公共安全是对全主体的总体安全的关注,而不是只对少数群体、个别主体的部分安全的关注。可见,国家安全的实现需要公共安全环境的营造与维护,公共安全的实现需要国家安全环境的保障与支撑。

教育作为社会的子系统,作为公共的实践活动领域,作为培养新时代公民的重要机构,理应同国家安全格局的建构相适应,主动作为开展公共安全教育的主要阵地,通过公共安全教育的开展与实施来为国家安全的实现保驾护航。《中华人民共和国国家安全法》(2015)第一次提出“将国家安全教育纳入国民教育体系”的战略目标。《教育部关于加强大中小学国家安全教育的实施意见》(2018) 规定,大中小学国家安全教育是立德树人的重要任务。《大中小学国家安全教育指导纲要》(2020)提出,国家安全教育要纳入课程思政教学体系。《义务教育课程方案和课程标准 (2022 年版)》表明,国家安全素养培育应当纳入学生核心素养培育范畴,国家安全应当融入国家课程目标和内容体系。显而易见,国家多个政策文件显示出对学校践行安全教育的关注,开展利于国家安全的教育内容应当成为当前高等教育教学亟须关注与思考的重点。对此,高校首要的安全教育内容就是促进公共安全教育这一构成国家安全教育的基础性内容在高等教育教学过程中贯彻与施行。

如何充分发挥高等学校的育人功能，如何高质量建设具有中国特色的高等学校公共安全教育体系，如何进一步推动国家公共安全环境的创设与维护，成为新时代高等教育面临的重要议题。目前，全国许多省、市、县也正在积极推进。因此，当前国家安全格局建构迫切需要与之相适应的公共安全教育体系，而高校针对大学生开展的公共安全教育是国家安全教育体系的重要构成内容。当公共安全教育理念深入大学生的日常学习、生活、工作之中，当公共安全教育内容促成了大学生的公共安全素养、公共安全价值理念、公共安全精神的养成，高校才能成为助力国家安全全民防线建立的中坚力量，青年大学生才能成为具备公共安全情怀的中国国民与世界公民。

五、当前大学生公共安全事件频发的客观要求

近些年，高校校园的大学生公共安全问题凸显，从现实的诸多新闻报道中可以知道一系列大学生自杀、大学生校园诈骗、大学生虐杀动物、大学生实验室安全事故等威胁公共安全的事件频频发生。大学生作为当前社会人群的重要构成，作为维护社会公共安全环境的主力军，需要具备较强的公共安全意识与防范公共安全危机的能力。这在一定程度上要求高校亟须关注大学生公共安全意识与公共安全防御能力的培养，开设专门的公共安全教育课程来提升大学生对公共安全的深刻认知。

案例 1.2-1　案例 1.2-2　案例 1.2-3　案例 1.2-4

大学生是公共安全环境创建与维护的重要参与者，大学生的公共安全意识高低影响着学校、社会、国家整体的公共安全水平，这意味着针对大学生开展公共安全教育是新时代高等教育的必要内容，这不但关乎大学生自身的安全与发展，而且关乎高校平安校园、和谐校园、和谐社会、平安中国的建设与维护。然而，现实的高等教育教学中对大学生公共安全教育缺乏相应的重视，大学生对公共安全教育的认知度与接受度相对较低。对此，为全面了解和掌握当前国内高校大学生公共安全教育的现状，“大学生公共安全教育研究与实践”课题组①于2023年5月通过问卷调查的方式，对在校大学生进行了抽样调查。本次调查涵盖了

① “大学生公共安全教育研究与实践”课题组是指河南省2021年度高等教育教学改革省级重大研究项目“河南省大学生公共安全教育研究与实践”(2021SJGLX031)课题组。为了解我国大学生公共安全素养和公共安全教育的现状，本课题组在2023年5月份组织了一次较大范围的全国在校大学生抽样调查。抽样调查涵盖了河南、重庆、陕西、浙江、广东、宁夏、云南、上海、北京等9个省市的北京理工大学、郑州大学、河南大学、华南师范大学、上海理工大学、杭州师范大学、西北民族大学、昆明学院、重庆三峡学院等20多所高校，回收有效问卷3308份。其中大一学生1570人(占比47.46%)，大二学生1098人(占比33.19%)，大三学生484人(占比14.63%)，大四学生140人(占比4.23%)，大五学生16人(占比0.48%)；专业分布为：文史类专业731人(占比22.1%)，理工类专业1303人(占比39.39%)，农医类专业676人(占比20.44%)，艺体类专业314人(占比9.49%)，其他类专业284人(占比8.59%)；本专科层次分布为：本科2775人(占比83.89%)，专科533人(占比16.11%)。以后各个章节在使用本次调查数据时，统称为“大学生公共安全教育研究与实践”课题组调查数据。

河南、重庆、陕西、浙江、广东、宁夏、云南、上海、北京等9个省(自治区、直辖市)的20多所高校,回收有效问卷3308份。其中的调查结果显示,大学在学校每学期集中开展公共安全教育的次数5次以上的占比为19.89%,3~4次以上的占比为29.35%,1~2次以上的占比为45.56%。大学生在每学期参加学校公共安全教育的次数5次以上的占比为17.63%,3~4次的占比为27.39%,1~2次的占比为52.87%。从以上数据中不难看出,现实中公共安全教育内容在大学生的日常教育内容中相对较为匮乏,大学生公共安全教育的开展频次较低,大学生参与公共安全教育的次数相对较少,大学生公共安全教育的受重视程度和实施度较低。因此,基于当前大学生公共安全事件频发的现实背景与大学生公共安全教育在教育场域中的弱化,大学生公共安全教育应当被予以重视,高等学校应当积极开展培养大学生的公共安全意识、公共安全素养以及防范公共安全威胁能力为目的的相关教育教学活动,提高大学生公共安全教育的开展次数与开展效率。

第三节　大学生公共安全教育的现实意义

一、落实新时代的总体国家安全观

国家安全是关乎国家前途、民族命运、世界发展的重要议题,历来备受人类的关注。近年来,经济、科技、文化的飞速发展使得各国的综合国力与世界地位不断发生变化,国际安全环境面临着双重机遇与挑战。中华民族在世界历史的发展中始终是一个具有忧患意识的民族,“安而不忘危,存而不忘亡,治而不忘乱。”国家的安定是决定民族命运的关键因素。为了有效应对新时代的多重风险与挑战,时刻将维护国家安全的主动权掌握在自己手中,提升抵御国家安全风险的能力,推动国家治理体系与治理能力的现代化,促进和谐社会、平安中国、美好生活的实现,习近平总书记在2014年4月15日中央国家安全委员会第一次全体会议上首次提出总体国家安全观的重大战略构想,坚持总体国家安全观是习近平新时代中国特色社会主义思想的重要组成部分。这既是中华民族自古具有的忧患意识的展现,也是中国共产党对家国安全的责任与担当。这是一条适应新时代发展的、富有中国特色的国家安全道路。

总体国家安全观是内容丰富、开放包容、不断发展的思想体系,由五大要素、五对关系组成。五大要素是指以人民安全为宗旨,以政治安全为根本,以经济安全为基础,以军事、科技、文化、社会安全为保障,以促进国际安全为依托。五对关系是指既重视发展问题,又重视安全问题;既重视外部安全,又重视内部安全;既重视国土安全,又重视国民安全;既重视传统安全,又重视非传统安全;既重视自身安全,又重视共同安全。可见,构成总体国家安全观的内容具有一定的公共性、社会性、全面性、前瞻性、世界性。国家的总体安全由全方位的公共安全构成,全方位的公共安全促进了国家总体安全的实现,国家总体安全确保了公共安全的维系。从这一意义上来讲,我国公共安全的落实有助于总体国家安全观的落实。

开展教育活动是推动党和国家各项事业发展的重要举措。我们深知,中国的大学是中国共产党领导下的社会主义高等教育场所,坚持党的领导是创建具有中国特色的高等教育的必然选择。要想完成中华民族伟大复兴中国梦的实现和社会主义现代化国家的建设,就需要一大批高水平的人才,这就意味着以育人育才为价值目标的大学教育应当主动承担开展总体国家安全观教育的重任。大学生公共安全教育是大学教育的基础内容,也是贯彻与落实总体国家安全观教育的重要环节。大学生公共安全教育通过创建大学生公共安全教育体系,增强大学生公共安全教育素养,开展大学生公共教育实践活动,提升大学生公共安全意识,推进国家安全教育与高校公共安全教育的有机融合,是当前高校适应新时代中国特色社会主义现代化建设的现实需求,对于推进国家安全体系和能力的现代化建设具有重要战略意义。

二、助力社会主义和谐社会的构建

和谐社会是人类孜孜不倦追求的理想社会样态,是一个恒久不变的价值追求。中国共产党在我国社会快速发展的时代进程中提出了社会主义和谐社会的构建。党的十六大在部署全面建设小康社会时将"社会更加和谐"作为奋斗目标。党的十六届六中全会指出,社会和谐是从中国特色社会主义事业总体布局和全面建设小康社会全局出发提出的重大战略任务。所谓和谐社会是民主法治、公平正义、诚信友爱、充满活力、安定有序、人与自然和谐相处的社会。社会和谐是中国特色社会主义的本质属性,是国家繁荣富强、中华民族伟大复兴以及满足人民美好生活需要的先决条件。公共安全是国家经济稳定发展、人民和谐生活、化解社会矛盾的关键所在。从和谐社会的构成内容可以看出,公共层面的安全是和谐社会的重要组成部分。和谐社会的前提是公共安全的保障,公共安全环境的维系是保证人民获得生活幸福感的必要条件。

然而,全球化进程下的当今社会是充满风险与挑战的社会,突发的公共安全事件越来越频繁,所波及的领域也越来越广泛,对和谐社会造成的影响也越来越难以把控。大学生公共安全教育正是应对当前和谐社会构建遭遇多重风险而提出的行动策略。大学生作为当今社会成员中的重要组成群体,是我国建设社会主义和谐社会的中流砥柱,是确保社会与国家安全稳定发展的重要力量。大学生的公共安全认知水平与维护公共安全的能力高低影响着全社会的公共安全能力,同时也代表了全民族的公共安全水平。因此,大学作为构建社会主义和谐社会的重要基础,开展大学生公共安全教育是大学教育的重要内容。一方面能够有效促进和谐大学校园的创建,另一方面能够助力和谐社会的建构。尤其是当前随着社会开放程度增大,社会环境的复杂多变性凸显,中国的高等教育也由过去的封闭式教育向开放式发展演变,高等教育的开放程度越来越高,影响高校公共安全的因素也日益增加。而高校的公共安全水平与公共安全能力在一定程度上深刻影响着社会的公共安全水平与公共安全能力,大学生公共安全教育通过树立大学生的公共安全意识,引导大学生厘清公共安全与个人安全之间的关系,聚焦于大学生自身生命安全、他者生命安全、社会安全、国家安全等多个层次,并最终落脚于和谐社会的建构与维护。因此,大学生公共安全教育在高校的开展在一定程度上助力和谐之歌在校园与社会奏响。

三、彰显"以人为本"的价值理念

教育是一项关乎人的生命发展的事业,以人为本是教育的本真价值。因此,培养人、发展人、解放人是教育的根本目的,"人"构成了教育的本质要素。大学生公共安全教育正是一项面向大学生的安全需求而开展的关怀人的生命、发展人的生命、完善人的生命的教育活动,大学生公共安全教育将大学生的生命安全与生命价值的实现作为重要使命,它的直接价值体现就在于满足大学生对安全的需求,促进大学生敬畏生命、敬畏规则、敬畏道德。它体现了高等教育以人为本、生命至上的价值关怀。其中,以人为本所关注的"人"是完全发展的人,高等教育作为培养社会主义建设者与接班人的重要平台,不仅要关注专业知识的授受和专业技能型人才的培养,更应当关注大学生作为人的生命需求,将保障大学生的生命安全作为高校教育教学工作的首要任务,由此,将大学生培养为以专业技能适应社会发展和以公共安全意识构建公共安全环境的整全发展之人。

因此,大学生公共安全教育是保障大学生安全的基本教育单元,是提升大学生整体素质的重要组成部分,是贯穿大学生教育全阶段的基础学习内容。大学生公共安全教育承担着育人的教育使命,彰显着以人为本的价值理念,它以国家的法律、法规、方针、政策等为依据,以促进大学生的全面发展为目标,以公共安全知识、公共安全素养、公共安全意识、公共安全责任感等为主要教育目标,促进大学生系统掌握公共安全知识,提升公共安全素养,内化公共安全意识,提高公共安全防范能力,保障校园公共安全、社会公共安全、国家公共安全,并最终落脚到大学生作为鲜活生命的生存、生产、生活安全。可以说,大学生公共安全教育是一项关照人的生命发展的人性化活动,它的出发点和落脚点都在于"人"。

四、丰富高校的思想政治教育工作

思想政治教育工作是中国共产党各项工作的重要组成部分,它坚持教书与育人相结合,坚持教育与管理相结合,坚持教育与自我教育相结合,坚持政治理论教育与社会实践相结合,坚持解决思想问题与解决实际问题相结合。这就要求我们应当将思想政治教育工作渗透于高等学校的各项教育教学过程之中。

一方面,开展大学生公共安全教育凸显了高校思想政治教育的时代性。大学生公共安全是思想政治教育工作的重要内容,也是我国公共安全工作的重要构成。思想政治教育的根本目的在于提高人们的思想道德水平,促进人的德智体美劳各方面的整全发展。思想政治教育只有与社会发展进程、社会发展需求、高校教育目的、学生发展需求协同前行,才能彰显独特的时代价值。因此,新时代的高校思想政治教育工作应当紧跟习近平新时代中国特色社会主义理论发展的步伐,公共安全教育的提出契合了习近平总书记对总体国家安全理念的提出、对新时代国家公共安全的关注、对全球安全治理体系的探索。所以,大学生公共安全教育的开展是深入推进高校思想政治教育课程改革的必然。高等学校将公共安全教育作为大学生思想政治教育的重要构成内容,是高校思想政治教育把握时代脉搏的体现,是焕发高等教育生机与活力的要求。同时,新时代思想政治教育工作应当紧跟新时代党的理论创新步伐，全面推动习近平新时代中国特色社会主义思想走进高校教材、高校课堂，进而武装大学生的头脑，培养担当社会主义合格建设者与可靠接班人的重任。

另一方面，开展大学生公共安全教育有助于提升高校思想政治教育工作的实效性。当前社会背景下，大学生群体追求独立自主，个我意识凸显，心理与思想容易受到外在因素的影响，加之全球化、智能化时代下日益多元化的外来文化快速输入，各种社会思潮涌动，一些大学生在外在势力的影响下，有意或无意地成为了威胁公共安全的帮手，为国家公共安全带来了不利影响。这更加凸显了加强大学生公共安全教育的迫切性与必要性。将大学生公共安全教育作为高校思想政治教育工作的重要组成部分，有助于提升大学生对公共安全的关注度以及对威胁公共安全的外来因素进行判断鉴别的能力，进而提升大学生对思想政治教育工作的认同感，促进大学生正确公共安全观的树立。

第四节　大学生公共安全教育的时代特征

一、教育目标的社会性

在人类命运共同体理念日益深入人心的新时代，大学生公共安全教育注重大学生公共安全意识的树立，强调大学生以公共理性来审视日常学习、生活、生产中的行为举止，追求大学生公共安全精神的养成，最终培养具有公共关怀意识和公共价值理念的世界公民。

一方面，大学生公共安全教育的目标在于培养公共人。开展大学生公共安全教育既是为大学生公共安全素养的提升发力，也是为当今社会背景下大学生这一特殊群体顺利实现社会化提供重要保障。社会是关涉人与人的关系、人与自然关系的公共场域，一个人的社会关系在一定意义上决定着一个人能够发展的能力与水平高低。大学生公共安全教育的目标在于培养大学生成为走向社会的“公共人”。他们能够深刻认识到人与人、人与自然的依存关系，能够在社会的生产实践活动中自觉遵守法律法规，能够以公共性的视角去处理社会中的公共事务，能够以公共取向去实现作为公民肩负的责任，能够同所有人携手肩负起国家公共安全防护网的搭建与维护，这正是大学生公共安全教育目标所具备的社会性。

另一方面，大学生公共安全教育的目标立足于公共安全的立场。大学生公共安全教育不同于大学生安全教育，它从公共立场出发开展大学生安全教育，强调超越自我保护的个人立场，关注除“我”之外的公共生活与公共事务，普遍尊重、关怀其他人与其他物，将个人的安全与幸福同公共层面的安全与幸福相联系，对现实公共场景中的威胁因素予以关注和化解。因此，大学生公共安全教育目标要求培养大学生的公益思维和利群意识，要求所有的大学生应当共同联手行动去实现公共层面的利益，维护公共层面的安全，并自主将个人安全与公共安全联结。

二、教育对象的人本性

大学生公共安全教育不是“舍己为公”的片面教育，而是承认大学生作为鲜活灵动的个体生命具有认可、尊重、满足其安全的需求，并引导大学生去承担对社会、对他人的安全需求所担负的责任。因此，“为人”是大学生公共安全教育的底色，大学生公共安全教育将“育人为本”贯穿始终。尤其是新时代下人的生命主体性的凸显，愈发要求当前的公共安全教育应将“以人为本”作为教育教学的价值追求，体现公共安全教育的人文关怀。

一方面，以教师为本。教师是大学生公共安全教育的主导者，对教师主体地位的尊重是确保大学生公共安全教育实效性的重要因素。当教师对于安全的需求得到重视与满足，教师便能自主承担公共安全教育的重任，自主形成公共安全意识，将自己的教育教学行为等置于公益、公害的情境之中去审视思考，从而确定自己的教育教学行为是否有利于为更大范围的公众带去益处。这意味着高校需要重视并满足教师对公共安全的需求，创造公共安全教育的良好环境，增强对教师公共安全教育的相关培训，提升教师的公共安全知识水平，培养教师的公共安全意识，由此使教师成为学校公共安全教育的“导师”，大学生公共安全教育的实效性也才能得到有效保障。

另一方面，以大学生为本。大学生是大学校园的主体，大学阶段的学生同样处于追求独立自主的高峰时期。大学生公共安全教育顺应大学生生命发展的阶段性，将大学生作为教育教学的主体，以大学生对安全的需求为中心，以保障大学生生命成长的安全环境为重点，以提升大学生的公共安全防御能力为重任，处处彰显大学生公共安全教育对大学生的生命关怀。同时，大学生公共安全教育面向公众的安全而非单个人的安全，它在教育教学中所强调的是个人认知并履行对公共生活、公共场域、公众所承担的责任，个人应当将自我的行为置于公共安全的视角去分析，注重行为后果对其他人的影响。因此，大学生公共安全教育关注的人不是单一、片面的个人，它是为了一切人、一切为了人的“泛教育”形态。

三、教育影响因素的多样性

大学生公共安全教育的开展面临来自当前公共安全环境的多重影响。一方面，当前社会经济的繁荣发展使得当前社会的开放程度较高，各国之间在政治、经济、文化等方面交流较为频繁，人与人之间彼此依赖，具备兼容并包特征的大学开放程度在当前时代也相对较高。国内与国外的人员、文化、价值理念等在密切的相互联系中发生交融与冲突，这在某种意义上影响着国民的公共安全观念和公共安全环境的维护。尤其是近年来，国内公共安全问题变得复杂、随机、多变，国内问题变得国际化，以及国际问题变得国内化这些现状使得如今时代的公共安全环境较为复杂。例如，当前国际环境中威胁公民公共安全的生态环境污染、核泄漏等事件给公民安全带来了威胁，以及当前国际环境中西方国家进行的“颜色革命”和价值观渗透都在一定程度上影响着公共安全教育的内容抉择和现实效果。因此，大学生公共安全教育的影响因素中既有国内因素，也有国外因素，而且这些因素具有不可预测性、隐蔽性，极大地影响大学生公共安全教育的成效。

另一方面，当前智能时代下的互联网成为大学生日常生活中不可或缺的工具。大学生作为使用互联网的主要群体，遭遇网络诈骗、网络犯罪的事例屡见不鲜。大学生群体好奇心较强，接受新事物的能力较强，敢于尝试，热爱探索，但是一些大学生相对较为缺少网络公共安全知识的积累，自我控制监督能力不足，极易对互联网产生依赖与轻信。加之当前散布在互联网中的信息良莠不齐，造成了网络公共安全现状与学校公共安全教育的矛盾，这些都影响着大学生公共安全教育的成效。因此，网络信息的多元、多变和网络空间的自由、自主在为大学生公共安全教育创造有利环境的同时，也为公共安全教育带来了诸多影响因素。从积极方面来讲，互联网能够为大学生公共安全教育提供更加便利、多元的教育教学场域，拓展大学生公共安全教育的空间，激发大学生公共安全教育的活力，从而提升大学生公共安全教育的实效性。从消极方面来讲，互联网空间内的法律、道德、安全防范等相关教育内容的渗透不够，虚拟性较强，影响公共安全的因素具有较强的隐蔽性，加之大学生网络道德观念相对较为模糊，因此，消解大学生公共安全教育成效的因素较为复杂多样。可以说，新时代的智能发展背景下大学生公共安全教育的开展面临诸多机遇与挑战，国际国内社会公共安全现况和互联网空间内的公共安全环境都是影响大学生公共安全教育的重要因素。

四、教育内容的全面性

大学生公共安全教育优化了以往针对大学生开展的安全教育，将公共安全与个人安全紧密联系，契合新时代的社会发展需求和高校教育目标，涉及的教育内容范围广泛。具体包括社会安全、公共网络安全、公共卫生安全、公共交通安全、公共意外伤害、校园安全、实验室安全、心理安全、性安全、财产安全、自然灾害、法制安全多个方面。由此可以看出，新时代的大学生公共安全教育涉及的既有“大社会”层面的公共安全教育内容，也有涉及学校这一“小社会”层面的公共安全教育内容；既有涉及作为学生身份的公共安全教育内容，也有涉及作为公民身份的公共安全教育内容；既有基于满足大学生生存安全需求层面的公共安全教育内容，也有满足大学生发展安全需求层面的公共安全教育内容，又有满足大学生对可持续安全需求层面的公共安全教育内容；既有针对大学生的基础性公共安全教育内容例如心理安全，又有针对大学生的专业性公共安全教育内容例如实验室安全等。可见，不论从纵向层面还是横向层面对新时代的大学生公共安全教育展开分析，都能感受到当今大学生公共安全教育内容的广度与深度，它涉及大学生在认知学习层面对公共安全知识的习得，通过较为全面的公共安全教育内容促进大学生掌握与公共安全相关的法律法规、校纪校规，以及保障公共安全的方式方法等。它也涉及大学生在情感态度层面对公共安全意识的树立，通过多样化的教育内容来促进大学生自主将个人安全与公共安全相结合，激发大学生的公共安全情怀，培养大学生的公共安全理性与公共安全精神，引导大学生在现实生活中为自身安全、社会安全、国家安全的维护做出积极行动。同时，它还涉及大学生在操作技能层面对公共安全维护能力的提升，通过包罗方方面面的公共安全教育内容来培养大学生的公共安全防御能力、公共安全管理能力、公共风险化解能力和公共安全救助能力。

五、教育体系的科学性

目前大多数高校的公共安全教育内容仅仅停留于个体层面的安全教育，侧重大学生对个体生命、财产等方面的个体安全教育，教育的内容分布零散，系统性不足。同时，开展大学生公共安全教育的重任大多数情况下由高校保卫部门、学生工作部门等负责，这导致以往大学生的公共安全教育的专业度较弱，科学性不够。新时代的大学生公共安全教育关注对科学性教育体系的建构，它关注到当前的大学生公共安全教育需要涵盖多个公共领域的安全教育内容，复杂性与丰富度较高，更加需要把握公共安全教育的规律，强调公共安全教育的科学性。

同时，新时代的大学生公共安全教育应当作为一门系统化的通识课程，贯穿大学生学习阶段的始终。这意味着大学生公共安全教育将教育体系的科学性作为首要任务，深入把握大学生成长的需求与规律，依据不同年级的学生群体开展不同的公共安全教育教学，注重教育教学的阶段性、顺序性、计划性，有目的、有组织地安排大学每学年的相关课时与教学内容，确保开展公共安全教育相关活动的针对性和实效性。例如，各个大学在每年新生入学阶段针对新生开展基础性的公共安全教育，在每年的暑假阶段针对暑期学生校外活动频繁极易发生生命危险开展针对性的公共安全教育，在不同学科领域内开展针对不同学科的专业公共安全教育等。

六、教育过程的长期性

新时代的大学生公共安全教育内容较为丰富多元，不同阶段的大学生群体需要开展不同内容的公共安全教育，不同时期的大学生公共安全教育需要不同的公共安全教育内容。可以说，大学生公共安全教育不是一朝一夕、一蹴而就的，而是贯穿大学生求学阶段的全过程。

一方面，从大学生公共安全教育的完成程度来说，大学生公共安全教育具有长期性。大学生公共安全教育不拘泥于一堂专门化的课程、一场专题讲座或者一次主题实践活动，而是在专业化的公共安全教育课程之外，结合日常的各个课堂教学活动来将公共安全理念渗透其中，借助学校的物质文化环境与精神文化环境来开展隐性的大学生公共安全教育，比如高校的公共安全教育宣传栏、校刊、微信公众号、官方自媒体账号、校园网络“红人”、校园广播等等。因此，大学生公共安全教育是长期的，它不是完成对应课程安排就宣布圆满结束的活动，而是需要在大学生日常的学习、生活、工作中不断延续开展。

另一方面，从大学生的成长历程来看，大学生公共安全教育具有长期性。一是当前时代的快速更迭变换，使得大学生成长所处的社会环境、学校环境、国际环境等不断发展变化，大学生公共安全教育需要在不同的社会发展阶段开展针对性的公共安全教育，时代发展的不停歇要求大学生公共安全教育的内容也要不断革新、丰富、完善。二是大学生的成长过程是一个不断生成、发展的过程，大学生的公共安全教育顺应大学生生命发展的进程，针对不同时期的不同大学生开展不同内容的公共安全教育。三是注重大学生公共安全教育教学的养成性，将关乎大学生公共安全意识与公共安全防范能力的养成作为反复在教育教学活动中去实践的内容。

第五节　大学生公共安全教育的主要内容

本书的大学生公共安全教育共选取了12个方面的内容，这些内容可以初步划分为：生存层面的公共安全教育、学校层面的公共安全教育、发展层面的公共安全教育、可持续层面的公共安全教育。

一、生存层面的公共安全教育

（一）财产安全

财产是人类社会在日常生活中维持生命发展必需的工具，财产的拥有能够使得人类拥有稳定的生活环境，保持向上的生活态度。财产的安全与否关乎整个社会安全环境的优劣，关乎公众对公共安全能否自主保障。因此，财产安全是构成公共安全教育的基础内容。然而，现实中的盗窃、诈骗、抢劫等一直以来都是大学校园的频发案件，不少大学生也在日常生活中出现过丢失财物的经历。这是因为一方面大学生缺少必要的社会经验和社会常识，另一方面社会环境中的风险因素较多。因此，大学生在某种程度上可以被称为“弱势群体”。而大学生财产安全是学业顺利完成的保障，是适应社会发展的条件，是保证人际交往良好环境的基础，是身心健康发展的前提。针对大学生这一弱势群体，大学生公共安全教育关注隶属人的生命生存层面的财产安全，选取诈骗、网络支付陷阱、赌博、盗窃、抢劫、贷款等常见的大学生财产安全事件进行分析，引导大学生在保护财产安全方面有自觉意识，有相应的财产安全防范能力，有较强的风险意识，有基础的规划财产能力，有应对财产安全事件的基本常识，从而在保障全社会财产安全实现的基础上促进公共安全环境的维护与保障。

（二）公共意外伤害

公共意外伤害是造成人类死亡与承受疾病负担的主要原因，也是威胁公共安全的主要原因之一。公共意外伤害意味着人的身体在公共场所遭遇外来、突发等非本意、非疾病的伤害，且这一伤害在一定程度上威胁了公众的利益。可以看出，公共意外伤害具有偶然性、不确定性、随机性、广泛性、公共性的特征。日常生活中的公共意外伤害主要类型包括高空抛物、触电、饮食中的意外伤害、火灾等。公共意外伤害的地点通常涉及学校、马路、小区等公共场域。大学作为公共的场域,是发生公共意外伤害的高频区域。而大学生对人身安全的保障是保障生命发展最基础的条件。大学生公共意外伤害教育对保护大学生的个体生命财产安全、营造公共安全社会环境、构建社会主义和谐社会具有重要意义。因此,大学生公共安全教育应当关注生存层面的公共意外伤害教育,引导大学生掌握避免公共意外伤害并保全自我与他人生命的方式方法,具备在公共意外伤害事件中自救与救人的能力。

(三) 心理安全

大学生心理安全指的是大学生面对所处内外环境的变化能够适时调整心境和行为,从而具有一种平稳松弛、不受威胁的心理状态。大学生处于人生发展的关键时期,追求独立自主的人格,但心理发展尚未成熟,容易受到来自外界的影响。尤其是大学生面对竞争日益激烈的学习环境和就业环境,以及金钱问题、情感问题、室友关系等容易产生较大的心理波动,产生焦虑感和失落感,严重者会演变为抑郁症、焦虑症、精神分裂症等。因此,心理疾病、退缩行为、过度依赖、过度自卑等是大学生心理危机的主要表现,而不幸的成长经历、不良的家庭氛围、不和谐的人际关系、突发事件的刺激以及生活、学习压力增加都是造成大学生心理危机的主要原因。大学生的心理状态关系到大学生生命的健康发展,关系到大学生对公共安全的正确感知,关系到大学和谐校园、平安校园的建设与维护,关系到社会公共安全环境的建设。因此,心理安全是大学生公共安全教育的重要内容。大学生公共安全教育通过引导大学生树立理想的自我,积极认识自我和接纳自我,敢于超越自我,正确认识并学会管理自我情绪等,同时引导大学生懂得及时寻求心理援助、及时进行心理调适,从而培养出心理健康、具备充分安全感的社会公民。此外,高校也要采取多种方式营造良好的心理安全环境,家长主动肩负起大学生心理安全的监管责任,只有多方的协力配合,才能保障大学生心理安全教育的有效性。

(四) 性安全

大学生性安全教育主要是指通过向大学生介绍性生理、性心理和性道德等基本知识来帮助大学生正确、全面认识到性是正常的生物现象,纠正偏见,破除迷思,提升大学生应对性侵害风险的能力,树立自我保护意识,提高性自护自救能力。青年大学生正处于性生理成熟的阶段,性意识日渐萌生,对异性产生较为强烈的兴趣与爱慕。但大学生的性心理不够成熟,好奇心较强,加之社会不良风气的影响,以及大学生婚恋观念的日趋多元化,这些正是当前困扰大学生性安全的多重因素。有调查研究表明我国大学生的整体性行为发生率呈上升趋势,64.58%的大学生能够接受婚前性行为,23.96%的大学生可以理解同学这么做但自己不会,11.46%的大学生不能接受或反对。① 此外,随着社会的发展和西方文化的影响,不安

① 网易新闻.大学生婚前性行为调查:5万多名同学参与,55%女生表示能接受[EB\OL].(2022-01-20)[2023-05-25].https://m.163.com/dy/article/GU5H1UK10552BGPP.html.

全的性行为在大学生群体中较多。因此,大学生性安全同样是威胁公共安全的重要因素,大学生性安全教育旨在帮助大学生树立性安全意识,明晰进行安全性行为的必要性和重要性,具备判断是否可能遭受性侵害、性骚扰的能力以及预防性侵害、性骚扰的能力。

二、学校层面的公共安全教育

(一) 校园安全

大学校园安全是指学生在校求学期间(不局限于校园内),发生的一切与高校教育教学管理有直接或间接联系而威胁到大学生生命、财产、健康、名誉、心理、饮食、住宿等方面的安全概念。一方面,可以说,校园安全是大学生公共安全教育的不可忽视的重要组成部分。校园安全具备公共性、复杂性、隐蔽性、法治化的基本特征。校园安全关系到高校教育教学活动的顺利开展,关系到大学生美好校园生活的实现,关系到大学平安校园的建设,关系到社会和谐环境的维护,关系到国家公信力的体现。另一方面,大学校园的开放程度较高,影响大学校园安全的因素较多,因此,校园安全是高等教育发展中的关注重点,也是大学生公共安全教育中的基础内容。校园安全教育涉及校园的建筑设施安全、实习实训安全、运动安全、就业陷阱、抵制校园暴力、抵制邪教、防范恐怖主义,它旨在保障每位在校大学生的活动安全,比如针对大学生开展的实习实训安全、运动安全、防止就业陷阱、抵制传销、抵制校园暴力、抵制邪教、防范恐怖主义等。通过校园安全教育的开展,大学生能够自主担当起校园主人翁的角色,关注公共层面的利益实现,拥有校园公共安全的意识与维护校园公共安全的能力。

(二) 实验室安全

实验室安全以实验室环境为基础,通过对实验人员、设备、实验材料和环境进行系统性的风险分析、评估和控制,旨在提高实验室运行的安全性、可靠性和可持续性。大学生实验室安全的主要内容包括基础安全、化学安全、生物安全、辐射安全以及机电、特种设备和常规冷热装置安全。《教育部关于加强高校实验室安全工作的意见》(教技函〔2019〕36号)中明确提出实验室安全工作应进一步提高政治站位,牢固树立“四个意识”和坚决做到“两个维护”,深刻认识到高校实验室安全工作的极端重要性与复杂艰巨性,牢固树立生命至上、安全第一的理念。因此,大学场域中的实验室作为大学生学习和开展科学研究的重要场所,构成了现代大学生活中不可或缺的组成部分。然而,大学实验室也是极易发生火灾、中毒、爆炸等公共安全事故的场所。尤其是大学学科专业涉及面较为广泛,危险分布源头较为分散,承担实验室安全管理工作的人员较少,使用实验室的频率相对较高,这导致高校的公共安全环境面临极大威胁。因此,大学生公共安全教育从高校的实验室安全层面展开教育教学活动,提高大学生对实验室安全教育的重视,落实“实验室安全教育”课程的教学工作,帮助大学生有针对性地认识实验室安全相关知识,具备实验室安全风险的防控能力,这将有助于排除威胁校园公共安全的诸多隐患,增强实验室人员的公共安全意识,提升实验室人员的公共安全风险防范能力,减少大学实验室公共意外伤害事件的发生。

三、发展层面的公共安全教育

(一) 社会安全

社会必然伴随着恒久的发展与变革,有发展与变革,便意味着有矛盾,有矛盾便意味着有社会安全问题的不断显现。社会安全是国家安全的重要构成部分,是和谐社会建设的重要内容,是人民美好生活顺利实现的基本保障,是高校校园环境安全稳定的基本前提,是大学生成长成才的坚实基础。在《国家突发公共事件总体预案》中,运用列举的方式将社会安全事件概括为恐怖袭击事件、经济安全事件以及涉外突发事件。可以看出,社会安全事件通常是指人与人之间在公共的生产生活中所引发的严重威胁公共安全和公共利益的事件。

本书中的社会安全主要指影响社会公共秩序和人民生命财产安全的安全问题。从社会安全的范围层面来看,社会安全包含了社会治安、公共卫生、生活安全、生产安全、交通安全、群体性事件、恐怖袭击、民族宗教冲突、涉外突发事件、特殊群体安全事件等。从社会安全的具体特征来看,社会安全具有破坏性、突发性、群体性、交叉性等。大学生公共安全教育立足于社会安全,针对社会突发事件安全、社会群体性事件中的安全、公共场所的安全、人际交往中的安全四个方面展开对大学生的社会公共安全教育,培养大学生作为一名社会公民需要具备的公共安全素养和公共安全精神,从而促进大学生的生命发展,促进社会公共安全环境的创建。

(二) 公共网络安全

随着时代发展的信息化、智能化走向,网络已经构成了国家、社会之间的信息网,网络管理也成为当前我国社会管理的一项重要内容。公共网络主要是指计算机网络、互联网等具有公共性的网络。公共网络安全是社会与国家公共安全的重要保障,对经济快速发展、社会和谐稳定、人民美好生活、个人信息安全等发挥举足轻重的作用。公共网络安全的建设是保障公共网络稳定运行的基础,也是公共网络信息交流与应用的保障。当前的时代,随处可见的在线支付、网络购物、快递服务等证明了网络已成为社会发展不可或缺的组成部分。网络安全与大学生的生活、学习、工作息息相关,各类大学生网络诈骗、网络暴力、网络游戏成瘾、个人信息泄露、网络病毒攻击等网络安全事件频频发生,公共网络安全也成为了整个社会公共安全的组成部分。面对复杂的网络环境及其带来的必然影响,大学生公共安全教育需要立足于公众的发展层面开展公共网络安全教育,结合日常生活中的公共网络安全事件展开对大学生的教育教学活动,教会大学生应对网络诈骗、网络暴力、个人信息泄露、网络病毒攻击等方面的应对措施与方法,培养大学生在公共网络中的道德约束能力与信息鉴别能力,从而促进大学生树立正确的网络安全观念,引导大学生成为数字时代下拥有公共安全素养、公共安全理性意识、公共安全道德意志的新网络公民。

（三）公共交通安全

公共交通安全是党和政府“人民至上、生命至上”价值追求的具体体现，是社会大局和谐稳定的重要保障，是经济社会健康发展的重要基础，是大学生成就人生事业与家庭幸福的重要基石。公共交通安全包括公共汽电车安全、地铁安全、出租车安全、火车安全、客渡船安全、客机安全、自驾车安全。在日常生活中，我们每个人都是公共交通的参与者。然而，不遵守交通规则、不文明驾驶、随意占用公共道路等损害公共交通安全、危害公众利益的行为在现实生活中屡屡发生。《中华人民共和国道路交通安全法》对机动车、非机动车、行人、乘车人的通行、交通事故的相关处理方式和法律责任进行了明确规定。大学生公共安全教育立足于社会发展的层面，从养成大学生良好的交通习惯和遵守交通法规的意识入手，诸如引导大学生驾驶者定期对车辆进行检修维护以确保行车车辆的安全可靠等，由此提升大学生的交通安全文明素养，营造交通安全的良好氛围，促进公共交通安全环境的建立与维护。

四、可持续层面的公共安全教育

（一）自然灾害教育

自然灾害是人类社会始终面临的生存难题，可以说，人类发展史就是一部人类与自然灾害不断抗争的历史。如何处理人与自然的关系、自然灾害与社会发展的关系，关系到人和人类社会的可持续发展。近年来，洪水、台风、泥石流、沙尘暴、地震等自然灾害的频发为社会发展增添了诸多不稳定因素，给全民的公共安全造成了严重威胁。在大学生公共安全教育中，应当引导大学生认知自然灾害的种类、形成原因、基本特征以及主要危害，并针对自然灾害的潜伏期、暴发期、善后期三个不同阶段展开对自然灾害的教育教学活动，提升大学生对自然灾害的整体认知，教会大学生预防自然灾害的常识，以及应对常见自然灾害时为维护公众安全能够采取的具体措施，从而最大限度减少自然灾害对公共安全的不利影响。

（二）公共卫生安全

随着全球化进程的推进，当今时代社会人口密度较大，人口流动速度较快，人口构成复杂，人口聚集规模较大，一旦传染病、集体意外伤害等公共卫生安全事件突发，世界上各个国家的公共安全都会受到威胁。2020 年，一场新型冠状病毒在全球的肆虐拉响了全人类的生命健康警报，面对突发性的公共卫生安全事件如何快速应对、降低风险成为了当下公共卫生安全领域亟须关注的重点。可以说，公共卫生具备公有性、公用性、公益性的特征，公共卫生也同政治、经济、科学的发展密切相关。同时，公共卫生一方面为公众服务，另一方面也需要公众参与。大学校园是人群高度集中的场所，且人员流动性频繁，一旦发生公共卫生安全事件，对大学校园公共安全的维护将会带来严重威胁。因此，大学生公共卫生安全教育是落实立德树人、树立“健康第一”教育理念的根本遵循，是建设健康中国的基本要求，是保障国家安全发展的客观需要，是维护人类健康福祉的必然选择。大学生公共卫生安全教育选择以饮食习惯、食物中毒、科学用药、吸烟、酗酒、毒品、传染病作为公共卫生安全教育的主要内容，多方面引导大学生有意识地去保护公共卫生安全，从而保障社会的可持续发展。

（三）法制安全教育

法制安全教育即教育引导大学生学法、尊法、守法、用法、护法，严格依法办事，自觉以法律规范约束自己。大学阶段的学生内心的自由意识凸显，加之大学的生活环境相对较为自由、宽松，能够自行安排的休闲时间也相对较多，此时的大学生进行自我管束的主导权多由自己把握，这使得大学生很容易受到来自外界的侵害，从而产生病态心理并做出违反法律法规的行为。其中，校园贷、网络传销、网购诈骗、刷单、校园霸凌、故意伤人等是时常发生在大学生群体中的违法行为。因此，大学生法制安全教育是指对大学生进行以预防与应对违法犯罪行为为目的的一切教育活动。大学生公共安全教育将学习法律知识作为主要内容，通过在教育教学中开展法制安全教育，来引导大学生成为知法、懂法、守法、崇法、护法的社会公民，从而减少大学生犯罪的现象，为大学生综合素养的提升提供坚实基础，为平安校园的构建创设有利条件，为和谐社会、法治社会的建设提供良好环境，为促进公共安全环境的可持续发展提供恒久动力，为社会主义精神文明建设提供可靠保障。

思考题

1. 谈谈你对大学生公共安全教育内涵的理解。
2. 简要分析公共安全与个人安全的辩证关系。
3. 开展大学生公共安全教育具有什么时代意义？
4. 大学生公共安全教育具有哪些时代特征？

活动与训练

1. 以班级为单位开展大学生公共安全教育主题海报设计活动。
2. 开展大学生公共安全教育主题演讲活动。

推荐阅读

1. 金生鈜. 保卫教育的公共性[M]. 福州：福建教育出版社，2008.
2. 郭湛，等. 社会公共性研究[M]. 北京：人民出版社，2009.
3. 袁祖社. 文化与伦理：基于公共性视角的研究[M]. 北京：人民出版社，2016.
4. 杨清荣. 公共生活伦理研究——以中国的社会转型为背景[M]. 北京：人民出版社，2016.
5. [英]保罗·霍普. 个人主义时代之共同体重建[M]. 沈毅，译. 杭州：浙江大学出版社,2010.

6. 陈永森. 和谐社会与公民的公共精神[J]. 思想理论教育,2008(23).

7. 廖生智. 论习近平总体国家安全观的中国特色[J]. 山西高等学校社会科学学报,2015(3).

8. 余玉花. 论现代危机下的公民责任[J]. 上海行政学院学报,2012(3).

9. 宋洁. 利己与利他：公共精神教育内外张力关系探微[J]. 教育评论,2017(11).

10. 梅贻琦. 大学一解[J]. 清华大学学报(自然科学版),1941(00).

拓展阅读1　　拓展阅读2　　拓展阅读3

第二章　社会安全

思维导图

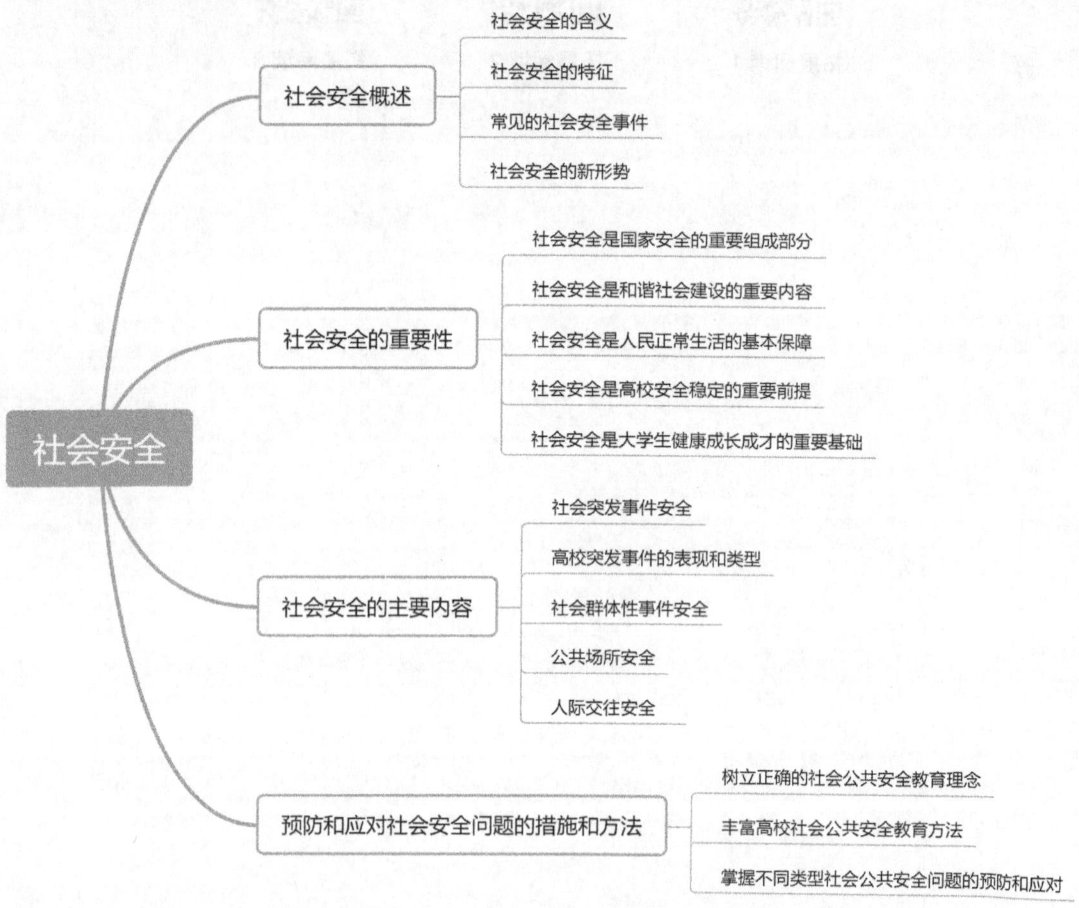

学习目标

【知识目标】理解社会安全的内涵，掌握社会安全事件的基本特征和主要类型。

【能力目标】能够识别和评价常见的社会安全事件，掌握日常社会安全的预防与应对方法。

【素质目标】能在新形势下树立重视和维护社会安全意识，提高社会安全预防和应对的综合素质。

【思政目标】树立"社会安全第一"意识，努力维护国家安全、社会安全和公民自身安全，为构建我国和谐社会做出贡献。

在全球化和现代化两股强大力量的席卷下，我国在工业化初期向工业化中期转型的关键时期，遭遇了国家安全体系的新变迁——风险社会的到来，政治、经济、文化、社会、生态等诸多领域的各种问题容易集中爆发，且具有风险的全球联动性、多发性、复合性、不公平性等特征①。依据安东尼·吉登斯的风险社会理论，"我们所有的人都需要有抵御风险的保障，也需要具有面对风险并以一种积极的方式来对待风险的能力。"②对待风险不仅要有积极的态度，更要具备应对风险的本领。近年来，在我国连遭暴冰雪、汶川大地震、三鹿毒奶粉等重大安全事件袭击的危急形势下，作为缓解公共安全危机的社会公共安全教育，开始成为人们关注的焦点。大学生是一个走在社会前沿、肩负国家未来的特殊群体，因而他们不仅要有知识和能力，更要有责任和担当。然而，当前部分大学生却难以担当起应有的责任，公共安全隐患在高校也依然存在着，大学生的社会公共安全教育亟须加强。

第一节　社会安全概述

《中小学公共安全教育指导纲要》（国办发〔2007〕9 号）中指出："公共安全教育的主要内容，包括预防和应对社会安全、公共卫生、意外伤害、网络信息安全、自然灾害以及影响学生安全的其他事故或事件六个模块。"社会安全是公共安全教育的六个模块之一，它是衡量一个国家或地区构成社会安全四个基本方面的综合性指数，包括社会治安（用每万人刑事犯罪率衡量）、交通社会安全（用每百万人交通事故死亡率衡量）、生活安全（用每百万人火灾事故死亡率衡量）和生产安全（用每百万人工伤事故死亡率衡量）③。

---

① 崔德华. 从风险社会视角透视我国社会主义和谐社会的构建[J]. 云南社会科学，2008(4)：77-81.

② [英]安东尼·吉登斯. 第三条道路——社会民主主义的复兴[M]. 郑戈，译. 北京：北京大学出版社，2000：67.

③ 孙峻岭，林炳耀. 和谐城市的层次性及其通用评估指标体系研究[J]. 经济地理，2011(12)：2046-2050.

一、社会安全的含义

社会安全有广义与狭义之分。广义的社会安全是指整个社会系统能够保持良性运行和协调发展的状态,能够有效地把妨碍社会良性运行与协调发展的因素及其作用控制在最小范围内,其中包括社会环境因素和社会系统内部因素两个层面。狭义的社会安全是相对于经济安全和政治安全而言的,是指除经济子系统与政治子系统之外其他社会领域的安全教育①。

本书中认为社会安全主要指影响社会公共秩序和人民生命财产安全的安全问题②。从所涵盖的范围来看,包括社会治安、公共卫生、生活安全、生产安全、交通安全、群体性事件、恐怖袭击、民族宗教冲突、涉外突发事件、特殊群体安全事件等③。就其特点而言,社会安全事件具有破坏性、突发性、群体性、交叉性等。

二、社会安全的特征

社会安全问题一般通过"事件"的形式来体现或暴露。社会安全事件通常具有社会性、紧急性、危害性、应急管理等特征④。

(一)社会性

主要表现在两个方面:一是,社会安全事件对社会治安秩序和公民生命财产安全构成严重威胁或者损害。二是,社会安全事件超越个案和局部地点,影响范围远超过所谓"社会性"或"公共性"的程度。公共与个人相对,是属于全社会的、公众共同所有或使用的事物。这里的"社会性"或"公共性"反映在事件本身或许会引起公众的高度关注,或者对公共利益产生较大消极负面影响,如危及公共安全、损害公共财产和广大民众的私有财产,甚至严重破坏正常的社会秩序。

(二)紧急性

主要体现在三个方面:其一,非常多的社会安全事件的爆发都是很突然的,在爆发前通常都被人们认为是不可能的,但确实发生了。其二,几乎所有社会安全事件在爆发时,人们都无法获得全面的信息。因此,针对事件的性质、未来发展的可能,我们一般不能准确把握,这就导致了外界想了解社会安全事件的真实情况。其三,社会安全事件的发展非常迅速,其事态在短时间内能够快速扩大并酿成严重后果,急需政府部门在有限的时间范围内、在有限的信息条件下开展应急处置工作,否则,会造成更大的危害和后果。

---

① 郑杭生,洪大用. 中国转型期的社会安全隐患与对策[J]. 中国人民大学学报,2004(2):2-3.

② 许宪春,任雪,汤美微. 关于中国平衡发展指数指标体系的构建[J]. 统计研究,2020(2):3-14.

③ 张宝锋. 社会资本理论视野下的农村治安问题研究[J]. 河南警察学院学报,2018(1):12-19.

④ 周定平. 关于社会安全事件认定的几点思考[J]. 中国人民公安大学学报(社会科学版),2008(5):121-124.

（三）危害性

主要表现在两个方面：一方面，社会安全事件通过损害公共财产、危及公共安全、破坏公共秩序、减损公众福祉等方式，对过去的稳定状态构成现实的威胁或损害。另一方面，社会安全事件在其发展过程中会引起一连串的相关反应，一些学者称之为“涟漪反应”或“连锁反应”①。

三、常见的社会安全事件

进入21世纪，我国发生的重大社会安全事件有：2003年SARS肆虐；2008年汶川大地震；2012年国内共发生36起电梯伤亡事故；2014年昆明火车站暴恐事件；2014年上海外滩踩踏事件；2015年“8·12”天津港爆炸事故；2021年河南郑州“7·20”特大暴雨灾害等。

这些社会突发事件严重危害了民众的生命健康和财产安全，也影响了社会的稳定与和谐。任何一个国家或地区，都不可避免地会遇到各种突发公共安全事件，尤其是在人口众多的中国，突发公共安全事件时刻威胁着国家和人民。重特大事故时有发生，影响社会公共安全的各种危险因素一直存在。而高校校园内的突发公共安全事件因其特殊的地位，产生的严重后果更令人担忧。社会整体安全程度与一个国家的社会发展程度、经济发展速度、社会公平程度、政治体制、历史文化传统等都有关系。因此，我们要理性地看待与应对社会安全突发事件，科学决策，预防为主，防治结合，使社会危害降至最低。

四、社会安全的新形势

当前，社会安全新形势的基本特点包括：

（一）暴力恐怖活动威胁严重

暴恐活动呈现家族化、年轻化、流动化、国际化趋势。恐怖主义是当前国际社会面临的最严重威胁之一。恐怖主义活动不仅对各国人民的生命财产安全造成威胁，更是国际和平与稳定的重大隐患。恐怖分子不仅在战场上使用暴力手段，也利用网络和社交媒体等新媒体手段进行宣传和招募，给社会安全带来了极大的挑战。

（二）社会治安问题突出

违法犯罪活动日趋具有以下几个特点：暴力化、组织化、职业化、智能化。例如，食品药品安全犯罪、电信诈骗犯罪、非法集资犯罪、环境污染犯罪等不断出现，发生率居高不下，严重危害人民生命财产安全，给社会公共安全问题还带来新的挑战。

---

① 周定平. 关于社会安全事件认定的几点思考[J]. 中国人民公安大学学报（社会科学版），2008(5)：121-124.

（三）社会安全因素复杂化

各种社会安全因素越来越相互交织、连锁反应，个别利益诉求向群体利益诉求扩张，直接利益冲突向无直接利益冲突转变，具体利益诉求向抽象利益诉求发展。

总之，关于我国社会安全形势的总体判断是："社会问题逐步暴露，社会矛盾明显增多，社会冲突日趋激烈，社会稳定进入风险期。对此，必须确立稳定压倒一切、以人民安全为宗旨、公平正义为基石的基本原则，通过深化社会改革建立顺应社会发展规律的社会体制，通过创新社会治理打造社会安全微观基础，通过升级方法手段提升社会安全保障能力。"①实现社会安全治理现代化，是国家治理能力现代化建设在社会安全领域的重要体现，是贯彻落实党的二十大战略部署、习近平新时代中国特色社会主义思想，特别是总体国家安全观的国家安全战略的重要举措②。2019 年 5 月召开的全国公安工作会议强调，要使人民群众的安全感"更加充实、更有保障、更可持续"，这是社会安全治理理论研究和实践探索须关注的重要议题。社会安全治理要做到"系统治理、依法治理、综合治理、源头治理"四个层面，推进平安中国、法治中国建设，探寻影响社会安全的本源因素是重要的维度，关注影响和提升人民群众安全感的关键问题，为社会安全的预测、预警、预防和治理提供根本遵循。

►► 第二节　社会安全的重要性 ◄◄

社会安全稳定对于国家、社会以及高校来讲，都是极其重要的。

一、社会安全是国家安全的重要组成部分

作为国家安全重要组成部分的社会安全，既事关每个社会成员的切身利益，也事关国家发展和社会稳定，对于保障人民安居乐业、社会和谐有序、国家长治久安，都具有十分重要的意义。社会安全、和谐与稳定符合国家和人民的根本利益，促进和谐与维护稳定是每一个公民的责任，更是大学生的责任③。每个人都希望生活在一个和谐、稳定的社会，都希望国家富强、人民富裕，都希望社会主义现代化目标得以顺利实现，因此，社会安全，人人有责。只要我们上下同心，各方协作，和衷共济，团结一致，就没有克服不了的困难。我们相信，一个更加富强、更加民主、更加文明、更加团结的中国必将屹立于世界舞台中心。

---

① 郭强. 论新形势下的社会安全[J]. 学习与探索，2016(12)：53-58.

② 孙健. 贯彻落实总体国家安全观为实现中国梦提供坚强有力的安全保障[J]. 军队政工理论研究，2014(4)：137-140.

③ 付铁军. 从构建和谐社会看改革发展稳定[J]. 中共成都市委党校学报(哲学社会科学)，2005(5)：8-9.

二、社会安全是和谐社会建设的重要内容

社会安全是社会发展的基本保障,社会发展建设和运行水平需要通过社会安全来体现。实现社会安全有序,提升社会治理现代化水平,并能够长治久安,是社会治理追求的重要价值目标。在1998年我国成为中等收入国家之后,传统常态性社会安全事件的出现频次开始缓慢下降,社会公共安全形势局部向好。但与此同时,非传统、非常态的社会安全事件呈现高增长态势,包括暴力恐怖、互联网犯罪、金融(集资)欺诈、环保抗议、食品药品安全、化工事故、征地拆迁冲突等等。党的二十大报告对增进民生福祉,提高人民生活品质,不断增强人民群众获得感、幸福感、安全感做出重大部署,强调进一步完善"党委领导、政府负责、社会协同、公众参与、法治保障"的社会治理体制,提高社会治理社会化、法治化、智能化、专业化水平,打造共建共治共享的社会治理格局①。2023年全国"两会"期间,习近平总书记多次"下团组"并发表重要讲话,强调人民幸福安康是推动高质量发展的最终目的,基层治理和民生保障事关人民群众切身利益,是促进共同富裕、打造高品质生活的基础性工程,各级党委和政府必须牢记在心上、时时抓在手上,确保取得扎扎实实的成效。

三、社会安全是人民正常生活的基本保障

社会安全作为国家安全体系的重要构成要素之一,关涉到社会稳定和人民幸福。2015年7月1日颁布实施的《中华人民共和国国家安全法》提出:"国家健全有效预防和化解社会矛盾的体制机制,健全公共安全体系,积极预防、减少和化解社会矛盾,妥善处置公共卫生、社会安全等影响国家安全和社会稳定的突发事件,促进社会和谐,维护公共安全和社会安定。"②当前,我国仍处于刑事犯罪的高发期,违法犯罪活动日趋暴力化、组织化、职业化,严重暴力犯罪案件突出,高新技术犯罪、网络犯罪增多,对传统公共安全工作提出挑战。涉及人民生活的安全事件也是居高不下,盗窃、抢劫等犯罪事件多发,电信诈骗犯罪、食品药品安全犯罪、农资建材领域犯罪、环境污染犯罪等新型犯罪不断出现,这都给人民正常生活带来了威胁和干扰③。所以,要加强社会安全的治理,形成有效的社会治理、良好的社会秩序,促进社会公平正义,让人民群众,获得感、幸福感、安全感更加充实、更有保障、更可持续,这样才能保证人民安居乐业。

四、社会安全是高校安全稳定的重要前提

俗话说"社会是大学校,学校是小社会",因此,社会安全是高校安全稳定的重要前提。进入21世纪以来,随着高等教育改革的不断深化,不同高校之间为了增强竞争力,不断扩大

---

① 翟绍果,谌基东.共建美好生活的时代蕴意、内涵特质与实现路径[J].西北大学学报(哲学社会科学版),2017(6):20-26.

② 中华人民共和国国家安全法[J].中华人民共和国公安部公报,2015(5):24-30.

③ 李大光.全球化背景下的总体国家安全研究[J].人民论坛·学术前沿,2018(8):6-19.

招生规模，建立新校区，整体生源质量可能会受到一定的影响，也给高校教育教学和管理带来挑战。同时，校园文化日趋多元化、复杂化，一些社会治安案件不仅危及大学生的人身、财产安全，而且影响和诱使大学生违法犯罪案件在高校时有发生，包括盗窃、抢劫、诈骗、故意伤害、蓄意破坏公物、参加非法传销、网络犯罪等，更加令人担忧的是，一些大学生犯罪性质越来越严重，所有这些都反映出当前高校校园安全、社会安全问题的严重性，以及惩治、预防的紧迫性①。

五、社会安全是大学生健康成长成才的重要基础

"青年兴则国家兴，青年强则国家强。"随着社会的不断发展和各个高校招生人数不断增多，大学生群体的社会安全教育变得更加重要。但是一直以来，大学生宿舍失火、实验室安全、网络诈骗等事件时有发生，这给大学生的健康成长成才带来了不小的威胁。社会安全是大学生健康成长和全面成才的良好基础，社会安全教育也是大学生完善自身心理、提升整体素质的重要内容。大学生在平日的生活中只有注重学习、生活的各个方面，比如安全防范、安全责任、遵守法律法规、自我保护等意识和处理突发事件的应急能力，才能为自身健康成长成才提供更好的保障。

►► 第三节　社会安全的主要内容 ◄◄

社会安全从内容层面上讲，包括社会突发事件安全、社会群体性事件安全、公共场所安全、人际交往安全等四个方面。

一、社会突发事件安全

案例 2.3-1

（一）社会突发事件的界定

2007 年颁布的《中华人民共和国突发事件应对法》对"突发事件"的定义是：突然发生，造成或可能造成严重社会危害，需要采取应急处置措施予以应对的自然灾害、事故灾害、公共卫生事件和社会安全事件。社会突发事件在不同的维度与标准下，分类不同。根据危害结果，可分为人身及精神损害型突发事件、财产损害型突发事件、秩序损害型突发事件、不良信息泛滥型突发事件；根据危害程度，可分为轻微型突发事件、一般型突发事件、重大型突发事件②；根据突发事件的可预见性，可分为预见性突发事件和不可预见性突发事件；按照突发事件规模，可分为个体型突发事件和群体型突发事件。

---

① 李俊成. 新时期高校安全教育的重要性[J]. 黑龙江科技信息，2011(2)：216.

② 张伟. 高校突发事件危机管理对策研究[D]. 泉州：华侨大学，2013.

（二）社会突发事件的特征

社会突发事件具有突发性、公共性、不可预测性、破坏性和复杂性等特征①。

1. 突发性

突发公共事件的突发性是指社会突发事件大多是由一系列细小事件逐渐发展起来的，有一个从量变到质变发展的轨迹，但事件爆发的时间、规模、态势和影响深度，却经常出乎人们的意料，事件突发起来，进程较快。一旦爆发，其破坏性的能量就会被迅速释放，并呈快速蔓延之势，而且事件大多演变迅速②。

2. 公共性

突发公共事件的公共性一方面指发生在普通的公共领域，涉及主体是此领域内的人员；另一方面指尽管突发公共事件的直接涉及范围虽然不一定是在普遍的公众领域，但因为消息迅速传播而引起公众的关注，成为公共热点并造成公共损失、公众心理恐慌和社会秩序混乱③。

3. 不可预测性

突发公共事件的不可预测性是指在突发公共事件的原因、变化方向、影响因素和后果等各方面都变化无常、无规律，有可能是在一定区域，也可能是在校内或校外发生，难以准确预测和把握④。

4. 破坏性

突发公共事件的破坏性不仅表现为人员伤亡、财产损失，还体现在对社会心理和个人心理造成的破坏性冲击，并有可能渗透到社会生活中。值得注意的是，高校突发事件更容易引起社会关注，极易为社会上别有用心者所渲染，客观上加深了危害的范围和程度，往往引发突发事件辐射的连锁反应。

5. 复杂性

突发公共事件因多重矛盾共同作用，往往呈现出一果多因、相互关联、环环相扣的复杂状态。因此，突发公共事件防治的组织系统也较复杂。

二、高校突发事件的表现和类型

（一）高校突发事件的表现

“高校突发事件是指在校园内发生的，可能造成严重社会危害，影响学生的安全和正常

---

① 李雄斌. 基于人群便利性的疏散集结点选址优化[D]. 兰州：兰州交通大学，2018.

② 郭兴旺. 突发公共事件：绕不开的话题[J]. 中国发展观察，2005(5)：4-8.

③ 杨贤芳. 突发公共事件下思想政治教育方法再选择[J]. 法制与社会，2012(24)：235-236.

④ 李海梅. 论突发公共事件中政府形象建设[D]. 成都：四川大学，2007.

生活、学习的事件。"①高校突发事件本质上归为社会公共突发事件的一种,有其特殊性:一是主体特殊。其主体为在校大学生,他们具有较高的文化教育水平,他们热情且富有责任感,但另一方面,思想行为也容易受他人影响和利用。二是社会影响力大。因大学生群体的特殊性和受关注度,高校突发事件在社会上的影响大、传播速度快,容易发酵和引发辐射效应。同时,高校突发事件还容易发展成为群体性事件,从个人、校园和社会等层面来看,危害性较大。目前,我国高校突发事件数量持续上升,已成为当前严重影响高校以及社会公共安全稳定的重要因素。

(二) 高校突发事件的类型

按照高校突发事件的特点、原因来分类,主要可分为以下几种类型:一是传染性疾病类,如2003年的"非典"就是这类事件的典型代表。二是国内外重大事件类,主要是因国内外发生的重大事件对于校园内大学生的影响而产生的突发事件,如抗议、游行等。三是高校管理类,指因高校制定的管理措施没有及时解决而引发的突发事件。四是灾害类,包含自然灾害与人为灾害等引发的突发事件(如地震、台风等)。五是人为因素类,包含人与人之间因利益、嫉妒等多方原因造成的打架斗殴、恶意报复等突发事件。六是心理压力方面,由于个人压力、就业压力、家庭压力过大而没有及时得到疏导,从而造成的自残、自杀等大学生突发事件②。

[案例]

2021年9月5日,某高校校园内一辆快递货车在倒车时撞倒一名学生,被撞女生被碾压致重伤,送医后不幸离世。学生反映,在校内很少听到车辆鸣笛,但感觉大车车速普遍较快。"下雨的时候,大车会突然从身旁开过去,水溅得一身都是。"另据多名学生反映,高校长期存在大货车频繁出入、超速行驶等问题。

[评析]

高校校园内车辆导致的各种伤亡事件时有发生,说明一些高校对机动车辆的管控存在漏洞。车辆在校园内行驶存在很大的安全隐患,可能威胁到教职工和学生的人身安全。因此,涉事司机要承担责任,但高校也有监管责任。保障校园环境安全是高校的职责所在,应禁止快速行驶、不听劝诫的车辆进入校园。非基建等需求,没有必要让大货车在校园内频繁出入。

(三) 高校突发事件的归因

高校突发事件产生的原因复杂、多元,包含政治因素、思想因素、经济因素等。

1. 政治因素

大学生群体思想较开放,文化层次较高,参与政治的热情高,但社会经验往往不足,生活阅历浅,理性思考能力不强,在看待复杂社会问题时容易片面化、极端化,常以偏概全,缺乏全面、深入、辩证地思考问题的能力。国家间的政治问题最能触动大学生的神经,他们往往

---

① 刘欢. 大学生社会安全教育[M]. 西安:电子科技大学出版社,2019:35.

② 孙克常. 高校学生突发事件预警及处理机制研究[J]. 现代经济信息,2018(16):404+407.

会组织声势浩大的游行来表示抗议。一些不法分子因为对社会不满，就混入大学生队伍中从事破坏活动，给社会安全稳定带来一些隐患。这都是因为大部分学生对政治事件有激情但缺乏理性思考能力而引发的①。大学生如何理性地表达爱国热情，与大学生的身心健康与道德培养，社会公共安全稳定和国家安危息息相关。

2. 思想因素

当前我国社会正处在一个发展的战略攻坚期、矛盾凸显期，随着社会结构、社会组织形式和社会利益格局的深刻变化，社会利益观念和价值取向日益多元化，主流的与非主流的同时并存，先进的与落后的相互交织，使得大学生的思想观念、价值取向、生活方式和行为选择正以前所未有的速度发生着改变与震荡，他们思想活动的独立性、选择性、多变性和差异性明显增强。大学生由于心理不够成熟，容易被社会不良风气影响，产生心理困惑甚至心理疾病。此时，如果没有正确的人生观、世界观、价值观所引导，大学生就容易被社会不良风气污染，产生消极想法，比如过多关注自身的利益，表现得物质化，自身的正义感被弱化。在大学生的思想不断变化的情况下，做好大学生的公共安全教育工作，成为培养合格接班人、维护高校和谐稳定的必然要求。

案例 2.3-2

3. 经济因素

当前我国正处于社会转型的关键时期，大学生在感受到经济发展和社会进步的同时，也强烈感受到了官员腐败、收入不高、生态环境恶化、法制不健全、就业难等诸多方面的社会问题，他们尤其对腐败现象和收入不高感到不满，一旦有导火索就会导致突发事件的发生。

4. 文化因素

随着经济的发展，交通更加便捷，网络越来越发达，全球范围内的各种思想潮流交融更加频繁。然而，西方反华势力对我国进行文化渗透的图谋丝毫未改，甚至还在加剧，从“和平演变”到“颜色革命”，他们妄图推行其政治制度和价值观念。他们往往借着慈善的名义利用大学生思想活跃和对民主自由认识不成熟的特点，借助网络、宗教等手段，制造谣言、混淆视听、误导舆论，对高校进行渗透和煽动，容易使少数大学生上当受骗，进而引发各种突发事件，威胁高校校园和社会的公共安全稳定。

5. 社会因素

在开放、自由、多元的社会环境中，当前社会治安问题校园化、校园治安问题社会化趋势越来越明显。高校周边环境复杂，流动人口多，出租房多，无证摊贩多，交通安全隐患多，针对在校大学生的抢劫、诈骗、盗窃、人身伤害等治安刑事案件的发生率居高不下，严重影响高校师生的生命财产安全和身心健康。一些不法分子看到大学生社会经验不足的缺陷，利用大学生的善良大肆进行诈骗活动，对大学生造成了极大的伤害。另外，高校周边娱乐场所多，如网吧、KTV、台球室、饭店等，吸引了不少大学生，这些大学生在校外失去监督，容易成为社会的不安全群体。

---

① 何海颖. 高校突发事件应急管理机制研究[J]. 国际公关，2021(9)：40-42.

三、社会群体性事件安全

（一）社会群体性事件的界定

群体性事件是指群众共同实施的违反国家的法律、法规、规章，扰乱社会秩序，危害公共社会安全，侵犯公民人身安全和公私财产安全的行为①。2004 年，为及时、高效、妥善处置由人民内部矛盾引发的群体性事件，规范处置行为，提高处置能力，维护人民群众的根本利益和社会稳定大局，中央预防和处置信访突出问题和群体性事件联席会议通过的《关于预防和处置群体性事件工作意见》中指出："群体性事件是由人民内部矛盾引发，群众自认为自身权益受到侵害，通过非法聚集、围堵等方式，向有关机关和单位表达意愿、提出要求的群体上访等群体性事件及其酝酿、形成过程中的串联、聚集等活动。"②

我国发生的社会群体性安全事件，从根本上说是人民内部矛盾，是不同群众、不同阶层利益关系和不同观念形态的冲突，是在根本利益一致基础上产生的矛盾冲突③。但事情一旦发生，正常的社会公共安全秩序就会失衡，影响社会公共安全稳定，威胁到人的生命和财产安全，也会损伤到党和政府的公信力。社会群体性事件具有行为的对抗性和危害的严重性，直接危害到政治稳定和社会稳定。

（二）社会群体性事件的特征

总结归纳社会群体性事件的特征意义重大，有助于管理部门科学制定应急预案，有效预防和妥善处置社会群体性事件；有助于高校根据社会群体性事件的特征对大学生开展公共安全教育。目前，社会群体性事件的典型特征归纳起来主要有以下几个层面：

1. 参与主体多元化

社会主义市场经济体制的建立与发展，必然会影响到社会各个阶层的利益。参与主体的多元化主要是指参与群体性事件的人来自社会的不同阶层，有着不同的利益诉求。

2. 参与方式激烈化

群体性事件的组织者和参加者越来越多地采取多种极端甚至违法的行为发泄不满情绪，个别地方甚至发生破坏公共设施、打砸执法车辆等过激行为，给当地正常的社会生产和生活秩序造成了严重的影响④。

3. 组织程度日益加强

一般而言，相当数量群体性事件的发生是有计划、有组织的，而且是跨行业、跨区域的联合行动。虽然大多数群体性事件是因经济上的利益矛盾引发的，但不排除仍有少数群体性

---

① 王益民. 边境地区民族、宗教群体性事件问题研究[J]. 湖北警官学院学报，2012(4)：57-59.

② 本书编写组. 预防与处置群体性事件党政干部读本[M]. 北京：人民日版出版社，2009：117-118.

③ 沈惠章. 关于群体犯罪及其公安控制的研究[J]. 广西警官高等专科学校学报，2006(4)：14-16.

④ 王家合. 国内社会群体性事件研究的回顾与前瞻[J]. 湘潭大学学报（哲学社会科学版），2011(4)：10-15.

事件掺杂有其他目的。

4. 处置难度日益增大

一方面,我国尚在社会主义初级阶段,存在着大量的社会矛盾,不解决社会中存在的这些实际问题,就不能处置好群体性事件。另一方面,群体性事件往往参与者较多,而且成分复杂,要区别对待,分类处理,不能一概而论。虽然多数群体性事件的参与人员提出的诉求有其合理性,但这些群体采取的不当方式,给处置群体性事件带来相当大的难度①。

四、公共场所安全

案例 2.3-3

(一) 公共场所的界定

社会公共场所通常包括高校、体育场馆、宾馆饭店、影剧院、歌舞厅、夜总会、大型商场超市、公共交通车站、码头、候机大厅,大型集会、演出活动等人员高度密集的场所,这些场所容易因小的事故、意外(如停水、失火、争吵斗殴等)而引起大型的群死群伤事故,其中拥挤、踩踏事故占相当比重。相应地,高校公共场所是指大学生公共使用的下列几类场所:一是学生集体宿舍;二是图书馆、教室;三是餐厅;四是校园超市;五是室外运动场;六是体育馆;七是公共浴室等。高校各类公共场所的共同特点包括:建筑功能复杂,人员密集,实验室等可燃材料多、用电量大。此外,近年来由于一些高校扩招、扩建,校内施工工地较多,严重影响广大师生的教学、生活及夜间休息。校园环境变得较为复杂,必然伴随着许多的社会安全隐患。

(二) 高校公共场所的安全问题

高校公共场所的安全防范历来是高校学生处、保卫处等部门工作的重中之重。尽管党中央、国务院多次强调,一定要抓好高校的社会安全管理,确保大学生的生命和财产安全,但是由于多种原因,目前仍存在这样那样的社会安全隐患和管理问题。例如,高校宿舍、食堂内的偷盗、财物丢失问题时有发生;大学生在室外运动时,没有提前做好充分的安全防范准备;校园内公共场所的诈骗尤其是招聘和兼职诈骗、电信诈骗等不时发生。一些大学生群体社会经验不足,缺乏相应的防范意识,个别学生禁不住犯罪分子的诱惑,就会落入犯罪分子的圈套。此外,高校公共建筑形式复杂,不规范用电、用火以及挤占消防通道等行为,也给高校的安全管理造成困难。

［案例］

2015 年 12 月,海淀区某高校多名学生在食堂午餐时丢失手机。民警破案后发现,这是一个由 9 人组成的盗窃团伙,其中 2 人负责在学生打饭的队伍中来回流窜,挤靠事主进行盗窃,得手后将赃物倒手给背包男子,随后几人分乘两辆汽车逃离现场。

① 王家合. 国内社会群体性事件研究的回顾与前瞻[J]. 湘潭大学学报(哲学社会科学版),2011(4):10-15.

【评析】

犯罪团伙主要是利用高校学生社会安全防范意识较差的弱点，才在高校进行团伙作案。据警方通报，该团伙在海淀、朝阳、东城等多区域作案20余起。可见，高校大学生在公共场所的社会安全防范意识急需提高。

五、人际交往安全

交往是人们通过不同的方式进行的人际联系和接触，交往的目的在于传达思想、交流感情。大学生热爱交往，他们渴望了解他人与社会，同时也希望被别人所了解。所以，大学生交往的特点表现为交往欲望强烈、交往频率高、交往面广等。但是，面对纷繁复杂的社会和形形色色的交往对象，其中难免有一些居心叵测、心怀不轨之徒，在给大学生交往带来不和谐音符的同时，也带来了交往中的一个重要话题——人际交往安全。

（一）大学生人际交往的内涵和特征

人际交往是一种社会实践。在高校中，教与学是主要的实践活动，围绕着教与学，师生之间形成了较为稳定的联系，因此，大学生最基本、最现实的关系是班级中的师生关系和同学关系。人的本质归根到底其实是社会关系的总和，对于大学生来说，除了保持着师生与同学之间的联系外，由于多方因素的限制与制约，还存在着同乡、亲友、社团等关系，并随着大学生年级的升高，接触范围的扩大，所拥有的关系网也越来越复杂。然而所有这些关系基本上还属于初级社会关系，表现出如下特征：

1. 交往过程比以往更加直率和袒露

首先，这种直率和袒露表现在大学生的交往中往往是直接的，而不是间接的；是坦率外露的，而不是隐晦曲折的；是以言语表达为主的，而不是以非语言的暗示、会意为主的。其次，在动机方面，大学生把自身需要的直接满足作为交往的首要前提。最后，大学生对自我评价往往较为自信，不仅通过思维，而且以全部感觉在对象世界中肯定自己。大学生交往中这种直率袒露的特征并非过错，只是不可忽视自身的防护。在纷繁复杂的交往世界中，大学生毫无戒备地过早袒露自身，对于那些心怀叵测的人来说，更便于被当作攻击的对象。

2. 兴趣表现尤为突出

兴趣是指一个人积极探究某种事物或进行某种活动的倾向，是一种行为动力，通常表现出一种强烈的好奇、好问、好动、好新颖的倾向。人的交往受个性差异的制约，这种个性差异表现在性格、能力、气质和兴趣四个方面，而不少大学生的兴趣色彩尤为浓烈。然而，由于大学生的兴趣受到环境和个人能力的影响，患得患失，兴趣不断在变化，在从事交往中就难免产生不成熟的举动；时而显得格外敏感，时而充满幻想，有时又莫名其妙地盲目和偏激。这些特征与大学生已有的知识层次极不相符，大学生从而出现了一种“宏大的抱负、丰富的知识、幼稚的脾性”的不协调的个性。以这种兴趣色彩过于浓厚的幼稚心态去承受变幻莫测的社会交往浪潮的冲击，难免处处碰壁，给自己的生命和财产安全带来隐患。

3. 地缘观念增强

高校学生一般来自全国各个地区，而各个地区经济、文化的发展客观上又存在着差别，沿海沿边与内地、开放早与开放迟的地区的差别更是明显。经济文化的差别带来思想观念上的差异，给人以社会教化的结果也不尽相同。这种差异性在大一学生身上得到不同形式的反映。一般来说，同地区者情投意合，同乡之间更易于接近，在一定程度上来讲，这些都是正常现象。值得注意的是，在一部分学生的观念中，地缘关系高于其他一切关系，有的同学只认老乡而不论其他。更有甚者，跨校、跨地区的同乡会之类的组织屡屡出现，这就难免走向不可把控。

4. 交往方式倾向多向选择

人际交往有单向的、双向的、多向的几种方式，越来越多的大学生倾向于多向选择的方式。多向交往是一种师生与同学间交往相结合的类型，是高校生活中效率较高、成员容易形成交往技能的一种较为理想的模式。自觉选择这种交往模式是积极的表现。另一方面，交往方式的选择与个人对行为规范的遵守并不相悖。在大学生活中，不可能片面强调个性解放，爱干什么就干什么，爱怎么办就怎么办。任何人的行为都应该与高校总体机制运转相协调，受规章制度的制约，受社会风俗、习惯、道德、纪律、法律等社会规范的约束。然而，一些大学生在注意到交往方式的多向选择的时候，却忽视了社会行为规范和公序良俗。

（二）大学生人际交往的安全问题

由于有些大学生社会经验相对较为缺乏，思想单纯，容易理想化地看待问题，在交往过程中，往往忽视社会安全的存在。大学生存在社会安全隐患的交往，包括以下主要表现形式：

1. 同乡交往

中国人的乡情意识浓厚，“他乡遇故知”是中国人人生的四大喜事之一，远在他乡上学遇到同乡会倍感亲切，聚在一起谈乡音叙乡情，或者遇到困难时互相帮助，其乐融融。但大学生中以乡情为纽带、抱团组成的小团体——同乡会，有时会因情绪的感染或从众心理而带来社会安全隐患，特别是在介入处理同学矛盾和纠纷中，容易造成群体性事件，甚至群殴伤害。

2. 涉外交往

随着我国高等教育国际化步伐的加快，高校与国外的交流日益频繁，各个高校国外留学生日益增多。在对外交往中大学生的行为代表着国家的形象，如交往不当可能会使国家利益受到损害，同时也会给自己造成伤害，给自身安全和社会公共安全带来隐患。

3. 网络交往

在网络上与他人交流已成为大学生交往的一种新时尚，殊不知网络交往不过是虚拟空间的一种游戏，有的同学沉溺其中而荒废了学业，更有甚者贸然去会见不良网友，不光浪费了时间与金钱，还使自己的身心遭受了巨大的创伤。

4. 异性交往

男女大学生之间交往要分清爱情与友谊的界限，掌握好两者间的尺度，交往中双方还要互相尊重、宽容和谅解，不影响对方与他人的交往，以免造成不必要的误解，使自己或对方受到伤害。

案例 2.3-4

▶▶第四节　预防和应对社会安全问题的措施和方法◀◀

预防应对社会安全问题的措施不仅要靠高校对大学生的社会安全教育，也要靠高校对大学生的社会安全管理和引导。

一、树立正确的社会公共安全教育理念

思想是行为的先导，有什么样的教育理念做指导，就会产生什么样的教育行为，任何高等学校的教育都概莫能外。因而，高校在开展大学生社会公共安全教育时，必须树立正确的社会公共安全教育理念，这对高校公共安全教育的有效开展具有重要意义。

（一）“生命至上”教育理念

生命是宇宙创造的奇迹，世界上最珍贵的只能是生命，这应该作为教育的基点。大学生首先作为一个生命体而存在，高校在对其进行社会安全教育时，应该树立生命至上的教育理念。树立生命至上教育理念，需要高校从尊重学生生命开始，引导学生热爱生命、关注生命、呵护生命、体验生命、感悟生命、提升生命，从而促进大学生社会公共安全意识与自我保护意识的提高。当然，每个人的生命都只有一次，生命至上并不是要求大学生为了自身生命便可牺牲一切①。大学生在关注自我生命的同时，更要关注他人生命，尊重并热爱其他生命。生命至上教育理念的树立还需要高校以维护大学生生命安全为前提，不断引导大学生对生命价值做出思考。“我到底为什么活着，我应该怎样活着？”对这个话题的深入思考有利于大学生明白生命的意义，而认清生命对自我的意义有利于大学生更加尊重生命、爱惜生命，更加注意保证生命的安全。

（二）社会安全教育全过程理念

大学生社会安全意识的养成，不是一个短期的过程，而是一个长期的、系统的教育工程。高校要坚持社会公共安全教育的“持久战”，树立大学生社会公共安全教育全过程理念，从大学生社会安全教育整体出发，树立“全员、全方位、全过程”育人观念。由于“全过程育人”着眼于育人的阶段连贯、环节紧扣、不留盲区，这就要求在对大学生进行社会安全教育时不能松懈，做到系统育人。树立社会安全教育全过程理念，一方面，需要教育者把握教育时间上的贯穿始终，高校要将大学生社会安全教育贯穿于大学生大一至大四整个阶段，包括大学生学习、生活的各个环节。另一方面，在社会安全教育教师队伍上需要拓展到全体教职人员，甚至需要借助家长、社会、学生朋辈群体的支持。大学生社会安全教育需要涉及大学生整个大学生涯的全过程，覆盖了大学生人身、财产、网络、社交等多方面安全内容，如果仅靠辅导

---

① 邹勇. 大学生安全意识教育研究[D]. 重庆：西南大学，2014.

员或个别老师的力量是没办法实现的。因而,保证大学生社会安全意识的提高,需要全员参与,人人有责。

二、丰富高校社会公共安全教育方法

工欲善其事,必先利其器。社会公共安全教育方法作为实施社会公共安全教育的方式和手段,是高校社会公共安全教育顺利开展的保证。高校对大学生进行社会公共安全教育必须讲究方法。缺少有效的方法,即使树立了正确的社会公共安全教育理念,拓展了相关教育内容,也难以使高校社会公共安全教育落到实处。当前,仅仅依靠单一的社会公共安全教育方法的运用,一定程度上制约了大学生公共安全教育的效果,高校需要改善公共安全教育方法。

(一) 理论灌输法

所谓理论灌输法是指通过向大学生有目的、有意识地传播和灌输某种思想理论体系,使其内化为大学生个体的思想意识,从而自觉服务于特定阶段和社会历史发展要求的一种教育手段,包括三层含义:第一,简单来讲,就是通过基本原理、思想观念的传授、学习、宣传进行社会安全教育的方法;第二,理论灌输法有时也被称为理论教育法或理论学习法,是把理论转化为巨大物质力量的有效途径;第三,通过灌输教育法,可以有目的、有计划地对大学生进行社会公共安全理论体系教育,从而使大学生系统地接受社会公共安全方面的理论知识,逐渐树立正确的社会公共安全观。

理论灌输或理论教育的方式非常多,就大学生社会公共安全教育而言,一般可以采用理论宣传、理论教学等方式。理论宣传是一种运用大众传媒向大学生传授正确理论和先进思想的方法。在社会飞速发展的今天,利用视频、网络等多媒体技术,开办社会公共安全教育专题节目,宣传正确的社会公共安全理论和思想,对于引导学生树立正确的社会公共安全观,具有良好的效果。而理论教学,主要是通过课堂教学的方式对大学生展开社会公共安全教育。在高校中,课堂教学是主渠道,社会公共安全教育作为高校教育的组成部分,完全可以通过理论教学的方式对大学生进行教育,帮助他们系统接受社会公共安全方面的理论知识。高校在运用理论灌输法进行社会公共安全教育时,要积极避免理论灌输走进误区,防止一味地注入与教条主义。

(二) 专题教育法

专题教育法是指在教育过程中针对某一特定问题或主题而采取的具有针对性的教育方法的总称。专题教育最大的特点就是集中性,包括教育内容、教育时间、教育人员及人员精力的相对集中。这一特点使得大学生能在较短时间的学习中,深刻学懂某一方面的知识,具有较强的针对性与实效性。

专题教育法已经成为当前高校对大学生进行社会公共安全教育的主要方法,亦是高校惯用的社会公共安全教育方式。当前,高校就大学生社会公共安全的许多问题都可以展开专题教育。例如,宿舍社会安全专题教育、交通社会安全专题教育、食品社会安全专题教育、财物社会安全专题教育、人身社会安全专题教育、网络社会安全专题教育等等。专题教育的方式既可以是专题讲座的形式，也可以是专题活动的形式，比如，消防社会安全专题演讲比赛、饮食卫生社会安全专题活动周等。

（三）典型案例教育法

典型案例教育法是案例教学法的具体表现，是指运用典型事件通过案例讲解的方式进行教育。典型案例教育法作为案例教学方法的一个重要组成部分，对大学生社会公共安全意识的提高起到了较好作用。案例都是已经发生的典型事件的真实写照，是客观存在的，这对大学生而言具有较强的说服力；而案例作为真实的事件，涉及到多种关系、多重角色，具有较强的吸引力和启发性，能够引起大学生关注，并引发其深入思考。因而，高校在实施社会公共安全教育过程中完全可以采用典型案例教育法，通过典型的大学生社会公共安全事件，让大学生直接了解该类事件的特点、诱因、过程及危害，进而避免大学生类似社会公共安全事故的发生。

（四）模拟演练法

案例 2.4-1

模拟演练是在虚拟情景的条件下，对可能出现的社会公共安全问题进行的全真状态下的模拟演习。通过模拟演练，可以提高社会公共安全事故责任主体和受害主体的反应能力，提高相关人员处理社会公共安全问题的实践能力。高校大学生社会公共安全教育可以针对高校中常见的公共安全事故通过模拟演练法再现公共安全事故的真实场景，让大学生亲自参与和体验，在参与的过程中感受模拟社会公共安全事故的紧迫感，进而增强大学生对这一社会公共安全事故的认识，提高对社会公共安全事故的反应能力①。

三、掌握不同类型社会公共安全事件的预防与应对

（一）社会突发事件的预防与应对

目前，我国高校采取的危机管理模式大都是在危机爆发后，由高校的相关负责人临时组成工作小组，开展应对突发事件的工作。高校如果长期以这种模式去应对危机，会使工作缺乏前瞻性和连贯性，并导致高校的危机管理工作十分被动。高校各个部门无法配合应对处理突发事件，也极大地削弱了校园危机处置的科学性。不以科学理性的方法去解决问题，就极有可能造成二次甚至多次伤害，更严重的财产损失和人员伤亡也会相继发生②。因此，未雨绸缪，科学理性应对高校突发事件尤为重要。

---

① 邹勇. 大学生安全意识教育研究[D]. 重庆：西南大学，2014.

② 邹勇. 大学生安全意识教育研究[D]. 重庆：西南大学，2014.

1. 社会突发事件的预防

(1) 以人为本,分工明确

在处理高校突发事件的过程中,一定要坚持“以人为本”的原则。突发事件爆发后,为了防止各个部门互相推诿,导致应对处理进程缓慢、效率低下等问题,高校各个部门必须共同商讨建立一个职责分工细致的合理化应急管理工作体系,紧急避险。

(2) 掌握事态发展趋势

科学地处置突发事件应分为三个阶段:突发事件的早期、突发事件的中期、突发事件的后期。突发事件的早期,高校要立刻反应,采用最快捷的途径和最有效的措施对现场进行封闭,防止危机的进一步扩散蔓延。在事件发展的中期,应对突发事件进行全方位的评估,了解其类型和特点、覆盖范围以及可能造成的后果,权衡利弊,提出最优的解决方案并迅速组织实施。突发事件的后期,高校需要立即启动危机调查程序,清除有可能存在的社会安全隐患,防止类似突发事件的再次发生。

(3) 一步到位,切忌拖延

在突发事件初步得到控制以后,高校需要立刻进入下一个程序,即组织调查小组的工作人员进行细致深入的调查研究,收集信息,掌握事发的时间、地点、原因、人员伤亡、财产损失等基本情况,并了解突发事件发生后师生的心理反应,评估事件规模、受害程度等。只有全面了解突发事件的成因和后果,把握事件的重点和存在的矛盾,才能对症下药,进一步开展有效可行的校园安全管理工作。

(4) 时刻保持信息畅通

高校在处理突发事件时一定要保持对外信息畅通。在突发事件爆发后,网络媒体等渠道发布的相关信息一定会迅速发酵蔓延,此时校内信息如果不畅,就会导致高校无法对外界公布权威的突发事件的基本情况和最新进展,更无法表明高校对于此次事件的处理方法和应对态度,因而就可能造成谣言传播,使师生和民众产生恐慌心理,导致事态进一步恶化。

2. 社会突发事件的应对

大学生在遇到突发事件时,应具备一定的社会公共安全知识与防范技能。掌握一些必要的防范知识,采取一定的措施,可以减轻受害程度并避免较大损失。下面主要介绍一些常见高校中突发事件的应对措施与防范知识,以帮助大学生在紧急时刻能够正确处置,而不至于手足无措、乱中出错。

(1) 大型文体活动突发事件应急对策

大型文体活动突发事件是指在校园内举行大型文体活动时,在短时间内发生的规模大、造成人员伤亡和财产损失的、危及高校形象和声誉的,对高校甚至社会造成负面影响的公共社会安全事件。当大型活动出现突发事件时,应注意以下几点危机预防与应对措施。

① 在举行大型集体活动时,应避免进入局部区域过于拥挤的地方,不要扎堆,上下楼梯或在走廊上穿行时,要依序慢行,切忌推搡打闹。

② 局部有人大声喧哗或发生纠纷时,不要一窝蜂地跑去看热闹,应远离喧哗场所,保证自身安全。

③ 发生意外事件导致人群拥挤时,应保持冷静,不要盲目跟随人群移动,双臂应横在胸前,稳住脚跟,尽量不要前扑,保持身体平衡,切忌摔倒;不要低头捡拾被挤掉的物品,否则后

面人群拥挤，很容易出现踩踏事故。

④ 不要听信谣言，注意收听现场广播，听从高校保卫人员与工作人员的指挥调动，尽快从就近的安全疏散通道撤离，不要逆着人流行进，不要贸然采用危险方法逃生，如跳楼、跳水等方式会带来更为严重的伤害。

【案例】

2010 年 5 月 9 日上午，陕西某高校举办校庆，校友、在校师生以及社会各界人士 2 万余人参加了校庆活动。10 时左右，当活动正在进行时，放置在主席台右侧和左侧草坪上的气球先后升腾起一团大火发生爆燃，导致附近 10 余位学生和群众被烧伤，其中 4 人伤势较重。

【评析】

该事件是典型的高校突发事件，事故的原因是因为装氢气球的袋子口太小，在放飞的过程中气球受到比较强烈的挤压后发生了爆燃。这个事件说明，该校对校庆活动的前期安全准备工作不充分、不具体，没有经过实际的演练，导致了安全事故的发生。

(2) 食物中毒突发事件的急救知识

近年来，我国高校餐饮食物中毒的现象也时有发生，已成为社会关注的热点问题，甚至造成突发性社会公共安全事件，扰乱高校正常的运转秩序，不但影响校园正常的教学和生活，甚至影响社会的公共安全，后果极其严重。因此，掌握公共卫生安全常识，自觉维护校园秩序和稳定，显得尤为重要和迫切。

食物中毒一般分为细菌性食物中毒(如过夜的米饭中含有大量的蜡样芽孢杆菌)、真菌性食物中毒(如发霉的花生、玉米含有黄曲霉毒素)、动物性食物中毒(如一些鱼类体内含有剧毒素或是重金属)、有毒植物中毒(如土豆发芽、四季豆未熟等引起的食物中毒)、化学性食物中毒(如有机磷农药中毒，亚硝酸盐、灭鼠药等引起的食物中毒)。出现食物中毒后，高校和相关机构应科学诊断，根据不同类型采取不同的应急措施。对于大学生来说，应不乱食用公共食堂以外的卫生质量状况差或用不明原料制作的食物。夏季如有剩余饭菜等食物，不要放在温度较高的宿舍、教室内，如有条件应尽量将剩米饭加热后摊开存放，以防霉变，下一顿吃时要彻底加热。食用凉菜与瓜果蔬菜时要认真清洗、消毒。切勿食用霉变的蘑菇、花生、马铃薯等食物，不买不吃腐烂的海产品。

出现食物中毒症状时，要及时向保卫部门和当地卫生防疫部门反映情况，并及时联系医院，确保在第一时间内得到救治。发生食物中毒后，应尽可能留取食物样本，或保留呕吐物和排泄物以便化验使用。对疑似人为投毒事件，应及时报案，同时保留食物、炊具等关键物证。食物中毒症状较轻者，可先饮用温开水或稀释的盐水，及时用筷子或手指刺激喉咙深处催吐，并马上向急救中心 120 呼救。发现中毒者有休克症状，应及时平躺，下肢尽量抬高，并立即送往医院抢救，不要自行乱服药物。

(二) 社会群体性事件的预防与应对

案例 2.4-2

1. 社会群体性事件的预防

(1) 制定预案，明确责任

各高校要高度重视高校的安全稳定工作，坚持高校党委的领导，综合协调教职员工的安全保障工作。保卫处等相关部门要通过定期召开社会安全稳定工作会议或研讨会，根据高校的实际情况，针对不同类型的群体性事件，研究所在高校群体性事件的应急预案，明确群体性事件处理责任人。

(2) 完善管理，以人为本

随着社会经济的转型，高校管理也要不断更新管理理念，坚持以人为本，切实保护大学生的切身利益。同时，要加强对大学生的关怀，对于那些家庭经济困难、学业困难的大学生，要及时予以帮助和扶持；对于那些心理有问题的学生，要加强引导和沟通，把因具体问题可能引起的群体性事件消灭在萌芽状态。

(3) 加强教育，正确引导

首先，要加强对大学生法律知识的宣传和教育，增强大学生的法制意识，形成“知法、懂法、守法、护法”的良好氛围，教育和引导大学生要通过合法的渠道反映自己的诉求，表达自己的意愿。其次，要加强大学生的思想道德教育，大力弘扬爱国主义精神，增强他们的责任意识，培养他们树立报效祖国的伟大理想。再次，要加强对大学生的心理健康教育，培养大学生积极、健康、向上的心理素质，转变不良社会心态。最后，要加强形势和政策教育，让大学生了解国内外的政治形势，洞察到西方敌对势力对我国分化的不良企图。

(4) 收集舆情，掌握主动

高校安全稳定部门要拓宽信息收集范围，建立信息收集网络，利用网络和媒体等工具及时掌握学生的思想动态，做好正确引导。对于关系到大学生切身利益的决定，高校要认真广泛地听取大学生的意见和建议。同时，要根据高校实际情况，消除校内的不稳定因素，在特定时期要主动加强特定的防护，维护学校的正常教学秩序，规避和防止群体性事件的发生。

2. 社会群体性事件的应对策略

百密一疏，一旦群体性事件发生时，高校各部门要坚持党委的统一领导，根据群体性事件应急预案，配合公安机关及时采取行动，明确各部门责任，相互配合，共同把群体性事件的破坏程度降到最低。通常需要坚持以下几个原则：

(1) 可散不可聚原则

这就要求在处理高校群体性事件的过程中，一方面要通过党组织、学生社团以及家长的影响，使参与其中的大学生主动退出群体性事件，瓦解群体组织，从而制止群体性事态的进一步恶化。另一方面要控制事件外围，采取相应管制措施，设置警戒地点，防止其他大学生加入群体性事件中。

(2) 可解不可结原则

高校面对大学生的利益诉求时，要正视他们的诉求，妥善解决问题，不能回避问题，更不能制造新的矛盾。高校领导要亲临一线，尊重大学生的意见和建议，对于大学生合理的诉求要给予确切的答复，并承诺在一定时间内予以解决；对于大学生不合理的诉求，要做好教育疏导工作。同时，要孤立群体性事件的核心人物、分化核心人物的影响力，及时化解高校和大学生之间的矛盾。

(3) 可顺不可激原则

高校群体性事件爆发后，要先顺着参与群体性事件大学生的思路，找出事件矛盾之所在，从而发现问题，再抓住有利时机，加强引导和疏通，切不可在事态还不清晰的时候贸然采取高压政策,激化矛盾引发事态的扩大。在群体性事件后,对于高校管理中存在的问题,必须加强责任追究,提出整改措施。对于在群体性事件中,对高校和社会造成恶劣影响的参与者要根据事件的严重程度,给予相应的处分,依法治校,以儆效尤,防止此类事件再次发生。

(三)公共场所安全问题预防与应对

1. 公共场所安全问题的预防

高校要教育大学生增强生命财产安全意识。例如,大学生外出采购、游玩尽量不要携带贵重物品。乘公共汽车时不要把贵重物品置于包的底部或边缘,以免被割窃走。在拥挤时,包应放在身前。无论是吃饭购物还是拍照时,包不能离身,至少不能脱离视线,以免因疏忽被人拎走;用餐时,不要将自己的衣服连同衣服内的现金披挂在靠背椅上;中途要上厕所或办其他事宜,要随身携带好自己的皮包,不要留置在餐桌上。

2. 公共场所安全问题的应对策略

(1)参加大规模公众活动时,入场前要看清楚出口所在的位置和各种逃生标识。

(2)切记:进入场地时的通道未必是逃生的最佳通道。

(3)如果是在足球场、舞厅、大型商场等人多的地方,除了出入通道,还应事先观察是否有其他逃生途径。

(4)体育场内最安全的地方是球场草地,因此,如果发生意外的话,没有必要一定从进出通道挤出去。留在人群后面至少十五分钟,让人散去才离开是一种安全的选择。

(5)如果观看的是一场激烈的比赛,双方球迷情绪又比较激动的话,看完球赛后一定不要忘记摘掉身上表示所拥戴球队的任何标识,以免遭到对方球队球迷的攻击。据统计,大部分伤亡事件都是发生在比赛后。

(6)观看大型演唱会时,一定要注意看台的踏板是否牢固,不要和狂热的歌迷们一起站在踏板上,以防踏板不够牢固,造成坍塌事故。

(7)如果大型文体活动现场发生意外事故,不要盲目跟随人群拥挤逃窜,稳定住惶恐心理后,仔细观察周围场地,寻找逃生机会。

(8)大型商场在打折时同样会聚集很多人,此时在上下自动扶梯时一定要注意站在右侧,抓牢扶手,尤其是注意脚下,不要踏空,以防摔伤。

(9)拥挤踩踏事故发生后,一方面要赶紧报警,等待救援;另一方面,在医务人员到达现场前,要抓紧时间用科学的方法开展自救和互救。

(10)在救治中,要遵循先救重伤者、老人、儿童及妇女的原则。判断伤势的依据有:神志不清、呼之不应者伤势较重;脉搏急促而乏力者伤势较重;血压下降、瞳孔放大者伤势较重;有明显外伤,血流不止者伤势较重。

(11)当发现伤者呼吸、心跳停止时,要赶紧做人工呼吸,辅之胸外按压。

3. 逃生与急救常识

许多重特大事故发生就是因为大学生不懂得“三会”(会报警、会自救和会逃生)造成的。当发现有爆炸、燃气泄漏、车祸等突发事件或事故时,要及时报警并向周围的人员示警,还应积极参与抢险和扑救,如发现初起火灾时,应使用灭火器材及时扑救;发现有人触电,应采取措施使触电者脱离电源。发现情况已失去控制时,应采取适当的防护措施后迅速撤离,以免造成更大的伤亡。

遇到各种紧急情况,报警常识非常重要。如果发生火灾、爆炸等事故,应拨打“119”;如果发生交通事故,应拨打“122”;如果有人受伤,应拨打“120”;如果受到坏人伤害或发现坏人正在实施犯罪活动,应拨打“110”。拨打报警电话时,要保持镇静,一定要讲清楚事件发生的时间、详细地点(包括区、路、街、门牌号等)、事件的简要经过、事件涉及人员、已经采取的措施以及个人情况和联系方法等。报警后应尽量保护好事发现场,保护好自己,等候救援人员到来。

(四) 大学生人际交往安全的预防与应对

1. 谨慎交友

交往对象是影响交往安全的主要因素,一个人的朋友如何,对自身的成长、发展往往起重要的作用。与正直、讲信用的人交往会受益匪浅,与心术不正、华而不实的人交朋友,则会贻害无穷。

2. 明辨是非

交往中在原则问题、大是大非面前,决不能含糊。不能因为是同乡、同学或好友,讲所谓的“义气”,就感情用事,不分是非曲直,使自己误入歧途而断送前程。因此,分清善与恶、是与非,对大学生交往安全有百益而无一害。

3. 虚心求教

大学生在交往中,会遇到各种各样的人和事,也会出现许多自己把握不住的问题。在这种情况下,不要盲目听信他人,也不要自作主张自行其是,而要及时与老师和家长沟通,多征求他们的意见,取得他们的帮助,这样才会避免交往中的危险,使交往变得更加安全。

4. 合作竞争

友好和谐的人际关系是避免社会公共安全事故发生的重要条件。生活在相同的环境中,大学生彼此间的合作不可避免。例如,大学生应该在别人午睡时,尽量放轻动作;自己听音乐时戴上耳塞;有室友的亲友来访时热情接待。勿以善小而不为,当大学生设身处地地为其他师生着想时,彼此合作的契机便已来临。同时,大学生在与他人的竞争中,要倡导公平公开,既竞争又以诚相助,既竞争又合作。如果大学生能努力朝这些方向前进,就会发现一切正在悄然改变:朋友之间的不快荡然无存,能够畅言的知音越来越多。大学生便会过得充实愉快,会觉得人际交往是一件自然与轻松的事,从而对学习生活持以乐观的态度,对塑造一段完美的大学生活以及以后的人生充满信心。

思考题

1. 简述社会安全有哪些种类?试列举某一类社会安全事件并进行描述。
2. 预防社会安全,身为大学生我们应该怎么做?
3. 如何正确看待部分大学生参加群体性社会事件?

4. 当代大学生如何注意和处理人际交往中的安全?

推荐阅读

1. 国家安全战略纲要,百度百科,2015.

2. 毛媛媛,雷诚,曾敏玲.从社会安全到环境安全——环境安全设计导向下的城乡规划专业教学体系探索[J].规划师,2022(4):147-152.

3. 吴春梅,刘晓杰,石绍成.大学生公共安全教育中的自身安全与社会安全[J].华中农业大学学报(社会科学版),2011(1):109-113.

4. 孙利伟,等.大学生网络人际交往安全意识现状分析与对策[J].中国市场,2017(13):355-356.

5. 陈玉芳,等.高校社会安全类突发事件情景演化的系统动力学研究[J].重庆大学学报(社会科学版),2018(2):184-196.

6. 卢文刚,梁玉婵.和谐校园视域下高校突发社会安全事件预警管理研究——基于广东高校的分析[J].人力资源管理,2013(7):182-186.

7. 郭强.论新形势下的社会安全[J].学习与探索,2016(12):53-58.

8. 王欢.美国社会安全码对解决我国大学生弃档现象的启示[J].山西档案,2009(4):44-45.

9. 徐东,李峰,陆宏剑.新形势下伊朗社会安全管理实践[J].中国安全生产科学技术,2019(S2):47-51.

10. 朱伟.在新形势下构建社会安全治理体系——第六届中国应急管理50人论坛专家观点集萃[J].科技智囊,2017(2):75-77.

11. 胡啸峰,陈鹏."突发社会安全事件应急管理"教学方法优化与实践[J].安全,2016(11):65-67.

第三章　公共网络安全

思维导图

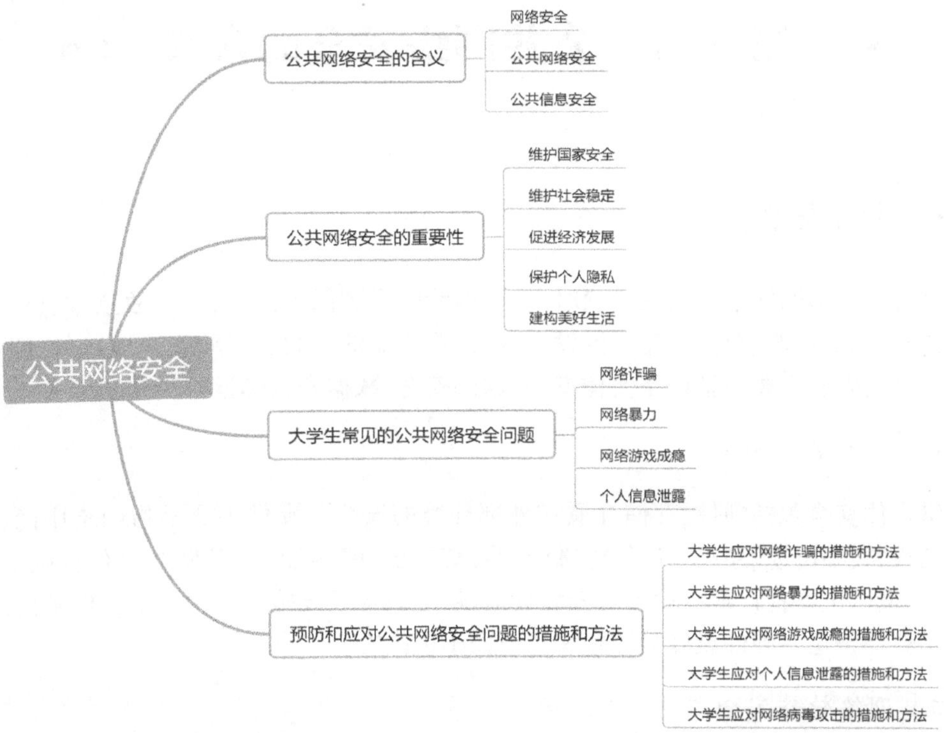

学习目标

【知识目标】理解公共网络安全的相关概念，了解常见的大学生公共网络安全问题类型。

【能力目标】掌握常见的公共网络安全问题应对技能。

【素质目标】具备基本的公共网络安全素养，能妥善处理遇到的公共网络安全挑战。

【思政目标】了解公共网络安全所具有的意义和价值，自觉形成文明用网的思想观念，与破坏网络安全的行为作斗争。

习近平总书记多次强调:“没有网络安全就没有国家安全。”加强网络安全建设是国家安全建设的重要部分,要在思想上把网络安全同国家安全划一个等号,树立正确的网络安全观。① 党的二十大报告特别提出:“健全网络综合治理体系,推动形成良好网络生态。”“坚持党中央对国家安全工作的集中统一领导,完善高效权威的国家安全领导体制。……强化经济、重大基础设施、金融、网络、数据、生物、资源、核、太空、海洋等安全保障体系建设。”大学生公共网络安全作为国家网络安全的子系统同样需要强化。“大学生公共安全教育研究与实践”课题组的调查数据显示:“超过62.52%的在校大学生具有很强的公共网络安全意识;但在了解公共网络安全相关知识方面,47.46%的在校大学生还不全面,还有欠缺;33.56%的在校大学生还不具备应对处理公共网络安全事件的技能。”本章旨在提高大学生对于公共网络安全的知识储备和应对能力。

►► 第一节 公共网络安全的含义 ◄◄

一、网络安全

网络安全是指网络系统的硬件、软件及数据能够受到保护,不会由于故意或过失的原因而导致遭到破坏、更改、泄露等意外的发生,保证系统能够连续、可靠、正常地运行,网络服务不中断。网络安全主要包括网络实体安全、软件安全、数据安全和运行安全四个方面。②

(一) 网络实体安全

网络实体安全包括硬件、存储介质和外部环境的安全。硬件主要是指网络中的各种设备和通信线路,如电缆、主机、工作站、服务器、交换机、路由器等;存储介质包括磁盘、光盘等;外部环境则主要指计算机设备的安装场地、供电系统及设施的安全标准。保障网络实体安全就是要保护这些硬件设施能够正常工作而不被损害。

(二) 网络软件安全

网络软件安全是指网络中各个主机、服务器、工作站等设备所运行的软件安全。保障网络软件安全就是保护网络系统不被非法侵入,系统软件与应用软件不被非法复制、篡改,不受病毒的侵害等。

(三) 网络数据安全

网络数据安全是指网络中所存储和传输的数据的安全,主要体现在数据的隐蔽性和防

---

① 习近平. 习近平著作选读(第2卷)[M]. 北京:人民出版社,2023:147.

② 杨海,郑伟民. 大学生公共安全教育[M]. 北京:高等教育出版社,2021:64.

篡改的能力上。保障网络数据安全,就是保护网络中的数据不被非法存取,保证其完整一致等。它是保障网络安全的最根本目的。

(四)网络运行安全

网络运行安全是指网络中的各个信息系统能够正常运行并能正常地通过网络交流信息。保障网络运行安全,就是通过对网络系统中的各种设备运行状况进行监测,发现不安全因素时及时报警。通过采取建立安全管理制度、开展安全审计、进行风险分析等措施消除不安全状态,以保障网络系统的正常运行。

二、公共网络安全

(一)公共网络

公共网络是指一种基于公共资源的网络连接,是公共可用的计算机网络及其服务平台。公共网络具体包括互联网、公共无线网络等,可以提供各种在线服务,如电子邮件、网上购物、社交媒体、在线支付等。公共网络向公众提供通信网络及其相关服务,可以为人们提供方便、高效的信息传递、处理和交流渠道,并在全球范围内连通了各种设备,实现人与人、人与信息之间无障碍连接。由于公共网络是一个公开的平台,因此,需要保障用户的隐私和信息安全,例如采用加密技术、双因素认证等手段来防止数据泄露、网络攻击等问题。

(二)私有网络

私有网络(Private Network)是指一种在特定组织或个人控制之下的计算机网络,访问私有网络的用户必须具有相应的访问权限。私有网络通常被用于组织内部或者企业内部使用,可以实现数据的安全、高效传输。私有网络可以是局域网(LAN)、广域网(WAN)或虚拟专用网(VPN)等形式,其网络拓扑、数据流、协议等都被设定为私有的,不对外公开。通常私有网络具有较高的安全性和保密性,可以采用许多安全措施来加强网络安全,比如 VPN 加密、身份验证等,可以保证数据不会被黑客或其他未授权的用户所获取。私有网络的好处在于可以畅通内部通信,形成一个封闭的网络,以保护敏感信息和客户隐私。比如,一些高等学校就会在私有网络内部搭建通信系统,以加强高等学校内部师生的沟通,提高管理效率。

(三)公共网络安全的含义

公共网络安全是指保护与公共网络连接的网络系统、数据和设备免受恶意攻击或非授权访问的全面保障体系。公共网络是公共可用的计算机网络及其服务平台,几乎每个人都可以在公共网络上进行各种活动,如网上购物、互联网银行、社交媒体、电子邮件等,使得人们的生活更加便捷。但同时,网络攻击和数据泄露等网络安全问题也在公共网络中频频发生。维护公共网络安全的主要目的是保护公共网络及其相关的信息技术设施,确保网络安全和用户隐私,确保公共网络的稳定、可靠、高效运行。公共网络安全需要采取相关的安全措施和管理机制,包括网络准入控制、数据加密、身份验证、防火墙等,以防止黑客攻击、恶意软件、网络病毒、网络钓鱼等网络威胁。同时也需要加强用户安全意识的培养,提高用户自我保护意识,自觉遵守网络安全法律法规。

三、公共信息安全

(一)公共信息安全的含义

公共信息安全是指在信息化过程中,保护公共信息系统免受恶意攻击和非法存取的过程和技术手段。公共信息系统是指在国家范围内为公共服务和管理提供了支持的计算机网络和信息系统,如政务信息系统、交通信息系统、卫生信息系统、金融信息系统、电力信息系统等。因为这些信息系统提供的是公共服务,影响到国家政治安全、经济利益、社会稳定等重要领域,所以,信息安全需要得到高度关注。

公共信息安全所涉及的内容较广,包括了信息技术、信息资源、信息网络、信息和通信等,需要从技术、法律、管理等多方面综合治理,确保公共信息系统的稳定运行,保护重要的国家安全信息,防止信息泄露和信息犯罪,保障公民的基本权益和社会的正常运转。

(二)公共网络安全与公共信息安全

公共网络安全与公共信息安全是密切相关的概念,二者都属于安全领域中非常重要的概念,既有联系,又有区别。

公共网络安全是指保护公共可用计算机网络免受非法侵入、恶意攻击、病毒侵袭、网络钓鱼等网络威胁的防范工作。公共网络主要是计算机网络、互联网等具有公共性的网络。公共网络安全的建设是保障公共网络稳定、可靠、持续运行的基础,也是公共网络信息交流和应用的重要保障。

而公共信息安全是指保护公共信息系统和信息资源免受非法入侵、篡改、窃取等信息安全威胁,保护国家安全、经济安全、社会稳定等重要基础设施的安全。公共信息系统包括了全国范围内为公共服务和管理提供支持的各种信息系统,如政务信息系统、交通信息系统、金融信息系统、医疗信息系统等。公共信息安全的建设具有重大的社会意义。

简单来说,公共信息安全更注重保障信息数据的安全性、可靠性等方面,而公共网络安全则更加着重于网络的安全运行和维护,保护网络系统、设备及用户通信过程中的数据安全等方面。

公共网络安全和公共信息安全都涉及到保护公共系统和资源安全的层面,两者互相依存,相辅相成。公共网络安全是保障公共信息系统稳定运行的基石,而公共信息安全则是公共网络信息的安全保障。两者综合作用,是保障公共领域信息安全的有效方式。

第二节　公共网络安全的重要性

公共网络安全有着重要的意义,尤其是随着互联网和信息化程度的不断提高,人们对网络的依赖越来越大。一旦公共网络存在安全隐患或受到攻击,将会对社会、经济和国家安全产生严重影响,也会影响广大人民群众的正常生活。因此,保障公共网络安全是一项重要的任务,需要政府、企业、社会和个人各方加强合作,共同推进。作为使用网络较多的大学生群体,更应该了解网络安全的重要性,自觉维护网络安全。具体来讲,保障公共网络安全的重要性主要体现在以下五个方面。

一、维护国家安全

现代社会离不开网络,特别是公共网络。公共网络安全不仅仅涉及到个人的利益,还关系到国家安全。习近平总书记曾多次指出:"没有网络安全就没有国家安全;过不了互联网这一关,就过不了长期执政这一关。"①如果公共网络安全存在漏洞,网络威胁、网络攻击等会对国家安全造成直接威胁。保障公共网络安全和维护国家安全密切相关。

随着信息技术的迅速发展,网络已经成为国家安全的重要组成部分。在数字化时代,国家政府、企业和个人的许多重要信息都储存在了网络上,这些信息包含了国家安全、商业机密、军事情报和个人隐私等数据,如若泄露,会对国家发展和社会稳定造成极大影响。

同时,网络攻击已经成为国家间谍窃取信息和开展行动的方式之一。网络攻击可以实现对关键基础设施,比如电力系统、交通系统、金融系统、通讯网络等控制或破坏,造成极大的社会损害。因此,保障网络安全对于维护国家安全至关重要。

在现代化战争中,网络攻击已经成为国家间重要的军事战略之一,网络信息安全已经成为国家安全和国防安全体系的一部分,也成为了新的战争形式,需要在法律、技术和实践上进行全方位的防御和治理。

因此,网络安全的重要性已经超出了一般意义,已经成为维护国家安全的重要保障之一,需要全社会共同参与,保障国家网络安全。大学生作为使用网络的主力军,更应该了解网络安全对国家安全的重大意义,更应该肩负起维护网络安全和保卫国家安全的责任。

二、维护社会稳定

如果公共网络出现问题,会对人民的社会生活造成很大影响,甚至导致社会动荡。因此,保障公共网络安全可以维护社会稳定,保持社会正常运行。公共网络安全和社会稳定之间有着紧密的关系,具体体现在如下三个方面:

首先,互联网已经成为当今社会生活的重要组成部分,许多社会信息和个人信息都存在于网络上,而这些信息的安全可以影响到整个社会的稳定。一旦网络安全受到破坏,例如网络黑客攻击、信息泄露、网络病毒感染等,就会对社会造成很大影响,甚至引发社会公共安全事件。

其次,网络犯罪已成为一个全球性的问题,尤其是在当今数字化时代,各种恶意软件和网络病毒的出现给网络安全带来巨大威胁。网络犯罪行为,如电信诈骗、网络敲诈、网络攻

---

① 习近平. 习近平著作选读(第2卷)[M]. 北京:人民出版社,2023:147.

击等,不仅造成经济损失,还可能导致社会公共安全出现混乱。

最后,保障网络安全是维护国家安全的重要措施。随着数字化建设的深入,社会的许多重要领域,如政府机构、金融、能源、电信等都在网络上运作。如果这些领域的网络安全存在问题,那么,很有可能会引发国家安全危机,对社会稳定造成威胁。

因此,为促进社会稳定,在数字化时代保障网络安全至关重要。政府和相关机构应该采取一系列措施来提高网络安全意识,加强监管和技术保障,防范网络安全威胁,维护社会的和谐稳定。

三、促进经济发展

网络经济已经成为现代经济的重要组成部分,保障公共网络安全对于促进经济发展具有重要意义,可以增强投资者和消费者对网络经济的信心,推动网络经济的快速发展。

一方面,互联网已经成为经济转型、创新、增长的主要驱动力之一。许多企业和组织依赖于互联网来完成业务和服务,快速和便捷地处理数据、交流信息以及开拓市场。网络安全的保障对于各种在线业务的安全和稳定至关重要,保护网络基础设施和用户隐私是促进经济发展的基础。

另一方面,网络安全问题的滋生和加深会削弱用户和企业在数字化经济中的信心,并导致恶性循环。如果网络攻击和其他形式的恶意行为造成了个人信息、银行账户等方面的损失,用户可能会不再信任,不再使用这些在线服务,导致许多产业的衰退。网络安全问题也会造成社会瓦解和投资流失,影响全球经济发展的稳定和可持续性。

在数字化经济时代,保障网络安全对于促进经济发展至关重要。政府应加强监管,提高企业和个人的网络安全意识,加强网络安全技术研究和创新,在经济和安全之间保持平衡,为经济繁荣和稳定创造更有利的环境。

四、保护个人隐私

随着互联网的普及,人们越来越多地把自己的信息上传到网络。如果公共网络存在安全隐患,个人信息就有可能被恶意利用,导致个人隐私泄露或受到侵害。公共网络安全对于保护个人隐私至关重要。

在数字化时代,个人信息的泄露已成为一种严重的社会问题。由于网络使用的普及性和信息技术的高速发展,许多个人信息都存在于网络中,例如个人身份证号码、手机号码、邮件地址、社交媒体信息等,这些数据信息如果被非法获取或泄露就会对个人隐私造成极大的威胁。

随着网络安全问题的日益严重,越来越多的人受到黑客攻击、网络钓鱼等网络犯罪行为的侵害,这也迫切要求出台更加严格的法律法规来保护个人隐私。通过加强网络安全技术的研究和应用,建立健全的安全技术体系和加强网络管理,可以更好地保障个人隐私和信息安全。

公共网络安全对于保护个人隐私的重要性非常大。现代社会中,人们在日常生活中越来越多地使用互联网和数字技术，个人信息也日益成为攻击者的目标。如果个人信息被泄露，可能会导致以下后果：

（一）个人隐私暴露

个人隐私涉及每个人的权利和利益，只有个人自己或者经过授权的人才能接触到。如果个人信息被泄露，比如身份证、银行账户、手机号等，个人隐私权将受到侵害。

（二）身份盗用

攻击者通过窃取个人信息，可以冒充受害者进行非法操作，比如银行诈骗、虚假购物等，从而造成经济损失。

（三）恶意软件感染

恶意软件可以通过网络获取个人信息，或者利用恶意软件窃取个人信息。感染恶意软件后，会对计算机和个人信息造成严重威胁。

（四）账号被盗

攻击者可以通过猜测密码或者利用其他技术手段，入侵用户账号。通过非法手段获取用户账号，可能造成更多的信息丢失和破坏用户的个人信誉。

因此，公共网络安全对于保护个人隐私至关重要，要保障网络安全需要大家共同努力，包括提高个人安全防范意识，加强密码管理，安装可信软件，避免在不可信的网站上输入个人信息等。

五、建构美好生活

微信、抖音、淘宝、支付宝等互联网应用程序的出现，使人们生活变得更加便利和快捷。这些互联网平台除了带来诸如快速访问信息、在线支付、远程办公等便捷的网络技术应用外，也带来了更加丰富的娱乐生活和社交休闲方式。

微信作为一款基于移动互联网的在线社交应用，不仅支持即时通信和语音、视频通话，而且支持朋友圈、公众号等生活娱乐方式。微信支付的出现，简化了人们的线下消费，无须担心找不到零钱的麻烦，同时，支持更加安全、便捷的数字支付方式。抖音的出现，改变了人们收看视频内容的方式，将原有短视频引入了“无限”模式，可以让人们完全沉浸在视频创作中并获得感性的享受。同时，抖音也为人们提供了一个庞大的社交平台，在这里人们可以与全国各地的陌生人交流互动，互动方式丰富多样，如点赞、评论、私信等，极大地促进了社交的多样性。支付宝的出现，可以绑定银行卡和信用卡，打破了传统线下支付的局限，实现随时随地在线进行支付。目前支付宝已经大力推广便民服务，推出了各种便民的服务项目，例如，缴纳水电费、缴纳地税等公共服务项目，更为方便人民生活，这些都离不开互联网平台的安全性和稳定性的保障。

在实现这些便民社交应用程序发展的同时，网络信息安全就显得尤为重要。保障公共网络安全,不仅能够为互联网平台的安全和稳定提供保障,也能够为人民的美好生活服务提供更加可靠的保障。

因此,保障公共网络安全不仅仅是一项技术问题,更是一项涉及国家、经济、社会、个人等多个方面的重要任务。

第三节 大学生常见的公共网络安全问题

大学生作为使用网络的主要群体,要经常使用公共网络,与网络打交道。但是在现实生活中,大学生遇到的网络安全问题是比较多的。如何正确面对、处理网络安全是大学生必须具备的素质和能力,也是保证大学生健康成长和发展的需要。大学生常见的公共网络安全问题如下:

一、网络诈骗

大学生普遍年轻,社会经验缺乏,容易成为网络诈骗的受害者。“大学生公共安全教育研究与实践”课题组调查数据显示,“仅有 52.45%的在校大学生选择完全认同‘我了解目前常见的网络诈骗、电信诈骗手段’,有 66.63%的在校大学生选择完全认同‘我下载了国家防诈骗 APP,并关注网络诈骗新闻事例’。”网络诈骗形式多种多样,例如钓鱼邮件、虚假购物网站、微信诈骗等。需要大学生时刻保持警惕,提高鉴别能力。以下是一些常见的网络诈骗形式:

(一) 钓鱼网站诈骗

“大学生公共安全教育研究与实践”课题组调查数据显示,“有 72.27%的在校大学生选择完全认同‘遇到要求填写个人信息和银行账号等金融信息的网站,我会提高警惕’,另有 27.73%的大学生还存在模糊认识。”网络诈骗者通过伪装页面来让受害者输入敏感信息,通常以电子邮件、即时消息、社交媒体等形式发送,诱惑用户进入假网站并输入个人信息、账号信息和密码等。其通常的作案手法有以下两种:

一是发送电子邮件,以虚假信息引诱用户中圈套。不法分子大量发送欺诈性电子邮件,邮件多以中奖、顾问、对账等内容引诱用户在邮件中填入金融账号和密码。

二是不法分子通过设立假冒银行网站,当用户输入错误网址后,就会被引入这个假冒网站。一旦用户输入账号、密码,这些信息就有可能被犯罪分子窃取,账户里的存款可能被冒领。

此外,犯罪分子通过发送含木马病毒邮件等方式,把病毒程序置入计算机内,一旦客户用这种“中毒”的计算机登录网上银行,其账号和密码也可能被不法分子所窃取,造成资金损失。

案例 3.3-1

（二）网络投资诈骗

案例 3.3-2

诈骗分子以高额回报吸引受害者进行虚假网络投资，逐渐吸走受害者的财产。许多不良平台都会利用高额回报来吸引用户投资，但其实际存在的盈利方式、风险程度、财务状况等方面不透明，存在极大的风险。大学生要特别注意投资平台的真实性和合法性，注意保留相关证据，一旦发现有投资欺诈行为，及时向公安机关举报，以维护自己的合法权益。

（三）赌博诈骗

欺诈分子以提供赌博服务来骗取受害者的钱财。很多不良网络平台为了牟取利益，故意制造巨大的诱惑，例如，赌博游戏玩法灵活、返奖率高、流水量低等，骗取用户的信任。但实际操作中这些平台启用的算法是不透明的，不可信的。并且，网络赌博是违法犯罪行为，万一被人抓到，一定会面临严重的后果。因此，大学生应该提高风险意识，切勿盲目轻信网络上的赌博游戏，从而使自己和家庭陷入困境。

［案例］

小王是一名大学生，他听说在网上可以玩各种赌博游戏，于是他通过朋友介绍，进入了一家所谓的网络赌场。他开始进行赌博游戏，并很快就产生了强烈的赌瘾。随着时间的推移，他输掉了越来越多的钱财。遂越陷越深，无意识地挪用父母的积蓄、借款，最终负债累累，陷入绝境。①

［评析］

这个案例说明，大学生小王没有形成正确的人生观、价值观和世界观，热衷于赌博游戏；没有真正认识到网络赌博存在很大风险，以至于使自己在网络上赌博上瘾，输掉了自己和父母的血汗钱，并负债累累，陷入绝境。

（四）社交网络诈骗

案例 3.3-3

欺诈分子使用社交网络来骗取受害人的个人信息并进行网络钓鱼攻击。在此类网络欺诈案件中，骗子通常会使用“名利场”的方式，制造情感矛盾，让受害者深陷其中。他们通常会表现得非常友好，甚至会编造出各种受伤、家庭破裂、丧失亲友等假情况、假信息来骗取大学生的信任。这类网络欺诈案件发生之后，通常涉及广泛的社会关系，造成大学生的财务、心理上的伤害。大学生应该提高风险意识，保护个人财务和个人隐私，不要轻易相信陌生人所说的话。在网络社交中，保持清醒、警惕，尽早发现并向警方报案，是避免骗局的最好方式。

（五）电话诈骗

欺诈分子伪装成银行、公安等部门人员，冒充亲人或朋友，通过电话诈骗获取受害者信

---

① 平安九龙坡．大学生常遇的网络诈骗案例解析［EB/OL］．（2020-09-15）［2023-07-03］．https://www.thepaper.cn/newsDetail_forward_9178802.

息或钱财。诈骗分子通常在电话中冒充银行工作人员、公安机关人员、亲戚朋友等,诱骗受害人输入银行密码、个人信息进行转账。他们往往使受害人处于紧张、恐惧、焦虑等情绪中,让人难以分辨真假和回避骗局。大学生们应该警惕,切勿将私人信息和密码告知陌生人,保障私人账户的安全性。如果经常接到类似电话,应该保持清醒,与银行或其他机构联系,并尽早报警,向身边高龄人、贫困人群等在电话骗局面前无所防范的其他人进行宣传和提醒。

[案例]

小张是一名大学生,他接到了一通来电,称自己的银行账户存在异常,需要进行核实。接着,他被引导到拨打一部数字接听机器并输入账户密码等私人信息。接着,电话诈骗分子再次冒充银行客服人员,传出了诸如"你的银行账户被盗用,你需要到柜台补办一些手续"等话语,并在获得小张的许可后,以各种理由指导他到 ATM 机或银行网站上进行转账操作。在这种半真半假的情况下,小张失去清醒和警惕性,被骗取了 1 万元人民币。①

[评析]

这个案例说明,大学生小张在接到诈骗电话后,没有进行认真的分析和冷静的思考就到骗子指定的一部数字接听机器旁,按照骗子的指引进行操作,导致自己损失 1 万元人民币。因此,大学生一定要具有防范诈骗的意识和能力。

总之,大学生应该加强自我防范意识,提高识别网络诈骗形式的能力,并养成正确的网上理财习惯。

二、网络暴力

在互联网时代,人们的言论自由得到了极大的释放,网络上充斥着大量侮辱性、煽动性的言论和图片,给大学生的身心健康带来了极大危害。网络暴力不同于普通的暴力事件,其影响的更多是大学生的心理,必须加以防范。大学生使用互联网进行学习和交流,容易遭受网络暴力的伤害,例如,在线辱骂、网络谩骂等网络暴力。

(一) 网络暴力的形式

大学生常遇到的网络暴力形式主要有两种,需要大学生时刻保持警惕。

1. 人身攻击

攻击者通过网络语言、图片、视频散布恶意言论、攻击身份、质疑人格等方式攻击他人。

案例 3.3-4

2. 恶意评论

攻击者进行恶意评论、批评、谩骂,甚至恶意评价文章、作品等。

① 平安九龙坡. 大学生常遇的网络诈骗案例解析[EB/OL]. (2020-09-15)[2023-07-03]. https://www.thepaper.cn/newsDetail_forward_9178802.

（二）网络暴力的危害性

1. 网络暴力混淆大学生的是非观

真真假假的世界，尤其是网络这样一个虚拟的社会，真假原本就难以辨识，而在网络暴力事件的不断冲击下，原本难以辨识的真善美和假恶丑变得更加难以区分。通常，对真理的曲解并不在于信息源本身，而在于真理在传播的过程中被歪曲混淆，网络暴力事件往往是真理被曲解的过程。在这个过程中，混淆了对与错，真假难辨，给网暴者和被网暴者的身心造成严重伤害，给社会公共安全带来隐患。

2. 网络暴力侵犯大学生的权益

网络暴力中，参与者非理性的群体攻击侵犯了网络暴力事件当事人，对当事人的身心造成了伤害，并直接侵扰了当事人的现实生活，也会造成公共安全事件的发生。尤其是自人肉搜索风靡开始，网民已不再局限于在网络上通过语言文字或图像的方式对当事人进行攻击讨伐，而是通过人肉搜索手段直接从网络虚拟社会渗透到现实社会，对当事人的现实生活进行骚扰。网络暴力事件中，受害人有名有姓，却找不到具体的实施伤害的人，正因为如此，参与的网民抱着法不责众的心理肆意而为。网络集体暴力中，网民很少考虑到当事人的心理。而当事人因网络暴力事件，所受的惩罚完全非等量惩罚。当事人需要道德谴责，需要法律制裁，但绝对不需要披着道德外衣打着正义旗帜的暴力去解决。

3. 网络暴力影响大学生的价值观

除了直接造成的危害和影响外，网络暴力行为的频繁发生，会影响大学生的价值观，具体表现如下：

（1）道德观念淡化

网络暴力常常伴随着攻击和辱骂，涉及到人身攻击、歧视和诽谤等言论。这些负面的言论可能淡化大学生的道德观念，使他们更容易接受或发表不尊重他人、不负责任，甚至具有歧视性的言论。

（2）虚假价值导向

通过网络暴力宣传和推崇一些不良的价值观，如暴力、攻击性、歧视等。大学生在未经思考的情况下，可能会受到这些虚假价值导向的影响，并误认为这是社会上普遍接受的观点。

（3）自尊心和自信心受损

网络暴力可能导致大学生遭受人身攻击、侮辱和谩骂，这会对他们的自尊心和自信心产生负面影响。受到网络暴力的攻击后，大学生可能感到自己没有价值，失去信心和勇气去追求自己的目标。

（4）社交隔离和孤独感

大学生在面对网络暴力时，可能会感到恐惧和不安，进而采取回避、避免社交的策略。这可能导致他们与社交圈的断裂，产生孤独感和社交隔离。

因此，面对网络暴力，大学生需要保持警觉，提高自身的网络素养，积极培养正确的人生观、世界观、价值观，包括尊重他人、理解包容、友善互助等。同时，社会各界也需要共同努力,加强网络文明建设,营造健康向上的网络环境,让大学生能够更好地塑造自己的正确人生观、世界观、价值观。

总之,大学生应该提高网络防范意识,在网络上正确、理性表达和维护自己的观点和合法权益。同时,大学生应该积极发声,倡导和引领文明上网行为,自觉与网络暴力行为作斗争,共同营造一个健康、和谐、有序的网络环境。

三、网络游戏成瘾

案例 3.3-5

大学生容易在网络游戏中沉迷,成为网络游戏的受害者,影响学业和健康。根据一项由中国大学生心理健康教育网络调查中心于 2020 年进行的调查,有超过 80%的大学生承认自己有过或者正在经历游戏成瘾的问题。大学生网络游戏成瘾现状比较普遍,主要体现在以下几个方面:一是时间和金钱的浪费。网络游戏成瘾者会花费过多的时间和金钱在游戏上。二是偏执和孤独。网络游戏成瘾者会出现明显的逃避现实、追求虚拟体验、对游戏世界忠诚度极高的特征,在现实生活中容易失去身份感和归属感。三是生活习惯受损。网络游戏成瘾者的生活习惯受到破坏,晚睡晚起、饮食无节制、运动量不足等,严重影响身体健康。四是虚假的成功感和挫败感。网络游戏成瘾者容易在游戏中产生虚假的成功感和挫败感,导致他们逐渐追求更高、更难以实现的目标,从而滋生"沉迷"行为。

以上情况,不但影响大学生自己的身体健康,也会影响到他们的家庭、同学关系,进而会影响到良好的班级和校园氛围的营造,影响到社会公共安全。

四、个人信息泄露

"大学生公共安全教育研究与实践"课题组调查数据显示,"仅有 67.62%的在校大学生选择完全认同'在使用社交网络时,我注重保护个人信息安全,不会向陌生人透漏我的真实个人信息。'另有 32.38%的大学生存在模糊认识和不确定观念。"可见,有不少大学生在使用互联网时可能会泄露个人信息,例如,聊天记录、财务信息、地址、电话号码等。

(一)个人信息泄露的方式

在公共网络中,大学生个人信息泄露的形式可能包括以下几种:

1. 聊天软件泄露

大学生在网络上使用各种聊天软件进行沟通和交流,如果不注意隐私保护,个人信息可能会泄露。

2. 社交网络泄露

大学生经常使用社交网络平台,如果不谨慎使用个人信息和隐私保护设置,也可能会导致个人信息泄露。

3. 邮箱泄露

大学生在网络上使用邮箱进行正常的工作学习和生活沟通,邮件中包含的个人信息可能会被黑客攻击泄露。

4. 网课平台泄露

大学生在网络上接受在线教育和课程学习，个人信息和学习成绩等也可能被泄露。

5. 资料投递泄露

在网上提交个人信息、简历、申请资料等时，系统漏洞或黑客攻击也可能会导致个人信息泄露。

案例 3.3-6

总之，大学生在使用公共网络时应养成信息保护的好习惯，树立信息安全意识，注重个人隐私的保护，不轻易将自己的个人信息泄露给他人。

（二）个人信息泄露带来的危害

具体来说，大学生个人信息泄露可能带来以下危害：

1. 财产安全受到威胁

大学生个人信息一旦泄露，黑客可以利用这些信息进行诈骗、盗取财产等活动，从而给大学生带来经济损失。

2. 身份被盗用

黑客可以利用泄露出的大学生个人信息冒充受害者进行各种活动，例如，开设虚假账户、申请贷款或信用卡等，从而给大学生个人带来不必要的麻烦或经济损失。

3. 个人受到威胁

如果大学生个人隐私信息泄露，黑客或者不法分子可以针对个人展开各种形式的骚扰或攻击，甚至威胁大学生个人的安全。

4. 学校信任度降低

学校可能会看到大学生个人信息泄露的报道，对个人的信任度降低，从而影响学校对大学生个人的评价。

5. 影响社交关系

如果大学生个人的隐私泄露了，可能会影响其社交关系和信任度，甚至会影响与亲友之间的关系。

以上这些危害不但影响大学生个人的生活，严重者还会影响他们的家庭，会影响大学生和他人的关系，影响大学生所在班级、学校等，极易造成公共安全事件，影响社会的安定、团结。

随着互联网的迅速发展，作为互联网的主力军，大学生的信息可以说毫无保障和保密性可言，网络上甚至出现了公开兜售大学生个人信息的广告，这对大学生个人隐私及人身、财产安全构成了严重威胁。《中华人民共和国刑法》规定：侵犯公民个人信息罪判处三年以下有期徒刑或者拘役，并处或者单处罚金；情节特别严重的，处三年以上七年以下有期徒刑，并处罚金。

虽然法律的相关规定给了大学生一份保障，但在平时学习、生活中，大学生个人也要保护好自己的身份、住址、银行卡、账户等信息，尽量不要给不法分子可乘之机。

总之,个人信息泄露可能会带来一系列的不良影响,大学生应该重视并保护自己的个人信息。

五、网络病毒攻击

案例 3.3-7

大学生使用互联网时可能会接触到病毒、木马、钓鱼网站等恶意程序,导致计算机系统受到攻击。

2023 年 5 月中旬,全球近百个国家和地区都有电脑系统遭受一个名为 WannaCry 的病毒攻击,被攻击者被要求支付比特币才能解锁。据悉,目前已经在 99 个国家观察到超过 57000 个感染例子。

社交媒体上用户贴出的照片显示,该勒索软件在锁定电脑后,索要价值 300 美元的比特币,并显示有"哎哟,你的文件被加密了!"字样的对话框。

据了解,这是最近几年极为流行的、依靠强加密算法进行勒索的攻击手段。与之前的攻击不同的是,该勒索病毒结合了蠕虫的方式进行传播,传播方式采用了前不久美国国家安全局(NSA)被泄露出来的 MS17-010 漏洞,因此,无须受害者下载、查看或打开任何文件即可发动攻击。

国内多个高校电脑遭遇病毒入侵。中国国家互联网应急中心还表示,勒索软件的攻击涉及到国内用户(已收到多起高校案例报告),已经构成较为严重的攻击威胁。

从 2023 年 5 月 12 日晚间起,中国多个高校的师生陆续发现自己电脑中的文件和程序无法打开,而是弹出对话框要求支付比特币等赎金后才能恢复。

►► 第四节　预防和应对公共网络安全问题的措施和方法 ◄◄

本章上一节列举了大学生常见的公共网络安全问题,本节将围绕如何预防和应对上述常见问题展开阐述,列举常见的应对措施和方法。

一、大学生应对网络诈骗的措施和方法

(一) 树立应对网络诈骗的意识

首先,大学生要增强防网络诈骗意识,时刻保持警惕,不轻信陌生人,不打开不明来历的邮件和链接,避免上当受骗。

其次,大学生不要被某些网站上价格低廉的商品所迷惑,这往往是犯罪嫌疑人设下的诱饵。在网上购物时尽量去在现实生活中信誉良好的公司所开设的网站或大型知名的有信用度和安全保障的购物网站购买所需的物品。

最后,大学生对于在网络上或通过电子邮件以朋友身份招揽投资赚钱计划,或快速致富方案等信息要格外小心,不要轻信免费赠品或抽中大奖之类的通知,更不要向其支付任何费用。

(二) 了解应对网络诈骗的知识

一方面,大学生在社交平台、电商平台等注册账户时,应该设置强密码、开启二次验证、不使用公共设备进行登录等措施保护账户安全。

另一方面,看清网站上是否注明公司的办公地址,如果有,不妨与该公司的人联系一下,表示自己距离该地址很近,可直接到公司付款。如果对方以种种借口推脱、阻挠,那就证明这是个陷阱。

(三) 掌握应对网络诈骗的技能

一方面要确认交易信息。在进行网上购物、转账、支付等交易时,应该核对收款人、转账金额以及支付页面是否安全,避免犯错导致损失。

另一方面要提高信息鉴别能力。大学生应该学会识别各种网络诈骗手法,例如,假冒官方网站、假冒快递员、钓鱼链接等,提高信息鉴别能力。用搜索引擎搜索一下这家公司或网店,查看电话、地址、联系人、营业执照等证件之间内容是否相符,对网站的真实性进行核实。正规网站的首页都具有“红盾”图标和“ICP”编号,以文字链接的形式出现,可以通过工信部的 ICP 备案查询网站核实该 ICP 备案号的公司名称和链接是否和你所浏览的网站一致。

(四) 运用应对网络诈骗的法律手段

“大学生公共安全教育研究与实践”课题组调查数据显示,“有 59.7%的在校大学生选择完全认同‘遇到网络违法犯罪行为时,我会主动向有关部门举报。’另外有 40.3%的大学生对此认识模糊和不确定”。如果遇到了网络诈骗,应该及时联系银行、快递公司、公安机关等相关机构进行报警或申请维权,避免事态进一步恶化。对于发现的不良信息及涉嫌诈骗的网站应及时向公安机关进行举报。

总之,大学生作为未来社会的主力军,应该充分意识到网络诈骗的威胁,并积极采取措施,保护自己的财产和信息安全。

二、大学生应对网络暴力的措施和方法

网络是一个虚拟的世界,同时也是一个和真实世界并行、交融的现实世界。互联网的开放性、交互性、匿名性,很容易使有些网民不负责任的言行演化为“网络暴力”,侵犯大学生的隐私权等合法权益,给大学生造成极大的精神伤害和心理伤害,必须引起全社会的高度重视。应对网络暴力,大学生可以采取以下措施和方法:

(一) 树立应对网络暴力的意识

一方面要树立自我保护意识。大学生应该学会分辨网络暴力和网络文明,要避免随意

发表言论、传播谣言等不良行为。同时,学会如何正确应对别人的网络暴力言语和行为,保持沉着冷静。

另一方面掌握言论自由与责任的平衡。言论自由是重要的价值,但其同时也伴随着一定的责任。认识到在网络空间中行使言论自由权利的同时,也需要尊重他人的权益,避免进行恶意攻击和伤害。

(二) 了解应对网络暴力的知识

一方面要了解网络暴力的表现和形式。了解网络暴力的表现和各种形式,包括言语攻击、诽谤、恶意评论、骚扰、虚假信息传播等,并认识到网络暴力对个人和社会的负面影响。

另一方面要了解相关法律和政策。许多国家都有相关的法律和政策来惩处网络暴力行为。大学生要了解国家的相关法律和政策,以便在需要时采取合适的法律措施来保护自己。

(三) 掌握应对网络暴力的技能

一方面要学习和掌握有效的沟通和冲突解决技巧。学习和掌握有效的沟通技巧和冲突解决技巧,以避免网络暴力的发生。尽量以理性、尊重、合作的方式与他人进行讨论和交流,积极解决争议和冲突。

另一方面要拒绝回应骚扰信息。如果大学生收到一些恶意的言语、信息等,应尽量理性应对,不要太在意。同时不应回应、扩散、分享,以降低其传播范围。

(四) 运用应对网络暴力的法律手段

一方面要及时举报和求助。如果成为网络暴力的受害者,大学生应及时向相关平台或学校报告,并尽可能保留相关证据。同时,寻求身边朋友、家人或学校的支持和帮助,共同应对网络暴力的困扰。

另一方面要寻求法律支持。如果网络暴力已经趋于严重,或已经影响到大学生的生活和学习等方面,则应及时寻求帮助。可以向学校、警方、有关部门或组织求助,得到及时的法律帮助和支持。

总之,大学生应该树立公共网络安全意识,明确网络暴力的性质和危害,并提高对网络暴力的预防和应对能力。

三、大学生应对网络游戏成瘾的措施和方法

应对网络游戏成瘾,大学生可以采取以下措施和方法:

(一) 树立应对网络游戏成瘾的意识

一方面要培养自己广泛的兴趣爱好。在游戏之外,大学生要培养自己的广泛兴趣爱好,比如学习、音乐、绘画、运动、郊游等,这不仅有益于身心健康,同时也能够提高自己的个人魅力和文明程度,增强对生活的热情和热爱。

另一方面要多参加体育锻炼和户外活动。适当的体育锻炼和户外活动可以帮助大学生

分散注意力，缓解紧张情绪，同时也能够提高身体素质和免疫力。

（二）了解应对网络游戏成瘾的知识

一方面要了解网络游戏成瘾的标志和影响。一些常见的游戏成瘾标志包括无法控制游戏时间、忽略现实生活、社交关系受损、学业或工作受到影响等。游戏成瘾可能导致大学生身体健康问题、学习成绩下降、社交隔离、情绪问题等。大学生了解这些标志有助于及早发现和应对游戏成瘾问题。

另一方面要及早接受诊断与治疗。大学生如果发现自己已经网络游戏成瘾，应当及时采取有针对性的措施，对于严重的游戏成瘾问题，可能需要专业的诊断和治疗。心理咨询、行为疗法、药物治疗等都可以作为治疗手段。

（三）掌握应对网络游戏成瘾的技能

1. 制定合理的游戏时间规划

大学生在完成学习、工作和社交活动的前提下，制定合理的游戏时间，控制游戏时间不超过 2~3 小时；应该严格执行，不要违反规划。

2. 寻找良好的社交平台

大学生要多与身边的人进行沟通交流，积极参加一些社交活动、志愿者活动等，建立良好的人际关系，避免孤独感和压抑情绪的发生。

3. 寻求专业帮助

大学生如果自我管理和调整无法解决游戏成瘾问题，寻求专业帮助是很重要的。心理咨询师或专业机构可以为大学生提供个性化的帮助和指导。

总之，大学生应该树立正确的游戏态度，养成健康的生活方式，既能享受游戏的乐趣，又能有良好的身心健康。

四、大学生应对个人信息泄露的措施和方法

社交媒体和网络论坛是当下热门的网络交流场所，也是个人信息泄露、网络暴力频发之处。网络交流不受时空限制，可能存在身份虚假等情况。研究表明，在网上与陌生人聊天的次数和时间增加会使交流者的戒备心逐渐降低，交流者甚至会产生不符合实际的幻想。此时，交流者容易因轻信陌生人而泄露个人信息，这也是网络诈骗等非接触犯罪高发的原因。网络上已经形成了倒卖个人信息及配套个人照片的产业链。

大学生要有效防止个人信息泄露。例如，必要时需关闭手机的定位功能。微信朋友圈、QQ 空间、微博、短视频等也存在普遍的个人信息泄露情况。除了照片内容本身会泄露信息外，有些自媒体软件能自动附加位置链接到消息中，更易造成个人位置信息泄露。

大学生要坚决杜绝为吸引他人关注而故意暴露个人信息，特别是个人敏感信息的行为。有些大学生为了炫耀、吸引他人关注而热衷在朋友圈晒自己的火车票、登机牌、出游地等，这极易造成个人身份、消费习惯、经济水平等相关个人信息的泄露。

应对个人信息泄露,大学生可以采取以下措施和方法:

(一) 树立保护个人信息泄露的意识

1. 了解个人信息的价值

大学生要认识到个人信息对于犯罪分子和不法分子的价值,包括姓名、地址、手机号码、银行账号、社交媒体账号等。大学生了解个人信息被滥用可能带来的风险,就能够更好地保护自己的隐私。

2. 注重相关安全知识的学习

大学生要持续学习有关个人信息安全和隐私保护的知识,了解最新的网络安全威胁和防范措施,提高自身的个人信息保护意识。

(二) 了解应对个人信息泄露的知识

1. 可能受影响的个人信息

个人信息的种类广泛,包括但不限于姓名、身份证号码、地址、电话号码、电子邮件地址、银行账号、信用卡信息、健康记录、社交媒体账号等。

2. 可能的泄露源

个人信息可能会通过多种途径泄露,包括网络攻击、黑客入侵、数据泄露、社交工程、盗窃、丢失或遗弃的物理设备等。

3. 可能的风险

个人信息泄露可能导致身份盗窃、金融诈骗、信用卡盗刷、虚拟身份被滥用、个人隐私侵犯、个人形象受损等。

(三) 掌握应对个人信息泄露的技能

1. 强密码管理

大学生要学会创建和管理强密码,包括使用字母、数字和特殊字符的组合,避免使用容易被猜测的个人信息作为密码,养成定期更改密码的习惯。

2. 多因素认证

大学生要学会启用多因素认证功能,通过添加额外的验证步骤增加账户安全性,例如使用短信验证码、指纹识别或应用生成的一次性密码等。

3. 谨慎分享个人信息

大学生要避免在不可信的网站或应用程序上提供个人敏感信息,如身份证号码、银行账号、社交媒体账号等。只在必要且可信的环境下分享个人信息。

4. 防止被钓鱼

大学生要学习如何识别和避免网络钓鱼攻击,不轻易点击可疑链接或下载附件,确认链接的真实地址,警惕虚假的网站和电子邮件。

(四) 运用应对个人信息泄露的法律手段

1. 数据保护法律

许多国家和地区都有数据保护法律和隐私规定,这些法律规定了个人信息的合法收集、使用、存储和保护等方面的要求。大学生如果发现个人信息泄露是由于某些组织违反了这些法律的规定,要寻求法律保护。

2. 报案和投诉

大学生如果发现个人信息泄露,可以向执法机构报案,并提供相关证据。执法机构将调查并追究相关责任人的法律责任。

3. 赔偿诉讼

个人信息泄露可能给个人造成经济、心理和声誉等方面的损失。大学生可以通过民事诉讼要求赔偿精神损失费等。

总之,大学生应该树立公共网络安全意识,了解个人信息泄露的危害,并加强对个人信息泄露的预防和应对能力。

五、大学生应对网络病毒攻击的措施和方法

(一) 树立应对网络病毒攻击的意识

一方面要树立安全意识。培养良好的网络安全意识,了解不同种类的网络病毒(如病毒、蠕虫、木马、勒索软件等)以及它们的传播方式和损害方式。这有助于大学生识别和预防潜在的网络病毒攻击。

另一方面积极接受网络安全培训和教育。大学生要积极参加网络安全培训和教育课程,学习如何识别和应对网络病毒攻击,掌握最佳的预防和应对措施。

(二) 了解应对网络病毒攻击的知识

1. 病毒(Virus)

病毒是一种恶意代码,通过将自身植入到其他可执行文件或文档中进行传播。一旦被感染的文件被打开或执行,病毒将自动激活并开始对系统和数据进行破坏、篡改或删除。

2. 蠕虫(Worm)

蠕虫是一种不需要宿主文件传播的恶意代码,可以自行在网络上传播,利用安全漏洞和弱密码攻击计算机。蠕虫可以自动在计算机之间复制和传播自身,使感染范围迅速扩大。

3. 木马(Trojan Horse)

木马是一种假扮成有用程序的恶意软件,通过诱骗用户下载和安装,进而控制或窃取计算机系统和数据。木马通常隐藏在免费软件、下载链接、电子邮件附件等中。

4. 勒索软件(Ransomware)

勒索软件是一种恶意软件,通过加密受害者的文件并要求付款来解密文件。勒索软件常以电子邮件附件、恶意链接或钓鱼网站的形式传播。

5. 钓鱼(Phishing)

钓鱼通过电子邮件、短信、社交媒体等方式,以伪装成可信任实体的形式,骗取用户的敏感信息,例如账户密码、银行卡号等。钓鱼攻击通常会引诱用户点击可疑链接或提供个人信息。

6. DDoS 攻击(Distributed Denial of Service)

DDoS 攻击旨在通过将大量的请求发送到目标网站或服务器,使其资源超载,导致服务不可用。攻击者通常利用多台操纵的受感染计算机(僵尸网络)实施攻击。

7. 间谍软件(Spyware)

间谍软件是一种潜入计算机系统中的恶意软件,用于监视用户活动并发送收集到的敏感信息给攻击者。间谍软件通常以广告或共享软件的形式传播。

(三) 掌握应对网络病毒攻击的技能

大学生要认真学习和熟练掌握以下应对网络病毒攻击的技能,提高网络安全防范意识。

1. 更新和使用安全软件

及时更新操作系统、应用程序和安全软件,确保其具备最新的安全补丁和防护机制。

2. 软件和应用程序管理

只下载和安装来自可信来源的软件和应用程序,避免使用来历不明的软件或从不受信任的网站下载。

3. 定期备份数据

定期备份重要的个人和工作数据,确保数据安全,以防止数据丢失或被勒索软件攻击。

4. 邮件和链接警惕

不相信来自未知或可疑发送者的电子邮件,避免点击或下载其中的附件或链接,尤其是不明来源或看似可疑的附件和链接。

5. 网络监控和入侵检测

使用网络监控和入侵检测系统,及时发现和应对潜在的网络攻击和威胁。

6. 恢复和应急计划

建立恢复和应急计划,以便在网络病毒攻击发生后能够迅速恢复系统,并采取适当的措施以减少损失。

(四) 运用应对网络病毒攻击的法律手段

一方面要注意收集证据。大学生要尽可能收集有关网络病毒攻击的证据,如攻击事件的时间、地点、攻击方式等。保存相关的聊天记录、邮件、截图等电子证据,以及可能涉及网络病毒攻击的硬件设备。这些证据可以用于支持大学生的法律主张和帮助执法机构进行调查。

另一方面要积极维权和起诉。大学生受害者可以通过合法途径维权和起诉网络病毒攻击的肇事者,包括民事诉讼、刑事诉讼以及与网络服务提供商、社交媒体平台等合作,寻求相应的补救和赔偿。

总之,大学生应该时刻保持警觉,学会使用网络安全知识,并加强应对网络病毒攻击的能力。如果遇到病毒攻击或其他网络安全问题,应及时采取措施,防止问题进一步恶化。

思考题

1. 什么是公共网络安全?它具有什么价值?
2. 公共无线网络的使用安全问题是什么?应该如何保护自己的信息安全?
3. 在公共电脑上登录个人账号或在线支付等操作时应该注意哪些安全问题?
4. 在社交媒体上保护个人隐私和信息安全应该采取哪些措施?
5. 当收到未知来源的邮件或短信时,应该如何判断是否存在钓鱼或欺诈行为?

推荐阅读

以下是几个推荐的关于公共网络安全的网站:

1. 网络空间安全学院:https://www.csi.cn/
2. 国家互联网应急中心:http://www.cert.org.cn/
3. 网络安全法研究中心:http://www.nsfcenter.org/
4. 360 网络安全博客:https://blogs.360.cn/
5. FreeBuf 黑客与极客:https://www.freebuf.com/

这些网站都是权威的网络安全机构或媒体,提供关于网络安全的最新信息、技术、法律法规等相关内容。可以从中获得对公共网络安全的深入了解,提高网络安全意识和技能。

第四章　公共卫生安全

思维导图

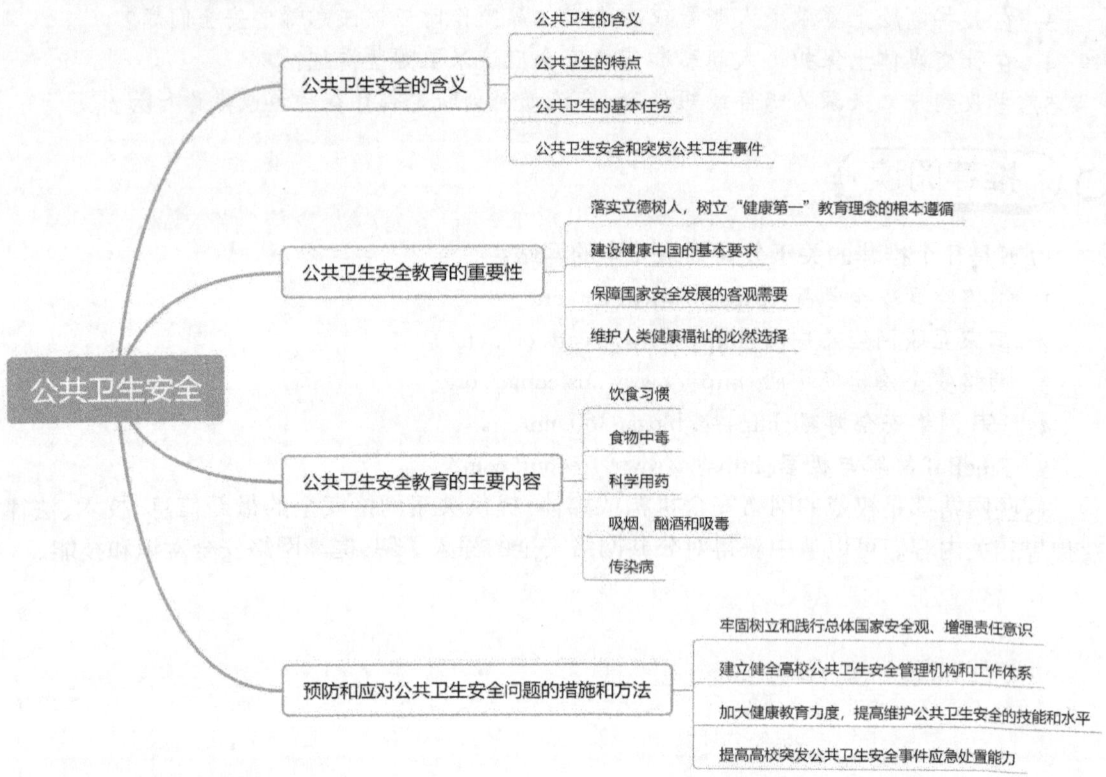

学习目标

【知识目标】了解公共卫生的定义、特点和基本任务；熟悉突发公共卫生事件的定义和分类；掌握大学校园内常见的传染病知识要点；掌握突发公共卫生事件的应对措施和方法。

【能力目标】帮助大学生树立健康意识，提升大学生自我健康管理技能和认知水平，促进大学生身心健康和全面发展。

【素质目标】落实立德树人根本任务，坚持健康第一教育理念，全面提升大学生健康素养,做好自身健康的第一责任人。

【思政目标】从总体国家安全观出发,普及公共卫生安全在健康中国建设中的重大价值和作用,增强维护全民健康的社会责任感和使命感,为全面推进健康中国建设贡献青春力量。

►► 第一节 公共卫生安全的含义 ◄◄

随着经济社会发展水平和人民生活水平不断提高,人民群众更加重视生命质量和健康安全,特别是继 SARS 疫情以来 2020 年突发的全球大流行的新型冠状病毒肺炎疫情这一重大公共卫生事件,又一次引起全社会的共同关注,让"公共卫生"再次进入大众视野,"公共卫生"已成为家喻户晓的热词,常见诸各类政府文件、媒体和新闻报刊报道中。

一、公共卫生的含义

公共卫生由英文"Public Health"翻译而来,其定义十分宽泛。早期的公共卫生的概念和理论是人类在长期与传染病及其他疾病的斗争中不断丰富和发展的实践经验的总结,现代公共卫生的概念是近两百年诞生并快速发展起来的,其最终目标是促进人类健康,确保人民健康生活,其关注和服务的对象是整个人群。

2013 年,我国学者曾光教授等在《中国公共卫生(理论卷)》一书中提出新的公共卫生定义:公共卫生是以保障和促进公众健康为宗旨的公共事业,通过国家与社会共同努力,预防和控制疾病与伤残,改善与健康相关的自然和社会环境,提供预防保健与必要的医疗服务,培养公众健康素养,创建人人享受健康的社会。① 该定义明确了公共卫生的宗旨、基本任务和目标等,为业内学者普遍认同,本书中的公共卫生也取这一定义。

二、公共卫生的特点

(一) 公共卫生的相关属性

公共卫生首先姓"公",属于国家的公共事业,具备公有、公用、公益的属性。

1. 公有

公共卫生采用公共生产和公共供应方式提供服务,不可能像教育那样既可以国家办也可以民办。例如,疾病预防和控制机构只能属于国家,不能属于任何个人。随着我国医疗改革事业的深入推进,为满足人民群众多层次、差异化的健康服务需求,政府也可以通过购买服务的方式,委托非公立医疗机构承担并向居民提供基本公共卫生服务,但其公有的属性维

① 曾光,黄建始,张盛年. 中国公共卫生 · 理论卷[M]. 北京:中国协和医科大学出版社,2009:5.

持不变。

2. 公用

公共卫生的服务对象是全体民众。正常的情况下，公共卫生服务可以同时满足全部服务对象的需求，不存在“排他性”或“竞争性”。

3. 公益

公共卫生是典型的公益事业，具有明显的群体效应与正外部性。公益性特点体现在公共卫生只以公众获取群体健康为目的，通过加强公共卫生体系建设，增加公共卫生产品的供给，提高公共卫生服务质量，由此为整个社会公众带来更多福利，提高人群群体健康水平。

（二）对政治的敏感性

一方面，公共卫生的核心价值是公众健康和社会公正，这是政府公共卫生决策的主要出发点。另一方面，公共卫生与经济利益、社会安定和政府形象有着千丝万缕的联系，成为决策时必须考虑的因素。这两方面交织在一起，决定了公共卫生对政治的高度敏感性。公共卫生问题的解决并非仅靠科学技术，还取决于政治对健康价值的判断，以及对伦理道德的选择。同时，公共卫生对政治的敏感性还体现在公共卫生事件的国际性，在解决涉及不同国家或地区的公共卫生问题时，单靠一个国家或地区的力量是无法应对的，需要各国通力合作，共同应对。

（三）对科学的依赖性

公共卫生对科学的依赖性体现在解决公共卫生问题时需要应用不同的学科知识、技术和方法。公共卫生专业人员包括来自医学、管理学、护理学、流行病学、社会学、心理学、人类学、营养学、统计学、卫生工程学、法学、政治学、新闻传播学、老年病学和其他许多专业的人员。以流行病学作为其学科核心，公共卫生连接预防医学、基础医学、临床医学和社会科学等多学科来协同作战，应对公共卫生面临的各项挑战。

（四）对公众参与的需求性

公共卫生不但为公众服务，还需要公众参与。公共卫生就是要组织社会，共同努力，预防疾病，促进健康；无时不在，无处不有，人人参与，人人享受。可以说，没有公众的参与，要实现公共卫生的宗旨是不可能的，新冠疫情中群防群控、联防联控就体现了这个观念。公众不但要关心与自己有关的公共卫生问题，还要关心整个社会的公共卫生问题，要积极参与预防和应对身边与健康有关的问题，参与的过程往往使参与者受益。

三、公共卫生的基本任务

公共卫生以保障和促进公众健康为宗旨，通过国家和全社会共同努力实现人人享有健康的目标，包括以下四项基本任务：

（一）预防和控制疾病与伤残

预防和控制疾病与伤残是公共卫生最传统，也是最受重视的基本功能与任务。公共卫生最重要和最紧迫的任务，就是对威胁健康等的疾病和伤残做出反应，保护公众的健康，维护社会的稳定。人类早期因群居而产生的环境卫生问题及由此而出现的传染病问题严重威胁到人类的生存。因此，早期公共卫生防治的出现就是为了应对传染病对人类健康和生存的威胁。之后，随着人类文明的发展，工业化、城市化和全球化的进程加快，伤害和残疾已经构成了对人类健康的严重威胁，新发传染病、生物恐怖事件等突发公共卫生事件也在不断出现。在人类现代化的进程中，能否有效地预防和控制疾病与伤残等对公众健康的直接威胁，事关公众能否健康地生存和发展，此点至关重要，是公共卫生的第一要务。

（二）改善与健康相关的自然和社会环境

人类居住生活的自然环境和社会环境与健康息息相关。改善与健康相关的自然和社会环境是对政府公共卫生价值取向，以及政策制定和协调能力的考验，既需要长远规划，又需要主动出击，通过不断采取科学的治本措施，改善与健康相关的自然和社会环境，实现在群体水平上提高公众的健康，从更深的层次和更广义的角度促进人类健康的可持续发展。

（三）提供医疗保健与必要的医疗服务

提供医疗保健与必要的医疗服务，包括“常规的预防保健服务”“对特殊人群和弱势群体提供的预防保健服务”和“必要的医疗服务”三个方面。

1. 常规的预防保健服务

常规的预防保健服务覆盖所有公众，如开展传染病防治、计划免疫、食品安全与营养卫生、环境卫生、少儿卫生、职业卫生、生殖健康等。

2. 对特殊人群和弱势群体提供的预防保健服务

此类服务面对的是具有特殊公共卫生需求的特殊人群和弱势群体。如，对老年人实施流感疫苗免费接种、对艾滋病病毒感染者实施的“四免一关怀”政策等等。如果忽视了这类群体的健康需求，就不可能建成人人健康的社会。

3. 必要的医疗服务

必要的医疗服务主要包括由政府使用纳税收入，用以维护公众基本健康的医疗服务体系，如针对常见病、多发病的医疗服务，但不能包罗万象。

（四）培养公众健康素养

培养公众健康素养是健康中国的重要组成部分，需要政府、企业、社区、家庭、学校和社会公众共同努力，持续推进，树立“大卫生、大健康”理念，倡导每个人是自己健康第一责任人。以学校教育为重点，在各级各类学校开展健康教育对于学生自身健康成长和提高我国公民的整体健康素养具有重要意义。

四、公共卫生安全和突发公共卫生事件

(一) 公共卫生安全的定义

公共卫生安全是由公共安全延伸出来的概念,是公共安全在卫生领域的具体化,是为了保障和促进公众健康的安全而建立的稳定环境。

2007 年 8 月 23 日,世界卫生组织(WHO)发布的《构建安全未来——21 世纪全球公共卫生安全》提出公共卫生安全的概念:是指通过采取预见性和反应性行动,最大程度确保人群免受突发公共卫生事件的威胁。①我国学者认为公共卫生安全包括公共卫生和公共安全两个方面,在 2009 年 10 月召开的中华预防医学会第三届学术年会上,黄建始教授在《公共卫生的起源与定义》的报告中对公共卫生安全的范畴作了描述和界定,他认为与公众健康相关的领域几乎都可以被纳入公共卫生安全的范畴。

(二) 突发公共卫生事件的定义

突发公共卫生事件指突然发生,造成或者可能造成社会公众健康严重损害的重大传染病疫情、群体性不明原因疾病、重大食物和职业中毒以及其他严重影响公众健康的事件。

(三) 我国突发公共卫生安全事件的分类

根据事件的成因和性质,影响人类健康的突发公共卫生事件可分成四类:

1. 重大传染病疫情

指某种传染病在短时间内发生、波及范围广泛,出现大量的病人或死亡病例,其发病率远远超过常年的发病率水平的情况。如,2009 年 H1N1 流感病毒、2003 年的非典型肺炎、2019~2022 年新型冠状病毒感染等。

2. 群体性不明原因疾病

是指在一定时间内,某个相对集中的区域内(如医疗机构、学校、自然村、社区、建筑工地等集体单位)同时或者相继出现具有共同临床表现的病人,且病例不断增加,范围不断扩大,又暂时不能明确诊断的疾病。它具有临床表现相似性、发病人群聚集性、流行病学关联性、健康损害严重性的特点。这类疾病可能是传染病(包括新发传染病)、中毒或其他未知因素引起的。

3. 重大食物和职业中毒

重大食物中毒是指由于吞服、吸入有毒物质,或有毒物质与人体接触所产生的有害影响。重大职业中毒是指由于食品污染和职业危害的原因而造成的人数众多或者伤亡较重的中毒事件。

---

① 世界卫生组织. 2007 年世界卫生报告——构建安全未来:21 世纪全球公共卫生安全[M]. 北京:人民卫生出版社,2007:1.

4. 其他严重影响公众健康的事件

指针对不特定的社会群体,造成或可能造成社会公众健康的严重损害,影响正常社会秩序的重大事件。

(四) 突发公共卫生安全事件的分级

根据突发公共卫生事件性质、危害程度、涉及范围不同,《国家突发公共卫生事件应急预案》将突发公共卫生事件划分为四级:Ⅰ级(特别严重)、Ⅱ级(严重)、Ⅲ级(较重)和Ⅳ级(一般),依次用红色、橙色、黄色、蓝色进行预警。

►► 第二节　公共卫生安全教育的重要性 ◄◄

公共卫生安全事关国家与人民的安全发展。党的十八大以来,以习近平同志为核心的党中央把维护人民健康摆在更加突出的位置,坚持把确保人民生命安全和身体健康作为治国理政的一项重大任务。维护公共卫生安全,对保障国家总体安全,维护改革发展稳定大局,实现经济社会发展目标和保障人类健康福祉有重要意义。

我国高校公共卫生安全教育起步较晚,很多大学生对高校公共卫生安全相关问题了解甚少。"大学生公共安全教育研究与实践"课题组调查数据显示,目前在校大学生公共卫生安全知识素养有待提高,如"对肺结核和病毒性肝炎相关知识知晓率为66.5%,对流行性感冒的预防措施和传播途径相关知识知晓率分别为81.3%和35.4%,对吸毒的危害性知识知晓率为82.7%等"。当前大学生作为国家的栋梁之材,加强公共卫生安全教育对于增强其国家安全意识,提高维护国家安全的技能和能力意义重大。

一、落实立德树人,树立"健康第一"教育理念的根本遵循

健康是大学生全面发展的基础。加强大学生公共卫生安全教育,提升大学生健康素养和维护公共卫生安全的技能和水平是贯彻落实党的教育方针,全面实施素质教育和促进大学生全面发展的必然要求,也是落实立德树人,树立"健康第一"教育理念的根本遵循。通过公共卫生安全教育,帮助大学生树立健康意识,掌握维护健康的知识和技能,形成文明、健康生活方式,提高自身健康管理能力,增强维护公共卫生安全的社会责任感,促进大学生身心健康和全面发展。

二、建设健康中国的基本要求

党的十八大以来,以习近平同志为核心的党中央把维护人民健康摆在更加突出的位置,做出实施健康中国战略的重大决策,印发《"健康中国2030"规划纲要》,推进健康中国建设是我们党对人民的郑重承诺。而重大突发公共卫生事件对健康中国战略的实施构成了严峻

挑战。加强大学生公共卫生安全教育不仅可以提高大学生个体健康素养,也对全社会健康理念的传播、健康生活方式的引领有积极的推动作用,从而助推健康中国的建设。

三、保障国家安全发展的客观需要

重大突发公共卫生事件关乎人民生命安全和身体健康,如不及早预防、妥善处理,就会威胁到国家的安全发展。此次新冠疫情警示我们,一旦出现重大突发公共卫生事件,影响的范围绝不仅仅是公共卫生领域,而是包括经济、政治、社会发展在内的所有领域,因此,必须站在维护国家安全发展的高度,对大学生公共卫生安全教育问题给予高度重视。

四、维护人类健康福祉的必然选择

健康安全是人类永恒的"刚性"追求,但在重大的传染性疫病和突发公共卫生安全风险面前,人类的健康安全有时又是脆弱的。在人类社会发展长河中,传染病始终是重大威胁。为了全人类的健康福祉,对公共卫生安全的关注也需要突破国家、地域的界限,从关注"国家安全"拓展到"国际安全",从关注"个人安全"上升到"人类安全"。因此,加强公共卫生安全教育要从全人类健康的角度出发,更准确地把握其内涵。

►► 第三节　公共卫生安全教育的主要内容 ◄◄

高校作为人群密集场所,公共卫生安全问题尤为突出。高校应通过开展公共卫生安全教育,使大学生掌握日常生活中所需的公共卫生安全知识,培养大学生的公共卫生安全意识,提高大学生公共卫生安全责任感和应对突发公共卫生事件的行为能力,最大限度地预防公共卫生安全事故的发生以及减少突发事故对大学生的伤害,维护和促进大学生健康成长,同时,也为社会公共安全环境的营造做出贡献。

一、饮食习惯

"民以食为天",我们每天都需要通过饮食从外界食物中获得所需的各种营养素来维持健康以及满足生长发育和维持机体生理活动的需求。大学生正处于生长发育的关键阶段,其体格、体能和适应能力均达到了较高的水平,具有精力充沛、代谢旺盛、运动量大、学习任务繁重的特点,对各种营养素的需求远远高于其他年龄段的人群,更应该树立合理膳食观念,养成良好饮食习惯,这对其自身的健康成长具有积极的促进作用。

(一) 平衡膳食的定义

平衡膳食又称健康膳食或合理膳食,是指膳食中所含营养素的数量充足、种类齐全、比例适当，并且与机体的需要保持平衡。《中国居民膳食营养指南(2022)》将原来的平衡膳食6条核心推荐修订为8条膳食准则，这8条膳食准则是对2岁以上所有健康人群的指导通则，同样也适用于大学生人群，具体内容如下。

准则一：食物多样，合理搭配

平衡膳食模式是保障人体营养和健康的基本原则，食物多样是平衡膳食的基础，合理搭配是平衡膳食的保障。核心推荐如下：

(1) 坚持谷类为主的平衡膳食模式。

(2) 每天的膳食应包括谷薯类、蔬菜水果、畜禽鱼蛋奶和豆类食物。

(3) 平均每天摄入12种以上食物，每周25种以上，合理搭配。

(4) 每天摄入谷类食物200~300 g，其中包含全谷物和杂豆类50~150 g；薯类50~100 g。

准则二：吃动平衡，健康体重

体重是评价人体营养和健康状况最重要的指标之一，吃和动是保持健康体重的关键。核心推荐如下：

(1) 各年龄段人群都应天天进行身体活动，保持健康体重。

(2) 食不过量，保持能量平衡。

(3) 坚持日常身体活动，每周至少进行5天中等强度身体活动，累计150分钟以上；主动身体活动最好每天6000步。

(4) 鼓励适当进行高强度有氧运动，加强抗阻运动，每周2~3天。

(5) 减少久坐时间，每小时起来动一动。

准则三：多吃蔬果、奶类、全谷、大豆

蔬菜水果、全谷类、奶类、大豆及豆制品是平衡膳食的重要组成部分，坚果是平衡膳食的有益补充。核心推荐如下：

(1) 蔬菜水果、全谷物和奶制品是平衡膳食的重要组成部分。

(2) 餐餐有蔬菜，保证每天摄入不少于300 g的新鲜蔬菜，深色蔬菜应占1/2。

(3) 天天吃水果，保证每天摄入200~350 g的新鲜水果，果汁不能代替鲜果。

(4) 吃各种各样的奶制品，摄入量相当于每天300 mL以上液态奶。

(5) 经常吃全谷物、大豆制品，适量吃坚果。

准则四：适量吃鱼、禽、蛋、瘦肉

鱼、禽、蛋、瘦肉均属于动物性食物，富含优质蛋白质、脂类、脂溶性维生素、B族维生素和矿物质等。核心推荐如下：

(1) 鱼、禽、蛋类和瘦肉摄入要适量，平均每天120~200 g。

(2) 每周最好吃鱼2次或300~500 g，蛋类300~350 g，畜禽肉300~500 g。

(3) 少吃深加工肉制品。

(4) 鸡蛋营养丰富，吃鸡蛋不弃蛋黄。

(5) 优先选择鱼，少吃肥肉、烟熏和腌制肉制品。

准则五：少盐少油，控糖限酒

核心推荐如下：

(1) 培养清淡饮食习惯，少吃高盐和油炸食品。成年人每天摄入食盐不超过5 g，烹调油 25~30 g。

(2) 控制添加糖的摄入量，每天不超过 50 g，最好控制在 25 g 以下。

(3) 反式脂肪酸每天摄入量不超过 2 g。

(4) 不喝或少喝含糖饮料。

(5) 儿童青少年、孕妇、乳母以及慢性病患者不应饮酒。成年人如饮酒，一天饮用的酒精量不超过 15 g。

准则六：规律进餐，足量饮水

核心推荐如下：

(1) 合理安排一日三餐，定时定量，不漏餐，每天吃早餐。

(2) 规律进餐、饮食适度，不暴饮暴食、不偏食挑食、不过度节食。

(3) 足量饮水，少量多次。在温和气候条件下，低身体活动水平成年男性每天喝水 1700 mL，成年女性每天喝水 1500 mL。

(4) 推荐喝白水或茶水，少喝或不喝含糖饮料，不用饮料代替白水。

准则七：会烹会选，会看标签

核心推荐如下：

(1) 在生命的各个阶段都应做好健康膳食规划。

(2) 认识食物，选择新鲜的、营养素密度高的食物。

(3) 学会阅读食品标签，合理选择预包装食品。

(4) 学习烹饪、传承传统饮食，享受食物天然美味。

(5) 在外就餐，不忘适量与平衡。

准则八：公筷分餐，杜绝浪费

核心推荐如下：

(1) 选择新鲜卫生的食物，不食用野生动物。

(2) 食物制备生熟分开，熟食二次加热要热透。

(3) 讲究卫生，从分餐公筷做起。

(4) 珍惜食物，按需备餐，提倡分餐不浪费。

(5) 做可持续食物系统发展的践行者。

(二) 认识中国居民平衡膳食宝塔(2022)

为了更好地帮助人们在日常生活中实践《中国居民膳食营养指南(2022)》，结合中国居民的膳食特点，把平衡膳食的原则转化为各类食物的数量和所占比例的图形化表示，便于理解和实施。根据此图，也可以更好地指导大学生掌握每日各种食物的摄入标准。

宝塔共分五层，各层面积大小不同，体现了 5 大类食物和食物量的多少。5 大类食物包括谷薯类、蔬菜水果、家禽鱼蛋奶类、大豆和坚果类以及烹调用油盐。食物量是根据不同能量需要量水平设计，宝塔旁边的文字注释，标明了在 1600~2400 kcal 能量需要量水平时，一段时间内成年人每人每天各类食物摄入量的建议值范围。

第一层：谷薯类食物

谷薯类是膳食能量的主要来源(碳水化合物提供总能量的 50%~65%)，也是多种微量

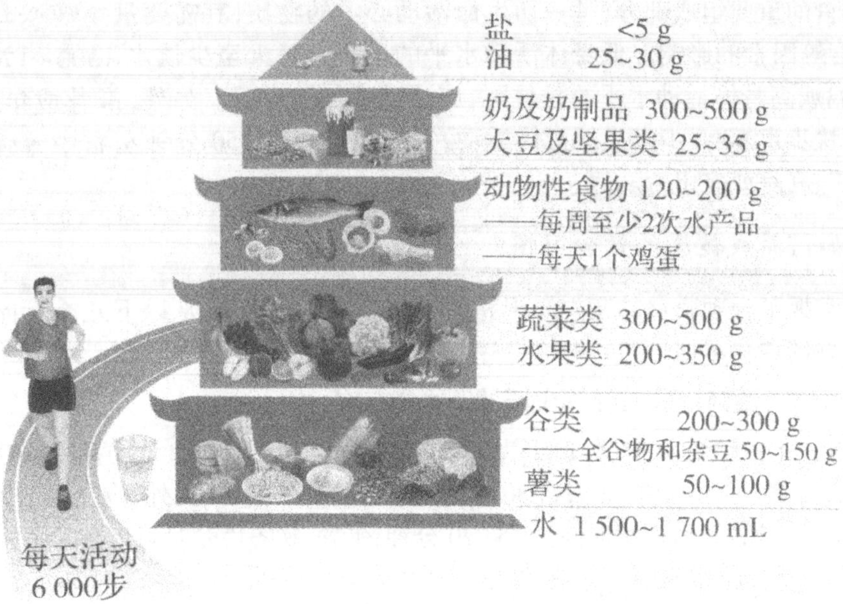

图 4-1 中国居民平衡膳食宝塔(2022)

营养素和膳食纤维的良好来源。膳食指南中推荐 2 岁以上健康人群的膳食应做到食物多样、合理搭配。在 1600~2400 kcal 能量需要量水平下的一段时间内,建议成年人每人每天摄入谷类 200 g,其中包含全谷物和杂豆类 50~150 g;另外,薯类 50~100 g,从能量角度,相当于 15~35 g 大米。

第二层:蔬菜水果

蔬菜水果是膳食指南中鼓励多摄入的两类食物,是膳食纤维、微量营养素和植物化学物的良好来源。在 1600~2400 kcal 能量需要量水平下,推荐成年人每天蔬菜摄入量至少达到 300 g,水果 200~350 g。

第三层:鱼、禽、肉、蛋等动物性食物

鱼、禽、肉、蛋等动物性食物是膳食指南推荐适量食用的食物。在 1600~2400 kcal 能量需要量水平下,推荐每天鱼、禽、肉、蛋摄入量共计 120~200 g。新鲜的动物性食物是优质蛋白质、脂肪和脂溶性维生素的良好来源,建议每天畜禽肉的摄入量为 40~75 g,少吃加工类肉制品。

第四层:奶类、大豆和坚果

奶类和豆类是鼓励多摄入的食物。奶类、大豆和坚果是蛋白质和钙的良好来源,营养素密度高。在 1600~2400 kcal 能量需要量水平下,推荐每天应摄入至少相当于鲜奶 300 g 的奶类及奶制品,推荐大豆和坚果摄入量共为 25~35 g。坚果无论作为菜肴还是零食,都是食物多样化的良好选择,建议每周摄入 70 g 左右(相当于每天 10 g 左右)。

第五层:烹调油和盐

油盐作为烹饪调料必不可少,但建议尽量少用。推荐成年人平均每天烹调油不超过 25~30 g,食盐摄入量不超过 5 g。

最底层:身体活动和饮水

水是膳食的重要组成部分,是一切生命活动必需的物质,其需要量主要受年龄、身体活动、环境温度等因素的影响。低身体活动水平的成年人每天至少饮水 1500~1700 mL(7~8 杯)。在高温或高身体活动水平的条件下,应适当增加饮水量。另外,推荐成年人每天进行至少相当于快步走 6000 步以上的身体活动,每周最好进行 150 分钟左右中等强度的运动,如骑车、跑步、庭院或农田劳动等。

(三) 如何养成健康的饮食习惯

大学生掌握了合理膳食的基本知识和要点,在日常生活中要从以下几个方面做起,逐渐养成健康良好的饮食习惯。

1. 规律进餐,做到一日三餐、定时定量、饮食有度

合理分配一日三餐的食物量,通常以能量作为分配一日三餐进食量的标准,早餐提供的能量应占全天总能量的 25~30%,午餐占 30~40%,晚餐占 30~35%。另外,应注意用餐时长,不宜过短也不宜过长,建议早餐用餐时间为 15~20 分钟,午餐、晚餐用餐时间为 20~30 分钟。

2. 保证每天吃早餐,并吃好早餐

早餐是一天中的第一餐,对膳食营养摄入、工作学习效率和健康状况至关重要。把早餐作为每天健康生活方式的开始,按时作息,留出准备早餐的时间,养成规律的生活。早餐的食物应品种多样、合理搭配。

3. 合理选择零食

选择和食用零食时应注意:选择干净卫生、营养价值高、正餐不容易包含的食物作为零食,如原味坚果、新鲜水果、奶及奶制品等;含盐、油或添加糖高的食品不宜作为零食,如辣条、薯条、薯片等;少选油炸或膨化食品;也不能把没有生产日期、无质量合格证或无生产厂家信息的"三无"产品作为零食。

另外,吃零食的量不宜多,以不影响正餐为宜,更不应该代替正餐。两餐之间可适当吃些零食,睡前 1 小时不宜吃零食。

4. 在外就餐时选择干净、卫生的就餐场所,并注意合理搭配

在外就餐应选择食品安全状况良好、卫生信誉度在 B 级以上的餐饮服务单位。点餐时要注意食物多样,荤素搭配;不铺张浪费,适量而止;尽量选择用蒸、炖、煮等方法烹调的菜肴,避免煎炸食品和含脂肪高的菜肴,以免摄入过多油脂。

5. 不暴饮暴食、不偏食挑食,也不过度节食

暴饮暴食、偏食挑食都是不健康的饮食行为,暴饮暴食与超重肥胖,以及胃肠道疾病、急性胰腺炎等的诱发密切相关。体重正常者不应该过度节食,超重肥胖者或其他需要节食者应在医生或营养师的建议或指导下进行膳食调整。

6. 足量饮水,少量多次

我国居民饮水不足的现象较为普遍,感觉口渴已经是身体明显缺水的信号,应主动饮水、少量多次,不要等到口渴了再喝水。选择饮品时避免或少喝含糖饮料,建议用白水或茶水替代含糖饮料。

总之，大学生正处在身心发育的重要时期，大学期间是个人饮食习惯养成的重要时期，良好的饮食习惯可以使人终身受益，希望在校大学生都可以培养良好的饮食习惯，保持身体健康，才能拥有更加美好的未来。

二、食物中毒

食物中毒是我国主要的突发公共卫生事件类型，也是高校突发公共卫生事件的主要原因，在高校里食物中毒的案例并不罕见，因学生为主要受害者，且具有群发性特征，严重影响师生的身体健康和生命安全，破坏正常教育教学秩序，而且容易造成不良的社会影响，甚至危及社会公共安全环境。

（一）食物中毒的概念

食物中毒（Food Poisoning）是指摄入含有生物性、化学性有毒有害物质的食品或把有毒有害物质当作食品摄入后所出现的非传染性的急性、亚急性疾病。

食物中毒是重点监测和管理的食源性疾病。它既不包括因暴饮暴食而引起的急性肠胃炎、食源性肠道传染病（如伤寒）和寄生虫病（如旋毛虫），也不包括因一次大量或长期少量多次摄入某些有毒、有害物质而引起的以慢性损害为主要特征（如致癌、致畸、致突变）的疾病。

（二）高校食物中毒的主要类型

按发病原因，食物中毒可分为细菌性食物中毒、真菌及其毒素食物中毒、有毒动物中毒、有毒植物中毒和化学性食物中毒。细菌性食物中毒和真菌及其毒素食物中毒是高校里常见的食物中毒类型。

1. 细菌性食物中毒

细菌性食物中毒多因致病菌的污染、储藏方式不当、烹调加工不当等原因而摄入被致病性细菌或其毒素污染的食物引起的中毒，细菌性食物中毒是最常见的食物中毒，也是高校食物中毒人数最多的类型。

2. 真菌及其毒素食物中毒

由真菌的有毒代谢产物引起。常见的有赤霉菌病麦食物中毒、霉变玉米中毒、霉变甘蔗中毒等。

3. 有毒动植物中毒

有毒动植物中毒是指一些动植物本身含有某种天然有毒成分（如河豚、毒蘑菇等）或由于储存条件不当形成某种有毒物质（如发芽马铃薯等），被人食用后所引起的中毒。

4. 化学性食物中毒

化学性食物中毒指食物被化学物质污染或误食化学物质所致的中毒。常见的中毒物质包括有毒的金属及其化合物、亚硝酸盐、农药等，是病死率最高的食物中毒类型。

（三）高校食物中毒的发病特点

食物中毒发生的原因虽不同，但发病往往具有以下共同特点：

1. 发病潜伏期短，来势急剧，呈暴发性，短时间内可能有多数人发病。

2. 发病与食物有关，病人有食用同一有毒食物史，流行波及范围与有毒食物供应范围一致，停止该食物供应后，流行即终止。

3. 中毒病人临床表现基本相似，以恶心、呕吐、腹痛、腹泻等胃肠道症状为主。

4. 一般情况下，人与人之间无直接传染。发病曲线呈突然上升趋势之后又呈迅速下降的趋势，无传染病流行时的余波。

（四）食物中毒的流行病学特点

1. 发病的季节性特点

我国食物中毒事件的发生具有明显的季节性。食物中毒高发月份为5~9月，其中细菌性食物中毒人数较多，主要与夏秋季节气温高、微生物繁殖快有关。学校食物中毒事件全年均有发生，以5、6和9月（7~8月放假）三个月份多发。

2. 发病的地区性特点

绝大多数食物中毒的发生有明显的地区性，我国沿海地区多发生副溶血性食物中毒，肉毒中毒主要发生在新疆地区，霉变甘蔗中毒多见于北方地区。但由于近年来食品的快速配送，食物中毒发病的地区性特点越来越不明显。学校发生起数，南方多于北方，尤以华东、华南地区最为高发。

3. 食物中毒原因的分布特点

在我国引起食物中毒的原因分布不同年份略有不同，根据《2018年全国食物中毒事件流行特征分析》来看，细菌性食物中毒事件发生率占36.77%，植物性食物中毒事件发生率占17.87%，真菌性食物中毒发生率占14.09%，化学性食物中毒事件发生率占8.25%，动物性食物中毒事件发生率占1.37%。其中细菌性食物中毒事件中毒人数最多。

4. 食物中毒病死率特点

食物中毒病死率较低。2018年全国共报告食物中毒事件291起，累计报告病例7856例，死亡98例，病死率为1.25%。死亡人数以动物性食物中毒、化学性食物中毒和植物性食物中毒为最多。

5. 食物中毒发生场所分布特点

食物中毒发生的场所多见于家庭、集体食堂和饮食服务单位。2018年，发生在家庭的食物中毒事件数及死亡数最多，且病死率最高；发生在学校、企事业单位、建筑工地等单位的集体食堂的食物中毒人数最多。学校是食物中毒事件发生的重要场所。

所以，在日常生活中，大学生平时除了要注意个人饮食卫生外，还要主动掌握食品安全知识，了解食物中毒的症状和预防食物中毒的方法，营造人人关注食品安全，建设安全和谐校园的良好氛围。

三、科学用药

药物作为治疗和预防疾病、促进人类健康的主要手段之一，在人类生活中扮演着十分重要的角色。世界卫生组织（WHO）调查显示，不合理用药已经成为当今全球的第四号杀手，全球1/3的人死亡原因不是疾病本身而是不合理用药。大学生在日常生活中只有科学、正确、合理地使用药物，才能避免和减少不良情况的发生，促进大学生健康成长。

（一）认识药物的两重性

药物的两重性包括药物的治疗作用和药物的不良反应，大多数药物在发挥治疗作用的同时，都存在程度不同的不良反应，因此，药物既能治病，也能致病。但是，只要科学、合理地使用药物，就能够避免或者使其伤害降到最低的限度。

1. 药物的治疗作用

药物的治疗作用是指药物引起的符合用药目的的作用，有利于改变患者的生理、生化功能或病理过程，有利于患病的机体恢复正常。

2. 药物的不良反应

药物的不良反应是指在正常用法和用量时，所产生的与用药目的无关和对机体有害的反应，包括副作用、毒性反应、后遗反应、过敏反应、“三致”（致癌、致畸和致突变作用）等。

（二）药品的分类

根据药品品种、规格、适应证、剂量及给药途径不同，我国将药品分为处方药和非处方药，实行分类管理。

1. 处方药

处方药必须凭执业医师或执业助理医师处方才可调配、购买和使用。处方药通常都具有一定的毒性及其他潜在的影响，用药方法和时间都有特殊要求，必须在医生指导下使用。

2. 非处方药

非处方药不需要凭执业医师或执业助理医师处方即可自行判断、购买和使用。

非处方药在临床应用时间较长，药效明确，不良反应较少。非处方药根据其安全性又分为甲类和乙类两种，其中甲类非处方药包装盒上“OTC”标志的底色为红色，须在药店的执业药师指导下进行购买和使用，乙类非处方药包装盒上“OTC”标志的底色为绿色，除了在药店出售以外，还可以在经过食品药品监管部门批准的超市、宾馆、百货商店等处销售。相对而言，乙类药物毒副作用要轻一些，比甲类药物安全性更高一些。

（三）常见的给药原则和给药途径

给药途径是指药物的应用方式，常见的给药途径有胃肠道给药、注射给药、呼吸道给药、经皮给药等几种方式。给药原则应遵循能口服者不肌内注射，能肌内注射者不静脉注射，慎用静脉滴注法，对急性感染宜选用序贯疗法。

1. 胃肠道给药:包括口服、舌下给药和直肠给药

(1) 口服给药:口服给药是最常用,也是最安全、最方便、最经济的给药方法。但某些药物因本身的理化性质而吸收较差,对胃黏膜有刺激作用或因消化酶和胃酸等而被破坏,最终导致进入体内的药量减少,疗效降低;此外,食物对药物的吸收也有影响。

(2) 舌下给药:尽管口腔黏膜可用于吸收的表面积不大,但对某些药物来说,经口腔黏膜吸收有特殊意义。例如,硝酸甘油在舌下吸收十分迅速,可迅速产生治疗效果。

(3) 直肠给药:在患儿呕吐或意识消失情况下,经常通过直肠给药。经直肠吸收的药物,约有 50%不经过肝脏,可避免肝脏的首过效应。但直肠吸收往往不规则、不完全。

2. 注射给药:包括静脉注射、肌内注射和皮下注射等

(1) 静脉注射:把药液直接注入静脉血流中,可迅速准确获得希望的血药浓度,因而作用迅速。这是其他给药方法所不能达到的。但由于高浓度的药物迅速到达血浆和组织,增加了发生不良反应的可能性。

(2) 肌内注射:药物水溶液通过肌内注射吸收十分迅速,适用于油溶液和某些刺激性物质。

(3) 皮下注射:仅适用于对组织无刺激性的药物,否则,可引起剧烈疼痛和组织坏死。皮下注射的吸收速率通常均匀而缓慢,因而作用持久。

3. 通过呼吸道给药

气体或挥发性药物吸入后,由肺上皮和呼吸道黏膜吸收。由于表面积大,药物可经这一途径迅速进入血液循环。此外,药物的溶液可以经雾化以气雾剂形式吸入。对肺部疾病可使药物直接作用于病变部位。主要缺点是药物剂量不好控制,用法较麻烦。

4. 经皮给药

很少有药物能迅速穿过完整的皮肤,药物通过皮肤吸收具有非常大的挑战性,因为必须通过第一道屏障——角质层。一般情况下,通过角质层从皮肤吸收药物有两种途径,一种是经皮吸收,角质层允许药物从经皮贴剂扩散到皮肤表面,并渗入细胞或细胞之间的间隙中;另一种是通过皮肤中的毛囊或汗腺进行药物递送。与口服、注射剂相比,经皮给药具有很多优点,如降低胃肠道刺激、消除不良反应、增加患者依从性等,所以,目前越来越受欢迎,但是也仍然存在一些需要解决的问题,如提高药物经皮肤的渗透性、微针的安全性以及相关法规的完善性等。

(四) 常用药物剂型的分类及使用方法

1. 常见药物剂型的分类

药物总是根据各自的药物特征和所预防、治疗疾病的需求被制成不同的剂型,常见的药物剂型比如片剂、胶囊、泡腾片、含片、口服液、注射剂等。同一种药物可以做成多种剂型,如罗红霉素可制成罗红霉素分散片、罗红霉素干混悬剂等。

不同剂型药物对人体的作用性质、作用速度、毒副作用均不同,剂型影响药物在体内的吸收和利用,对药物疗效的发挥起重要作用,无论医师、护士、药师,还是患者,在使用药物时

都应注意药物的剂型,以便发挥药物的最大疗效和安全性。

药物剂型的分类方法很多,按给药途径分类可分为经胃肠道给药剂型和非经胃肠道给药剂型。常用的经胃肠道给药的有:片剂、颗粒剂、胶囊剂、丸剂、溶液剂、乳剂、混悬剂等;常用的非经胃肠道给药有:注射剂、气雾剂、粉雾剂、洗剂、软膏剂、贴剂、滴眼剂、滴鼻剂、含漱剂、舌下片、栓剂等。

2. 常见的几种胃肠道给药剂型的使用方法

(1) 分散片:放入温水中搅拌,溶解以后服用。分散片遇水能迅速崩解,均匀分散,也可以咀嚼、吞服或含吮。制成这种剂型的多属于难溶性药物。

(2) 泡腾片:口服泡腾片需用冷水或温开水溶解,待气泡完全消失以后再服用,不可直接吞服或含服。阴道泡腾片则不需要溶解,直接放入阴道即可。

(3) 咀嚼片:在口腔中充分咀嚼后可用少量温开水送服,不可直接吞服。这种剂型适合儿童或吞咽困难者。

(4) 口含片:口含片即含片,需在口腔中含化,不要咀嚼或吞服。用药后半小时之内不要进食或喝水。多用于治疗口腔和咽喉疾病。

(5) 舌下片:需放在舌下,含服时间一般控制在5分钟左右。不宜用舌头移动药物来加速其溶解。不要直接吞咽药物,含服期间不要吸烟、进食、嚼口香糖,保持安静,尽量不要说话。

(6) 滴丸:一般多用于病情急重者,宜以少量温开水送服,或直接含于舌下,服用后宜休息片刻。保存过程中避免受热。

(7) 肠溶片:必须整片(粒)吞服,不得掰开或咀嚼。不然会破坏包衣,导致药物过早释放,造成胃部刺激,也可能使药物失效。

(8) 缓、控释片(胶囊):一般需要整片(粒)吞服,不得研碎或掰开。若有特殊说明可以掰开服用的,要沿着药片自带的刻痕掰开,否则,会破坏剂型,导致药物短时间内大量释放,增加药物的不良反应。缓、控释制剂一般一天服药1~2次,用药时间宜固定。

(9) 颗粒剂:可溶颗粒(通称颗粒)、混悬颗粒、泡腾颗粒宜温开水冲服,尤其是泡腾颗粒,切勿直接吞服;肠溶颗粒、缓释颗粒和控释颗粒一般直接吞服,不能嚼服、含服 。

(10) 混悬液:混悬液是难溶性固体药物以微粒状态分散于分散介质中形成的非均匀的液体制剂。所以,一般使用前需要摇匀,以保证每次使用时药物的浓度是大致相同的。

(五) 科学用药的注意事项

科学用药包括了适当的给药时间、适当的给药间隔、适当的剂量、适当的给药途径、适当的疗程。

1. 正确判断和认识自己的疾病,不盲目用药

症状往往是疾病诊断的依据之一,随便用药易掩盖症状,造成诊断困难,容易误诊。如症状严重或出现不明原因的急性症状时,建议优先就近到医院就诊,明确诊断后遵医嘱用药,不可盲目用药。如很多疾病都可以引起急性腹痛,而腹痛的部位和具体表现是诊断的重要依据,不可随便使用止痛药。如症状轻微或明确诊断时,可自行对病情做出判断,自行选择药品,必要时可以咨询医生、药店的职业药剂师或柜台营业员,选择合适的药物。需要说

明的是,当自行选择并使用药物后,如果一段时间内病情没有缓解,甚至有新的变化,应及时到医院就诊,以免延误病情。

2. 学会正确阅读药品说明书

药品说明书是经国家药品监督管理局审核批准的、提供药品重要信息的法定文件,也是经国家药品监督管理局审核批准的法定文件,是医师、药师、护士和患者治疗用药时选用药品的主要依据,还是指导合理、安全用药及普及医药知识的重要资料。

药品说明书注明了药品名称、主要成分、适应症或功能主治、用法用量、不良反应、禁忌证、注意事项、规格、有效期、贮存要求等关键信息,在用药前应认真阅读,而另一些专业性较强的内容,如药物相互作用、药物代谢动力学、药理毒理等,也与如何服药以及服药效果息息相关。

3. 选择合适的药物和给药途径

选择药物时,应结合自身的患病情况,选择适宜的药品,不要盲目信任新药、贵重药和进口药。从给药途径上看,不片面地认为口服药不如注射药见效快、作用强,不同的给药途径是针对不同的病情而选择的,并没有优劣之分,关键是要达到最好的疗效。目前,口服是最经济、方便和安全的给药方式,因此,凡是适合口服给药的疾病,优先选择口服给药最好。

4. 适当的剂量和用药时间,按时按量服用

用药须严格遵照说明书规定的剂量或遵医嘱,不得随意增减药物剂量,特别是抗菌药物和激素类药物,不能自行调整用量或停用。含有同一成分的药品不能同时服用,切勿随意增加剂量或频次,如大部分感冒药含有对乙酰氨基酚,重复服用会导致药物过量而引起肝肾损害。

用药时间对药效也有影响,用药时间须视具体药物和病情而定,如催眠药应在睡前服;助消化药须在饭前或饭时服用;驱肠虫药宜空腹或半空腹服用;有的药物如利福平等,因食物影响其吸收也特别注明空腹服用;对胃肠道有刺激性的药物宜饭后服用等。

常见的用药时间术语有:“睡前服”指睡前 15~30 分钟服用,“一天三次”是指每隔 8 小时服用一次(但一般平常用药没有那么严格,可按照早中晚三次进行服用,服药间隔时间在 4~6 小时可以避免影响睡眠),“空腹”一般指饭前 1 小时和饭后 2 小时,“顿服”是指把一天的用药量一次性服下。只注明“口服”的,一般是指饭后半小时服用。

5. 联合用药时要注意药物相互作用

联合用药时,药物的相互作用可能会导致药效增强或毒副作用加重,也可表现为药效减弱或毒副作用减轻。因此,联合用药时如何利用各种药物的特性,充分发挥各自的药理作用,以达到最好的疗效和最小的药品不良反应,就显得非常重要。

日常生活中若同时服用几种药物,需要了解是否存在配伍禁忌,以免影响药物疗效或发生毒性反应。

6. 用温开水送服药物

除了少量特殊药物外,温开水是送服药物的最佳选择。需要注意的是,水的温度不要太高,对部分药物而言,热开水服药也有一定影响。如多酶片、胰酶片、酶类药物、维生素 C、B1、B2 等药物,受热后容易被氧化破坏而失效;我们常用的止咳糖浆,热水服用糖浆会被稀

释，黏稠度降低，不能在咽喉部形成保护膜而影响疗效；很多抗菌药物，对热不稳定，也最好不要用热水冲服。牛奶、果汁、茶水、可乐等各种饮料都可能与药物发生相互作用，影响疗效。

另外，用药期间避免饮酒或酒精类饮料，酒与镇静催眠药、抗癫痫药、抗精神病药等药物同用时，会增强这些药物的中枢抑制作用，如与镇静催眠药同服，可导致昏睡不醒，甚至可能在昏睡中死亡；酒与头孢类抗菌药、部分抗感染药同服，会产生双硫仑样反应，其具体症状为面红、头痛、恶心、呕吐、视物模糊、精神恍惚等，严重者有可能虚脱、胸闷、呼吸困难甚至休克。

7. 特殊情况的用药

对于孕期及哺乳期妇女用药要注意禁忌；对于老人、儿童以及患有肝肾等方面疾病的患者，用药应谨慎，用药后要注意观察；从事驾驶、高空作业等特殊职业者要注意药物对工作的影响。

8. 科学安全存放药品

药品存放要科学、妥善，防止因存放不当导致药物变质或失效；谨防儿童及精神异常者接触，一旦误服、误用，要及时携带药品及包装就医。

9. 保健食品不能替代药品

保健食品与药品最大的区别就在于其本质仍是食品，虽有调节人体某种机能的作用，但它不能用作治疗疾病，只具有保健功能。保健食品的保健功能仅限于其外包装上标示的保健功能，凡是宣称“治疗”“防治”“根除”的均是虚假夸大宣传，不可信！保健食品不是药物，不是“万能药”，不能包治百病！

区分保健食品和药品最简单的方法是在其包装盒上找“批准文号”，药品的批准文号开头为“国药准字”，保健品的批准文号开头为“国食健字”或“X 卫食健字”（其中的 X 代表某个地区简称）。

大学生在日常生活中因对常用药物的相关知识缺乏了解而存在各种各样的误区，需要进一步认识和掌握常用药物选择原则、药物剂量和服药方式等相关知识才能避免出现误用、错用药物的情况发生，从而保障用药安全、科学。

四、吸烟、酗酒和吸毒

吸烟、酗酒和吸毒是常见的危害健康行为，不仅直接危害大学生的身体健康，还容易诱发不良社会行为，甚至违法犯罪，从而危害社会公共安全环境。加强对大学生控烟、限酒和远离毒品的宣传教育工作，倡导健康生活行为方式，对维护公共卫生安全具有重要意义。

（一）吸烟

研究显示，大多数吸烟者的吸烟行为开始于青少年时期，若 20 岁前不吸烟，成年后吸烟的可能性大大降低；且开始吸烟的年龄越早，成年后的吸烟量越大，烟草对其身体造成的危害就越大。因此，对大学生开展控烟教育，让大学生远离烟草是我国学校卫生与健康教育工作的重要内容之一。

1. 烟草的危害

目前已知烟草及其燃烧的烟雾中含有7000多种化学物质，其中至少有69种为已知的致癌物，如多环芳烃、亚硝胺等。现有的研究证实，吸烟与呼吸系统疾病、恶性肿瘤、心脑血管疾病、糖尿病等多种疾病的发生密切相关。对于大学生来说，他们处于迅速生长发育阶段，身体各系统、各器官还未成熟或正趋于成熟，因而对有毒有害物质比成人更容易吸收，受的毒害比成人也更深。除此之外，吸烟还会影响大学生的心理健康和学习成绩。

2. 大学生人群吸烟的影响因素

影响大学生吸烟的因素主要包括个人因素和环境因素等。个人因素主要包括心理行为因素（如好奇心驱使、同学或师生关系紧张等）、对烟草危害性认识不足、易受他人行为影响等。环境因素主要包括地域因素和所处的社会环境因素等。

3. 大学生人群吸烟行为干预和预防控制

大学生人群吸烟行为干预和预防控制策略有以下五个方面。

（1）强化大学生控烟宣传引导。要求针对大学生广泛宣传烟草危害，充分发挥学校教育主渠道作用，培育大学生无烟文化。倡导大学生拒绝第一支烟，做自己健康的第一责任人。

（2）严厉查处违法向未成年人销售烟草制品。烟草专卖零售商须在显著位置设置不向未成年人出售烟草制品的标识，不得向未成年人出售烟草制品。不得通过各类信息网络平台零售烟草专卖品。切实从源头上切断大学生获取烟草制品途径。

（3）采取政策性措施限烟。如禁止烟草广告、加强影视作品中吸烟镜头的审查等。

（4）全面开展电子烟危害宣传和规范管理。加强对大学生电子烟危害的宣传教育，不将电子烟作为戒烟方法进行宣传推广，倡导大学生远离电子烟。

（5）全面推进无烟校园建设。校园内和校园周边不得销售任何烟草制品，在校园醒目位置设置禁烟标识和举报电话，创建无烟校园环境。

（二）酗酒

大学生人群饮酒已成为当前的普遍社会现象。与吸烟相比，大学生饮酒对健康的影响也不容小觑。研究表明，大学生过度饮酒与许多躯体疾病、精神疾病和社会损害密切相关，大学生过度饮酒问题也逐渐成为学校卫生工作关注的内容之一。

1. 酗酒的定义

酗酒是指无节制的过量饮酒，每日或单次饮酒量超出适量饮酒或一般社交性饮酒的标准。通常我们所说的“酒精滥用”“酒精依赖”都属于酗酒的范畴。

酒精滥用是指尽管已经认识到饮酒对身体有害，而且饮酒已经持续或反复引起社交、职业、心理和躯体的问题并使之恶化，仍继续使用。酒精依赖是反复饮酒引起的一种特殊心理状态，表现为对酒的渴求和经常需要饮酒的强迫性体验，可连续或间断性出现。停止饮酒后常感到心中难受、坐立不安，或出现肢体震颤、恶心、呕吐、出汗等戒断症状，恢复饮酒则这类症状迅速消失。

两者在内涵上互有交叉，区别主要是严重程度的差异，在临床实践中很难将酒精依赖和酒精滥用的严重程度做出明确的区分。

2. 酒精在人体内的吸收和代谢过程

乙醇是白酒、啤酒、葡萄酒、果酒或其他酒精性饮料的主要成分，又称"酒精"，其在体内主要有吸收、分布、代谢和排泄四个过程。

（1）酒精的吸收。酒精主要通过简单扩散从消化道吸收，约 80% 由十二指肠和上段回肠吸收，少部分在胃内经缓慢的扩散吸收。饮酒后，酒精很快通过胃和小肠毛细血管进入血液，饮酒者血液中乙醇的浓度一般在饮酒后 30~90 分钟内达到峰值。当血液中的乙醇浓度超过 1000mg/L 时，将可能引起明显的酒精中毒伤害。

（2）酒精的分布。酒精随着血液分布迅速扩散至全身体液，其分布与血管分布成正比，因此，在脑、肺、肝等器官酒精很快达到平衡。血液酒精浓度可直接反映全身浓度。

（3）酒精的代谢。酒精代谢的速率主要取决于体内有关酶的含量及活性，其个体差异较大，并与遗传有关。酒精吸收入血后首先经过肝脏被氧化代谢，其在肝脏氧化代谢分为两步：首先被乙醇脱氢酶氧化为毒性更强的乙醛；随后乙醛被乙醛脱氢酶氧化为无毒的乙酸，乙酸再转化为乙酰辅酶 A 进入三羧酸循环，最终分解为二氧化碳和水排出体外。

值得注意的是，许多药物可抑制酒精代谢，如在服用某些含有双硫仑结构或作用机制相同的药物前后，若饮用酒精制品，体内出现代谢反应障碍，导致体内"乙醛蓄积"引起的一系列中毒反应，称为"双硫仑样反应"，轻者出现颜面潮红、头痛、恶心、胸闷、心悸等反应，重者可出现心动过速、血压下降、呼吸困难、急性肝损伤、惊厥及死亡等。其严重程度与用药量和饮酒量呈正比关系。因此，建议在使用头孢菌素类、硝咪唑类、降血糖类及其他可能导致"双硫仑样反应"的药物时，应在用药前后禁止饮酒。

3. 大学生人群饮酒的影响因素

影响大学生人群饮酒行为的因素很多，主要包括遗传因素、环境因素和自身因素三个方面。

（1）遗传因素。遗传因素与大学生饮酒存在一定关系。研究证实，嗜酒者有明显的家族聚集现象，嗜酒者的后代酒精中毒的发病率增高。

（2）环境因素。除遗传因素外，环境因素也不同程度地影响着大学生的饮酒行为。

① 家庭环境：大学生的生长发育和生活习惯以及个体行为的形成受家庭成员的影响较大。越来越多的研究证明，父母的婚姻状况、教育水平、饮酒行为和社会经济地位等与大学生饮酒行为有关。长期处于被忽视、虐待等不良家庭环境的大学生更有可能缺乏安全感，此时，面对压力、挫折等问题时，他们更容易发生饮酒等危险行为。

② 校园环境：高校是大学生主要活动场所之一，也是影响大学生饮酒的环境因素之一，如学习成绩和同伴因素的影响往往会影响大学生的饮酒行为。

（3）社会环境。社会环境对大学生饮酒行为的影响主要表现在社会文化及习俗、大众媒体宣传等方面。

（4）自身因素。大学生自身因素与饮酒、吸烟及打架等不良行为的发生密切相关。身体素质、心理期望（饮酒期望和拒绝饮酒的自我效能期望）、性格类型、吸烟吸毒等因素都深深影响着自身的饮酒行为。

4. 大学生饮酒的危害

长期大量饮酒会对大学生的生长发育和健康带来许多不良影响。大量流行病学研究表明,过度饮酒会带来一系列的问题和危害,如过度饮酒与心脑血管疾病、肝脏疾病、精神障碍等疾病有关,也会给大学生带来心理问题和学习成绩下降等不良影响,特别是过度饮酒造成的违法犯罪、交通事故等危害公共安全事件的发生,严重危害社会公共安全环境。

5. 大学生饮酒问题的干预与预防策略

有效干预和预防大学生饮酒问题是一项长期且艰巨的任务,需要各级政府、高校和家庭以及动员全社会的力量共同努力,帮助和引导大学生远离不良嗜好,避免或减轻饮酒对大学生身心健康和社会造成的不良影响。

(1) 环境水平的干预和预防策略。环境水平的干预是指通过为大学生营造良好的生活环境,从而降低大学生饮酒的机会。如,学校开展健康教育,制定行为规范,加强对酒精类广告的管理与审核等等。

(2) 个体水平的干预和预防策略。个体水平的干预是指通过改变大学生对酒精的知识、期望、态度、欲望、动机和技能使大学生能更好地抵制饮酒的影响和减少接触酒精的机会。如,父母给青少年树立榜样和正确的饮酒观念,对于重度过量饮酒或酒精依赖提供心理治疗等。

(三) 拒绝毒品

1. 毒品的定义

根据《中华人民共和国禁毒法》第一章第二条规定,毒品是指鸦片、海洛因、甲基苯丙胺(冰毒)、吗啡、大麻、可卡因,以及国家规定管制的其他能够使人形成瘾癖的麻醉药品和精神药品。目前我国规定管制的麻醉药品、精神药品和非药用精麻药品总共有 427 种。

2. 毒品的分类

毒品的种类很多,范围很广,分类方法也不尽相同,从毒品流行的时间顺序可分为传统毒品、合成毒品和新精神活性物质三类。

(1) 传统毒品。传统毒品是指鸦片、吗啡、可卡因、大麻、海洛因等这些毒品,属于第一代毒品。这些毒品有一个共性特征,其加工制造的第一个环节是农业种植行为,必须通过种植毒品原植物,之后从中提取生物碱,利用获取的生物碱和其他易制毒化学品发生化学反应得到毒品。

(2) 合成毒品。合成毒品是以冰毒、摇头丸、K 粉为代表的毒品,属于第二代毒品。这类毒品的加工制造,主要是利用化学物质合成而来,由于化学原料容易取得,制造的工艺流程也相对简单,因而合成毒品在我们国家已呈现出制造和滥用问题上升的趋势。

(3) 新精神活性物质。新精神活性物质,又称“策划药”或“实验室毒品”,是不法分子为逃避打击而对管制毒品进行化学结构修饰得到的毒品类似物,具有与管制毒品相似或更强的兴奋、致幻、麻醉等效果,是继传统毒品、合成毒品之后全球流行的第三代毒品。

新精神活性物质对大学生的危害巨大。许多新精神活性物质的毒理作用比海洛因、吗啡等传统毒品更加强烈,外观上比海洛因、冰毒更具有伪装性和欺骗性,常常伪装成五颜六色的药丸、巧克力、曲奇饼干、饮料等形象出现，导致大学生在不知不觉中接触这类毒品，严重侵害青少年身心健康。常见的有K粉、浴盐（又称丧尸剂、喵喵、象牙、香草的天空等）、恰特草、小树枝等等。

新精神活性物质目前尚未被国际禁毒公约管制。联合国毒品与犯罪问题办公室（UNODC）将新精神活性物质分为8大类：（1）合成大麻素类；（2）卡西酮类；（3）苯乙胺类；（4）哌嗪类；（5）氯胺酮（K粉）；（6）芬太尼类；（7）植物类；（8）其他类，包括色胺类、氨基茚类、苯环已基胺类、镇静类等多个类别。截至2021年7月1日，我国列管的新精神活性物质已达188种。

3. 毒品的基本特征

（1）毒品的依赖性。毒品的依赖性表现在生理和心理两个方面。生理依赖是指毒品作用于人体，使人体机能在药物作用下形成的一种产生适应性改变，一旦停掉药物，生理功能就会发生紊乱，出现一系列严重反应或生理不适，称为戒断反应，使人感到非常痛苦。精神依赖是指毒品进入人体后作用于人的神经系统，使吸毒者出现一种渴求用药的强烈欲望。

（2）毒品的违法性。毒品的违法性主要表现在它是受国家法律管制、禁止滥用的特殊药品，毒品从种植、生产到运输、销售、使用等各个环节都会受到国家相关法律、法规的管制。

（3）毒品的危害性。危害性是毒品的社会特征，毒品成瘾后会对个人、家庭和社会带来巨大的危害，给社会公共安全带来巨大的隐患。

4. 毒品的危害

（1）对个人的危害。对个人而言，吸毒的危害主要表现为生理伤害和心理伤害两个方面。生理伤害主要表现在吸毒会严重破坏人体的正常生理机能和新陈代谢功能，影响人的呼吸系统、消化系统、心血管系统以及免疫系统等，导致易患多种器质性疾病，吸毒过量者还会造成猝死等严重后果。除了生理伤害外，毒品还对吸毒者造成严重的不可逆的心理伤害，需要长时间的治疗和恢复。吸毒者往往伴有精神障碍，例如，比较偏执、多疑，并且具有比较明显的强迫症，还有一些吸毒者会产生抑郁和妄想的现象，不少人发展为抑郁症和妄想症。

（2）对家庭的危害。毒品对家庭的危害是直接的，也是巨大的。一人吸毒，全家遭殃，吸毒者会让整个家庭蒙上久久挥之不去的阴影，甚至倾家荡产、家破人亡、众叛亲离，给家庭和后代都带来巨大的伤害。

（3）对社会的危害。毒品对社会的危害包括败坏社会风气、影响公共安全、破坏社会稳定和阻碍社会发展等。如，一些不法分子利用具有镇静、催眠、麻醉作用的精神药品制成"迷奸水""听话水"，实施强奸、猥亵、抢劫等违法犯罪活动。毒品消耗了大量的社会财富，造成巨额的经济损失。同时，吸毒导致群众身体素质下降，损耗了大量的社会劳动力并加剧了艾滋病等传染性疾病的传播，引发了大量的公共卫生问题，严重影响社会公共安全，阻碍社会的进步。

5. 大学生如何正确防范毒品

面对层出不穷的新型毒品和变化多端的犯罪手段，大学生该如何正确防范，真正做到远离毒品呢？

（1）主动学习禁毒知识，提升毒品防范意识。大学生要主动学习关于禁毒的基本知识和禁毒法律法规,了解毒品的危害,积极参与学校和社区举办的禁毒活动。充分认识新兴毒品的伪装性、隐蔽性和诱惑性,不轻易接受陌生人赠送的饮料和食品,不轻易进入毒品高危场所。

(2) 树立正确的人生观和价值观,不盲目追求享受、寻求刺激。大学生要形成自己独立的人格,不受他人的鼓动,不轻易被诱惑,有自己独立的判断,同时,还需要抛弃贪图享乐、热衷炫耀等不良价值观。

(3) 要学会健康交际,不结交有吸毒、贩毒行为的人。大学生的道德观念及行为养成容易受到同辈群体的影响,容易被"损友"带上邪路。很多大学生在"朋友"的"邀请"下吸食毒品,却不知道这种行为会将大学生带上绝路,好奇无知是大学生吸毒的主因。

(4) 要正确面对挫折,抵制不良诱惑。大学生在学习和成长的过程中,难免遇到一些挫折和考验,如升学挫折、恋爱挫折、就业挫折等,在挫折和失败面前,每一个人都应成为生活的强者,以理智、健康、积极的态度面对挫折,寻求健康合理的情绪疏解方法,切勿以身试毒,从而沉沦于毒品而不能自拔。

(5) 会及时寻求帮助。如不慎沾染毒品,一定要及时到正规机构进行戒毒治疗;遇到有涉毒嫌疑或违法犯罪活动,要积极向公安机关举报,共同营造和谐、稳定、幸福的社会公共安全环境。

五、传染病

近些年来,"非典(SARS)"、人禽流感、甲型流感、中东呼吸综合征等新发传染病的不断出现,特别是2019年底爆发的新型冠状病毒疫情在短短三个月内即席卷全球100多个国家和地区,使人类面临巨大的健康威胁,让我们更加认识到传染病的防控依然是人类不断面临的新课题。

(一) 传染病的概念

传染病是由病原体引起的,能在人与人、动物与动物以及人与动物之间相互传播的疾病。病原体包括细菌、病毒、立克次体、螺旋体、寄生虫等,它们通过感染的人、动物或储存宿主直接或间接地引起传播,感染易感者。

我国目前的法定报告传染病分为甲、乙、丙3类,共40种。此外,还包括国家卫生健康委员会决定列入乙类、丙类传染病管理的其他传染病和按照甲类管理开展应急监测报告的其他传染病。

高校是传染病高发的重点场所,大学生是传染病高发的重点人群。

(二) 传染病的流行过程

流行过程是指病原体从传染源排出,经过一定的传播途径,侵入易感者机体而形成新的感染,并不断发生、发展的过程。与传染过程的个体现象不同,流行过程是在人群中发生的群体现象。流行过程必须具备传染源、传播途径和易感人群三个基本环节,这三个环节相互依赖,协同作用,共同影响传染病的流行。

1. 传染源

传染源是指体内有病原体生长、繁殖,并能排出病原体的人和动物,包括传染病患者、隐性感染者、病原携带者、潜伏期感染者和受感染的动物等。

2. 传播途径

病原体从传染源排出后,侵入新的易感宿主前,在外环境所经历的全过程称为传播途径。传染病可以通过一种途径传播,也可以通过多种途径传播。常见的主要传播途径有以下几种。

(1) 经呼吸道传播:病原体存在于空气中的飞沫或气溶胶中,人群通过呼吸道吸入飞沫或气溶胶后引起感染。在高校常见传染病中,通过呼吸道传播的疾病所占的比例最多,如流行性感冒、麻疹、水痘、风疹、流行性腮腺炎、肺结核等,呼吸道传染病是高校传染病防控的重点和难点。

(2) 经消化道传播:通过食用含有病原体的食物或被病原体污染的食物,以及使用被病原体污染的餐具等造成的感染。常见的有细菌性痢疾、伤寒、霍乱、各种肠道病毒感染、细菌性食物中毒等,也是高校传染病防控的重点。

(3) 经接触传播:通过接触传染源以及病原体污染的物品而造成的感染,通常分为直接接触传播和间接接触传播两种。高校内常见传染病中可通过接触传播的有水痘、手足口病、诺如病毒感染、狂犬病以及性传播疾病等。

(4) 经节肢动物传播:指经节肢动物吸血叮咬或机械携带而使人遭受感染,又称虫媒传播。常见的传播媒介是蚊、蝇、蜱、螨、跳蚤等节肢动物,如蚊虫叮咬引起的疟疾和登革热、人虱叮咬引起的流行性斑疹伤害、蜱叮咬引起的蜱虫病等。

(5) 血液、体液传播:病原体存在于感染者的血液或体液中,通过血液、分娩或性交等传播,如疟疾、病毒性肝炎、梅毒、艾滋病等。

(6) 经土壤传播:是易感者通过接触被病原体污染的土壤所致的传播。含有病原体的传染源的排泄物、分泌物、死于传染病的病人或动物的尸体可直接或间接污染土壤。经土壤传播的疾病主要是肠道寄生虫病(蛔虫病、钩虫病、鞭虫病等)以及能形成芽孢的细菌性疾病(如炭疽、破伤风等)。

(7) 医源性传播:是指在医疗或预防工作中,由于未能严格执行规章制度和操作规程,人为地造成某些传染病的传播。可分为两类:①易感者在接受治疗或检查时由污染的医疗器械导致的疾病传播;②输血、药品或生物制剂被污染而导致的传播,如病人由于输血而罹患乙型肝炎、艾滋病等。

(8) 垂直传播:是指在怀孕期间和分娩过程中,病原体通过母体直接传给子代的传播,也称母婴传播。

3. 易感人群

对某一传染病缺乏特异性免疫力的人,俗称易感者,易感者在某一特定人群中的比例决定该人群的易感性。易感者的比例在人群中达到一定水平时,如果又有传染源和合适的传播途径,则很容易造成该传染病的流行。根据疫情监测和人群免疫状况,按照规定的免疫接种程序对人群进行预防接种,可有效提高人群的特异性免疫力,降低人群易感性。

（三）高校传染病的预防控制措施

高校是一个相对封闭的场所，且具有人群聚集、流动性大、接触面广的特点，一旦有人感染上某种传染病，很容易在校园内造成相互传播，特别是容易引发一些呼吸道传染病和肠道传染病的暴发流行。

传染病的预防控制措施主要包括传染病监测、消除或减少传染源的传播作用、切断传播途径、保护易感人群。

1. 传染病监测

传染病监测是高校预防和控制传染病的重要措施。校内医疗机构或校医院负责做好学校传染病症状监测；学生管理部门和教职员工管理部门负责落实好因病缺勤缺课师生登记制度、晨午检制度等，坚持做到“早发现”。

2. 针对传染源的措施

针对传染源采取措施主要是为了消除或减少其传播病原体的作用，有效遏制传染病的流行。如，对病人或病原携带者及时进行隔离或治疗，阻止传染病在人群中的传播蔓延等。

3. 针对传播途径的措施

主要是针对传染源污染的环境采取有效措施消除或杀灭病原体。不同传播途径的传染病要采用不同的措施，如肠道传染病主要通过粪口传播，应对病人的排泄物、污水、垃圾、被污染的物品和周围环境等进行消毒处理；呼吸道传染病主要通过空气传播，可采取通风、空气消毒和个人防护（如佩戴口罩）等措施；艾滋病可通过性传播和血液传播，应采取安全性行为（如使用安全套），杜绝吸毒和使用共同注射器，加强血液及其制品安全；虫媒传染病则主要采取杀虫来控制。

4. 针对易感人群的措施

高校可引导师生对常见传染病进行预防接种，降低师生人群中易感者所占的比例，在传染病流行期间也可通过药物预防的方式保护易感人群。

另外，高校还要通过健康教育提高大学生预防疾病的意识和防护技能、建立健全学校日常环境卫生制度、传染病疫情报告制度等预防控制高校常见传染病。

（四）高校常见传染病的知识要点

1. 流行性感冒

（1）流行性感冒的定义

流行性感冒简称流感，是由流感病毒引起的一种急性呼吸道传染病。流感病毒按其核心蛋白可分为甲、乙、丙、丁四种类型。在人群中呈季节性流行的流感病毒是甲型（甲型H1N1亚型和甲型H3N2亚型）和乙型（Yamagata系和Victoria系）流感病毒。相较于乙型流感病毒，甲型流感病毒在自然界中的宿主众多，更易发生突变或重配，造成其在人群中快速传播，历史上多次大规模爆发的流感都与甲型流感病毒有关。

(2) 流感的传播途径

流感患者和隐性感染者是季节性流感的主要传染源。流感主要通过空气飞沫传播,也可以通过口腔、鼻腔、眼睛等黏膜直接或间接接触传播。接触被病毒污染的物品也可能引起感染。在人群密集且密闭或通风不良的房间内,也可通过气溶胶的形式传播。

(3) 流感的临床症状

流感起病急,大多为自限性。主要以发热、头痛、肌痛和全身不适起病,体温可达39℃~40℃,可有畏寒、寒战,多伴肌肉关节酸痛、乏力、食欲减退等全身症状,常有咽喉痛、干咳,可有鼻塞、流涕、胸骨后不适、颜面潮红、眼结膜充血等症状。部分患者症状轻微或无症状。轻症流感常与普通感冒表现相似,但其发热和全身症状更明显。重症病例可出现病毒性肺炎、继发细菌性肺炎、急性呼吸窘迫综合征、休克、弥漫性血管内凝血、心血管和神经系统等肺外表现及多种并发症,甚至死亡。

表 4-1 流感和普通感冒的区别

	流感	普通感冒
致病原	甲、乙、丙、丁流感病毒	主要由鼻病毒引起,其次为冠状病毒、副流感病毒、呼吸道合胞病毒、柯萨奇病毒等。
流感病原学检测	阳性	阴性
传染性	传染性强,人群普遍易感	传染性弱
发病的季节性	有明显的发病季节性,冬春季发病率较高	发病的季节性不明显
发热情况	一般为高热(≥39℃),持续 3~5 天	发热 1~2 天
全身症状	全身症状较重,常伴有头痛、全身肌肉酸痛、乏力、精神萎靡、咳嗽、流鼻涕、咽痛等,有时伴有腹泻呕吐	全身症状较轻或无,常见伴有咳嗽流鼻涕、咽痛等。
病程	约 5~10 天	约 5~7 天
并发症	可合并中耳炎、肺炎、心肌炎、脑膜炎或脑炎等并发症	并发症少见

(4) 科学预防流感

① 做好个人防护。日常注意保持手卫生和咳嗽礼仪等良好卫生习惯。在流感流行季节,尽量避免去人群聚集场所,避免接触有呼吸道症状的人员,如必须接触时应做好个人防护。若出现呼吸道症状,应居家休息,进行健康观察,不带病上班、上学。前往医院就诊时,患者及陪护人员需要戴口罩,避免交叉感染。

② 保持环境卫生。保持居所清洁通风,对门把手、扶手等重点部位定期清洁与消毒。

③ 加强集体单位健康监测。高校应加强校内晨午检和传染病症状监测。出现流感样病例时,患者应居家休息,减少疾病传播。如发生聚集性疫情,应配合落实各项防控措施。

④ 尽快接种流感疫苗。接种流感疫苗是预防流感最有效的方法之一,流感季来临前是接种的最佳时期。

2. 结核病

高校是大学生聚集生活场所,一旦发生结核病,很容易发生校园内的传播流行。学校结核病流行不仅给大学生的身心健康造成损害,对高校的教学秩序和环境稳定也带来影响,若处理不当,还会引起学生家庭和社会的强烈反响,因此,结核病防控是高校传染病防控和卫生保健的重要内容之一。

(1) 结核病的定义

结核病是由结核分枝杆菌感染引起的一种慢性传染病。结核分枝杆菌主要侵犯肺脏,称为肺结核,又称"肺痨"或"咯血病",占各种类型结核病的80%以上;也可侵犯肺脏以外的其他系统,如循环系统、泌尿生殖系统、消化系统、骨骼、关节等器官。

肺结核是当今严重危害公众健康的慢性传染病,一般预后良好,大多数可治愈。

(2) 结核病的分类

按《结核病分类(WS196-2017)》标准要求,结核病分为结核分枝杆菌潜伏感染者、活动性肺结核和非活动性肺结核三类。

① 结核分枝杆菌潜伏感染者:是指机体内感染了结核分枝杆菌,但没有发生临床结核病,没有临床细菌学或者影像学方面活动结核的证据。

② 活动性结核病:具有结核病相关的临床症状和体征,结核分枝杆菌病原学、病理学、影像学等检查有活动性结核的证据。活动性结核病按照病变部位分为肺结核和肺外结核,其中肺结核又分为原发性肺结核,血行播散性肺结核,继发性肺结核,气管、支气管结核和结核性胸膜炎5种类型。

③ 非活动性结核病:又分为非活动性肺结核和非活动性肺外结核两类,其中非活动性肺结核是指具有相对稳定的结核病相关胸部影像改变,既往有或无结核病史,无肺结核相关临床表现,但有结核分枝杆菌感染的证据,且结核病病原学检查结果阴性,排除其他原因所致的肺部疾病。

(3) 肺结核的传染源

感染结核分枝杆菌并非一定会传染给他人,痰菌阳性肺结核患者是主要的传染源。结核分枝杆菌潜伏感染者、非活动性肺结核不具有传染性,活动性肺结核患者具有很强的传染性。

(4) 肺结核的传播途径

肺结核主要通过呼吸道传播方式进行传播。当肺结核患者通过咳嗽、咳痰、打喷嚏或大声说话将结核杆菌散播到空气中,健康人吸入带有结核菌的飞沫就可能受到感染。

(5) 肺结核的易感人群

与肺结核患者共同居住,同室工作、学习的人都是肺结核患者的密切接触者,有可能受到结核菌感染,应及时到医院去检查排除。一些特殊人群,如艾滋病病毒感染者、免疫力低下者、糖尿病患者、尘肺患者、老年人等都是肺结核的易感人群,应定期进行结核病检查。

(6) 肺结核的临床症状

肺结核的主要症状是咳嗽、咳痰,如果这些症状持续2周以上,应高度怀疑得了肺结核,要及时到医院就诊排查。肺结核还会伴有痰中带血、低烧、夜间出汗、午后发热、胸痛、疲乏无力、体重减轻、呼吸困难等症状。

(7) 高校结核病常规预防控制措施

① 开展新生入学健康体检。健康体检是早期主动发现肺结核患者的重要手段,教育部门要求高校应在新生入学体检和教职员工常规体检中开展结核病相关检查,并将体检结果

纳入学生和教职员工的健康档案。

② 开展健康教育。在高校中通过有计划、有组织、有评价地对在校师生开展结核病防治知识和技能的教育，使其养成良好的学习、卫生和生活等习惯，预防结核病的发生，杜绝师生结核病患者的瞒报和谎报，降低结核病在校园内传播的风险。

③ 保护高校环境卫生。高校应当按照学校卫生的相关规范和标准要求，保障学生学习和生活居住环境的卫生条件，并加强教室、宿舍、图书馆等人群聚集场所的通风，做好校园环境的清扫保洁，消除卫生死角。

④ 建立完善晨检和因病缺勤病因追查及登记制度。晨检和因病缺勤病因追查及登记是高校结核病防控工作中发现早期患者的重要手段，也是避免高校结核病发生和蔓延的有效措施。

⑤ 严格落实病例报告和转诊。高校对日常诊疗、晨检、因病缺勤病因追查中发现的肺结核可疑症状者或疑似肺结核患者，均应进行相应记录、推介转诊，并追踪其诊断结果。

（8）个人预防结核病的措施

① 学校是结核病防控的重点场所，咳嗽、咳痰 2 周以上，应怀疑得了肺结核，要及时就诊。出现肺结核可疑症状或被诊断为肺结核后，应当主动向学校报告，不隐瞒病情，不带病上课。

② 养成勤开窗通风的良好卫生习惯，不随地吐痰，咳嗽、打喷嚏时遮掩口鼻，注意佩戴口罩。

③ 保证充足的睡眠，合理膳食，加强体育锻炼，提高抵御疾病的能力。

④ 高校发生结核病疫情后，学生应配合学校接受结核病筛查。

⑤ 要关心关爱患结核病的同学。

3. 病毒性肝炎

（1）病毒性肝炎的定义

病毒性肝炎是由多种肝炎病毒直接引起的，以肝脏损害为主的常见传染病。肝炎病毒是引起肝炎的最常见的感染因素，但其他感染、有毒物质（如酒精和某些药物等）以及自身免疫性疾病也能引起肝炎。病毒性肝炎目前按病原学明确分类的有甲型（HAV）、乙型（HBV）、丙型（HCV）、丁型（HDV）、戊型（HEV）五型肝炎病毒。

病毒性肝炎具有传染性强、传播途径复杂、流行面广、发病率较高等特点，对病毒性肝炎要早发现、早诊断、早治疗，对病毒性肝炎要做到早发现、早诊断、早隔离、早报告、早治疗，有效预防流行。

（2）临床表现

各型病毒性肝炎临床表现相似，急性期以疲乏、食欲减退、厌油腻、肝功能异常为主，部分病例出现黄疸；慢性感染者可症状轻微甚至无任何临床症状，少数病例可发展为肝硬化或肝癌。

甲肝和戊肝多为急性发病，预后良好；乙肝和丙肝感染易发生慢性化，危害较大，感染年龄越小，越容易慢性化。

（3）传播途径

① 甲肝和戊肝主要经消化道传播，即摄入被甲肝病毒污染的食物、饮用水等，就可能发生感染。

② 乙肝和丙肝主要经血液、母婴和性传播。包括输注未经严格筛查和检测的血液及血液制品、不规范的血液净化、不规范的有创操作(如注射、手术及口腔科诊疗操作等),也可经破损的皮肤或黏膜传播,如职业暴露、修足、纹身、打耳洞、共用剃须刀和牙具等;与感染者进行无保护的性行为;携带病毒的孕产妇可将病毒传染给新生儿。

③ 丁肝的传播途径与乙肝相似,与乙肝病毒同时或在乙肝病毒感染的基础上才能感染。

(4) 病毒性肝炎的预防措施

我国是病毒性肝炎的高发地区,发病率高,其中以乙肝和丙肝对人类健康危害最大。目前我国慢性乙肝病毒感染者约为8600万例,也是造成我国肝硬化及肝癌的最主要因素,呈现一种慢性肝炎、肝硬化、肝癌的三部曲发展趋势。

① 主动学习病毒性肝炎防治相关知识,提高防治知识知晓率和防护意识。大学生是乙肝防控的重点人群,提高乙肝防治相关知识知晓率,加强大学生主动检测和积极预防的意识,对于全面遏制病毒性肝炎危害有重要意义。

高校要通过对大学生的公共卫生安全教育,使得大学生具备主动了解自身感染状态的能力、主动接种乙肝疫苗预防的能力、知晓乙肝感染后规范就诊的能力、乙肝防治民众宣传教育的能力。

② 接种疫苗是预防病毒性肝炎最经济、最安全、有效的措施。大学生应定期检测以了解自身感染状态,如曾经接种过乙肝疫苗但经检测后无保护性抗体或接种史不详的大学生,应及时接种乙肝疫苗,积极有效预防乙肝。

③ 母婴阻断措施可有效预防乙肝母婴传播。乙肝病毒表面抗原阳性的孕产妇在妊娠或分娩的过程中,有可能将乙肝病毒传染给胎儿或新生儿,目前采取乙肝母婴阻断能够有效切断这一传播途径,保护患儿不被乙肝病毒感染。

④ 防止“病从口入”。注意饮食和饮用水卫生,可有效预防甲肝和戊肝。搞好环境卫生,加强水源和粪便管理,改善供水条件;养成良好的个人卫生习惯,饭前便后洗手,不吃生食,不饮生水,可有效预防甲肝和戊肝。

⑤ 切断传播途径,可有效预防丙肝。目前尚无丙肝疫苗,但采取有效措施切断传播途径,丙肝是可以预防的。拒绝毒品,不共用针具注射毒品;杜绝非法采、供血;避免不必要的注射、输血和使用血液制品;到正规的医疗卫生机构进行注射、输血和使用血液制品,可大幅减少感染丙肝病毒的风险。

⑥ 需要说明的是,日常工作和生活接触不传播乙肝和丙肝。

乙肝和丙肝病毒不经呼吸道和消化道传播。因此,日常工作、学习和生活接触,如握手、拥抱、在同一办公室工作、共用办公用品、住同一宿舍、在同一餐厅用餐和共用厕所等无血液暴露的接触不会感染乙肝或丙肝病毒。

4. 水痘

(1) 水痘的定义

水痘是一种由水痘——带状疱疹病毒引起的急性呼吸道传染病,以发热和全身性斑疹、丘疹、疱疹等症状为特征,皮疹呈向心性分布,主要发生在胸、腹、背,四肢很少。水痘全年均可发生,冬春两季多发。在大学校园里,水痘发病常呈宿舍聚集性的特点。

(2) 传播途径

水痘的传染性很强,但结痂后无传染性。传播途径主要以呼吸道飞沫或直接接触两种方式为主。水痘患者是唯一的传染源。

(3) 临床表现

① 潜伏期。水痘的潜伏期一般是接触病毒后的 14~16 天,潜伏期内大多数无明显症状。

② 发病期。潜伏期后,患者进入 1~2 周的发病期,也是水痘传染期。在发病初期可出现低热、乏力、食欲减退、畏寒和头痛等全身不适症状。一般发病 24 小时内出现皮疹,皮疹先发生于躯干、头部等,逐渐扩散至面部,最后四肢。通常躯干皮疹较多,四肢和面部比较少,呈向心性分布。最开始为粉红色小斑疹,数小时后变为米粒至豌豆大的疱疹,周围明显红晕,有水疱的中央呈脐窝状。

整体病程约 1~2 周,病程中可同时见到斑疹、丘疹、疱疹和结痂疹,口腔、咽部、外阴、肛门等黏膜也可有皮疹。

水痘痊愈后一般不留瘢痕。

(4) 水痘的预防

水痘在易感人群中的播散主要取决于气候、人口密度和医疗卫生条件等因素。由于学校具有人口密度较大且集中住宿的特点,学校是发生水痘的高危场所,儿童和青少年容易感染发病且容易出现聚集性疫情。

① 接种水痘疫苗是应对水痘最有效的预防方式。如果健康状况允许,易感人群都应接种水痘疫苗。

② 严格管理传染源。水痘患者自从出疹开始到全部疱疹结痂为止,均应隔离治疗或居住,如在医院或家庭居住,应勤开窗通风,降低空气中的病毒数量。

③ 养成勤洗手、勤通风的良好卫生习惯。保持学习生活环境清洁和通风,房间、教室、办公室等室内场所应保证每天开窗通风至少 3 次,每次 20~30 分钟,保持室内空气流通。

5. 艾滋病

详见第十章“性安全”有关内容。

总的来讲,高校作为人群高度密集场所,是传染病高发场所,一旦出现传染病爆发流行容易影响社会公共安全,因此,传染病防控一直以来都是学校卫生和健康教育工作的重点内容。加强大学生在校期间的常见传染病知识宣传教育,对于保证大学生正常生活学习、健康成长以及维护社会公共安全具有重要意义。

▶▶ 第四节 预防和应对公共卫生安全问题的措施和方法 ◀◀

当前,我国仍面临着复杂严峻的公共卫生安全风险,必须站在总体国家安全观的高度,加强公共卫生安全风险防控和治理体系建设,不断提高应对重大突发公共卫生事件的应急管理能力和水平。高校作为培养高素质人才的重要阵地,要积极开展公共卫生安全教育,提高在校大学生预防和应对公共卫生安全事件的意识和能力,从而有效预防、及时控制高校突发公共卫生事件的发生,最大程度减少其对师生员工健康造成的危害,对保障广大师生的身心健康和生命安全、维护高校正常的生活和教学秩序以及维护社会公共安全环境意义重大。

一、牢固树立和践行总体国家安全观,增强责任意识

坚持总体国家安全观是习近平新时代中国特色社会主义思想的重要内容。2020 年 2 月 14 日,习近平总书记在中央全面深化改革委员会第十二次会议上强调,把生物安全纳入国家安全体系,系统规划国家生物安全风险防控和治理体系建设,全面提高国家生物安全治理能力。公共卫生安全作为生物安全的一部分,是非传统国家安全的重要内容。维护公共卫生安全是每个公民和组织应尽的责任和义务,关系着民生大计,关系着社会长远发展,更关系着国家安全稳定。

作为新时代的大学生,维护公共卫生安全最重要的是要主动增强对公共卫生安全的正确认知,牢固树立对公共卫生安全的责任意识,提升公共卫生安全法治观念。在维护国家安全上,不做“局外人”和“旁观者”,守护好身边的公共卫生安全就是守护国家安全,以高度的责任感实实在在地扛起维护公共卫生安全的社会责任,做公共卫生安全的忠诚守护者和坚决捍卫者。

二、建立健全高校公共卫生安全管理机构和工作体系

高校要建立完善的公共卫生安全管理机构和工作体系,制定相应的管理制度,明确相关责任单位和负责人职责,并实行校领导负责制。将公共卫生安全管理工作纳入到高校安全日常工作范围,开展评价考核。同时,要与属地教育卫生行政部门、疾控机构、医疗机构等建立联动工作机制,科学高效做好校园公共卫生安全管理工作。

三、加大健康教育力度,提高维护公共卫生安全的技能和水平

教育部《普通高等学校健康教育指导纲要》明确指出,高校健康教育内容主要包括健康生活方式、疾病预防、心理健康、性与生殖健康、安全应急与避险五个方面。在校期间,通过选修课、专题讲座、新媒体平台等不同方式不同途径开展大学生健康教育,加大健康教育力度,不仅有利于提升大学生健康素养,也有助于增强大学生在维护和促进全民健康方面的社会责任感和示范引领作用,对于全社会提高维护公共卫生安全的技能和水平具有积极的推动作用。

四、提高高校突发公共卫生安全事件应急处置能力

学校作为突发公共卫生安全事件的高发场所,应注重从应急领导体制、应急预案和应急

准备、应急治理制度化建设、应急保障体系等方面加强高校对突发公共卫生安全事件的应急处置能力建设，加大高校公共卫生服务经费支持力度，完善公共卫生服务体系建设，确保能够及时、有效、妥善应对突发公共卫生安全事件并消除其危害影响，确保校园安全稳定和社会公共卫生安全。

思考题

1. 我国公共卫生的基本任务有哪些？
2. 什么是突发公共卫生事件？高校常见的突发公共卫生事件类型有哪些？
3. 传染病的流行过程包括哪些条件？高校常见传染病的预防要点有哪些？
4. 预防和应对公共卫生安全的措施和方法有哪些？

推荐阅读

1. 习近平. 构建起强大的公共卫生体系 为维护人民健康提供有力保障[J]. 求是,2020(18).

2. 中共国家卫生健康委员会党组. 加快构建强大的公共卫生体系[J]. 求是,2020(18).

3. 中共中央、国务院. “健康中国 2030”规划纲要[EB/OL]. (2016-10-25)[2023-07-28]. https://www.gov.cn/zhengce/2016-10/25/content_5124174.htm.

第五章　公共交通安全

思维导图

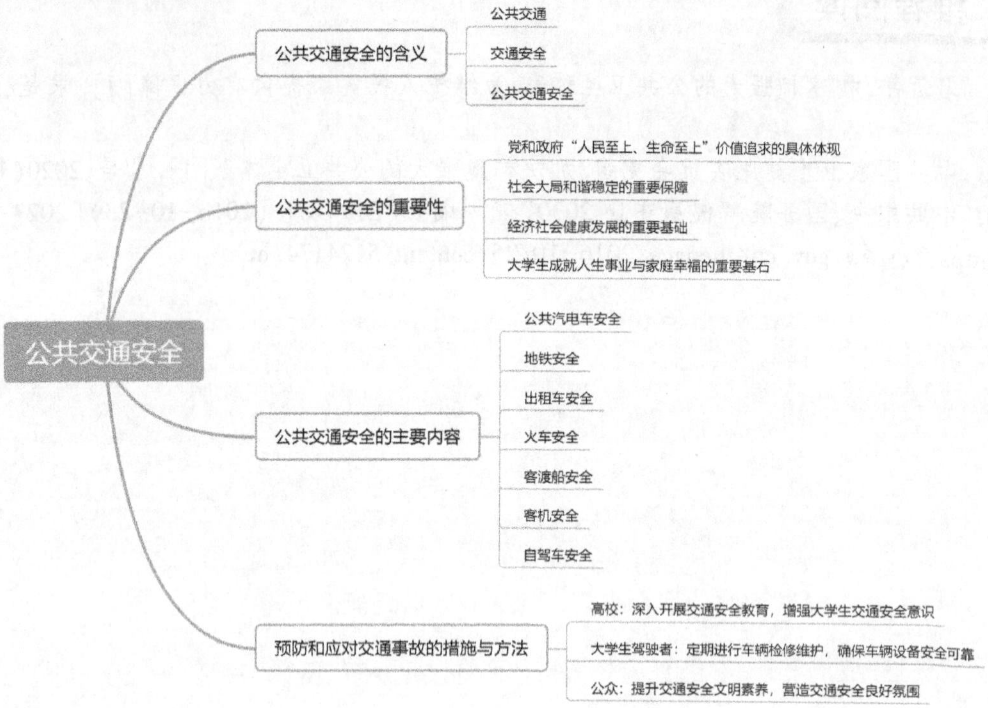

学习目标

【知识目标】了解公共交通安全的含义，具备公共交通安全基本常识。

【能力目标】具备预防和应对公共交通事故的能力，掌握应对公共交通事故的正确处理方法。

【素质目标】培养大学生自觉遵守公共交通规则的良好习惯，具备安全出行、安全驾驶等方面的知识和素质，学会对自己和他人的生命安全负责。

【思政目标】引导学生珍爱生命，增强公共交通安全意识，为构建社会主义和谐社会做出贡献。

现代交通的不断发展在为人类生活带来极大便利的同时也增加了安全风险,公共交通安全与人民群众的幸福美好生活息息相关。了解公共交通安全的含义,深入理解公共交通安全对国家、社会以及个人的重要性,掌握预防和应对公共交通事故的措施与方法,对大学生的成长成才以及全面发展具有重要意义。

第一节 公共交通安全的含义

"公共交通安全"这一概念与"公共交通"和"交通安全"密切相关。因此,对"公共交通"和"交通安全"二者的内涵进行明晰有助于大学生更准确地把握"公共交通安全"的含义。

一、公共交通

(一) 公共交通的定义

公共交通是指面向大众开放并为其提供相对便捷、高效、经济的运输服务的客运交通方式总称,是城市交通的重要组成部分,具有推动城市发展、增进民生福祉的重要作用,是关系国计民生的社会公共事业。

公共交通有广义和狭义之分。狭义的公共交通指在城市内运营的按固定的时刻表、以公开的费率为城市公众提供短途客运服务的交通系统,包括常规地面公交系统(公共汽车系统、无轨电车系统、有轨电车系统)和快速轨道公交系统(轻轨系统、地铁系统、城市快速铁路)。广义的公共交通在狭义的公共交通基础之上还包括出租车、轮渡、索道、公共自行车(电动车)、航空等交通系统。①

(二) 公共交通的现状

作为一项社会性公益事业,公共交通历来受到政府的高度重视。我国始终坚持城市公共交通持续优先发展。根据交通运输部《2021 年交通运输行业发展统计公报》,截至 2021 年底,全国拥有城市公共汽电车 70.94 万辆,拥有城市轨道交通配属车辆 5.73 万辆,拥有巡游出租汽车 139.13 万辆,拥有城市客运轮渡船舶 196 艘。全国城市公共汽电车运营线路 75770 条,运营线路总长 159.38 万公里,其中公交专用车道 18263.8 公里。城市轨道交通运营线路 275 条,运营里程 8735.6 公里,其中地铁线路 223 条、7664.0 公里,轻轨线路 7 条、262.9 公里,城市客运轮渡运营航线 84 条,运营航线总长度 376.3 公里。② 总体上,城市公共交通的不断发展为人们出行提供了便利,满足了大众多样化的出行需求。

---

① 马荣国. 城市公共交通系统发展问题研究[D]. 西安:长安大学,2003:1-2.

② 交通运输部. 2021 年交通运输行业发展统计公报[EB/OL]. (2022-05-25)[2023-06-01]. https://www.gov.cn/xinwen/2022-05/25/content_5692174.htm.

二、交通安全

交通安全是安全的一个方面。交通安全指不发生交通事故或少发生交通事故的主观条件,即人们在参与交通活动的过程中,努力确保自身和他人的生命与财产安全,既不向他人或他物施加伤害,也不要遭受到外来伤害。相对性是交通安全的显著特点,“道路交通安全是交通系统在一定危险条件下其状态的一种外在表现,并非绝对不发生道路交通事故”。[①]因此,道路交通安全是相对的,不存在绝对的道路交通安全。

目前,交通事故是国际社会的一大公害,而交通安全也已成为一个全球性社会公共安全问题。近年来,我国交通事故频发,严重威胁着人民的生命健康和财产安全。《中国统计年鉴(2022)》显示,“2021 年我国道路交通事故共发生 273098 起,死亡人数 62218 人,受伤人数 281447 人,直接财产损失 145035.9 万元。”[②]交通事故已成为全球十大死因之一,同时也是中国第一大非病因意外死亡因素。

交通安全的实现是交通系统各要素之间协调配合的结果。由于道路交通系统是一个由人、车、路和环境共同组成的多要素动态耦合系统,因此,导致交通事故的原因往往不是单一的,而是多重复杂的,其中包括驾驶人交通安全意识缺失、机动车保有量快速上涨以及道路基础设施建设不足等等。只有确保驾驶人、车辆、道路以及环境等不同要素之间的稳定有序以及协调配合,才能减少交通事故的发生,实现交通的相对安全。

三、公共交通安全

(一)公共交通安全的定义

公共交通安全有广义和狭义之分。对“公共交通安全”这一概念进行不同的划分,会得到不同的理解。

如果按“公共/交通安全”进行划分,则“公共交通安全”强调“交通安全”的公共性,是指社会以及个人从事和进行正常的生活、工作、学习、交往所需要的稳定的交通环境和交通秩序。这属于广义上的“公共交通安全”,凡是会对公共安全产生威胁的交通问题都属于此概念范畴,既包括公共交通安全,也包括私人交通安全。

如果按“公共交通/安全”进行划分,则“公共交通安全”强调“公共交通”这一交通方式的安全,是指人们在乘坐或使用公共交通工具的过程中不发生危险或公共交通事故造成的人身伤亡或财产损失控制在可接受水平的一种状态。这属于狭义上的“公共交通安全”,则“公共交通安全”只涉及公共交通,不涉及私人交通,只包括公共汽电车、地铁、出租车、火车、客渡船、客机等公共交通工具的安全。

---

① 郑安文.道路交通安全[M].北京:北京大学出版社,2017:9.

② 国家统计局.中国统计年鉴(2022)[M].北京:中国统计出版社,2022:771.

（二）公共交通安全的特点

交通是现代社会生活的重要组成部分。然而，随着城市化进程的不断加快，交通安全问题愈发突出。受公众交通安全意识不强、道路交通事故频发、城市道路交通拥堵严重等因素的影响，公共交通安全面临着多重挑战，并呈现出危害的公共性、事故的突发性、后果的严重性以及原因的复杂性等特点。

1. 危害的公共性

道路交通安全是社会公共安全的重要组成部分，交通安全一旦出现问题，将会对社会公共安全构成极大威胁。危害的公共性是指交通安全问题不仅关乎个人生命安全和财产安全，更关乎社会公共安全，对不特定多数人的生命、健康或者重大公共财产安全造成威胁，对人类群体或其他个体正常生活、工作、交往和学习所需要的稳定的公共环境和公共秩序产生破坏。例如，2022 年 12 月 28 日，郑州郑新黄河大桥突发团雾，导致郑新黄河大桥新乡到郑州方向发生多车连环相撞的交通事故，事故涉及车辆 200 多辆，造成 1 人死亡。交通事故发生后，很有可能产生连锁反应，除对驾驶者个人的生命安全和财产安全造成威胁外，还会对其他驾驶者、道路行人的生命安全和财产安全以及道路设施产生危害，其危害具有明显的公共性特点。

2. 事故的突发性

公共交通事故属于突发性公共事件，会在较短时间内急速爆发，具有突发性的特点。突发性，顾名思义，即事件的发生是突然的，是不可预测、出乎意料的。公共交通事故之所以具有突发性，是因为在公共交通事故的发生过程中，偶然因素占据了主要位置，并且在事故发生前一般不具备明显的发生征兆，无法通过人为控制完全避免事故的发生。公共交通安全的实现是人、车、道路、环境多要素共同作用的结果，人们无法对各要素进行精准把握和精确控制，也就无法完全阻止交通事故的突然发生。车辆突然爆胎、刹车系统失灵、遭其他车辆碰撞、路面塌陷、建筑物坠落等等，这些突发情况的存在决定了交通事故的突发性。同时，事故的突发性意味着留给人们的反应时间极短，必须及时做出判断和选择，才能在一定程度上降低事故的危害。

3. 后果的严重性

公共交通突发事件一旦发生，往往会产生严重后果，造成重大人员伤亡和财产损失，给社会公共安全带来危害。交通安全的相对性意味着当交通事故造成的人员伤亡和财产损失处于可接受水平时，仍然可以称之为安全。然而，常见的公共交通工具基本都是大型、重型车辆（公共汽车、火车、地铁等），载客量大，一旦发生事故，所造成的乘客或行人的人身伤亡以及相应的财产损失一般处于不可接受的水平，公共交通安全很难保证。2018 年 10 月 28 日，重庆万州一辆公交客车在万州长江二桥行驶时，因乘客与司机激烈争执互殴导致车辆失控，公交客车越过道路中心实线，撞击对向正常行驶的小轿车，之后冲上路沿，撞断护栏，坠入长江，该事故造成 13 人遇难、2 人失联。可见，由公共交通引发的事故往往要比私人交通事故危害更大、后果更为严重。

4. 原因的复杂性

引发公共交通事故的原因并非是单一的，而是多样复杂的，既有主观原因，又有客观原因;既有直接原因,又有间接原因。公共交通事故产生的原因主要来自于人、车、路、环境等几个方面,其中任意一方面的安全都不能保证公共交通的安全,只有在人、车、路、环境等不同交通系统要素之间协调配合下,才能实现公共交通的相对安全。例如,从“人”的角度来看,不仅要确保驾驶人能够发出正确驾驶指令,还要保证同行的乘客不对公共交通安全造成威胁。近年来,乘客在公共交通工具上抢夺方向盘、殴打驾驶人员等妨害安全驾驶的行为时有发生,严重威胁着公共交通安全。事实上,公共交通在管理层面同样存在大量安全隐患,安全管理基础薄弱、群众安全教育缺失等问题同人、车、路、环境等各要素往往会形成公共交通安全风险叠加,致使导致公共交通事故的原因呈现出多样化和复杂化的特点。

(三)大学生与公共交通安全

公共交通安全与大学生密切相关。一方面,公共交通工具是大学生日常出行首选的交通工具。目前,我国普通高等学校大都分布在城市地区,大学生群体自然而然地成为城市流动人口的重要组成部分。由于在校大学生没有独立稳定的经济收入以及私人交通工具,城市公共交通成为大学生出行的不二之选。相关调查显示,每月有超九成大学生会通过公交、地铁出行,超七成大学生每月会骑乘单车(含共享单车)出行。① 与此同时,越来越多的大学生也开始搭乘出租车或网约车出行。搭乘公共交通工具是当下大学生的出行首选。另一方面,大学生是公共交通的重要参与者。根据教育部《2022 年全国教育事业发展统计公报》,2022 年全国“各种形式的高等教育在学总规模 4655 万人”。随着我国高等教育普及率的不断提高,在校大学生人数占全国人口的比重也越来越大。因此,作为社会公共交通的重要参与者,大学生交通安全直接影响着公共交通安全和社会公共安全。

公共交通已深深嵌入大学生的日常学习生活,但随之而来的是日益突出的大学生公共交通安全问题。随着共享经济的快速发展,共享自行车、共享电动车以及共享汽车等共享经济新形态不断涌现,作为拥有较强新事物接受能力的大学生深度参与其中。近年来,校园外大学生驾驶共享汽车出现交通意外、校园内大学生被车辆碾压身亡的现象屡见不鲜,大学生公共交通安全面临严峻形势。例如,2021 年 9 月 5 日,北京对外经济贸易大学金融学研一女生在校园内被快递运输货车撞倒碾轧,最终送医急救无效身亡。2024 年 3 月 19 日,台州职业技术学院学生张某在校内驾驶汽车发生冲撞事件,共造成 19 人受伤,其中 3 人经抢救无效死亡。同时,由于安全意识薄弱、社会经验不足等原因,大学生乘坐出租车遇害的悲剧也时有发生。因此,要高度重视大学生公共交通安全问题,通过加强公共交通安全教育,增强大学生交通安全意识,促进大学生健康成长,为社会公共安全营造良好氛围。

▶▶ 第二节 公共交通安全的重要性 ◀◀

公共交通安全是社会公共安全的重要组成部分,做好公共交通安全工作不仅关系到人

---

① 武凯. 新出行报告:超七成大学生每月出行会打车 顺风车成跨校交通“神器”[N]. 每日经济新闻,2021-08-26(006).

民群众生命和财产安全，还关系到经济社会的协调健康发展，更关系到社会大局的和谐稳定，在以人民为中心的社会主义现代化进程中具有重要意义。

一、公共交通安全是党和政府"人民至上、生命至上"价值追求的具体体现

党的二十大报告指出："人民性是马克思主义的本质属性，党的理论是来自人民、为了人民、造福人民的理论。"①因此，我们必须坚持人民至上。生命重于泰山，人民利益高于一切，公共交通安全关乎人民群众的生命和财产安全，理应摆在社会治理的重要位置，不断加强公共交通安全管理，切实保障人民群众的根本利益。以人民为中心的发展思想是习近平新时代中国特色社会主义思想的重要内容，这一思想贯穿于党和国家的全部理论与实践中。政府将公共交通领域作为重点领域进行监管，不断加强制度建设，强化公共交通安全管理，先后出台《中华人民共和国道路交通安全法》《中华人民共和国道路交通安全法实施条例》等法律法规，全力推动《城市公共交通条例》的出台和实施，充分体现了党和政府"人民至上、生命至上"的价值追求。

二、公共交通安全是社会大局和谐稳定的重要保障

公共交通安全能够在一定程度上反映一个社会的文明程度，是社会文明的"晴雨表"。交通文明是现代社会文明的重要标志，公共交通参与者的交通素质直接决定了社会交通文明程度以及公共交通安全能否实现。一个公共交通事故死亡人数少、致死率和增长率低的国家或社会往往能够在国际社会中彰显出社会文明的形象。同时，创造文明和谐的公共交通环境是构建和谐社会的重要内容，在公共交通事故统计的每串数字背后，都是一个个鲜活的生命，换句话说，公共交通安全关系到每一名公民的健康和生命，涉及到成千上万个家庭的幸福与安康。保证公共交通的安全、畅通和有序，维护公共交通秩序和社会安定和谐，确保人民群众安居乐业，直接关系到社会主义和谐社会的建设和中国式现代化的进程。因此，社会大局的和谐稳定需要公共交通安全作为重要保障。

三、公共交通安全是经济社会健康发展的重要基础

公共交通对经济社会发展具有重要促进作用。首先，公共交通能够直接带动道路沿线的经济发展；其次，使用公共交通代替私家车出行能够提高能源利用率，降低经济成本；再次，公共交通的公益性特征能够降低居民出行成本，刺激消费增长；②最后，公共交通能够满足绝大多数人的出行需求，在推动城市正常运转、提高城市总体效益方面具有重要作用。然而，公共交通对经济发展产生促进作用的前提是公共交通安全，换句话说，安全是基础，只有

---

① 习近平. 高举中国特色社会主义伟大旗帜　为全面建设社会主义现代化国家而团结奋斗[N]. 人民日报，2022-10-26(001).

② 和芬芬. 城市公共交通与经济发展的关系探讨[J]. 中国集体经济，2016(6)：19.

保证了安全，才能实现社会的正常生产以及城市生活的高效率运转，才能充分发挥公共交通对其他产业的支撑作用，创造出直接经济效益和间接经济效益。同时，公共交通事故往往会造成较大的经济损失，这将在一定程度上阻碍经济的健康可持续发展。因此，公共交通安全是经济社会协调健康发展的重要基础。

四、公共交通安全是大学生成就人生事业与家庭幸福的重要基石

在纪念五四运动 100 周年大会上，习近平总书记指出，"青年是整个社会力量中最积极、最有生气的力量，国家的希望在青年，民族的未来在青年。"①青年大学生肩负着国家富强、民族复兴、人民幸福的时代重任。大学生作为公共交通的重要参与者，大学生交通安全呈现出校园及周边交通环境日益复杂，大学生群体中新驾驶人及预备驾驶人比例增加，大学生租车、包车、驾驶共享汽车事故增多等一些新特点、新趋势，大学生交通安全问题逐渐成为威胁大学生生命安全的问题之一。人最宝贵的是生命，生命对每个人只有一次，人是从事一切活动的前提和基础。只有确保公共交通安全，大学生的生命安全才能得到保障。公共交通安全不仅关系到大学生的成长成才，还关系到其是否能够顺利步入社会。可以说，公共交通安全是大学生成就人生事业和家庭幸福的重要基石。

►► 第三节　公共交通安全的主要内容 ◄◄

一、公共汽电车安全

（一）公共汽电车出行

城市公共汽电车客运是指在城市人民政府确定的区域内，运用符合国家有关标准和规定的公共汽电车车辆和城市公共汽电车客运服务设施，按照核准的线路、站点、时间和票价运营，为社会公众提供基本出行服务的活动。② 城市公共汽电车客运是政府为社会公众提供的最基本的出行方式之一，也是城市公共交通的重要组成部分。2017 年，交通运输部发布了《城市公共汽车和电车客运管理规定》，以进一步规范城市公共汽车和电车客运活动，保障运营安全，提高服务质量，促进城市公共汽车和电车客运事业健康有序发展。

---

① 习近平. 在纪念五四运动 100 周年大会上的讲话[N]. 人民日报，2019-05-01(002).

② 城市公共汽车和电车客运管理规定. 中华人民共和国交通运输部令 2017 年第 5 号.

（二）公共汽电车出行的特点

1. 公益性

经济适用是城市公共汽电车客运发展的重要原则之一，公共汽电车的票制票价一般根据成本并统筹考虑社会公众承受能力、政府财政状况和出行距离等因素确定。部分城市还针对儿童、老人等社会特殊群体推出乘车优惠政策。作为一项民生工程，公共汽电车客运具有突出的公益属性。

2. 环保性

公共汽电车出行是一种绿色出行方式，具有低碳环保的特点。一方面，公众乘坐公共汽电车出行能够有效减少道路上私人交通出行所占的比例，更加节能环保。另一方面，2016年，发改委、中宣部、科技部等十部门出台《关于促进绿色消费的指导意见》，要求2020年后公务车及公交系统基本实现全面电动化。目前，许多城市都已经逐步将传统的燃油公交车更换为新能源电动汽车，这在一定程度上突出了公共汽电车环保性的特点。

3. 普及性

在所有的公共交通工具中，公共汽电车是运营线路最多的一种，其数量仅次于出租车，具有普及面积广、运行范围大的特点。截至2022年底，全国拥有公共汽电车70.32万辆，全国城市公共汽电车运营线路7.80万条。从超大城市到大城市，再到小城市，甚至于县城、村镇，公共汽电车几乎随处可见。

（三）公共汽电车出行的安全隐患

1. 违禁物品不易管控

通常情况下，公共汽电车需要按照固定路线行驶，在固定站点即停即走，这些固定站点不具备设置安检口的条件，再加上公共汽电车自身也没有安检设备，因此，对于乘客携带的物品只能通过司机或售票员的肉眼来识别是否存在违禁物品。这种辨别方式不仅效率低，而且效果差，违禁物品不能在第一时间被发现处置，存在安全风险与隐患。

2. 外部环境特殊复杂

公共汽电车在行驶过程中，其外部环境既特殊又复杂。一方面，除少数公交线路会经过隧道外，公共汽电车几乎都在露天环境下运营，如果遭遇极端天气和自然灾害，或者发生针对公共汽电车的暴力恐怖袭击，存在较大运营风险，容易造成重大人员伤亡。另一方面，公共汽电车的正常运营需要穿过商业区、学校、城市景点等人口密集区域，这些区域常常会出现道路拥堵，路况较为复杂，存在公共交通安全隐患。

3. 内部环境存在不稳定因素

公共汽电车内部环境存在不稳定因素主要指乘客或司机的不当行为可能会对公共汽电车的安全行驶产生威胁。公共交通的大众化决定了乘客群体的多样性和复杂性，一些乘客的不当行为往往会导致交通事故。例如，乘客与司机谈话、争吵，发生肢体冲突，抢夺方向盘等行为严重妨害公共交通工具的安全驾驶。此外，司机疲劳驾驶、突发疾病、酒后驾车等不良驾驶行为同样会给公共汽电车的安全行驶带来风险。2020 年 7 月 7 日，安顺市一辆载有学生的公交车在行驶过程中撞毁路边护栏，冲入安顺市西秀区虹山水库中，导致 21 人死亡，15 人受伤。后经警方通报，公交司机有厌世情绪，驾车前曾饮用白酒，从而导致了事故的发生。因此，司机的身心健康状况、驾驶行为习惯等不稳定因素时刻影响着公共交通安全。

（四）公共汽电车出行安全常识

1. 乘车前

（1）不携带易燃易爆物品、腐蚀性物品、放射性危险品以及各类管制刀具进站。

（2）不在马路上挥手叫停公交车，不追赶已经驶离车站的公交车。

（3）在站台候车区候车，不妨碍车辆正常靠站停车，保证自己的人身安全。

（4）上车前确认所乘车辆的行驶线路，以免因为粗心大意或上车拥挤而乘错车。

（5）排队乘车，有序上车，不争先恐后、推搡拥挤。

2. 乘车时

（1）上车后，找到位置坐稳扶好。如果没有座位，要抓牢扶手。车辆行驶过程中不将头、手等身体部位伸出窗外，以免发生伤害事故。

（2）不在车内吃用竹签或其他金属物串联的食物，以防刹车或拥挤时造成人身伤害。

（3）不在车内嬉戏打闹，做危险动作，以免影响自身安全或其他乘客安全。

（4）果皮之类的垃圾杂物要放进车内垃圾桶，不得向车窗外随意丢弃抛撒垃圾，以免对道路过往行人、车辆的安全造成威胁。

（5）乘车过程中，要时刻看管好个人随身携带物品，防止扒窃分子在车厢拥挤时乘机作案，从而造成个人财产损失。

（6）文明乘车，不强行上下车或者妨碍驾驶员的正常工作。

（7）车辆发生事故时，不要惊慌，保持镇定，听从驾驶员的指挥，有序地离开车厢。

大学生作为社会中文化程度和知识水平比较高的一类群体，在乘坐公共汽电车出行时，应当自觉遵守相关管理规定，掌握乘坐公共汽电车的安全知识，做到文明乘车，为公共汽电车安全和社会公共安全做出贡献。

二、地铁安全

（一）地铁出行

地铁是城市轨道交通的一种。所谓城市轨道交通，是指以电能为动力，采取轮轨运转方式的快速大运量公共交通的总称。

地铁因具有众多优点而深受广大市民的喜爱。首先，地铁不存在堵车问题。堵车是最令大众烦恼的交通问题之一，尤其在上下班高峰期，堵车问题几乎存在于各个城市，但乘坐地铁出行却可以有效避免堵车。其次，乘坐地铁具有较高的性价比。虽然地铁的票价不如公共汽电车、共享单车那样便宜，但是结合地铁自身运行速度，便具有了较高的性价比。再次，地铁能够减少环境污染问题。地铁依靠电能为动力，不存在尾气排放问题，也不会对环境造成污染，更有利于城市的可持续发展。最后，地铁能够节省土地资源。在城市化进程中，城市土地资源紧缺，而地铁建于地下，能够有效节省地面空间，使空出的土地资源发挥更大价值。

总体来看，地铁建设对于城市发展具有重要推动作用。目前，地铁已成为我国应用范围较为广泛的一种城市轨道交通系统。

（二）地铁出行的特点

1. 运输量大

同地面公共汽电车相比，地铁拥有多节车厢，具有运量大、承载能力强的特点。一般来讲，地铁的运输能力是地面公共汽电车的 7~10 倍，单向每小时运送能力可以达到 3 万人以上，是缓解城市地面交通拥堵的最好方式。

2. 正点率高

在众多的公共交通工具之中，地铁具有较高的正点率，无论是地面的公共汽电车、出租车，还是空中客机，其正点率都无法与地铁相比，最主要的原因便是地铁不受地面道路环境的影响，同时受天气因素的影响也比较小。因此，地铁也成为了公众上班出行的首选交通方式。

3. 运行速度快

地铁铁轨一般建于地下，地铁的行驶路线不与其他交通运输系统产生重叠交叉，因此，地铁在行车中受到其他交通工具的干扰比较少，这在一定程度上提高了地铁的运行速度。在我国，大部分地铁的最高时速为 80 km/h，少数为 100 km/h 以上，远远高于时速为 25~50 km/h 的公共汽电车。

（三）地铁出行的安全隐患

1. 客流量大导致安全风险增加

在影响地铁安全的众多因素中，人无疑是最主要的因素。地铁高效、准时、经济，是人们上班出行最常选择的交通工具，再加上地铁本身承载能力强，很容易导致地铁站点在早晚高峰或繁华商业区出现客流高度聚集的现象，这在一定程度上将增加地铁安全的不稳定因素，导致风险增加。

2. 系统复杂致使风险防控难度大

在整个地铁系统中，既包括车辆、轨道等设备设施，又包括供电、供水、通信、通风等附属设施，还包括地铁管理、运行环境、地铁设计等因素。因此，地铁系统是一个庞大且复杂的交通系统，内外部干扰因素极多，会对地铁安全造成一定威胁，从而使地铁风险防控难度加大。

3. 安全事故后果严重、影响恶劣

由于地铁运量大、承载能力强，且地铁隧道又处于半封闭状态，照明、通信、通风等条件相对较差，一旦出现事故，便会造成重大人员伤亡和财产损失，并产生恶劣的社会影响。

2011年7月5日上午,北京地铁四号线动物园站一出口上行自动扶梯发生故障,导致29名乘客受伤、1人死亡的严重后果,引发人们对地铁安全的质疑,影响恶劣。

(四) 地铁出行安全知识

1. 乘车前

(1) 不携带易燃易爆物品、腐蚀性物品、放射性危险品以及各类管制刀具进站。

(2) 自觉遵守乘车秩序,站在黄色安全线后等候地铁,上下车时不要拥挤,要先下后上,留意站台与列车间的缝隙。

(3) 如有个人物品落入地铁轨道,要及时告知、求助车站工作人员,不要私自跳下站台捡拾。

(4) 在车门即将关闭、蜂鸣器响起时,不要用身体阻挡车门关闭,强行上下车。

2. 乘车时

(1) 不倚靠车门,以防地铁到站车门突然开启发生危险。

(2) 地铁紧急停车或发生意外时,不要惊慌,听从工作人员的指挥,有序地离开,不要扒门擅自离开。

(3) 当列车发生火灾时,一是要拉下火灾手动报警器手柄或按压按钮及时报警,打开紧急报警对讲按钮,及时与司机通话,说明险情。二是要快速找到车厢内干粉灭火器的位置,根据使用说明使用灭火器进行灭火自救。三是在确保安全的前提下,按动屏蔽门紧急开关,手动推开屏蔽门,快速撤离。

(4) 当车厢内有烟气侵入时,要蒙鼻、弯腰下蹲,避免烟气吸入,待列车到站车门开启后有序下车,同时根据车站疏散指引标识,迅速撤离至站外安全地带。

(5) 当列车遇到失电等突发状况,被迫停在隧道或高架上,要保持镇静,听从工作人员现场指挥引导,有序地通过驾驶室应急逃生门下车,沿着钢轨内侧行走,向前方车站有序疏散,同时留心脚下直至安全到达前方站台。

地铁以其经济实惠和方便快捷的优点成为最受大学生欢迎的交通工具之一。在乘坐地铁出行时,大学生要养成文明出行的良好习惯,自觉排队,依次刷卡进站。乘车时自觉遵守先下后上的乘车秩序,排队上车不拥挤,并主动为老弱病残孕及怀抱婴儿的乘客让座,弘扬尊老爱幼的中华民族传统美德。在地铁发生安全事故时,大学生可结合自身所学专业知识,帮助其他乘客积极进行自救。

三、出租车安全

(一) 出租车出行

出租车是指充分满足乘客意愿而被雇用的营业汽车,多按里程与时间进行收费。传统上,出租车由出租车公司运营。近些年,随着网络技术的发展与共享经济理念的流行,在传统出租车之外又出现了网约出租车,网约出租车不属于出租车公司,而由网约车平台运营管理。

（二）出租车出行的特点

1. 快捷方便

快捷方便是出租车出行最显著的特点。一方面，出租车在为乘客提供服务的过程中不需要像公共汽电车、地铁一样在固定站点停靠，这大大提高了旅客运输效率。在不发生交通拥堵的情况下，其速度甚至高于地铁。因此，同公共汽电车和地铁相比，出租车相对快捷。另一方面，出租车一般采用的是“招手即停”的乘车方式，乘客不必到固定站点乘车，也不用在固定站点下车，可直达目的地，十分方便。

2. 安全舒适

出租车司机一般具有丰富的驾驶经验，在面对各种道路突发状况时，往往能够及时准确地做出驾驶判断。而且，同车型笨重的公共汽电车相比，出租车车型小，机动灵活。此外，在乘客较多的情况下，公交车和地铁需要站乘，而出租车却是一人一座。总体上看，出租车相对来说安全且舒适。

3. 服务个性化

虽然公交车、地铁和出租车都是面向大众提供服务，但是出租车提供的服务却具有私人化、个性化的特点。这表现在出租车可以根据乘客的个人需求确定出发时间、出发地、目的地以及行车路线，甚至能够提供包车服务。

（三）出租车出行的安全隐患

1. 驾驶员与乘客之间的个人矛盾可能引发乘车风险

由出租车驾驶员与乘客之间的言语冲突与利益矛盾而引发的出租车安全问题已屡见不鲜。驾驶员私自更改乘车路线、临时加价，乘客提出违反出租汽车管理、道路交通管理、治安管理的过分要求，都有可能使双方的矛盾最终演变为出租车安全事故。

2. 私人化乘车服务致使乘客人身安全难以充分保证

由于出租车行车的出发时间、出发地、目的地以及路线都由驾驶员和乘客协商确定，因此，在出租车行车的过程中对其进行实时安全监管的难度较大。一旦驾驶员和乘客产生矛盾纠纷，引发过激举动，乘客的人身和财产安全就难以保证。此外，出租车主要针对私人提供服务，乘客往往不与其他乘客同行，乘客面临危险时无法及时得到援助。

3. 误乘非法营运出租车导致乘车风险加大

非法营运的出租车即“黑出租”，指的是没有在交通运输管理部门办理任何相关手续、没有领取营运牌证而以有偿服务实施非法营运的出租车。由于缺乏安全意识，乘客在乘坐出租车时一般不会主动要求驾驶员出具相关手续，导致误乘“黑出租”。

2017 年 12 月 31 日，一辆非法营运的中型客车行驶至吉黑公路 333 公里处时发生事故，5 人当场死亡，其中 1 人为驾驶人、4 人为北京林业大学学生；7 人不同程度受伤，其中 5 人为北京林业大学学生，另两人分别为湖南农业大学和辽宁工程技术大学学生。① “黑出租”缺乏相应安全监管，很难保证乘客的乘车安全，因此，大学生在乘坐出租车时要增强安全意识，避免误乘非法营运车辆。

（四）出租车出行安全知识

1. 不乘坐“黑出租车”

上车后注意对出租车副驾驶前的驾驶员信息进行核对，不乘坐非法运营的出租车，即“黑的”“黑车”。

2. 记清车辆信息

夜晚乘车时，在上车前要记住出租车车牌号码，并把车牌、外观、出租公司等信息告诉家人，或拍下带有出租车号牌、司机名字的卡片，发送给亲人朋友，同时利用社交软件，分享实时位置，保证自己的出行安全。

3. 不与陌生人拼车

拼车虽然更加经济，但由于陌生人身份的不确定性，会在一定程度上增加乘车风险。拒绝与陌生人拼车能够在一定程度上降低乘车风险。

4. 注意车辆行驶方向

乘车时尽量避免睡觉、玩手机等行为，并注意车辆行驶方向是否与目的地一致，如不一致，可适当提醒司机，如果司机还是继续朝着错误方向行驶，要求司机立刻靠路边停车。如果司机对此毫不理会，就悄悄放下车窗，在车辆等待红绿灯时，向车外行人与车辆呼救。

5. 尽量不坐副驾驶

出现危险时，副驾驶只有一侧可以下车，因此，乘车时要尽量在后排就座。

6. 沉着冷静处理突发情况

如果司机心生歹念，将车子开到了人烟稀少的道路，一定不能惊慌，更不能盲目放下车窗大声呼救，这样很容易激起司机的紧张情绪，实施暴力行为。正确的做法是，想尽办法稳住司机，例如聊孩子、聊父母，试图打动对方，引起对方同情。同时，找机会向外求救。

7. 不随意透露个人信息

乘车时，不要轻易泄露自己的个人信息，以免引起司机注意，心生歹意。

8. 充分利用随身物品防身

紧急情况下，要学会充分利用身边物品防身，如钥匙、雨伞、圆珠笔等。

当大学生刚刚步入大学校园，对学校所在城市不是很熟悉或当地公共交通运营时间无法满足自身需求时，通常会选择乘坐出租车出行。对于大学生来说，乘坐出租车最重要的莫过于切勿贪图一时便利而搭乘“黑出租车”。“黑出租车”司机社会身份复杂，甚至一些司机

---

① 界面新闻. 哈尔滨警方通报北京林业大学女生车祸案：系黑车涉超速竞驶[EB/OL].（2018-01-04）[2023-05-25]. https://www.jiemian.com/article/1858954.html.

连驾驶证都没有，不但存在安全隐患，而且一旦出现交通事故，相应赔偿可能都无法保证。因此，大学生一定要拒绝乘坐“黑出租车”，珍爱生命，安全出行。同时，对于女大学生来说，要尽量避免深夜打车，如果实在有深夜出行的需求，要在上车前将车辆信息记下并告知亲人或朋友，这样更有利于出现意外时能够第一时间找到相关车辆。

四、火车安全

(一) 火车出行

火车和地铁一样，都是一种在铁路轨道上行驶的车辆，同属轨道交通。纵观火车发展历史，火车先后走过了蒸汽机车、内燃机车、电力机车以及高速列车的发展历程。如今，火车已成为人类现代重要公共交通工具之一，在旅客运输、货物运输方面拥有独特优势。

(二) 火车出行的特点

1. 乘坐便利

我国政府高度重视铁路建设，不断加大建设投入，截至 2021 年底，全国铁路营业里程达到 15.0 万公里，其中高铁营业里程达到 4 万公里；拥有铁路客车 7.8 万辆，其中动车组 4153 标准组、33221 辆；全年完成旅客发送量 26.12 亿人。在全国 600 多座城市中，绝大部分都通火车，甚至一些县城，也有火车站。再加上火车能够同时满足短途、中途以及长途旅客的出行需求，因此，在我国乘坐火车出行十分方便。

2. 行驶速度快

除飞机外，相较于其他交通工具，火车具有速度优势。回望我国铁路提速过程，先后经历了 1997 年第一次大提速、1998 年第二次大提速、2000 年第三次大提速、2001 年第四次大提速、2004 年第五次大提速以及 2007 年第六次大提速，六次提速使火车运行速度有了质的提升，极大增强了火车的旅客运输能力。如今，我国已正式迈入高铁时代，作为中国高速列车技术的代表，“复兴号”在实际运行中最高速度可达 435 km/h。此外，未来即将投入使用的磁悬浮列车最高时速可以达到 600 km/h 以上。

3. 稳定性好

无论是普速车，还是高铁，都在专用的铁路轨道上行驶，不受其他交通工具的影响。因此，除出站提速及到站减速外，火车几乎都在匀速行驶，不会像公交车、出租车一样时快时慢，具有较好的稳定性。此外，火车的稳定性还与车轮、铁轨密切相关，车轮、铁轨的独特设计使火车具有较好的稳定性。高铁的稳定性尤为突出，其轨道采用无砟式轨道，配合车身的流线型设计，能够达到非常好的稳定性。

(三) 火车出行的安全隐患

1. 调度不当是影响火车安全的最常见因素

虽然火车在轨道上各行其道，发生碰撞事故的概率远远低于汽车，但是如果调度不当，很容易造成追尾与相撞。2011 年 7 月 23 日，甬温线温州市境内，因调度混乱，由北京开往福州的 D301 次列车与杭州开往福州的 D3115 次列车发生追尾，造成特重大铁路交通事故。无独有偶，2023 年 6 月 2 日，印度东部奥里萨邦发生列车脱轨相撞事故，一列从加尔各答开往金奈的客运列车在奥里萨邦地区的一个火车站附近脱轨，多节车厢脱离轨道，部分车厢冲进旁边的轨道。之后，另一列客运列车沿旁边的轨道迎面驶来，撞上脱轨车厢。同时，一列货运列车也与发生事故的客运列车相撞。事故共造成 288 人死亡，803 人受伤，成为印度 20 年来最严重的火车事故。据印度官方调查，事故原因为信号装置故障导致调度信息指示错误。由此可见，火车调度不当会对公共交通安全造成极大威胁。当前，我国铁路客车数量不断增多，同一轨道上行驶的列车逐渐增多，这对火车调度提出了更高的要求。

2. 速度过快存在一定安全隐患

速度与安全是现代交通运输的最基本的两大要求。然而，速度的提升却在一定程度上增加了安全风险。就火车而言，历经数次提速，火车的旅客运输效率进一步提高，但同时也带来了一定的安全隐患。一般来讲，火车自身就有较大重量，如果再加上旅客及货物，一节火车的重量将达到数十吨。火车在过弯时需要很强的向心力，在火车如此之重的前提下，如果速度过快，就有发生脱轨事故的风险。2013 年 7 月，西班牙一列快速列车由于超速行驶在圣地亚哥-德-孔波斯特拉附近脱轨，造成 80 人死亡、140 多人受伤的严重交通事故。火车速度越来越快的同时曾一度引发公众对火车安全的担忧。

3. 周边安全不容忽视

除避免发生火车相撞、追尾、脱轨等列车事故外，火车的周边安全同样也不能忽视。周边安全是指火车站安全以及铁路沿线安全。旅客乘车过程中的财产安全属于火车安全的一部分。火车站人流量大，旅客成分复杂，盗窃、诈骗、抢劫等违法犯罪行为还时有发生，给旅客的生命安全和财产安全带来了一定的风险。同时，火车轨道并非像地铁轨道一般完全封闭，往往是露天的，一些缺乏安全意识的铁路沿线居民，有时会擅自进入、钻越铁路防护网并在铁路线路上行走、坐卧，在火车来临时抢越铁路，极易发生事故。2020 年 7 月 17 日，厦门 3 名在校大学生闯入高崎铁路货场，站在铁轨上各种摆拍，导致一列货物列车紧急制动，3 名大学生也因影响列车运输安全被厦门铁路公安处依法予以行政处罚，并受到批评教育。由此可见，铁路周边安全同样不容忽视。

（四）火车出行安全知识

1. 乘车前

（1）在购买火车票时，尽量选择正规售票渠道，避免购买假票。

（2）火车站候车时，要保管好个人物品，不轻易将贵重物品暴露在外，防止被骗或者被盗。

（3）不轻信陌生人，在火车站等人多复杂的场合要提高警惕，防止陷入骗局。

（4）站台候车时，在安全白线内排队等候，严禁跳下站台。个人行李要随身携带，行李箱“把不离手”，防止滑落股道。发生随身物品或小孩掉入股道时，不要惊慌，立即联系站台工作人员处置。

(5) 候车时,禁止攀爬车顶,防止高压触电。

(6) 根据站台指示标识有序乘车、出站、换乘,上错站台时,从天桥或地道通过,不得跨越股道。

(7) 不翻越铁路沿线的防护网,不在铁路线路上行走、坐卧,不在火车来临时抢越铁路。

(8) 不在铁轨上摆放石块、木块等物品,不擅动扳道、信号等设施。

2. 乘车时

(1) 上下列车要小心站台间隙,先下后上。

(2) 不携带易燃易爆物品、腐蚀性物品、放射性危险品以及各类管制刀具进站。

(3) 如果发现所在车厢存在安全隐患,要及时向列车工作人员反映。

(4) 若列车在行驶过程中发生火灾,要保持冷静,不盲目乱挤,更不能开窗跳车,必要时配合列车工作人员做好灭火处置。火势较小时,不要打开门窗,以防空气流通导致火势增大。火势较大时,在列车停稳后,用逃生锤击碎车窗逃生。

(5) 进入车厢后,要赶快找到自己的位置坐下,不在车厢内穿行打闹,不占用他人座位。

(6) 在列车上接热水时,不要接得太满,以免热水洒出造成烫伤。

每年的开学季和返乡季是大学生乘坐火车的高峰,也是大学生火车乘车安全最受关注的时期。大学生身处象牙塔之中,社会阅历和社会经验较为欠缺,心思单纯,很容易相信他人,由此成为火车站诈骗分子瞄准的主要对象之一,且诈骗手法日益翻新,防不胜防。因此,大学生在乘坐火车时,一定要增强安全警惕意识,加强自我防范,对于陌生人的搭讪、"套近乎",要倍加小心,不轻信他人,切勿因为贪图便宜而上当受骗。同时,不要专注于玩手机等娱乐电子产品而分散自身注意力,要时刻看管好自己的随身物品,手机、钱包等贵重物品尽量不要离开自己的视线范围,以防火车盗窃的发生,避免造成个人财产损失。

五、客渡船安全

(一) 客渡船出行

渡船又称渡轮,是一种载运行人、货物、车辆以及列车渡过江河、湖泊以及海峡的短程运输船舶。这种使用渡船对人、货、车等进行运输的方式又称为轮渡,轮渡历史悠久,是历史上人民过江的主要交通方式。轮渡的历史可以追溯到古代,明代的水驿船和浮梁渡船就是我国轮渡作为公共交通工具的重要体现。今天,我国长江沿线的城市仍然保留着轮渡这一交通方式,它有着自身独特的优势,在方便居民过江出行中发挥着巨大作用。①

渡船有多种类型,有旅客渡船、汽车渡船、列车渡船以及新型的铁路联络船,本书主要聚焦客渡船。

① 许中志. 中国城市公共交通特点现状及发展趋势[J]. 人民公交,2022(10):10-19.

（二）客渡船出行的特点

1. 结构简单

由于客渡船属于短程运输船舶，且载客量较少，因此，船体结构相对简单，船上的生活设备也很少，不像大型邮轮与客轮一样拥有休闲娱乐功能。

2. 稳定性强

船舶的稳定性与船体密切相关，船体越宽，则稳定性越强。客渡船拥有宽大的船体以及宽大的舱室与甲板，稳定性较强。同时，部分渡船采用双体船船型，在航行过程中更稳。

3. 操纵性好

客渡船一般拥有两套动力装置，采用双螺旋桨推进，具有良好的操纵性，停靠码头、运输旅客都十分方便。

（三）客渡船出行的安全隐患

1. 客渡船安全监管存在诸多问题

水上客运风险防控对各级管理工作要求很高，当安全监管不到位时，极易引发事故。客渡船安全监管存在的问题体现在：一是客渡船的各监管部门联动不足，缺乏应急预案，对客渡船日常监管履职不全面。二是客渡船中横渡常在人流量大的渡口，圩渡（乡渡）航线偏僻，对一些载客过程中的超载、混载情况难以进行实时准确的现场监管。[①] 2021 年 9 月 18 日，贵州省六盘水六枝特区牂牁江发生一起客船侧翻事故，共造成 10 人遇难，5 人失联。经调查，该客船在事故发生时存在超载问题，船上乘客主要为牂牁镇学生。客船超载存在的安全隐患可见一斑。三是监管队伍素质有待提高，部分渡口渡船安全管理人员对行业安全法律法规不熟悉，监管积极性与工作责任心不强。

2. 设施设备因素是引发事故的主要原因

设施设备完好完善是客渡船安全运行的重要基础。因设施设备结构老旧、设施设备不全、定期检修不到位等因素导致客渡船无法正常运行，从而引发事故的现象时有发生。具体来说，一些老旧渡口超龄使用，存在一定安全隐患；船上航行、救生、消防设备不足，安全事故应对能力差；部分客渡船船龄过长，设备老旧，且未能定期进行检修等等。

3. 易受气象和环境影响

江河、湖泊以及海峡气象复杂，给客渡船的安全行驶带来一定挑战。当出现大雾、暴雪等恶劣天气时，客渡船的航行环境将会变得复杂，水面能见度的降低很容易使船舶之间发生碰撞，造成安全事故。此外，飓风、地震、冰雹、暴雨等自然灾害不仅会对码头、引桥等设施设备造成破坏，还会增加客渡船水面运行风险。总之，客渡船的安全行驶在一定程度上受到天气与环境的制约。

---

① 黄成军. 渡口渡船安全监管中创新思维模式的探究[C]. 中国航海学会. 2019 年海事管理学术年会优秀论文集. 内河海事编辑部，2019：86-88.

（四）客渡船出行安全知识

1. 乘坐正规的渡船与客船，不乘坐渔船、货船、农用船以及"三无"船。

2. 待船靠稳、跳板安置好后，依次排队、按照顺序上下船，并注意先下后上。上船时先车后人，下船时先人后车。

3. 乘坐汽车、摩托车或骑自行车等车辆搭载渡船时，应先下车后渡运。

4. 不携带鞭炮、汽油等易燃、易爆物品上船。

5. 上船后，要熟悉救生衣、救生圈、消防设备的位置和使用方法，并牢记安全逃生通道。

6. 不乘坐超载船只；遇大风、大雾、洪水时不乘渡船；船行驶途中，如遇大风、雷雨等突发恶劣天气时，应听从指挥，随船避险。

大学生在乘坐渡船时，应严格遵守水上交通规则，听从指挥，服从管理，尤其要注意上下船时不争抢、不拥挤，以免发生落水危险，也不要在船上追逐打闹和来回走动，不将身体的任何部位伸出船舷（窗）外。同时，渡船是一种在水路进行旅客或货物运输的交通工具，由于北方水系较少，且河流有结冰期（越往北越长），汛期较短，泥沙量大，因此，渡船在南方较为常见。这就造成了我国北方大部分地区的大学生对渡船的接触和认识较少，十分需要加强渡船安全知识学习，以免在乘坐渡船时发生意外。

六、客机安全

（一）客机出行

飞机有客机与货机之分。客机的主要功能是搭载旅客，其次是运输小型货物，而货机的功能仅限于载运货物。客机属于民用飞机，是一种体形较大、载客量较多的集体飞行运输工具。客机按照固定的飞行航线，能够高速地穿梭于城市甚至国家之间，便捷地完成旅客与货物的运输，是所有交通工具中速度最快的一种交通工具，也是远距离出行时的首选交通工具，给人们的生活带来极大便利。根据起飞重量与载客量的大小，客机又可分为小型客机、中型客机和大型客机。

（二）客机出行的特点

1. 快速性

客机的运输速度是所有的交通工具中最快的，其飞行速度一般在800~1000 km/h之间，在长距离运输中具有其他交通工具无法比拟的速度优势。民航客机的广泛应用进一步减少了交通时间，缩短了人与人之间的距离，缩小了地球的尺寸。同时，客机飞行速度快，大大提高了旅客运输效率，对城市的经济增长以及旅游业的发展产生着积极推动作用。

2. 便利性

民航客机在运输旅客的过程中是按照固定航线进行空中飞行，不受其他交通工具的干扰，也不受地形地貌、山川河流的阻碍，只要有机场、航路设施以及航线，就可以在只采用一种交通工具的情况下到达目的地所在城市或国家，减少了反复换乘交通工具的麻烦，十分便利。

3. 安全性

相关数据显示，同其他交通工具相比，飞机是最安全的交通工具。从设备角度来看，从设计到制造，飞机的整个生产过程十分严格，其制造需要经过严苛的测试和认证程序，而已经投入使用的飞机也要由专业技术人员进行定期检查。从环境角度来看，客机不受其他交通工具的干扰和影响，减少了影响飞行安全的不稳定因素。从驾驶员角度来看，飞行员在上机前需要经过长时间的专业训练并熟练掌握操作技术和飞行知识。以上因素在一定程度上保证了客机的安全性。

（三）客机出行的安全隐患

1. 飞行安全与气象条件密不可分

客机的飞行环境相对简单，没有其他类型交通工具的干扰，但却受气象的影响较大。一定的速度与高度是飞机正常飞行的必备条件，在高空急速飞行过程中，客机要经过低、中、高空的各种气候变化，并受到强对流、雷电、台风、大风、大雨、大雪、雾和霾、沙尘暴等可见气象因素以及风切变、空中气流颠簸、过冷水造成的空中积冰等不可见气象因素的影响。气象条件良好是飞行安全的重要保障。

2. 驾驶员是导致飞行事故的首要因素

世界民航组织的专家们对多次飞机失事进行分析后，发现驾驶员操作不当、精力不集中以及判断失误是导致飞机发生事故的首要原因。虽然驾驶员在上机前要经过严格的培训，但是由于飞机结构复杂，设备繁多，因此驾驶难度非常大。驾驶员不仅要有健康的身体素质，还要有过硬的心理素质，才能做出正确的驾驶判断和驾驶操作。

3. 事故生还率极低

对比汽车，飞机拥有更低的失事率。相关统计显示，民航飞机失事的概率大概为几百万分之一，坐飞机比坐汽车安全数十倍。然而，由于飞机飞行在万米高空，并且在坠毁的同时往往会引发爆炸，因此，一旦飞机在空中飞行时出现事故，乘客的生还率几乎为零。2014 年 7 月 17 日，从荷兰阿姆斯特丹飞往吉隆坡的马航 MH17 客机在靠近俄罗斯边境的乌克兰顿涅茨克州上空坠毁，机上 298 人全部罹难。2022 年 3 月 21 日，一架中国东方航空集团有限公司的波音 737-800 客机在广西壮族自治区梧州市藤县山林坠毁，引发山火，123 名乘客和 9 名机组人员全部遇难，事故原因至今仍未明确。

（四）客机出行安全知识

1. 登机前

（1）主动配合机场安检人员检测，不携带违禁物品登机。

（2）不往机身投掷异物，不破坏飞机设备。

2. 乘机时

（1）飞机起飞、降落以及飞行途中须按要求系好安全带。

（2）如遇空中减压，应佩戴好氧气面罩。

（3）如遇紧急着陆或紧急迫降，一是要保持正确身体姿势：弯腰、双手在膝盖下握住，头放在膝盖上，两脚前伸并紧贴地板；二是听从工作人员指挥，迅速有序地由紧急出口滑落地面。

（4）舱内出现烟雾时，要把头弯到尽可能低的位置，屏住呼吸，用饮料浇湿毛巾或手帕捂住口鼻再呼吸，弯腰或爬行到飞机出口。

（5）在飞机撞地轰响的瞬间，快速解开安全带，并朝外面有亮光的裂口全力逃跑。

（6）在海上失事时，要立即穿上救生衣。

相较于其他公共交通工具，大学生乘坐飞机出行的频率会低一些，甚至部分大学生可能没有乘坐飞机的经历，而飞机又属于高精密交通工具，其安全性非常容易受到外界因素的影响，因此，掌握必要的乘机安全常识十分重要。作为一个对电子产品具有高度依赖性的群体，大学生在乘机时要注意将手机调为飞行模式，避免手机信号的发射和接收对飞机飞行造成影响。同时，在乘机过程中切勿使用充电宝对手机进行充电，以免在飞机升空和飞行过程中，高压环境使充电宝中的锂电池产生发热甚至自燃。

七、自驾车安全

随着经济社会的快速发展，我国全面跨入汽车社会，汽车出行成为社会常态。与此同时，汽车驾驶人的年龄结构发生了明显变化，大学生成为学车领证的重要群体，大学生驾驶员数量占全国驾驶人数量的比例越来越高，大学生驾车出行现象已成为社会常态。然而，大学生一般不具备丰富的驾驶经验和系统的道路行车知识，很容易出现交通意外。2016 年 7 月 2 日，昆明市一名大学生驾驶一辆黑色轿车冲上昆明市沙坝营公交站台，最终导致站台等车人 1 死 2 伤的严重事故。了解不同道路的行车安全知识，对于大学生自驾出行安全具有重要意义。

（一）城市道路行驶安全

1. 城市道路的定义及特点

城市道路是指城市供车辆、行人通行的，具备一定技术条件的道路、桥梁及其附属设施。根据道路的技术标准，目前我国的城市道路可分为城市快速路、城市主干路、城市次干路以及城市支路四个等级，等级不同，其所在城市道路系统中的地位和交通功能也不相同。在交通量上，城市道路交通以通勤交通为主，一年之中交通量的季节性变化不大，一周之内工作日的交通量和休息日的交通量存在明显差异，一天之内交通量存在明显的早晚高峰。在交通方式上，城市道路需要满足机动车（主要为小客车和公交车）、非机动车以及行人等各类交通方式的需要，路况较为复杂。

随着城市化进程的不断推进以及汽车工业的蓬勃发展，城市中交通工具的种类不断增多,汽车保有量快速上涨,城市交通日益拥挤,交通堵塞、交通事故频发,城市道路行驶安全问题不容忽视。

2. 城市道路行驶安全注意事项

(1) 保持安全车距

城市交通中,大部分城市交通事故都是前后车追尾导致的。在城市道路驾车出行时,一定要注意车辆之间的安全距离,因为保持安全车距是防止追尾事故最直接、最有效、最广泛和最根本的方法。同时,注意观察前方车辆的行车速度和后方车辆的行车状况,这样有利于在遇到紧急情况时第一时间做出正确的驾驶判断和驾驶选择。

(2) 交叉路口要减速慢行

根据《中华人民共和国道路交通安全法》相关规定,机动车通过交叉路口,应当按照交通信号灯、交通标志、交通标线或者交通警察的指挥通过。然而,在交叉路口,非机动车不按规定车道行驶、逆行、闯红灯等交通陋习目前还时有发生,因此,即便在交叉路口允许通行的情况下,也要仔细观察各个方向车辆的通行状况,减速慢行,确认安全后再通过。

(3) 经过公交站点要注意观察

城市道路中设置有众多的公交站点,在驾车经过这些公交站点时一是要减速慢行,注意观察路况,以防公交车上的乘客到站下车后突然闯入机动车道发生意外。二是如果不存在通过条件,要在公交站点外停车等待。三是注意观察公交车信号灯,以防公交车出站时发生剐蹭事故。

(4) 驾车过程中切莫玩手机

手机等电子产品已深深嵌入大学生的日常生活,在驾车出行时,难免会有接打电话、使用手机导航的需求,但是在行车过程中一定要避免浏览手机等电子设备。浏览手机等电子设备会分散驾驶者的注意力,妨碍其对周边环境及路面情况的观察,一旦遇到紧急情况,往往无法第一时间应对。

(二) 高速公路行驶安全

1. 高速公路的定义及特点

根据技术等级的不同,公路分为高速公路、一级公路、二级公路、三级公路及四级公路。高速公路是一种专供汽车分方向、分车道行驶,全部控制出入的多车道公路,其年平均日设计交通量宜在15000辆小客车以上。① 高速公路,顾名思义,设计车速比其他道路快是其最大的特点。高速公路的设计速度在80~120 km/h之间,高于一级公路、二级公路、三级公路和四级公路。之所以设计这么高的行车速度,是为了进一步提高运输效率、降低运输成本。采取全封闭式管理是高速公路的另一显著特点。

---

① 交通运输部公路局,中交第一公路勘察设计研究院有限公司. 公路工程技术标准(JTG B01-2014)[M]. 北京:人民交通出版社,2014:5-7.

2. 高速公路行驶安全注意事项

(1) 系好安全带

汽车安全带是一种有效的安全防护装置,被誉为“生命带”。当车辆发生碰撞、紧急刹车或侧翻时,安全带能够将驾乘人员固定在座椅上,防止驾乘人员在交通事故中受伤或减轻受伤程度,关键时刻能够挽救生命。高速公路车速快,一旦发生交通事故,往往会造成较大的生命或财产损失。根据公安部2021年的要求,车辆后排乘坐人员同样需要佩戴安全带。因此,驾乘人员要按规定系好安全带。

(2) 保持安全车速和车距

虽然高速公路的设计车速比其他公路都要快,但高速公路对车辆的行驶速度也是有限制的。一般来讲,高速公路上最高车速不得超过120 km/h,最低车速不得低于60 km/h,驾驶者要根据高速公路限速标志的提示将车速控制在合理范围内。2023年4月20日,广西4名大学生租车出游,在柳北高速追尾货车,最终造成大学生所驾驶车辆着火。“十次事故九次快”,大学生在高速公路行车时,要注意保持安全车距,给自己留出充足的处置险情的时间和空间。

(3) 杜绝高速公路违停、倒车和逆行

驾驶者在驶入高速公路前要合理规划行车路线,并在行车时注意观察警示牌。如果在高速公路上错过了正确的出口,切忌在匝道口停车,更不能倒车或逆行。根据《道路交通安全违法行为记分管理办法》(公安部令第163号)规定,驾驶机动车在高速公路上倒车、逆行,不仅要被罚款200元,还会一次记满12分。正确的处理办法是保持车速继续向前行驶,在下一出口驶离高速,重新规划行驶路线。

(4) 切勿占用应急车道

我国的高速公路设有应急车道。应急车道被称为高速公路的“生命通道”,是专门供工程抢险、消防救援、医疗救护或交警执行紧急任务等处理应急事务的车辆使用的专门车道,禁止违法占用。然而,在节假日期间,高速公路有时会出现交通拥堵现象,一些车辆为了“避免堵车”而选择驶入应急车道,这种行为既是不道德的,同时又是违法的。根据《道路交通安全违法行为记分管理办法》(公安部令第163号)规定,驾驶机动车在高速公路违法占用应急车道行驶的,一次记6分。

(5) 避免疲劳驾驶和分心驾驶

当需要在高速公路长时间行车时,驾驶员要在行车前保证充足的睡眠时间,并定时在高速公路服务区进行休息,以保持充沛的精力和体力来应对驾驶任务。一般来说,在高速公路驾车时长达到4小时,要停车休息至少20分钟,方可继续驾驶。驾驶者要避免分心行驶,开车时要保持注意力的高度集中,随时应对行车过程中的各种突发状况。

(三) 农村(山村)公路行驶安全

1. 农村(山村)公路的定义及特点

农村公路一般指通乡(镇)、通行政村的公路。其中,通乡(镇)公路指县城通达乡(镇),以及连接乡(镇)与乡(镇)之间的公路,而通行政村公路指由乡(镇)通达行政村的公路。农村公路是我国公路网的重要组成部分,是交通强国建设的重要内容,是农村地区最主要甚至是唯一的交通方式和重要基础设施,是保障和改善农村民生的基础性、先导性条件,对实施乡村振兴战略具有重要的先行引领和服务支撑作用。随着农村公路的不断建设,纵横交错的农村道路与国、省道相互贯通,将村与村、村与乡(镇)、乡(镇)与县连接起来,形成了村村相连、路路相通的交通道路环境,不但改变了农村地区出门难、行路难、坐车难的问题,还极大地缩短了县、乡(镇)、村之间的距离,为农村社会经济发展注入了巨大活力。但是,由于农村地区当下经济发展水平的限制,农村公路还存在路网通达深度仍然不足、技术等级水平总体偏低、安全防护及桥涵等配套设施建设不足、管理养护存在明显短板、客货运输服务水平不高等问题,具有等级低、分布广、交通流量小、在公路网中所占比例较大的特点。

山村道路属于农村公路的一种类型,我们常说的农村公路一般意义上指所有地形(包括平原、山地、盆地等)中的农村道路,而山村道路特指处于山区的农村公路。相比于一般的农村公路,由于地形的影响,山区道路的建设往往比较落后,通行条件相对较差,具有坡长且陡、路窄弯急、交通警示标志不完善以及安全隐患较多的特点。因此,掌握农村公路,尤其是山村道路的行驶安全知识十分必要。

2. 农村公路行驶安全注意事项

(1) 注意观察路况

农村道路路况复杂,行车时一定要注意观察路况,并严格遵守道路限速规定,不超速行驶。在经过弯道时,切勿违法超车,不违法占用对向车道逆行超车。同时,由于大部分农村地区交通安全宣传力度不足,交通安全知识普及力度不够,交通参与者安全意识淡薄,还存在逆行、随意变更车道、急刹急停等不文明交通现象,在农村公路行车时一定要慎之又慎。2016 年 3 月 18 日,济南一女大学生驾驶小型普通客车行驶至济南市历城区郭店镇曹家馆村路口处时,因观察不周,将一儿童撞倒,导致该儿童脑部及全身多处损伤。① 因此,当行车经过村庄路口时,要减速慢行,仔细观察周围路况并提前鸣笛示意。夜间行车时,要注意变换远近光灯提醒对向来车。

(2) 与路侧保持安全距离

农村公路弯急路窄,驾车出行时应注意与路侧保持安全距离,控制车速,切勿强行超车、强行会车、占道行驶。当车辆前方有行人和非机动车时,要鸣笛示意,在保证行车安全的前提下进行超车。当遇视线不良路段时,也要及时鸣笛,并做好停车避让准备。

(3) 通过人群聚集路段要减速慢行

当驾驶车辆经过集市、街道等人群聚集路段时,要有耐心,注意控制车速,减速慢行,并仔细观察车辆周边情况,密切关注人群行走动态,尤其是要特别注意老年人和儿童,尽量与行人保持一定的距离,避免因人群拥挤而发生剐蹭背包或行人其他物件导致交通事故。

(4) 提前检查车况

农村公路行车环境和通行条件较差,安全防护设施滞后,一些坡路和弯道较多或低洼积水的路段存在一定安全隐患,容易给行车安全带来威胁。当驾驶车辆经过此类路段时,一定

---

① 搜狐网. 济南女大学生撞童弃童案宣判 获刑 2 年缓期 2 年执行[EB/OL]. (2016-12-30)[2023-07-18]. https://www.sohu.com/a/123025044_123753.

要提前检查车况，尤其是对车辆的刹车系统进行认真检查，避免长下坡刹车失灵。同时，还要注意检查轮胎是否存在扎钉、鼓包、漏气以及胎纹不够深等问题，将车辆始终保持在技术性能良好状态。

3. 山村道路行驶安全注意事项

（1）认真学习山路交通标志

对于长期在城市地区行车的大学生来说，山路交通标志一般比较陌生。即便在驾驶员考试中进行过相关知识的学习，随着时间的推移也会逐渐遗忘。山路交通标志能够在一定程度上保障行车安全、降低事故风险，大学生应认真学习，牢记常见的山路交通标志。

（2）过弯前降速鸣笛

山路上的树木、石头、山体等都有可能在行车过程中遮蔽行车视线。因此，在过弯时可以利用弯道处反光镜及时了解道路另一段的情况，通过鸣笛、变光提醒对向来车，之后减速通过。

（3）下长坡时减档控速

在山路行车时，有可能会遇到长下坡路段，此时如果长时间踩制动踏板减速，会持续积聚热量，导致制动系统过热，从而降低刹车片的制动效能。为确保山路行车安全，在途经长下坡路段时，最好将车辆调至低档位行驶。

►► 第四节　预防交通事故的措施与方法 ◄◄

为加强公共交通安全管理，有效预防和减少交通事故，应坚持“安全第一”为主的理念，社会、政府、高校等多元主体共同参与、同向发力，从人、车、道路等角度着手，做好交通事故的预防工作。

一、高校：深入开展交通安全教育，增强大学生交通安全意识

在道路交通系统中，人是引发交通事故的关键因素。因为人既是环境的理解者又是驾驶指令的发出者和操作者，“路和车的因素必须通过人才能起作用，人、车、路组成的系统时刻在变化，因此是不稳定的”①，只有靠人的干预，才能实现相对平衡。从人的角度着手，开展大学生交通安全教育，使大学生掌握交通安全知识、增强交通安全意识是预防交通事故的关键。

（一）大学生交通安全教育的内涵

大学生交通安全教育是指依靠行政的、社会的以及相关部门的力量，通过学校交通安全教育、电视短片宣传、新闻宣传等多种形式，采用灵活多样的教育方法，开展丰富多彩的教育

① 宁乐然. 道路交通安全通论[M]. 北京：中国人民公安大学出版社，2006：12.

活动，在学校、家庭、社会、政府等多元主体的共同参与下，对大学生交通参与者进行交通法律法规、交通道德、交通安全常识等多方面的教育。

目前，我国大学生交通安全宣传教育活动主要呈现出以下三个特点：第一，多部门共同参与组织。公安交管部门、交通部门、团委、街道办、学校等行政单位和驾培行业协会、驾校等社会力量共同参与组织，多管齐下、协同合作。第二，教育形式多样化。大学生交通安全教育的形式既包括民警讲座、观看事故案例和警示教育片等传统教育形式，也包括宣誓、颁发证书、参观警示教育基地、辩论赛、闯关竞赛、执勤劝导活动、交通违法行为总结反思等创新形式。第三，教育内容贴近实际。以大学生实际出行方式为切入点，向大学生讲授共享单车和电动自行车安全骑行注意事项、乘坐“非法营运车辆”的弊端等与大学生出行息息相关的交通安全知识。但是，从总体上看，我国的大学生交通安全教育工作还处于起步阶段，距离社会化、制度化、多样化、系统化、常态化、效果最大化的要求，还存在一定差距。①

在开展大学生交通安全教育的众多主体之中，学校是大学生学习和生活的主要场所，也是进行交通安全教育的主阵地。然而，“大学生公共安全教育研究与实践”课题组调查数据显示，“仅有53.06%的大学生表示学校将预防和应对交通安全事件纳入到了学校公共安全教育之中”。因此，高校要切实扛起大学生交通安全教育主体责任，使大学生牢固树立公共交通安全理念，熟记公共交通安全知识，掌握正确处理交通事故的措施与方法，自觉维护公共交通安全，为社会公共安全做出积极贡献。

（二）大学生交通安全教育的内容

大学生交通安全教育的内容主要包括交通法律法规、交通道德和交通安全常识三个方面。

1. 交通法律法规教育

“大学生公共安全教育研究与实践”课题组调查数据显示，“10.13%的大学生表示对交通肇事逃逸的后果和应负的法律责任不能确定，2.57%的大学生基本不认同”，这反映出加强大学生交通法律法规教育的必要性和紧迫性。因此，高校要对与交通安全相关的法律法规进行大力宣传，不断加强交通安全法律法规教育，增强大学生的交通法律意识和交通法治观念，使大学生驾驶员做到知法、懂法、守法，严格遵守交通法规，自觉摒弃疲劳驾驶、酒后驾驶、超速驾驶等不文明驾驶行为，养成良好驾驶习惯，做到安全文明驾驶。

2. 交通道德教育

交通道德缺失是影响大学生交通安全的重要因素。当前，大学生交通道德缺失主要表现为驾驶道德不高、缺少骑车道德、行路道德亟待提高等方面。“大学生公共安全教育研究与实践”课题组调查数据显示，“8.98%的大学生对‘当没有车辆行驶的时候，会跨越人行护栏或道路隔离设施’表示完全认同，10.52%的大学生表示基本认同”。交通道德缺失的后果虽没有交通违法行为所造成的危害严重，但同样不容小觑。2020年11月27日，郑州一高校

---

① 马金路，赵洹琪，王政阳．大学生交通安全现状分析及宣传教育建议[J]．汽车与安全，2021(8)：46−52.

门前多名学生同时横穿马路，其中一名女生没有注意到来车，与一辆行驶中的公交车发生碰撞。① 虽然该学生最终只是受轻伤，并无生命危险，但类似的现象理应引起高校的重视。生命具有唯一性，要通过交通道德教育，引导大学生领悟“生命至上”的理念，提高大学生对生命价值的认知，使大学生尊重生命、关爱生命、敬畏生命，增强交通安全意识，自觉遵守交通道德规范。

3. 交通安全常识教育

开展交通安全常识教育的目的在于使大学生通过学习相关交通安全知识，形成自护、自救的意识，提高自护、自救能力。一方面，要积极开展驾驶安全教育。大学生驾驶员要定期学习机动车新技术、新操作技能以及汽车机械理论，熟练掌握驾驶技能和驾驶技巧，从而具备在复杂道路环境中发出理性驾驶指令、做出正确驾驶选择的能力。另一方面，要不断普及交通安全知识。与社会人员相比，大学生的交通安全知识相对欠缺，应对突发交通事故的能力略显不足。因此，要通过不断普及交通安全基本知识，使大学生具备规避和处理交通事故的能力，掌握规避和处理交通事故的正确方法，养成安全出行和维护公共交通安全的良好行为习惯。

（三）大学生交通安全教育的策略

当前，我国高校大学生交通安全教育的力度明显不足，且收效甚微，为进一步提高大学生交通安全教育的实效性，可考虑从以下几个方面开展大学生交通安全教育。

1. 纳入课程体系，形成交通安全教育常态化机制

目前，我国高校尚未完全将大学生交通安全教育纳入到课程体系之中，且未形成独立的课程和系统化的教学，多是在相关课程中进行交通安全知识的普及与讲解。同时，从教育实践来看，大学生交通安全教育的时间多集中于新生入学教育以及每学期开学时，未能贯穿于学期始终，在时间上较为分散，开展频率低，未能实现交通安全教育的常态化。未来，高校应当将交通安全教育纳入到课程体系之中，开设交通安全课程，研发交通安全教材，配齐配足师资队伍，构建大学生交通安全教育的常态化机制。

2. 强化手段创新，实施内容与形式多样的大学生交通安全教育

传统的大学生交通安全教育主要以教材中理论性知识的灌输为主，往往会导致学生对所学内容感到枯燥无味，且很难引起学生的兴趣与注意力。为提高大学生交通安全教育的实效性，应当在内容和形式上加以创新，同时实施丰富多彩、灵活多样的教学方法。例如，充分发挥“互联网+教育”功能，利用网络平台进行辅助教学，鼓励学生通过抖音、微信、微博等新媒体进行交通安全宣传作品创作；将交通安全教育的内容以电影、电视、小品、相声等学生喜闻乐见的艺术形式表现出来，以此增加交通安全教育的趣味性、娱乐性和互动性；②定期以讲座、讨论会、知识竞赛等形式对大学生进行交通安全教育，营造学习、研究交通安全知识

---

① 新浪河南. 突发！郑州公交车学校门前撞上学生……行车记录仪拍下全过程[EB/OL]. (2020-11-28)[2023-07-18]. http://henan.sina.com.cn/news/2020-11-28/detail-iiznezxs4100382.shtml?from=henan_ydph.

② 姚姗姗. 对于大学生交通安全教育的几点思考[J]. 科技资讯，2014(26)：235.

的良好氛围。

3. 注重学以致用,开展大学生交通安全实践活动

加强大学生交通安全教育的最终目的不在于使学生在相关的理论测试中取得优异的成绩,而在于使学生能够将掌握的交通安全知识应用到交通实践中,为社会公共安全做出积极贡献。因此,为进一步增强大学生交通安全意识,提升自我保护能力,助力大学生养成文明安全出行习惯,应广泛开展大学生交通安全实践活动,鼓励大学生参与交通安全志愿服务。例如,走进社区开展交通安全知识宣讲,走上街道开展交通文明劝导活动,等等。最终,通过社会实践身体力行的方式加深大学生对交通安全的理解与认识,使交通安全的理念内化于心、外化于行。

二、大学生驾驶者:定期进行车辆检修维护,确保车辆设备安全可靠

车辆同样是影响交通系统稳定的重要因素,确保车辆安全是预防交通事故的关键环节。如果车辆本身就是不安全的,那么,无论驾驶员做出怎样的驾驶选择,都无法避免交通事故的发生。

车辆安全与车辆的设计制造有关。车辆的制动性能(制动距离、制动稳定性、制动系数、协调时间等)、操作稳定性(转向、抗侧滑等)、易操作性(仪表、信号板、自动排挡等)、视野、前照灯、后视镜、尾灯、人员安全防护(柔性保险杠保护行人、安全气囊和安全带保护乘员、车厢防撞结构保护乘员等)都会直接或间接地对车辆的安全性能产生重要影响,从而影响驾驶安全与公共交通安全。

大学生驾驶者要定期对车辆进行检查和保养,使车辆设备始终处于安全可靠的状态。一是检查仪表盘机械工作状态。启动车辆后,要观察仪表盘是否有故障灯亮起,如有红色故障灯亮起(机油压力过低、水温过高、刹车油过少、安全气囊故障等),要及时进行维修。二是检查方向盘转向力度是否正常,有无异响。三是检查刹车片的磨损情况,并在日常行车时注意观察车辆制动距离是否正常。四是检查轮胎状况,包括胎压是否处于正常范围、轮胎花纹之间有无夹持石块、锐利物以及轮胎的老化程度等等。五是开启车辆各项功能开关,检查是否正常工作,包括灯光、雨刷器、空调以及门锁等等。六是车上尽量随车配备灭火器。虽然我国对于非营运小型、微型载客汽车配备灭火器并没有强制规定,但是当车辆发生自燃时,灭火器能帮助我们摆脱危险、降低损失。因此,要尽量随车配备灭火器,并定期检查,使其保持在使用性能良好的状态。七是在冬季驾驶车辆行经严寒地区时,宜随车携带防滑链等器材,避免因车辆在路面打滑出现交通事故。总之,在日常驾车出行时,要注意观察车辆的运行状况,并定期对车辆进行检查,及时发现和修复车辆存在的问题,提高车辆的安全性能。

车辆安全状况检测是预防交通事故、保障交通安全的重要措施,只有时刻保持车辆的安全,才能安全、安心地进行车辆驾驶。因此,大学生驾驶者要强化安全意识,重视车辆的定期检修与维护,切莫心存侥幸、麻痹大意。

三、公众:提升交通安全文明素养,营造交通安全良好氛围

众所周知,引发交通事故的原因既有主观原因,又有客观原因。大学生交通安全的实现既需要大学生个人自觉遵守交通法律法规,也需要公众不断提升交通安全文明素养。这是因为,每个人既是交通秩序的参与者,又是交通安全的受益者,增强交通安全意识和交通文明素养不仅关乎个人出行安全,同样也关乎社会其他成员的出行安全。因而,提升公众交通出行的法治意识、安全意识、文明意识能够为公共交通安全营造良好的社会氛围,对于实现大学生交通安全具有重要意义。

首先,公众要深刻认识到各类交通违法行为的危害性。增强安全出行意识,自觉抵制超速、超载、酒驾、毒驾、闯红灯、占用应急车道、不礼让斑马线等七类突出交通违法行为。其次,公众要积极参加文明交通宣传志愿服务。通过参与文明交通劝导,为保障车辆、行人安全和公共交通安全奉献力量,营造文明交通人人参与、人人共享的良好氛围。再次,公众要树立"交通安全,人人有责"的理念。自觉承担交通安全社会责任,从个人做起,从日常出行做起,争做文明出行的引领者和文明交通的示范者,劝告亲人、朋友珍爱生命,严格遵守交通规则,安全驾车、安全乘车、安全骑车、安全步行,发扬文明礼让的传统美德,创造互相谦让的文明交通环境,使交通文明在全社会蔚然成风。最后,公众要积极进行交通安全知识学习。认真学习、了解和掌握《中华人民共和国道路交通安全法》和相关交通安全知识,增强交通安全意识,充分掌握各种预防和应对交通事故的措施与方法,减少道路交通事故的发生率。

营造交通安全良好氛围绝非一朝一夕之事,交通违法行为的杜绝也很难一蹴而就。提升交通安全文明素养,最关键的莫过于通过在全社会开展交通文明行为宣传教育、志愿服务引导、社会舆论引导,使交通法治意识和交通文明观念深入人心,使交通文明礼仪内化于心、外化于行。这是一项长期而又艰巨的任务,既需要政府相关部门高度重视,不断加大交通安全设施建设投入,严厉打击各种交通违法行为,也需要公众自觉提升交通安全文明素养,更需要大学生群体不断增强交通安全意识,全民参与文明交通实践,共同营造一个道路通畅、交通和谐、出行文明的平安社会。

案例 5.4-1

思考题

1. 你怎么理解公共交通安全的含义?
2. 国家为什么高度重视公共交通安全?
3. 大学生公共交通安全的现状如何?有什么特点?
4. 如何增强大学生公共交通安全教育的实效性?
5. 如何增强公众交通安全意识?

推荐阅读

1. 中华人民共和国道路交通安全法.
2. 中华人民共和国道路交通安全法实施条例.

3. 国务院关于城市优先发展公共交通的指导意见.(国发〔2012〕64号).

4. Gsul M ,胡予红 ,周旋等. 道路交通运输安全发展报告(2017)[J]. 中国应急管理,2018(2):48-58.

5. 孟牒,姚浩伟,韦飞祥等. 大学生交通安全认知现状评价与预警机制研究[J]. 科技通报,2016(9):229-232.

6. 宋洋,王雪松. 中小学生交通安全教育现状分析与改进策略研究[J]. 中国安全科学学报,2013(2):153-159.

7. 郑安文. 道路交通安全[M]. 北京:北京大学出版社,2017.

8. 周淮. 城市公共交通风险防控[M]. 上海:同济大学出版社,2020.

8. 网站:中国道路交通安全网 www. crsa. net.

第六章　公共意外伤害

思维导图

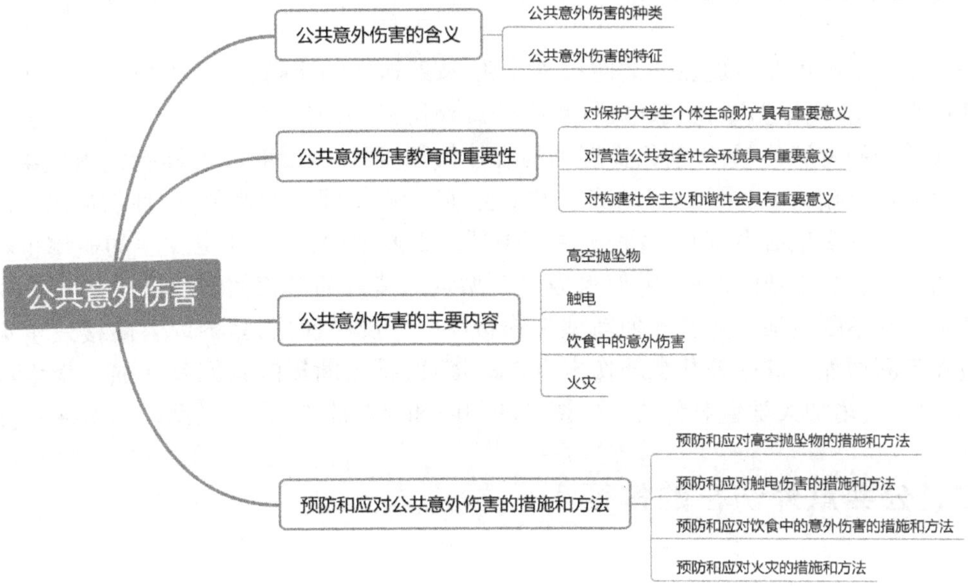

学习目标

【知识目标】了解意外伤害的类型、预防措施、处理方法。

【能力目标】能根据情况使用正确的方法处理意外伤害，能够使用心肺复苏、海姆立克急救法。

【素质目标】形成良好的个人生活习惯，避免造成对自己和他人的意外伤害，并具有服务他人的意识和能力。

【思政目标】培养敬畏生命的意识、乐于助人的精神，能够利用法律处理公共意外伤害。

►► 第一节　公共意外伤害的含义 ◄◄

俗语说："天有不测风云，人有旦夕祸福。"它提醒人们日常生活中总有想不到的危险会发生，这是一种人生常态，关键是大学生怎么去应对它们。这种危险可能发生的概率不高，但是，它超出了常人的预测和预判能力，所以，被称为"意外伤害"。同时，这种伤害的对象可能是任何人，所以，这种伤害具有很强的公共性，因此，我们把这种意外伤害叫做"公共意外伤害"。

一、公共意外伤害的种类

公共意外伤害主要体现在公共性和意外性，按照这样的原则，本章主要介绍以下四种公共意外伤害类型：高空抛坠物、触电、饮食中的意外伤害、火灾。

随着社会的发展，一些以前很少遇到的意外伤害，现在慢慢变成了具有相当概率的意外伤害。比如被比喻为"飞来横祸"的高空抛坠物，随着高层建筑的普及，这种伤害出现的次数越来越多。在现实生活中，随着各种大功率电器的普遍使用，意外触电发生的概率也在不断增加。而随着食品工业的发展，类似果冻等新型食品造成的气道堵塞而产生的意外伤害事故的数量也在不断增加。随着各种新型装修材料的大规模使用，室内或者高楼发生火灾的比例也在不断增加。这些公共意外伤害事件的增加，都不断提醒我们要加强大学生的公共意外伤害教育，增加大学生对公共意外伤害的预防和应对能力，有效降低该类伤害的影响。

二、公共意外伤害的特征

（一）偶然性

公共意外伤害往往具有偶然性，即这种伤害的发生有偶然性。比如高空抛坠物，这种意外伤害的发生有的是因为建筑物的构件年久失修坠落造成的，有的是人为因素造成。这些伤害的发生虽然具有偶然性，但还是可以预见到这种伤害发生的可能性，大学生通过了解这些意外伤害，可以很好地预防其产生的危害。

（二）不确定性

公共意外伤害具有不确定，这种不确定性是指发生时间和空间具有不确定性。比如放在窗台上的花盆，因为大风或雷雨天气，突然坠落，这种意外的发生时间往往具有不确定性，我们很难预判其发生的准确时间。比如气道堵塞，可能发生在客厅、饭店、卧室、街道等不确定的地点。但是，这些不确定因素并不妨碍大学生通过调整自己的行为，来预防和应对这种意外伤害。

（三）随机性

公共意外伤害的对象具有随机性，即这种伤害的对象可能是任何相关人群。比如在公共场合下的火灾，涉及到的对象就是在这个地点的人，而那时在这个地点的人具有随机性。再比如，触电的伤害对象是接近高压线、裸露电线、通电导体等的人。从以上例子可以看出，公共意外伤害的对象具有随机性，但是大学生可以通过学习应对的方法，来避免受到这类伤害事件的影响。

（四）广泛性

公共意外伤害具有广泛性，这是从伤害涉及到的人群来说的，即受到伤害或导致伤害的可能是大学生，也可能不是大学生。因此，加强大学生这方面的教育和学习，有助于大学生在校期间和毕业进入社会后，有效预防和处理公共意外伤害事件，实现自救和救人。

（五）公共性

这种公共意外伤害还具有公共性，因为它发生的场合一般都是在公共场合下。比如高空抛坠物，可能在校园内也可能是在校园外发生；触电和火灾，也是在校园内外都有可能发生。这种伤害的公共性还体现在它伤害的对象可以是任何人。因此，大学生了解公共意外伤害，可以有效预防和避免这些意外事件造成的伤害。

►► 第二节　公共意外伤害教育的重要性 ◄◄

对大学生开展公共意外伤害教育具有重要意义，其重要性体现在以下几个方面。

一、对保护大学生个体生命财产具有重要意义

公共意外伤害事件的发生往往会对大学生的身心健康和学习、生活造成重大影响。首先，受伤害的大学生可能会面临长期医疗和恢复过程，其身心健康受到严重影响，影响其学业和未来职业发展。其次，受伤害事件可能对大学生的家庭和社会造成财产损失，给个人和家庭带来不可估量的经济负担。最后，事件的发生也会导致社会对大学校园环境安全性的质疑，降低公众对大学的信任和支持度。

公共意外伤害教育可以提高大学生的安全意识和自我保护能力。通过教育，大学生可以了解到公共环境中存在的各种安全风险和危险，学习如何避免和应对各种意外伤害事故。提高大学生公共安全意识和自我保护能力，不仅可以有效防范意外伤害风险，还可以在意外伤害发生时减少受害程度，最大程度地保护大学生的生命和财产安全。

比如，随着我国高层建筑的数量不断增加，高空抛坠物造成的意外伤害事件不断增多。这些伤害事件不仅仅造成当事人的财产损失，还对当事人的生命健康造成不可逆转的损害。

而对这类伤害怎么预防和应对，目前还没有针对大学生的系统教育。加强这方面的教育，可以有效避免此类意外伤害发生。例如，大学生宿舍和实验室也是火灾的高发区，大学生具有预防和应对火灾发生的技能就可以很好地避免火灾的发生或者减少火灾对生命财产安全的损害。

总之，对大学生进行公共意外伤害教育可以提高大学生的公共安全意识和自我保护能力，在保障大学生的生命和财产安全同时，促使大学生为社会稳定提供有益的帮助。因此，加强公共意外伤害教育工作，可以为大学生提供更加安全、健康、稳定的学习、生活环境。

二、对营造公共安全社会环境具有重要意义

公共意外伤害事件具有很强的公共属性，对公共安全社会环境有巨大的影响。根据2020年国家统计局公布的数据，受过高等教育的人数目前达到2.2亿，占总人口比例为15.5%，以后随着我国升学率不断攀升，大学生所占人口比例还会不断上升。从以上数据可以看出，大学生是社会的中坚力量，他们是未来社会的建设者和领导者。由于大学生人数众多，他们在社会生活中存在着各种风险和危险。如果大学生公共意外伤害事件频发，将对公共安全形成巨大的威胁，甚至可能引发社会恐慌。因此，做好大学生的公共意外伤害教育，使其具有良好的安全意识和行为习惯，将对公共安全社会环境产生正面的影响。

大学生作为社会的重要群体之一，其在维护整个社会安全方面具有重要的作用。首先，通过加强大学生的公共安全教育和自我保护能力，可以使他们成为预防公共意外伤害的先锋力量，可以将这种公共安全文化传递给更多人，帮助提升整个社会公共安全环境。其次，大学生具备广泛的社会影响力，他们在社会中的言行举止，或者参与各种公益活动时，可以宣传公共意外伤害的安全知识，促进公共安全文化的普及。通过这种方式，他们还可以动员更多的人，参与到公共意外伤害预防和救援的行动中来，共同维护社会公共安全。最后，大学生可以成为公共意外伤害事故救助的志愿者或者急救员，在发生公共意外伤害事故的时候，及时出现在现场，提供帮助和支持，为伤者提供必要的急救和救助。

总之，大学生公共意外伤害教育对于维护大学生的安全权益、整个公共安全社会环境以及保障未来社会的稳定和发展，都有着非常重要的意义。

三、对建构社会主义和谐社会具有重要意义

大学生公共意外伤害教育与建构社会主义和谐社会息息相关，大学生可以说是两者之间的必要联系和重要因素。

首先，大学生公共意外伤害教育可以提高大学生的社会责任感和公民意识，促进全社会的公共安全意识的提高。公共意外伤害教育可以让大学生明确自己作为社会成员在保障公共安全方面应承担的社会责任和义务，这样大学生在思想上会更加高度关注公共意外伤害问题，提高自身在维护社会公共安全方面的积极性和主动性。公共意外伤害问题的解决需要每个人共同参与，也需要每个人在行为上更负责任。大学生公共意外伤害教育，会有助于他们逐渐形成较高的公民素质和社会责任感。随着个人素质的不断提高，大学生的整体社

会责任感和公民意识也得到了进一步提升。这将有利于大学生在未来成为社会建设中的中坚力量，在保障社会公共安全的过程中发挥积极作用，同时，也可以在社会中带动更多人关注公共意外伤害问题，推动整个社会形成“人人有责、人人参与”的公共安全意识。

其次，公共意外伤害教育有助于加强大学生与社会各界的联系与交流，集中社会各方力量，共同预防和应对公共意外伤害事故。公共意外伤害教育可以让大学生了解公共意外伤害事件的预防和应对措施，培养出专业救援人才，在救援时快速反应，有效应对各种公共意外伤害事件。同时，大学生还可以在公共安全监管方面发挥主动作用，帮助政府部门增强救援能力以及改善公共安全环境，进一步提升公共安全和建设社会主义和谐社会的水平。

最后，公共意外伤害教育是维护社会稳定和安全的必要手段。大学生作为社会的中坚力量，如果没有得到良好的公共安全教育和意识培养，易发生意外伤害事故，从而影响整个社会的稳定和安全。通过公共意外伤害教育，可以提高大学生的安全意识和自我保护能力，有效预防和降低公共意外伤害事故的发生，为维护社会稳定和安全提供有力的支持。

综上所述，大学生公共意外伤害教育与构建社会主义和谐社会密切相关，它不仅关系到大学生的个人安全和发展，而且有助于提高大学生的社会责任感和公民意识，更是关系到社会的长期和谐稳定。因此，应该大力加强大学生公共意外伤害教育，将其纳入到社会主义和谐社会建构的重要内容之中。

►► 第三节　公共意外伤害的主要内容 ◄◄

一、高空抛坠物

伴随着城市化进程的加快，越来越多的高楼在中国城市中出现，不断向上拓展城市发展空间。据不完全统计，全国目前高层民用建筑已有 75.6 万幢。但林立的高楼也带来了一个问题——高空抛坠物。高空抛坠物伤人主要分为两种：一种是非人为因素，即由于大风、暴雨雪、地震等自然灾害以及建筑构配件缺陷或构配件年久失修、破损、脱落等因素导致户外搁置物、悬置物、建筑构配件等坠落，造成高空坠物伤人；另一种是人为因素，即由于个人的恶意攻击或无意识、习惯性的“图省事”抛掷性行为导致物体从高空坠落而伤人。第一种属于过失性行为，第二种属于故意性行为。近年来，越来越多的关于高空抛坠物伤人、损害财产的报道见诸媒体，有的事件中抛坠物万幸没有伤及到人，只是车辆等财物受到损害，但在其他的事件中抛坠物砸到人并伤及性命的事情时有发生。

根据中国裁判文书网的统计结果，在 2012 至 2022 年间，全国法院审结的高空抛物或坠物的民事案件有 6755 件，还有很多事件没有通过法院解决或者法院还没有审结，统计数字如图 6-1 所示。在法院审结的这 6755 件中有 716 件导致了人身损害，占总案件比例为 10.6%，涉及刑事案件 277 件，占 4.1%。从图 6-1 可以看出，自 2019 和 2020 年高空坠物或抛物案件数激增，2021 和 2022 年则可能因为疫情封控的原因，案件数有所降低。但因为高层建筑的增多，高空抛坠物的案件数量还是在增长。

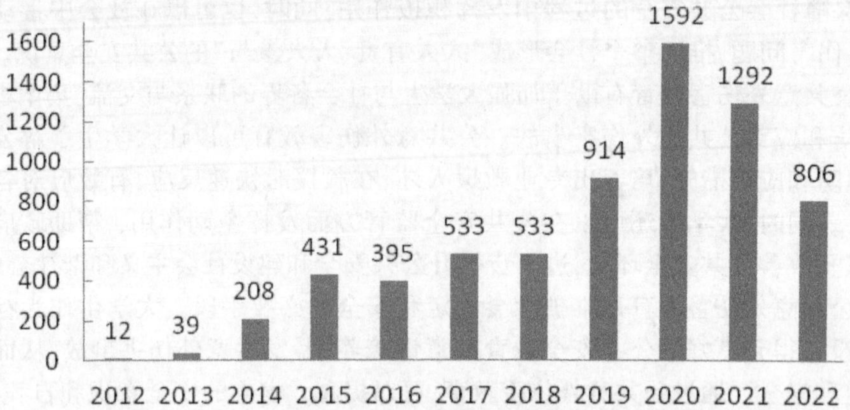

图 6-1　2012-2022 高空坠物或高空抛物法院审结案件数

高空坠物的伤害到底有多大？图 6-2 是中央电视台新闻频道所做实验的结果图，从这个图中可以看到即使是质量很小的物品，也会造成难以想象的危害。从图中可看到一个鸡蛋从 4 楼抛下就可以伤人，日常看似没有攻击性的一小片西瓜皮和一个易拉罐从 25 层楼抛下即可致人死亡。

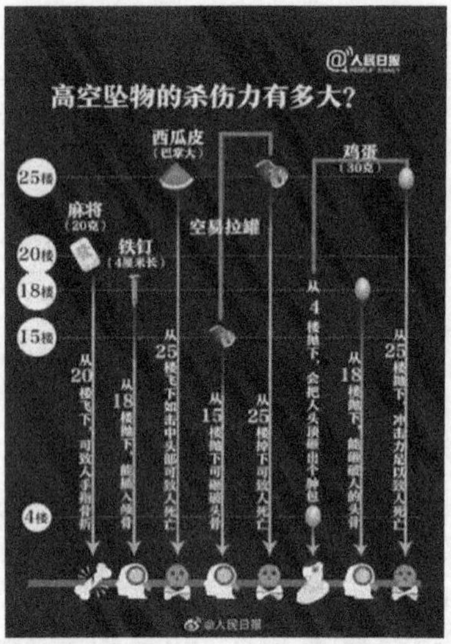

图 6-2　不同的高空坠物危害程度（资料来源于中央电视台新闻频道）

2019 年 11 月，最高人民法院印发《关于依法妥善审理高空抛物、坠物案件的意见》规定，对于故意高空抛物的，依照刑法第一百一十四条规定的以危险方法危害公共安全罪定罪处罚；致人重伤、死亡或者使公私财产遭受重大损失的，依照刑法第一百一十五条第一款的规定处罚。为伤害、杀害特定人员实施上述行为的，依照故意伤害罪、故意杀人罪定罪处罚。意见同时规定，具有下列情形之一的，应当从重处罚，一般不得适用缓刑：多次实施的；经劝阻仍继续实施的；受过刑事处罚或者行政处罚后又实施的；在人员密集场所实施的；其他情节严重的情形。过失导致物品从高空坠落，致人死亡、重伤，符合刑法第二百三十三条、第二百三十五条规定的，依照过失致人死亡罪、过失致人重伤罪定罪处罚。在生产、作业中违反有关安全管理规定，从高空坠落物品，发生重大伤亡事故或者造成其他严重后果的，依照刑法第一百三十四条第一款的规定，以重大责任事故罪定罪处罚。2021 年 1 月开始实施的《中华人民共和国民法典》第一千二百五十四条明确规定了高空抛物、坠物的责任。此条规定："禁止从建筑物中抛掷物品。从建筑物中抛掷物品或者从建筑物上坠落的物品造成他人损害的，由侵权人依法承担侵权责任；经调查难以确定具体侵权人的，除能够证明自己不是侵权人的外，由可能加害的建筑物使用人给予补偿。可能加害的建筑物使用人补偿后，有权向侵权人追偿。物业服务企业等建筑物管理人应当采取必要的安全保障措施防止前款规定情形的发生；未采取必要的安全保障措施的，应当依法承担未履行安全保障义务的侵权责任。发生本条第一款规定的情形的，公安等机关应当依法及时调查，查清责任人。"2021 年 2 月 22 日最高人民法院审判委员会第 1832 次会议、2021 年 2 月 26 日最高人民检察院第十三届检察委员会第 63 次会议通过的《最高人民法院最高人民检察院关于执行<中华人民共和国刑法>确定罪名的补充规定（七）》规定了高空抛物罪罪名。

二、触电

随着电能的利用越来越普遍，电力已经作为一种最基本的能源存在人类社会中。目前从小到 LED 灯，中到电动汽车，大到高铁，都是电力驱动的。可以说电能已成为工农业生产和人民生活不可缺少的重要能源。随着科技的进步，电能的利用会更加普遍。电能的利用虽然给我们的生活带来了便利，但是，如果使用不当的话，它会引起触电、火灾、爆炸等电气事故，会给我们的生命财产安全造成严重威胁。而大学生群体在平时的学习、实验、实习实训、生活中难免会与各种电器装置或高压电路打交道，因此，了解触电的常识，树立防触电的意识，掌握防止和处理意外触电的方法具有重要的现实意义。

国家统计局统计数据显示，2016 年我国每年死亡人口约为 890 万人，其中非正常死亡人数超过 320 万人！在这 320 万非正常死亡人数中，因触电死亡的人数高达 8000 人！① 因此，如何有效预防和应对触电事故是非常重要的。

（一）触电对人体的伤害

触电造成的伤害：在人体直接或间接接触到带电体后，如果在人体内形成电流，电流会使体内组织器官机能失常，或电流的热效应、化学效应、机械效应对人体造成伤害。

触电对人体的伤害分为电击伤和电灼伤。电击伤是指电流流过人体时在人体内部造成器官的伤害，一般在人体表面不一定有电流痕迹。表现按严重程度分为：刺麻、酸疼、击打感并伴随肌肉收缩、严重心律不齐、昏迷、心跳停止等。电灼伤是指电流流过人体时使人的皮肤受到灼伤、烧伤、皮肤金属化的伤害，严重的可致人死亡。

人体安全电压是不高于 36 V，安全电流为 10 mA。触电对人体的危害程度，主要取决于

① 毛兴华，禹荣勋，罗俊. 配电网中性点接地方式对人身的影响及防范方法研究[J]. 电力与能源，2020(2)：200-204.

通过人体电流的大小和通电时间长短。电流强度越大,致命危险越大;持续时间越长,死亡的可能性越大。人能感觉到的最小电流值称为感知电流,交流为 1 mA,直流为 5 mA;触电后,人能自行摆脱的最大电流称为摆脱电流,交流为 10 mA,直流为 50 mA;在较短的时间内可以危及生命的电流称为致命电流,如 100 mA 的电流通过人体 1 秒钟,可足以使人致命,一般认为致命电流为 50 mA。在有防止触电保护装置的情况下,人体允许通过的电流一般可按 30 mA 考虑。表 6-1 是触电时电流大小和危害的对应关系。

表 6-1　电流大小与人体反应的对应关系

电流范围	人体反应
2~7 mA	触电部位出现针刺感、麻痹感
8~10 mA	手或脚摆脱电极困难,有剧痛感(关节处)
20~25 mA	手或脚迅速麻痹,不能自动摆脱电极,呼吸困难
50~80 mA	呼吸困难,心房开始震颤
90~100 mA	呼吸麻痹,三秒后心脏开始麻痹,停止跳动

(二) 触电的形式

触电最常见的形式就是电击伤,这也是最危险的。触电一般有以下几种情况。

1. 单相触电

单相触电是指人体接触一根火线所造成的触电事故。单相触电时,作用电压为 220 V,这是最为常见的触电电压。

2. 双相触电

双相触电是指人体同时接触两根火线所造成的触电事故。当人体同时接触两相火线时,380 V 电压直接作用在人体,触电产生的危害较大。

3. 雷击触电

雷雨云对地面突出物产生放电,这是一种特殊的触电形式。雷击感应电压高达几十万伏到几百万伏,其能量可把建筑物摧毁,使可燃物燃烧,把电力线和用电设备击穿、烧毁,造成人身伤亡,危害性极大。目前一般采用避雷设施将强大的电流引入地下,避免雷电的危害。

4. 跨步电压触电

三相线中有一相断落在地面时,会在落地点周围形成一个强电场。距离落地点越近,电场的强度越大,这个电场一般范围在 10 米左右。当人体一旦进入到这个范围内,两脚之间会形成电压,这就是跨步电压。在这个跨步电压的作用下,会在人体内形成电流而造成触电。研究显示,高压线有一相触地尤其危险,在潮湿或有积水的情况下,跨步电压可能会造成人失去活动能力,时间长了就会有生命危险。

(三) 用电常识

1. 注意安全标示

要远离有图 6-3 所示标志的地方,不要试图触碰或靠近。接近这类地方容易产生跨步电压,从而造成触电事故。

图 6-3　带电或高压提示标志

2. 注意安全电压

在干燥情况下安全电压一般为 30 V,在潮湿或有水的情况下,安全电压一般为 20 V。在没有特殊安全结构或安全措施下,不要让人体直接暴露在安全电压之上。

3. 注意接地和接零

电气装置或其他装置不带电的金属外壳与大地连接,即为接地。把电气设备在正常情况下不带电的金属外壳与电网的零线紧密地连接起来为接零。应该注意,零线回路中不允许装设熔断器和开关。

4. 装设漏电保护装置

为了保证在故障情况下人身和设备的安全,应尽量安装漏电保护器。它可以在设备及线路漏电时自动切断电源。

三、饮食中的意外伤害

民以食为天,在我国经济不断发展的今天,居民的饮食不成为问题。但是,在饮食中,除了食物中毒,还经常会有意外发生,比如鱼刺卡住喉咙、食物堵塞气管等。2016 年,珠海人民医院全年处理了 2000 多例鱼刺卡喉咙的病例。这个数字还只是鱼刺卡喉咙的病例数,如果加上食物堵塞气管的病例则更多,因此,了解饮食中的意外伤害对大学生的健康成长有重大意义。

(一) 饮食中的意外伤害类型

1. 异物卡喉咙

我国居民经常食用的鱼类往往都有较多鱼刺,张爱玲曾经发过"一恨海棠无香,二恨鲥鱼多刺"的感叹,可见我国居民对鱼肉又爱又恨的心情。2023 年的除夕夜,浙江省人民医院耳鼻咽喉科共接诊 36 名患者,30 位是异物卡喉,其中鱼刺占比最多:鲫鱼有 10 人,鳗鱼有 8 人,鲈鱼有 6 人;还有鸡骨头 3 人,另外植物类的 3 人。

鱼刺等异物卡在喉咙里主要是因为吃饭时大口吞咽食物,不仔细咀嚼,或者一边吃饭,一边说话,造成鱼刺、小骨头等没有及时吐出,卡在舌根或咽喉等部位。如果鱼刺较小或者卡的位置较浅,可以方便取出,但是,如果鱼刺较大,或者卡的位置较深,则容易扎破食管,伤害到周围其他器官,特别是颈动脉等重要器官。临床上,不乏因为鱼刺刺穿食管而动手术甚至死亡的病例。大学生因为吃饭经常聊天、看手机、容易情绪激动,所以异物卡喉咙的事件时有发生。

2. 气道堵塞

当人在进食过程中,食物与分泌物混合堵塞患者咽喉部或卡在食道的第一狭窄处压迫气管甚至误入气管(呼吸道),引起的呼吸道完全或不完全阻塞导致呼吸不畅、困难、窒息,这种情况叫气道堵塞。气道堵塞的实质是饮食过程中的不当行为导致呼吸道阻塞。不当行为主要是指:大口吞咽、快速进食、边说边吃、进餐时情绪激动、咀嚼功能不良、因为疾病引起的吞咽动作不协调等。后两者在婴幼儿和老年人中情况居多。美国每年约有4000人因气道堵塞猝死,占猝死病因第六位。气道堵塞的症状大概可以分为三个阶段:早期,在进食过程中,发现患者突然不能自主说话,表情痛苦,呼吸不畅,面色涨红或青紫,这说明食物可能被卡在口腔和咽喉部位了;如果患者突然双手乱抓,身体抽搐,或者手按住颈部或者胸部,此时食物可能已经误入气管了。中期,这时的患者食物咳不出,呼吸也不通畅,并出现胸闷和窒息的症状。晚期,患者大汗淋漓、面色苍白,严重者会出现意识丧失。这时必须马上采取急救,否则会大小便失禁,抽搐甚至死亡。气道堵塞发展过程很快,整个过程在5~8分钟,窒息引发死亡就在瞬间,及时而有效的急救是救命的关键。

四、火灾

根据国家消防救援局的统计数据,全国2021年“共接报火灾74.8万起,死亡1987人,伤2225人,直接财产损失67.5亿元。”“从引发火灾的原因来看,因电气引发的占28.4%,而较大以上火灾则有三分之一系电气原因引起的,且以电气线路故障居多,占电气火灾总数的近八成。除电气以外,其他原因导致火灾的比例分别为:用火不慎22.6%、遗留火种13.7%、吸烟10.9%、自燃9.9%、生产作业2.7%、玩火1%、放火0.6%、原因不明及其他10.2%。”随着高层建筑增多,高层建筑发生的火灾也在增加。2021年全国“共接报高层建筑火灾4057起、死亡168人。”高层建筑火灾占总火灾起数只有0.5%,但死亡人数占比达到8.5%。“其中发生高层住宅火灾3488起,死亡155人,分别占高层建筑火灾的84.7%和92.3%。学校、医院、商场市场、宾馆饭店、文化娱乐、交通枢纽、大型综合体等人员密集场所火灾伤亡相对集中,全年共发生火灾3.2万起,死亡179人,伤422人,起数只占总数的4.3%,但死亡人数、受伤人数分别占总数的9%和19%。”

(一) 火灾的原因

1. 电气原因

电气火灾是目前城市中的主要火灾形式,电气引发的火灾有以下主要原因:

(1) 乱拉乱接电线

在学生宿舍、娱乐场所、直播现场等场合,由于有较大的用电需求,当事人存在乱拉乱接电线的行为,增加了线路负载,造成总线路的电线承受较大电流负载,并长期超负荷运行或电线质量不高,使电线绝缘老化,从而引起线路短路引发火灾。

(2) 新能源新业态

根据国家消防救援局的统计,电动自行车已成为影响群众安全的突出隐患,新能源新业态等不断衍生火灾新风险。2021 年全国"电动自行车及其电池故障引发的火灾近 1.8 万起、死亡 57 人,由于不少电动自行车火灾未引发周边物品燃烧,当事人多数不报警,此数据可能与实际数据相差较大。目前,我国电动自行车保有量庞大,群众使用较多,快递外卖群体高频次使用,'人车同屋'、在通道走道充电停放等违规行为仍比较普遍,火灾风险仍将长期影响群众消防安全。另外,全年新能源汽车火灾共发生 3000 余起,新能源车的火灾风险总体高于传统汽车,储能电站、光伏、氢能等新能源产业,直播带货、密室逃脱、室内冰雪场馆以及'洗浴、KTV+剧本杀''电影+足疗'等新兴业态发展积累的消防安全风险也逐渐显现。"

(3) 不当使用电器

不当使用电器是引发火灾的另一个原因。如充电器长时间充电,又被衣被覆盖,造成散热不良,从而引发火灾;电热毯长时间不断电,也容易造成火灾;电熨斗和电吹风使用后忘记关掉,引燃周围衣物,造成火灾。

(4) 使用不合格电器

部分电器质量不合格,当事人因为便宜而购买使用;或者私自改装大功率电器,造成不符合相关质量标准。这些都容易引起火灾的发生。

2. 生活火灾

在生活中可能会用到明火和暗火,比如酒精炉、天然气灶等属于明火,烟卷、蚊香燃烧等是暗火。这些生活用火也可以造成火灾。

(1) 灶具使用不当

在使用天然气时,忘记关火,引起火灾或爆炸;在寝室使用酒精炉,由于酒精的低燃点、易挥发等特性,稍有使用不当则引发火灾。

(2) 随意燃点蚊香

蚊香点燃后没有火焰,但是中心温度可达 700 ℃。如果使用时没有放到配套的铁架上,而是用纸张、书籍、纸箱等垫放,或放到木桌子和木椅子上,都容易引起火灾。点燃的蚊香应该远离窗帘、蚊帐、衣物等可燃物,以防着火。

(3) 吸烟引发火灾

燃烧的烟头和点着的蚊香类似,中心温度很高。因为吸烟引发火灾有以下几种情况:卧床吸烟,睡着后未熄灭的烟头引燃被褥;未熄灭的烟头扔到纸张、被褥、落叶等易燃物上;在加油站等具有火灾和爆炸危险的地方吸烟。这些行为都容易引发火灾。

(4) 明火处理不当

在野外情况下,使用明火做饭、取暖时,没有及时熄灭,或没有做好隔离措施,在人休息或离开后,引燃树木、枯草、落叶、堆积柳絮等易燃物而引发火灾。

3. 实验室火灾

化学实验室和物理实验室是最容易发生火灾的地方。这主要是因为化学品种繁多,不少药品是易燃易爆化学物品,一旦存放过多,或者操作不当,都可能引发火灾或者爆炸。物理实验室是因为实验设备可能是高温设备,或者是大功率设备,一旦散热孔堵塞,或者线路老化,甚至是被老鼠啃咬,都可能引发火灾。

【案例】

2021 年 11 月 17 日傍晚,南京传媒学院一宿舍楼突发火灾。据现场目击者提供的视频和照片来看,宿舍楼顶部浓烟滚滚,消防人员迅速赶到现场控制火情。学生纷纷跑到楼下。据南京消防介绍,该起火灾系学生在宿舍给电动平衡车锂电池充电所致。据了解,按照南京传媒学院的内部规定,平衡车是不允许带进宿舍内部充电的。该事件没有造成人员伤亡。①

【评析】

在宿舍对大功率设备进行充电是本案例的主要特征,大学生应该在学校指定的地点对电动自行车或其他设备进行充电。

►► 第四节 预防和应对公共意外伤害的措施和方法 ◄◄

一、预防和应对高空抛坠物的措施和方法

(一)预防高空抛坠物的措施

1. 大学生要管好自己,避免成为高空抛坠物的致害人

(1) 要树立文明意识,保证自己不做高空抛物的始作俑者

在一些高空抛物的案件中,有些人是因为生活习惯或个人素养问题,随意把烟头、果皮、酒瓶、垃圾,甚至是秽物等生活物品从窗户抛出,造成危害;也有人是因为情绪失控,突然把物品从家里抛出,给路人造成伤害。因此,大学生要加强对高空抛物危害的认识,保持良好的个人卫生习惯,提高自己的文明修养,把不要的生活物品扔到指定的垃圾箱里。同时,大学生要控制好个人情绪,不要把故意抛物来作为情绪的发泄点,从而给其他人、公共安全造成伤害。

(2) 避免自己的非故意行为,造成物体坠落而伤人

从最近十年间的案件来看,故意抛物事故较少,大部分是意外坠物。有因为在楼顶种菜、养花、堆积废旧物品,因刮风下雨或者小朋友在楼顶玩耍时,造成花盆、石子等物体坠落的情况;有在窗台随意摆放零碎杂物,因为大风、暴雨、开窗等行为造成其坠落的情况;有因为修理窗户时不慎将工具或窗户构件脱落造成的高空坠物的情况。以上情况都是非故意行为,但是同样可以造成高空坠物伤害事件。因此,大学生要避免在楼顶或窗台摆放花盆或杂物;如果有,要经常检查其是否有坠落的风险;在修理窗户时应在楼下设立标志,提醒路过行人,避免意外坠物伤害事件的发生。

---

① 南京传媒学院宿舍火灾事故查明:系平衡车违规充电,[EB/OL].(2021-11-18)[2023-5-24].https://baijiahao.baidu.com/s?id=1716754276738783649&wfr=spider&for=pc.

2. 大学生要保护自己,避免自己成为高空抛坠物的受害人

(1) 远离高层建筑物,避免高空抛坠物的伤害

中国有一句俗语“君子不立于危墙之下”。它包括两方面:一是防患于未然,预先察觉潜在的危险,并采取防范措施;二是一旦发现自己处于危险境地,要及时离开。现在城市里高楼林立,有些楼宇年代较长,它的外立面或者其他附属物有可能因年久失修,造成脱落。还有的南方城市,不少家庭从窗口伸出晾衣杆,也有可能坠落。经过这样的楼宇时,不要沿着墙根走,应和墙尽可能保持较远距离。还有的建筑物旁边明显有抛出的杂物,这说明这个建筑物里有人素质不高,可能随时会抛出物品,容易伤人,这时一定要绕道走。如果确实有事需要接近高层建筑物,有条件者要戴上安全帽,并一定要仔细观察,时刻提防,一旦有危险,马上远离。

(2) 在发生恶劣天气时注意防范高空坠物的伤害

在大风、暴雨、冰雪融化时,大学生一定要有防范意识,远离高层建筑。在大风和暴雨等恶劣天气下,建筑物外墙或者附属物容易脱落,住户在窗台上堆放的杂物也容易坠落,这些都是高空坠物伤害的重要因素。因此,在这类恶劣天气下,一定要远离高层建筑物。由于低温,北方城市的建筑物外墙上沿会凝结巨大冰柱,在温度升高时,冰柱会随机脱落。因此,在北方城市时,大学生特别要注意冰雪融化时形成的高空坠物伤害的可能性。

(二) 应对高空抛坠物的方法

1. 大学生要勇敢地制止高空抛坠物

根据最近公布的法律和司法解释,高空抛坠物不管是故意还是过失,首先要追究民事责任。如果造成重大人员伤害,要追究刑事责任。但是,也有部分人存在侥幸心理,认为自己的行为不会造成多大伤害,或者觉得不可能追究到自己的责任,而造成高空抛坠物的隐患。因此,大学生要加强对不文明行为的监督,一旦发现有故意抛物或者有隐患的现象,第一时间联系物业公司或建筑物所有者,要求物业或建筑物所有者进行劝导和阻止,或者整改,避免伤害的发生。

2. 相关部门要利用技术手段威慑高空抛坠行为

利用技术手段追责能对高空抛坠物行为起到威慑作用。2019 年,浙江杭州一小区安装了 47 个全部朝上的摄像头,以监测整幢楼的窗户和阳台。自系统上线后,小区就没有发生高空抛物的现象。同时,摄像系统可以为以后的纠纷提供有力的技术支撑,起到很好的威慑作用。

3. 大学生要学会利用法律手段维护自己的合法权益

对于已经发生的高空抛坠物事件,积极进行民事和刑事追责,可以有效预防更进一步的严重伤害事件。目前我国出台的相关法律,可以对这类事件进行很好的追责。在 2022 年某小区业主小吉发现其停在楼前的汽车前挡风玻璃碎裂,引擎盖有一处凹痕,引擎盖上遗留有一个蓝色晾衣架。小吉怀疑晾衣架是车辆停放处附近某一居民家的,遂通知了物业并报警。民警对附近住户逐户走访调查,未发现掉落的晾衣架属于哪一户,无法确定具体责任人。小吉遂将楼上住户、物业告上法院。法院审理后认为,根据《中华人民共和国民法典》第一千二

百五十三条规定："建筑物、构筑物或者其他设施及其搁置物、悬挂物发生脱落、坠落造成他人损害，所有人、管理人或者使用人不能证明自己没有过错的，应当承担侵权责任。"第一千二百五十四条第二款规定："物业服务企业等建筑物管理人应当采取必要的安全保障措施防止前款规定情形的发生；未采取必要的安全保障措施的，应当依法承担未履行安全保障义务的侵权责任。"依上述法律规定，楼上住户和物业公司都负有赔偿责任。[①] 通过以上的法律维权，可以有效地让住户和物业关注高空抛坠物的危害，减少其造成伤害的可能性。大学生作为了解法律知识较多、具有法律意识较为完善、践行法律行为较为自觉的群体，当受到高空抛坠物伤害时，一定要学会利用法律武器维护自己的合法权益。

二、预防和应对触电伤害的措施和方法

案例 6.4-1

（一）预防触电伤害的措施

1. 宿舍里禁止使用劣质电器或者没有安全保护的加热电器，如电炉、电热杯、电热毯、取暖器、电熨斗等。

2. 在使用电器过程中，如果发现有冒烟、冒火花、发出焦糊的异味等情况，应立刻关掉电源开关，停止使用该电器。

3. 避免在家或宿舍给电动车充电。

4. 不要用湿手碰触电器，不能用湿布擦抹带电的灯头、开关、插座等。

5. 雷雨天气下，不要在空旷的室外逗留，也不要在树下或小亭子下躲雨。避免在雷雨天气时使用充电器、电插座等，以避免损坏电器及发生触电危险。同时，要避免在雷雨的天气时，靠近窗户接打电话。

6. 放风筝和钓鱼时要观察周围是否有输电线，要避免风筝线和钓鱼线接触输电线，以防发生触电危险。

7. 发现输电线掉落地面，不要靠近，更不要碰触和捡拾，要离开断线处 10 米以外，要留人看守，并赶快通知专业人员处理。

8. 使用各种电气设备时，要严格遵守操作规范和制度，不得将三脚插头擅自改为两脚插头，也不得直接将线头插入插座内用电。

大学生在日常的学习、工作、生活中要严格遵守上述措施，避免触电事故的发生给自己的生命财产和公共安全带来损害。

（二）应对触电伤害的方法

人体触电后，会出现神经麻痹、呼吸中断、心脏停止跳动等现象。"有文献描述，从触电后 3 分钟开始救治者，90%有良好效果；从触电后 6 分钟开始救治者，10%有良好效果；而从触电后 12 分钟开始救治者，救活的可能性很小。由此可知，当触电者脱离电源后，必须在现

---

① 光明网. 车停小区被晾衣架砸坏，找不着衣架主人，物业要担责吗？[EB/OL]. (2023-04-26) [2023-05-25]. https://baijiahao.baidu.com/s?id=1764215825589801137&wfr=spider&for=pc.

场就地抢救。”①

1. 迅速脱离电源

(1) 如电源开关在附近,应立即关闭开关或拔掉插头,断开电源。

(2) 如果附近没有电源开关或找不到电源开关,应迅速用绝缘良好的电工钳或有干燥木柄的利器砍断电线,或用干燥的木棒、竹竿、硬塑料管等迅速将电线剥离触电者,或用干木板等绝缘物插到触电者身下,以隔断电流。

(3) 如果现场没有合适的绝缘物可利用,救护人员可用几层干燥衣服将手包裹好,站在干燥的木板上,用单手(不能同时用双手)拉触电者的衣服,使其脱离电源,不得接触触电者皮肤。

(4) 如果触电者周围有积水,应首先关闭电源。如果不能关闭电源,应保证自身绝缘的情况下,再实施救助,或者找专业人员处理。

(5) 对于高压触电(高压输电线或配电房触电),应立即通知相关部门停电,或由专业人员处理。

2. 就地急救处理

触电者脱离电源后,才可以进行急救。

(1) 如果触电者伤势不重、神志清醒,要在旁边观察,待情况稳定后,才可以正常活动。

(2) 如果触电者有些心慌、四肢发麻、全身无力,或者触电者在触电过程中一度昏迷,但已经清醒过来,应使触电者安静休息,不要走动。严密观察并拨打“120”急救电话。

(3) 如果触电者神志不清,应使其就地、尽可能舒适安静地平卧,解开衣服纽扣和腰带,确保其气道畅通。如天气寒冷,应注意保暖。必要时可使其闻闻氨气、掐人中,令其苏醒,同时拨打“120”急救电话。

(4) 如果触电者伤势较重,已失去知觉,但还有心跳和呼吸,除了按上面方法让其平卧、确保气道畅通、保暖以外,应随时做好当其心跳或呼吸停止时立即做进一步抢救的准备,同时拨打“120”急救电话。

(5) 如果触电者伤势严重,呼吸或心跳停止,或二者均停止,应立即进行心肺复苏,同时拨打“120”急救电话。

当大学生遭遇触电事故时,必须要具备自救和互救能力。通过学习触电事故处理方法,大学生可以了解如何正确应对触电事故,如何迅速采取自我保护措施,减少事故对自己以及身边人造成的伤害。大学生学习触电事故处理还将有助于提高大学生安全意识和责任心,使其成为更加负责任的公民,更好地维护社会的公共安全。

3. 实施心肺复苏(胸外心脏按压和人工呼吸)

如果遇到呼吸和心跳都停止的情况,应该进行心肺复苏。心肺复苏包含胸外心脏按压和人工呼吸,但是要优先进行胸外心脏按压。如果现场同时有两个救助者,应该一个做人工呼吸,一个做胸外心脏按压,同时进行;如果只有一个救助者,应该在保证气道通畅的情况下,做 30 组胸外心脏按压,做 2 组人工呼吸,其间尽可能减少胸外心脏按压的中断时间。

---

① 李英霞,李玉侠. 新时代大学生安全教育教程[M]. 北京:中国人民大学出版社,2021:156.

（1）胸外心脏按压

将患者仰卧于平地上，手臂自然放于身体两侧，急救者采用跪式或踏脚凳等不同体位，将一只手的掌根放在患者胸骨中下 1/3 交界处，将另一只手的掌根置于第一只手上，手指不接触胸壁（图 6-4）。按压时双肘须伸直，垂直向下用力按压，成人按压频率为 100~120 次/分钟，下压深度 5~6 cm，每次按压之后应让胸廓完全恢复。按压时间与放松时间各占 50%左右，放松时掌根部不能离开胸壁，以免按压点移位。对于儿童患者，用单手或双手于乳头连线水平按压胸骨，对于婴儿，用两手指于紧贴乳头连线下方水平按压胸骨。为了尽量减少因做人工呼吸而中断胸外按压，对于未建立人工气道的成人，2010 年国际心肺复苏指南推荐的胸外心脏按压与人工呼吸次数比率为 30:2。对于婴儿和儿童，双人心肺复苏时可采用 15:2 的比例。如双人或多人施救，应每 2 分钟或 5 个周期心肺复苏（每个周期包括 30 次按压和 2 次人工呼吸）更换按压者，并在 5 秒钟内完成转换。因为研究表明，在按压开始 1~2 分钟后，操作者按压的质量就开始下降（表现为频率和幅度以及胸壁复位情况均不理想）。①

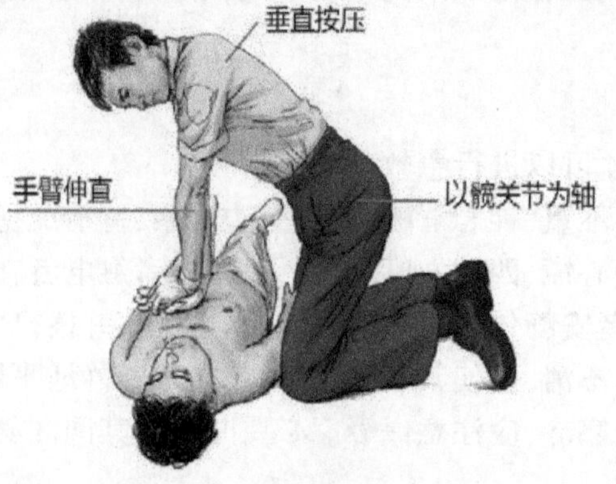

图 6-4 胸外心脏按压示意图

（2）开放气道

在进行人工呼吸前需要打开气道。开放气道有两种办法：仰头抬颏法和推举下颌法。如图 6-5 所示，仰头抬颏法的步骤如下：将一只手置于患者的前额，然后用手掌推动使其头部后仰；将另一只手的手指置于下颌下方，提起下颌，使颏骨上抬。注意在开放气道时应用手指清理患者口中的异物或呕吐物，保持口腔通畅。推举下颌法的步骤如下：用双手将患者下颌往前推，将气道拉开。如果怀疑患者出现颈椎骨折，不能使用仰头抬颏法，否则会加重颈椎骨折，造成脊髓损伤。此时应采用推举下颌法。

（3）人工呼吸

在人工呼吸前，施救者正常吸气即可，不必深呼吸。人工呼吸应该持续吹气 1 秒以上，保证有足够量的气体进入肺部并使胸廓起伏。

实施口对口人工呼吸的方法为：将受害者仰卧置于稳定的硬板上，托住颈部并使头后仰，用手指清洁其口腔，以解除气道异物，施救者以右手拇指和食指捏紧病人的鼻孔，用自己的双唇把病人的口完全包裹，然后吹气 1 秒以上，使胸廓扩张；吹气毕，施救者松开捏鼻孔的

① 刘元生. 心肺复苏 2015 年指南与解读[J]. 临床心电学杂志，2015（6）：401-409.

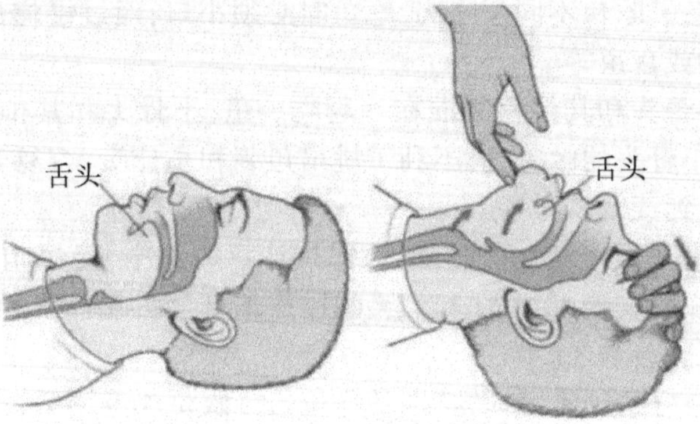

图 6-5　仰头抬颏法示意图

手，让病人的胸廓及肺依靠其弹性自主回缩呼气，同时均匀吸气，以上步骤再重复一次。对婴儿及年幼儿童复苏，可将婴儿的头部稍后仰，把口唇封住患者的嘴和鼻子，轻微吹气入患者肺部。

大学生作为我国社会上知识水平、能力素养、道德境界、社会责任感较高的群体，应当了解和掌握心肺复苏的知识、能力和方法，以便在需要时施以援手，为社会的公共安全做出贡献。

［案例］

2021 年 6 月 13 日，浙江中医药大学的学生公寓里，一名电工在作业期间不慎触电，该校 2 名学生听到呼救，第一时间切断电源，然后把电工师傅抬至平坦地面，在周围人员打 120 电话的同时，2 名学生开始对电工师傅进行检查，发现脉搏基本触不到，呼吸也极其微弱。于是，2 名学生立即开始心肺复苏急救，经过 3 轮心肺复苏急救，触电工人师傅的脉搏和呼吸逐渐恢复，2 名学生在旁边观察守护，直至 15 分钟后救护车到达现场把触电工人师傅接走。①

［评析］

2 名学生首先切断电源，避免触电人员继续受到伤害，同时避免了施救人员触电；拨打"120"急救电话，通知专业人员参与救援；立即开展心肺复苏急救，使危重受害者得到及时救助也是本案例的关键之处。

三、预防和应对饮食中意外伤害的措施和方法

（一）异物卡喉咙

1. 预防异物卡喉咙的措施

（1）吃鱼先挑鱼刺。在吃鱼之前，先尽可能地把鱼刺挑出，避免吞入鱼刺。

---

① 学以致用！医大电工触电倒地，两名女学生默契配合心肺复苏救人成功［EB/OL］.（2021-06-22）［2023-05-25］. https://www.sohu.com/a/473436712_121139623.

(2) 不要大口吃鱼。吃鱼不同于吃肉,吃鱼时必须小口,通过慢慢咀嚼并挑出残留的鱼刺,避免鱼刺进入咽喉或食道等。

(3) 不要把鱼、小骨头和其他食物混在一起吃。鱼、小骨头和其他食物一起进入口腔,会降低口腔对鱼刺和小骨头的敏感度,不利于挑出鱼刺和小骨头,容易让鱼刺和小骨头进入喉咙和食道,甚至伤害到气管。

(4) 吃鱼时要集中注意力。吃鱼时,应该保持注意力集中,慢慢咀嚼并挑出鱼刺,尽量不要笑,也不要和家人、朋友聊天,说话和大笑的过程本身会引起食管的某种振动,如果在这个时候吞下鱼刺,很可能会卡住。

大学生应该养成良好的用餐习惯,特别是吃鱼的时候要规范用餐,尽量不要在吃饭时做其他事情,以免情绪激动造成异物卡喉造成的伤害。

2. 应对异物卡喉咙的方法

如果出现异物卡喉咙的情况,千万不要用大口吃馒头或烙饼的方法,这种方法可能会造成噎食的危险,也会让鱼刺或小骨头更深地刺入肉中或其他部位,甚至造成气管穿孔或伤及颈动脉。同时,也不要用大量喝水的方式,试图把鱼刺等异物冲下去,由于鱼刺已经卡在喉咙里,不停的吞咽动作,容易引起鱼刺移位,或更深刺入食道。另外,也不要用喝醋或者吃维生素 C 的方式,这也是无效的,因为要想利用酸性液体软化鱼刺,需要较长时间才有效果。正确处理鱼刺等异物的方法如下:

(1) 一般鱼刺等异物会卡在口咽部,这个位置比较浅,可以采用轻咳的方式处理,很多时候那些细小的鱼刺等异物会随着气流脱落下来。此时一定不要做吞咽的动作,避免鱼刺等异物更深。

(2) 如果以上方法不行,则用汤匙等物压住舌头的前半部,在亮光下仔细观察舌根部、扁桃体等部位,如果能看到鱼刺等异物,可用镊子夹出。

(3) 如果不能找到鱼刺等异物,应该到医院找医生来解决,避免时间长了感染发炎、移位、刺入更深的现象发生。如果有咽痛、胸痛、胸闷明显的现象,应立即就医。

大学生应该掌握应对异物卡喉的处理方法,以便在需要的时候做出正确的处理,减少异物卡喉对自己和他人的伤害,为社会的公共安全做贡献。

案例 6.4-2

(二) 气道堵塞

1. 预防气道堵塞的措施

(1) 不要躺着吃东西。卧位进食,容易造成吞咽动作不协调,造成气道堵塞。

(2) 不要一口吞下或吸入小巧水果(如龙眼、葡萄、樱桃等)、小番茄、汤圆、薯类、果冻、干脆食品,应多咀嚼再咽下食物。

(3) 进食时尽量不要说话,更不要情绪激动。这些都容易造成吞咽动作不协调,从而出现气道堵塞现象。

(4) 吃饭时身边有老人和小孩时,要时刻关注他们进食情况,避免他们进食过快或进食过大的食物。

大学生通过学习预防气道堵塞的知识，不仅可以为其自身带来安全保障，也是提高大学生公共安全意识和社会责任感的一个重要途径。因此，为了维护社会公共安全和建设和谐社会，预防气道堵塞事故的教育应该纳入大学生的安全教育中。

2. 应对气道堵塞的方法

大学生可以根据气道堵塞的程度采取相应的急救措施。

(1) 如果满脸涨红欲说无声，可以让患者用力咳嗽，利用气压将食物冲出气管。

(2) 如果发现吃的是馒头面包等易碎食物，可以帮助他把能看见的食物抠出来；同时，让他弯腰低头并且用掌根拍打其背部(两肩胛骨中间)。

(3) 如果患者已经发生胸闷和窒息，就必须采取简单有效的方法来救命，这个方法就是海姆立克急救法。

(4)运用海姆立克急救法进行施救

1. 海姆立克急救法(立位法)

立位法适用一般体型患者。站在患者后方，用手抱住他(如图 6-6A)；一手握拳放在患者肋骨下方(如图 6-6B)；拳头拇指顶在腹部(如图 6-6C)；将两手扣起来，快速向内、向上推挤(如图 6-6D)。

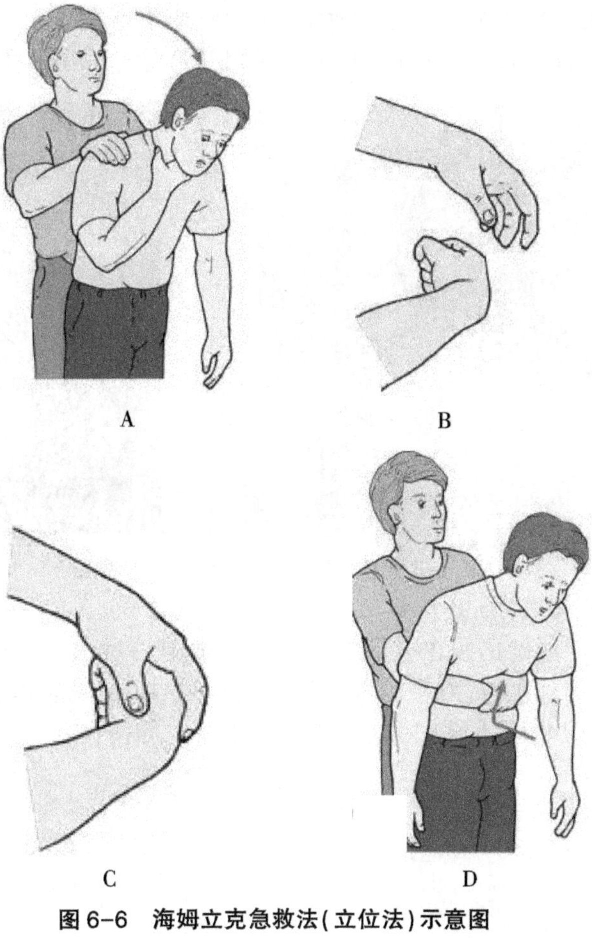

图 6-6　海姆立克急救法(立位法)示意图

(2) 海姆立克急救法(卧位法)

卧位法适应于已经昏迷或者腰部过度肥胖的患者。方法如下:患者平卧,抢救者面对患者,骑跨在病人的髋部,一手置于另一手上,将下面手的手掌根放在胸廓下脐上的腹部,利用身体重量快速冲击患者腹部,直至异物排出。如图 6-7 所示。

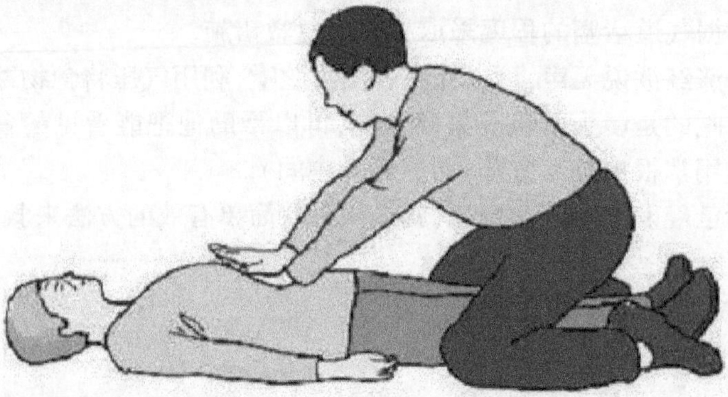

图 6-7 海姆立克急救法(卧位法)示意图

(3) 海姆立克急救法(孕妇)

若患者为即将临盆的孕妇或非常肥胖者,施救者双手不能或无法环抱腹部做挤压,则在胸骨下半段中央垂直向内做胸部按压,直到气道阻塞解除。如图 6-8 所示。

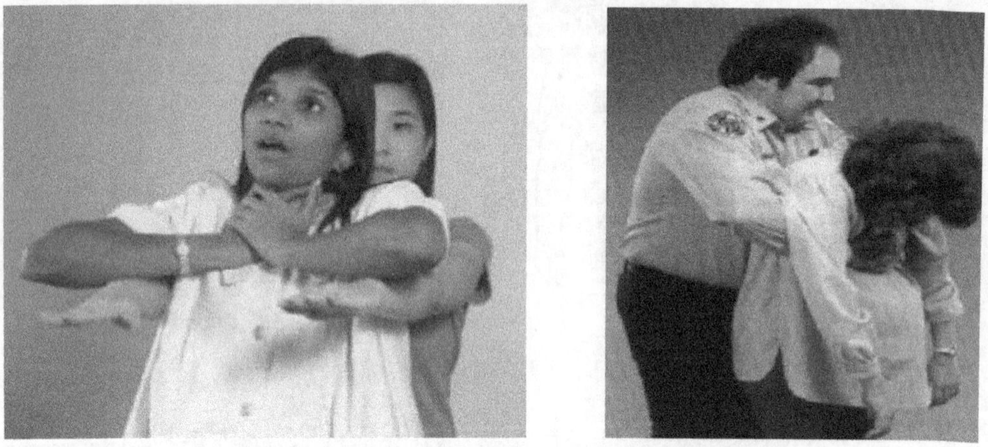

图 6-8 海姆立克急救法(孕妇)示意图

(4) 海姆立克急救法(自助)

一手握拳,另一手成拳捂按在拳头之上,双手急速且有冲击力地向内上方压迫自己的腹部,反复、有节奏、有力地进行;或稍稍弯下腰,上腹部靠在某一固定物体上(比如桌子边缘、椅背、扶手栏杆等),以物体边缘压迫上腹部,快速向上冲击,重复之,直至异物排出。如图 6-9 所示。

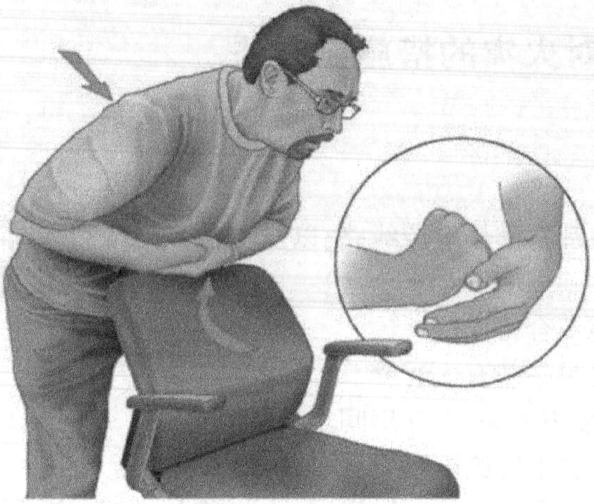

图 6-9　海姆立克急救法(自助)示意图

(5) 海姆立克急救法(婴儿)

如果患者是小于 3 岁的婴儿,则不可用以上的方法,以免伤及腹腔内器官,应改为拍背压胸法。方法为:用手托住孩子下巴,让孩子趴到胳膊上用腿做支撑,用右手来拍打后背,拍 5 次,如果有异物被咳出,则为急救成功,如图 6-10A 所示。如果异物没有咳出,则需要把婴儿翻过身来,用一手托住后脑,通过另一手的食指和中指按压孩子上腹部,以增加孩子胸腔内压力,将异物咳出,如图 6-10B 所示。切忌将婴儿双脚抓起倒吊从背部拍打,如此不仅无法将异物从气管中排出,还会增加婴儿颈椎受伤的危险,使婴儿高位截瘫。

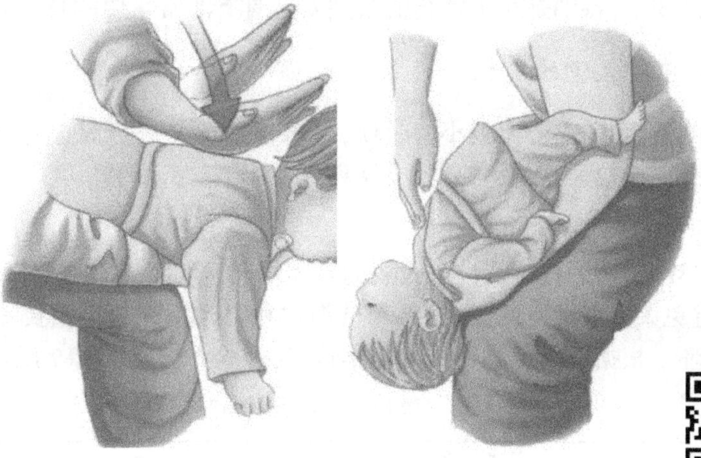

A　　B

图 6-10　海姆立克急救法(婴儿)示意图

案例 6.4-3

大学生掌握气道堵塞的处理方法,特别是海姆立克急救法,可以让大学生在紧急情况下迅速反应、快速救助,有效保障受伤或病情突发人员的生命安全和健康。同时,掌握海姆立克急救法还可以提高大学生的社会责任感和公民素质,促进和谐社会的建设。

四、预防和应对火灾的措施和方法

(一) 火灾的预防

1. 避免在学生宿舍乱拉乱接电源线路,以及在宿舍里使用大功率加热设备,或者煤炉、天然气灶、酒精炉等。

2. 避免购买和使用不合格电器。

3. 使用电器和灶具时必须有人看管。

4. 不卧床吸烟,不乱扔烟头,不在房间堆积易燃物。

5. 不在室内、楼梯间、走廊给电动自行车、摩托车充电。

6. 不把日用危险化学品,比如摩丝、指甲油、花露水、香水、杀虫剂、打火机、空气清新剂等,放在火源附近或太阳照射的位置。

7. 在实验室严格遵守易燃易爆化学药品的使用和管理规定,充分了解实验化学品的化学特性,避免不恰当的使用行为造成燃烧和爆炸。

8. 实验室应根据实验类型准备相应的灭火设备。

9. 实验室里的可燃气瓶和高压气瓶要按照规定固定并远离高温和加热设备。

10. 避免遮盖设备的散热孔,正确使用各种火源。

11. 在户外不乱扔烟头和随意燃放烟火,严格限制使用明火。

大学生了解火灾预防的知识,掌握火灾预防的方法,具有火灾预防的技能对于保证自己的生命财产安全,特别是对于社会的公共安全具有非常重要的意义和价值。

(二) 应对火灾的发生

火灾刚发生时,火势比较小的时候,应该根据情况进行灭火和报警(拨打 119),如果无法灭火或火势比较大,要及时自救或撤离火源地。

1. 火灾的灭火方法

根据燃烧物质的化学特性和火场的具体情况,及时、正确地使用一种或几种方法扑灭初期火灾,避免火灾继续发展,是杜绝人员伤亡和财产损失的最重要一环,更是防止造成火灾的重要一环。根据不同燃烧物质的化学特点,灭火方法见表 6-2 所示。

表 6-2 常见的四种灭火方法

种类	基本原理	适用情况
隔绝空气法	根据可燃物质燃烧时是否需要空气或氧气的情况,采取适当方法阻止空气接近燃烧物质,使燃烧物和空气隔绝而熄灭。	①纸张、木柴、纺织品等燃烧时,不要挥舞拍打,用湿润毛巾或被褥覆盖上面,阻断空气后,火就熄灭了。 ②油锅内的油起火,盖上锅盖,火就熄灭。 ③电器、天然气着火,应首先断绝电源和气源,然后采用干粉灭火器或湿润棉被覆盖,可以隔绝空气而灭火。

续表

种类	基本原理	适用情况
冷却降温法	根据可燃物质燃烧需要达到一定的温度这个条件，使用水、干冰等喷洒在燃烧物上，通过汽化降温的方式灭火。	对家具、木头、纸张、衣物等常见可燃物都可使用水或干冰灭火；但对于某些化学药品和活泼金属需要专用器材和设备。下列情况不能用水处理： ①金属钠、钾、钙、镁等活泼金属遇水会发生反应，引起剧烈燃烧和爆炸。 ②比水轻的油类物质燃烧时，不能用水扑救，这样会使燃烧面扩大。 ③高压电器未断电时，不能用水扑救，这样可能引起触电事故。 ④浓硫酸、浓硝酸等物品仓库失火不能用水扑救。
隔离灭火法	将燃烧物体与附近未燃烧部分进行物理隔离，使燃烧停止。	①把失火附近的储气罐或其他可燃物移开。 ②拆除和失火区域连接的可燃建筑结构，阻止火势蔓延。 ③森林灭火时经常开辟隔离带，使火势不能蔓延而控制火情。
化学抑制法	使用灭火剂参与燃烧过程，抑制自由基的产生或降低火焰中自由基浓度，中断燃烧过程。	常见的化学抑制灭火就是使用干粉灭火器灭火。

大学生是一个知识面相对宽广、知识结构较为完善的群体，因此，大学生应根据上表所列的内容了解和掌握四种灭火方法的种类、基本原理、适用情况，以便在火灾发生时能够保持冷静的头脑，分析具体的情况，运用正确的原理，采用科学的方法进行灭火，为良好社会公共安全环境的营造做出贡献。

2. 火灾中的逃生

在没有灭火的可能，或者火势较大时，应首先选择逃生。如果发现被困在房间内，要做好防护，等待救援。

(1) 进入各种公共场所，首先关注疏散通道、安全出口、楼梯方位、消防设施等，一旦发生火灾，尽快逃离火场。选择逃离路线时，应首先选择疏散楼梯间和楼梯，其次是封闭式楼梯，最后选择是敞开式楼梯间。

(2) 遇到火灾，面对浓烟和大火，要尽快判断危险地点和安全地点。撤离时，要朝光亮处或外面空旷处撤离。如果情况允许，可以尽量往楼下跑，如果不行应从水平方向疏散，尽量避免往上转移。当通道被烟火封堵，应向远离烟火的方向疏散，逃到天台或阳台处。

(3) 一旦发生火灾，不要为了贵重物品耽搁时间，要第一时间逃生。

(4) 在高层建筑物发生火灾时，一定不要使用电梯，要使用相对安全的楼梯通道。

(5) 在经过有浓烟的路线时，一定要防止烟雾中毒、预防窒息。为防止浓烟呛入，可利用湿毛巾、湿口罩捂住鼻和嘴，尽量压低身子或匍匐前进。在通过烟火区时，应用水浇湿身体，或用湿棉被和湿毛毯裹住身体，快速冲出去。

(6) 如果被困在房间里，特别是用手摸到房门或把手烫手，应立即用湿毛巾或湿布把房门缝隙堵住,避免烟火渗入。同时利用灯光或声响,引起救援人员的注意,等待救援。

(7) 在多层建筑发生火灾时,可以利用身边的绳索、床单、窗帘、衣服,用水打湿后,自制简易救生缓降绳。3 楼及以下楼层可以跳楼逃生,跳楼时一定要手扒窗台或阳台,使身体下垂,尽量减小落地高度,减少伤害。

通过学习这四种公共意外伤害的预防和应对措施与方法,首先,大学生可以有效避免一些意外伤害的发生,提高大学生安全意识和自我保护能力。比如触电,在平时关注和了解相关信息,可以有效预防意外触电。如果大学生树立"不立于危墙之下"的意识,也可以避免高空抛坠物的伤害。其次,大学生学习公共意外伤害的知识后,不仅可以有效避免自己的生命财产受到损害,还可以提高大学生的公民意识和社会责任感,通过加强个人修养,有效减少公共意外伤害的发生。

思考题

1. 什么是公共意外伤害?公共意外伤害有哪些种类?
2. 在公共场所中,发生火灾的时候我们要注意哪些事项?如何自救?
3. 个人如何避免高空抛坠物伤害?
4. 在别人发生触电时,应该怎么救助?
5. 不同人群如何实施海姆立克急救法?

第七章　校园安全

思维导图

- 校园安全
  - 校园安全的概述
    - 大学校园安全的含义
    - 大学校园安全的特点
    - 大学校园安全与社会公共安全的关系
  - 校园安全的重要性
    - 是保持政治稳定的核心因素
    - 是国家公信力的具体体现
    - 是社会公共安全的重要组成部分
    - 易成为社会舆情爆发的集中地
    - 是高校教育教学活动开展的基本前提
  - 校园安全的主要内容
    - 建筑设施安全
    - 实习实训安全
    - 运动安全
    - 就业陷阱
    - 抵制传销
    - 抵制校园暴力
    - 抵制邪教
    - 防范恐怖主义
  - 预防和应对校园安全问题的措施和方法
    - 重视对大学生安全意识的培养
    - 开展应急预案制定与演练
    - 坚持校园巡查与安全巡逻

学习目标

【知识目标】使大学生了解大学校园安全隐患，掌握相关的安全知识。

【能力目标】培养大学生树立安全防范的意识，掌握安全防范的方法，具备安全防范的能力。

【素质目标】使大学生认识到大学校园安全的必要性，增强大学生维护校园安全的责任感。

【思政目标】使大学生成为大学校园安全文化的创建者和维护者。

第一节 校园安全概述

一、大学校园安全的含义

大学校园是大学生接受教育的主要场所，也是大学生日常学习、生活、研究的重要地点和场所。大学生在大学校园中学习生活的时间约占全年时间的70%以上，因而大学校园也是最易发生安全事件的地方。

大学校园安全可大致分为广义大学校园安全与狭义大学校园安全两类。通常意义上讲，狭义大学校园安全是指大学生在校园内遭遇的财产、信用、人身安全问题或其他暴力、霸凌等威胁到学生身心健康发展的事件与概念。但随着社会的发展与科学技术的进步，影响大学校园安全的因素越来越多，且在不断变化。从地点上来看，也已不再局限于大学校园内部，因而衍生出广义的大学校园安全的定义。广义的大学校园安全是指学生在校求学期间（不局限于校园内），发生的一切与高校教育教学管理有直接或间接联系，而造成或威胁到大学生生命、财产、健康、名誉、心理、饮食、住宿等方面的安全概念。

二、大学校园安全的特点

（一）公共性

经过多年的快速发展，我国高等教育已经进入全新时期，大学校园已由过去的"两耳不闻窗外事，一心只读圣贤书"的封闭单位转变为与市场经济相适应的开放场所。一方面，今日的大学校园已不再是与世隔绝的"象牙塔"，大学与社会的联系愈加紧密，大学校园与周边的商业、服务业相互融合，大学校园与社会环境密不可分。另一方面，开放型大学校园中外来人员流动频繁，导致大学校园环境不稳定因素增加，潜在安全隐患突出。因而，现阶段的大学校园及周边公共安全环境的构建，也由单纯的校方主导转向属地政府与高校的协同管理，大学校园安全公共性特点逐步显现。

（二）复杂性

大学校园安全具有复杂性的特点。这种复杂性具体可分为人员的复杂性、社会的复杂性和环境的复杂性三个方面。

一是人员的复杂性。大学校园人员的复杂性表现在以下两方面，一方面是当代大学生群体本身的复杂性。大学生作为大学校园的核心主体，其学历层次、家庭背景、心理健康状态均存在较大差异，给大学校园安全稳定带来的影响也各不相同。

二是社会的复杂性。随着我国改革发展步入"深水区"，社会矛盾不断积累，境外敌对势力持续渗透，加之复杂多变的社会问题，影响大学校园安全稳定工作的社会因素明显增多。

三是环境的复杂性。随着我国高等教育的发展，我国高等教育实现了由"精英化教育"向"大众化教育"转变，高等学校在校学生人数呈现爆发式增长。同时，我国城镇化进程的加速发展，大学校园周边的环境变得更为复杂。一方面，快速增长的学生数量与落后的校内设施出现"错配"，给高校师生正常的教育教学带来安全隐患；另一方面，大学校园周边的出租屋、小商贩、娱乐设施众多，大学生日常生活中面临的环境日趋复杂，这在一定程度上对大学校园安全构成潜在威胁。

（三）隐蔽性

在新时代，我国大学校园安全问题可分为显性安全问题和隐性安全问题。显性安全问题通常指容易被察觉的安全隐患，如学校建筑、教学设备、饮食、住宿、交通等安全问题；而隐性安全问题则具有隐蔽性，且其影响具有一定的滞后性。隐性安全事件发生后，短时间内难以察觉其影响，但若置之不理，后期爆发时带来的损害可能是长期的、难以量化的。具体来看，大学校园常见的隐性安全问题有以下几点：

一是心理健康问题。常见的大学生心理健康问题主要表现为紧张不安、情绪低落、焦虑、孤立、自卑、自责、抑郁、人际交往障碍等。心理健康问题从产生、发展到集中爆发时间较长，且在初期难以察觉。同时，不少大学生出于自尊心考虑，会刻意隐瞒自身情况，导致其缺乏及时有效的外部帮助。而此类心理健康问题，单纯依靠自身调节又难以彻底解决，时间久了，有心理健康问题的大学生，往往会对学习及生活产生厌恶，严重者甚至出现自残、自杀等危险行为。

二是沉迷网络问题。随着互联网技术的发展与普及，网络已成为当代大学生学习、生活、社交和获取信息的主要渠道。但过度依赖，甚至沉迷网络也是危害大学生身心健康的潜在因素。一方面，沉迷网络可能会使大学生脱离现实生活世界，以虚拟网络的行为方式处理现实问题，导致认知偏差；另一方面，沉迷网络还会危害大学生的生理机能，如作息不规律导致肠胃功能紊乱、消化不良、免疫力下降；久坐引发颈椎疾病；大脑长时间兴奋导致体内激素分泌失调、植物神经紊乱等。大学生长期沉迷网络会影响他们的身心健康发展，也会给大学校园安全带来隐患。

三是不良生活习惯。进入大学阶段，大学生的学业压力减少，可自由支配时间增多。同时，缺少了老师、家长的监督，自律性较差的大学生容易养成抽烟、酗酒、熬夜等不良生活习惯。长期的不良生活习惯不仅会影响大学生的学习效率,还会威胁到大学生的身体和心理健康。据《中国脑卒中防治报告(2018)》显示,熬夜已经成为脑卒中的独立危险因素之一。抽烟、酗酒不仅会给大学生肺部、肝脏及脑部带来损伤,还会使呼吸道黏膜受损;同时,大学生酗酒后极易情绪激动、与他人发生争执,甚至引发打架斗殴等恶性事件,给大学校园安全带来潜在威胁。

四是校园文化环境。良好的大学校园文化环境不仅有助于增强大学生之间的凝聚力,而且还能够激发大学生的创造性。但不良的校园文化环境,将会加剧学生间矛盾,进而威胁到大学生身心健康安全。由于大学生大部分时间在大学校园中度过,因此,大学校园文化环境的建设不仅会对大学生的学习、生活、交往等产生影响,而且还会对大学生的人生观、世界观和价值观的塑造产生潜移默化的影响。若大学校园充斥着校园霸凌、拉帮结派等恶劣行为,将直接影响大学生的价值取向和行为观念,进而威胁到大学校园安全和社会公共安全。

(四)法治化

法治化是当代中国社会发展的必然趋势,也是维护大学校园安全的法制基础。近年来,与学校安全相关的法律制度不断完善。2009 年颁布的《中华人民共和国侵权责任法》,专门就无民事行为能力人和限制行为能力人在校园发生的人身伤害事故的认定原则做出规定,为处理学校内的学生人身伤害事故提供了基本的法律依据。2012 年 4 月,国务院颁布的《校车安全管理条例》,完善了校车安全管理的法律制度。2017 年《国务院办公厅关于加强中小学幼儿园安全风险防控体系建设的意见》对加强学校安全作了全面部署,其中也就“校闹”治理作了原则规定。同时,教育部还先后单独或与有关部门联合出台了《学生伤害事故处理办法》《高等学校消防安全管理规定》等部门规章制度,针对学校安全管理和事故处理中的突出问题,明确了相关的制度规范。目前《中华人民共和国校园安全法》也在稳步推进。总体来看,立体化、层级分明的校园安全法律体系正逐步建立,将为大学校园安全稳定提供更为全面的法律保障。

三、大学校园安全与社会公共安全的关系

大学是社会的重要组成部分,大学校园安全与社会公共安全有着密切联系。一方面,大学校园安全是社会公共安全的重要组成部分。社会的公共安全必然包括大学校园的安全。我国在校大学生人口数量巨大,保障大学生群体的身心安全,不仅是党和政府的首要职责,也是构建社会主义和谐社会的重要内容,更是促进社会经济稳定健康发展的基本要求。另一方面,社会公共安全是大学校园安全的基本前提。社会公共安全与大学校园安全本质上是包含与被包含关系。若社会公共安全得不到保障,那么,大学校园安全便无从谈起。只有建立起稳定、和谐、安全的公共社会环境,属地政府及高等学校才能在此基础上构建起和谐安全的大学校园环境。

第二节 校园安全的重要性

大学校园安全是社会公共安全工作的重要组成部分，因其不仅关系到几千万大学生的自身安全，更与其身后的千千万万个家庭的幸福安宁以及党和政府在人民群众中的威信有着密切的联系，是国家、社会、学校各项工作平稳开展的前提与底线。因此，校园安全具有极端的重要性。

伴随着我国开放程度日益提高和经济社会的快速发展，我国的社会结构逐步调整，社会矛盾不断演变，大学校园安全的形势也日趋复杂、严峻。党的十八大以来，以习近平同志为核心的党中央高度重视大学校园安全工作，十分关心大学生的健康安全。在2018年召开的全国教育大会上，习近平总书记再次强调要为学校办学安全托底，解决学校后顾之忧，维护教师和学校应有的尊严，保护学生生命安全。事实上，自1986年《中华人民共和国义务教育法》颁布以来，伴随着依法治教理念的不断深化和国家安全观念的整体提升，校园安全一直是党和国家高度关注的重要问题。据不完全统计，仅国家层面出台的关于校园安全方面的政策就有900余份，这充分体现了党和国家对校园安全的重视。

但可以观察到的是，虽然相关的法律和制度逐年得到规范与完善。但近些年，各地大学校园安全的事件仍时有发生，其固然与愈发复杂的外部环境密不可分，但也与大学生对校园安全的重要性认识不足、重视不够有关。大学生入学之前，基本上在当地就读，日常行程较为固定，基本为学校与家的“两点一线”；同时，初高中时期学生的重点在于知识学习和能力提升，他们的人身安全和身心健康的职责主要由家长和学校的老师负责。在家长和学校老师的无微不至地关怀和呵护下，社会上的各种不利和危害对学生影响相对较小。如今大学生千里迢迢走出家门，来到高校学习，原来保护其人身安全及健康成长的家长大多不在身边，而大学生又未建立起自身的安全观念；同时，大学生活更加自由，大学生与外界交流更为频繁，面临的危险及诱惑也更多。

具体来看，大学校园安全的重要性主要体现在以下五个方面：

一、大学校园安全是保持政治稳定的核心因素

案例 7.2-1

政治的发展与高等教育相辅相成。大学时期是大学生离开家乡、远离父母，独立自主地开展学习、生活、交往的重要阶段，也是大学生形成正确人生观、世界观和价值观的重要时期。如果大学校园存在不安定因素，特别是境外敌对势力对大学校园的渗透，就容易对大学生的思想产生潜移默化的影响。严重时，甚至会扭曲学生的世界观、人生观、价值观。部分大学生，可能会在不法分子的诱导下，做出过激行为，进而影响国家安全与政治稳定。

二、大学校园安全是国家公信力的具体体现

案例 7.2-2

习近平总书记在 2018 年全国教育大会上指出:“办好教育事业,家庭、学校、政府、社会都有责任。”事实上,各级政府机关不仅是维护大学校园安全的坚强后盾,也是协助大学构建“校园安全防护网”的重要组成部分。

据教育部数据,截至 2023 年 5 月 31 日,我国本科院校数量为 1270 所,其中公办本科院校为 849 所,占比达 66.9%。在我国高等本科教育以政府为主导的背景下,诸多大学校园安全事件的实际处理仍由政府相关部门负责,因而大学校园安全本质上与政府机关的配合密不可分。若某一地区校园安全恶性事件层出不穷,屡禁不止,或政府机关对于大学校园安全事件处理不妥当,必将会降低公众对政府的信任度,倘若在国内诸多地区发生类似事件,则会削弱整个国家在人民心中的公信力。

三、大学校园安全是社会公共安全的重要组成部分

大学校园安全作为社会公共安全的一个重要组成部分,需要我们给予高度重视和充分关注。因此,高等学校不断加强大学安全教育,帮助广大青年学生牢固树立公共安全意识,不仅是立德树人的重要任务,也是全民公共安全教育的重要内容,更是党和国家的一项基础性、长期性、战略性工程。

大学校园安全既是社会公共安全的局部表现,又在很大程度上影响着社会公共安全和国家安全。近年来,我国人民受高等教育的水平持续提升,特别是高等教育不断普及。根据中国教育部官方网站发布的数据,截至 2023 年 6 月 15 日,全国共有高等学校共计 3072 所,其中:普通高等学校 2820 所,含本科院校 1275 所、高职(专科)院校 1545 所;成人高等学校 252 所。各种形式的高等教育在学总规模 4430 万人。四千多万大学生,代表着四千多万个家庭。因而做好大学校园安全工作,既是高等学校的本职工作,也是践行与维护社会公共安全的重要举措。

四、大学校园安全易成为社会舆情爆发的集中地

党的十八大以来,党中央高度重视网络安全和信息化工作,强调做好网上舆论工作是一项长期任务,要创新改进网上宣传,运用网络传播规律,弘扬主旋律,激发正能量,大力培育和践行社会主义核心价值观,把握好网上舆论引导的时、度、效,使网络空间清朗起来。大学生群体思维和情感较为活跃,在网络中更是表现出超出其他群体的开放言论与张扬性格。随着通讯技术、信息高速公路和自媒体平台的快速发展,社会和高等学校的网络舆论环境已被重构,大学也逐步成为网络舆情危机的高发场所。

与中小学相比,大学生思想活跃,与外界交流频繁。因而在大学校园中爆发的安全事件,若不及时公布官方信息并加以引导,容易出现“以讹传讹”现象;同时,当前自媒体手段多样,信息传播速度快、范围广,相关事件易成为社会关注的热点话题。加之,大学生群体的年

龄特征、知识结构、思维方式决定了高校网络舆情的开放性、及时性、直接性、集中性。一些负面舆情和敏感事件一经曝光便会引发公众和媒体的关注,个别事件甚至还会引发舆论热潮和燃点,若相关单位处理不恰当、不及时,很容易形成社会舆情,不利于后续事件的处理与控制。

五、大学校园安全是高校教育教学活动开展的基本前提

习近平总书记高度重视校园安全工作,多次做出指示批示。2021 年 10 月 22 日,在全国校园安全专项整顿会议上,时任国务院副总理孙春兰明确指出,各部门要落实责任分工,推动家庭、学校、社会协同配合,形成维护校园安全工作合力,切实维护师生人身财产安全和校园安全稳定。

案例 7.2-3

大学校园作为大众心中的"象牙塔",提供安全的学习与授课环境是大学治理与管理的底线与最低要求。如果大学校园不够安全,学习和教育教学工作都将受到影响。一方面,大学生无法专注于学习,导致其学业进度及水平受到影响;另一方面,教师无法安心授课,影响其授课效果和工作积极性,不利于高校教学质量的提高,进而影响社会公共安全环境的营造。

第三节 校园安全的主要内容

近年来,大学校园内事故频发,种类繁多,每一起事故都是一次惨痛的教训。这些事故的发生时刻提醒我们必须高度重视大学校园安全,并从中吸取经验和教训,避免更多的悲剧发生。对于高校来讲,要高度重视师生安全意识的培养,并加强相关的安全教育和培训。通过开展针对性的安全教育活动,教授基本的安全知识,如火灾逃生、急救措施等,使他们能够主动采取安全措施和正确应对紧急情况,提高师生对校园安全的认识和理解。对于大学生们来说,更应该深刻认识到安全意识的重要性,并不断提升自己的安全意识和应对能力,用智慧和经验筑起坚不可摧的安全屏障,保护自己和他人的生命与健康,维护社会的公共安全环境。

一、建筑设施安全

大学校园内建筑设施的安全问题是大学生公共安全教育中不容忽视的重要方面。大学校园犹如大学生的第二个家,承载着"莘莘学子"的求知之旅,培养着他们的友情与爱情,记载着他们的青春和梦想,见证着他们的成长与发展。然而,大学校园内建筑设施存在一系列潜在的安全隐患,如建筑结构问题、设备设施安全、火灾等,因此,高校应该以高度的责任感和警觉心态认真、严肃对待。无论是教学楼、宿舍楼还是实验室和体育馆,大学建筑设施的安全性直接关系到大学生学习、生活环境的质量和生命安全。唯有通过不断加强设施管理和维护,提高大学生的安全意识,才能为大学校园创造一个安全可靠的学习和生活环境,才

能保证大学生的健康成长与发展。

大学校园建筑设施安全包括宿舍、食堂、教学楼、运动场、图书馆、实验室、实训楼等建筑设施的安全问题。这涉及建筑结构的稳固性、电路系统的安全性、火灾防护设施的完善性等方面。

(一) 建筑设施的安全隐患

1. 结构安全隐患

建筑物的结构问题可能会对大学校园的安全造成威胁。墙壁开裂、地基沉降、梁柱变形等问题都可能导致建筑物的不稳定和倒塌。同时,大学校园内的楼梯、栏杆等也需要经常检查和维护,以确保其稳固性和承载能力。

[案例]

四川巴中七中校园内发生坠楼事故,该校教学楼的一段铁质栏杆突然断裂,两名学生坠楼,造成一人死亡一人重伤。事发地点位于教学楼五楼厕所外的过道,栏杆断裂后,留下一个长约2米的豁口,固定栏杆的水泥地面已被拉裂。一位校工说,当时这两位学生正在玩耍,栏杆突然断裂,两人就是从豁口掉下去的。

[评析]

这一安全事故的发生就在于学校平常对基础设施的管理与维护不到位造成的。如果学校加强对基础设施的经常性管理与维护,定期检查、排查不安全的因素,也不会发生"教学楼的一段铁质栏杆突然断裂"的事故,更不会造成学生"一死一伤"的悲剧。由此可见,学校加强对校园内的楼梯、栏杆等的经常检查和维护是多么重要。

2. 电梯安全隐患

大学校园内的高层建筑通常会配备电梯,但电梯的故障可能会给大学生带来伤害。电梯的制动系统失效、门关不严、电路短路等问题都可能导致电梯的意外停梯、坠落或夹人等危险情况。因此,定期对电梯进行检查和维护至关重要,以确保其正常运行和使用安全。

案例 7.3-1

3. 管道安全隐患

大学校园内的建筑设施通常会有供水、供气、供电等管道系统。然而,管道老化、漏水、泄漏气体等问题可能会引发意外事故。如果宿舍楼的自来水管道经常出现漏水,地面湿滑,存在大学生滑倒和室内电器短路的风险。因此,大学校园内的管道系统需要定期检查和维护,确保其正常运行和使用安全。

4. 消防安全隐患

校园内建筑物的消防设施可能存在故障或损坏,如灭火器、灭火栓等;疏散通道可能被堵塞或设计不合理;消防安全规定可能没有得到严格执行等。如楼道内堆放杂物,就会阻碍疏散通道的畅通。

案例 7.3-2

5. 室内环境安全隐患

建筑内的室内环境问题也可能对大学校园内的大学生健康产生负面影响。室内空气质量不佳、甲醛、霉菌等，对人体的呼吸系统和健康产生不利影响。因此，建筑物的通风系统需要定期检查和维护，以确保室内空气的质量。

（二）建筑设施存在安全隐患的原因

随着我国经济社会的飞速发展，随着我国高等教育大众化时代的到来，我国高等学校规模逐渐扩大，在校生人数大幅增加，这就需要高等学校在校园建设方面投入较大，但同时也面临着办学经费有限的挑战。这种情况下，一些高等学校可能无法充分满足建筑设施的维护和修缮需求，导致建筑物逐渐出现年久失修的问题。例如，教学楼、宿舍楼以及其他教辅设施长期缺乏维护和修缮，可能出现墙壁开裂、水电设备老化、地面损坏等情况，给大学校园的安全带来潜在风险。

同时，由于高等学校管理体制和监管机制的不完善，对大学生生活学习和教育教学设施的各个环节监管不到位也成为导致安全事故发生的原因之一。此外，教学设施的监管不力也可能导致设施的破坏、失窃或不安全使用，影响到正常的教学秩序和校园财产安全。

1. 设计不合理导致安全隐患

有些建筑在设计阶段可能存在瑕疵，例如平面布局不合理、疏散通道设置不当等。这些设计缺陷如同一颗潜伏的炸弹，时刻威胁着大学校园的安全。

2. 维护不及时引发安全隐患

大学建筑设施的维护保养是确保安全的关键，然而，有时因为资源紧缺或管理不善，维护工作被忽视或推迟，导致安全问题逐渐积累，给大学校园安全埋下隐患。

3. 自然老化导致安全隐患

大学建筑设施中的设备和设施随着时间的推移可能会老化，如果没有得到及时维护和更新，设备就容易发生故障，增加安全风险。

4. 不当使用和管理引发安全隐患

大学校园建筑设施的安全隐患还可能与使用和管理不当有关。例如，忽视安全规定、违规使用设备、缺乏有效的管理制度等都可能导致安全问题的出现。

【案例】

2010 年 9 月 16 日起，眉山市职业技术学院 291 名师生陆续发生不明原因腹泻，伴有呕吐、发烧等症状。经初步查实，疫情的发生是由于该校污水管破裂，与排污口仅距 200 米的自备式饮用水源被污染所致。

【评析】

这是一起典型的由于管理不善导致的大学校园安全事故。大学校园中的饮用水安全是一个非常重要的问题，因为大学校园中的人员集中、数量大。一旦出现不安全事故，影响面广、人数多，容易出现群体性事件，给大学校园安全、社会的公共安全带来严重危害。而该实例中，由于学校的管理不善所导致的自备式饮用水源被污染事件，严重影响了师生的身体健康，严重影响了学校正常的教育教学秩序。

5. 自然因素

自然因素也可能导致大学校园建筑设施出现安全隐患。例如，自然灾害如地震、洪水等可能导致建筑物结构受损；恶劣的天气条件可能导致设备故障或供水、供电、供气问题。

（三）建筑设施安全隐患的应对

1. 各级政府要增加高校办学经费投入

高等学校要积极争取政府、企业或其他渠道的经费支持，以增加办学经费。这些资金可以用于校园设施的维护、更新和安全管理等方面。通过确保足够的经费，高等学校才能够更好地进行相关教育教学设施的维修和改善，提高校园的整体安全水平，为社会的公共安全做出贡献。

2. 定期检查和维护

高校应建立定期的安全检查和维护计划，对大学校园内的建筑设施进行定期检查，确保设施设备的正常运行和安全性。包括消防设备、电气设备、供水系统、供电系统、供气系统等的检查和维护。

3. 建立安全管理制度

高校要制定严格的安全管理制度，明确责任和权限，确保安全规定得到有效执行。高校要成立安全委员会或安全小组，负责安全事务的协调和监督。

4. 更新和升级设备

要定期评估大学校园内设施设备的状况，并根据需要进行更新和升级。确保设施设备符合最新的安全标准和要求，提高其可靠性和安全性。

5. 加强自然灾害预防和防护

高等学校要根据大学校园所处地区的自然灾害特点，针对不同的灾害类型，如地震、台风、洪水等，制定相应的防灾措施，包括加固建筑物的结构以提高抗震能力、设置防洪设施和修复疏堵水沟、安装防灾设备等。同时，高等学校应定期组织大学生参加灾害演习和紧急撤离演练，提高大学生对灾害的应急能力。

6. 加强安全意识教育

高校要定期组织安全宣传活动和安全教育培训，提高全体师生和工作人员的安全意识、安全素养和安全事故应急处理能力。例如，开展消防演习、火灾逃生、使用设备的正确方法、应急处理等内容安全知识讲座等，加强安全知识的普及和宣传，提高师生的安全意识和应对能力。

二、实习实训安全

实习实训是各类高校人才培养方案中的重要组成部分，是对大学阶段进行专业和职业技能训练的综合实践过程。通过实习实训，让大学生有机会将理论知识应用到实际操作中，以此提升他们的实践技能和职业能力，使其从理论高度走向实践应用。但是，在进行实习、实训或校外实践活动时，由于大学生的社会经验不足，安全意识淡薄，可能会面临各种潜在的安全风险，包括工作场所的安全条件、操作设备的安全性、职业病防护等问题。在这种情况下，一旦疏忽和不慎，往往导致安全事故的发生，造成人身伤害，甚至会导致公共安全事故的发生。

（一）实习实训中存在的安全隐患

1. 缺乏安全知识和意识

大学生缺乏安全知识和意识是一个普遍存在的问题，这可能会导致大学生在实习实训中面临各种安全风险。如在进行实验时应佩戴个人防护装备，包括实验室外套、实验手套、防护眼镜和面罩等。由于大学生往往会轻视或忽略这些安全常识，从而给自身带来伤害和负面影响。某高校一名学生在实习单位中进行化学实验时，因为没有戴好安全手套和护目镜，导致化学物质喷溅到了眼睛和手上，造成眼睛和皮肤灼伤。因此，大学生需要重视安全意识和提高安全知识水平，严格遵守实验室的规定和程序，确保安全地完成实习任务。

2. 操作过程不规范

实习实训操作不规范是一个非常严重的问题，因为它可能会导致安全事故的发生，损害学生们的身体健康。大学生刚进入实习单位会对实验设备不熟悉，对实验规定和程序不了解，如果这个时候再缺乏岗前培训、安全意识薄弱、在实习中存在违规操作，就会造成意想不到的事故，导致公共安全事件的发生。如在机械制造和维修实习中，有些学生没有正确使用工具，操作不当可能会导致机械设备操作事故发生；在电气工程实习中，有些大学生使用过时或损坏的电气设备，不使用绝缘手套或绝缘靴等，可能会导致电气安全事故；还有在建筑工程实习中，有些大学生不正确佩戴安全帽等，往往会造成安全事故发生。

3. 不能正确识别危险场景与简单的事故处理

由于大学生没有足够的安全知识和技能，不能正确识别危险场景和处理简单事故。如在化学实验室中，大学生可能不知道某些化学物品的危险性，或者不能正确判断某些操作会导致哪些危险，这样就会使大学生在危险场景中受伤或导致事故的发生。又或者大学生在进行体育教学时，班级里的同学会出现运动受伤的情况，但是大学生不知道如何正确处理这些事故，可能会导致事故的进一步恶化。

为了避免上述情况的发生，大学生需要沉着冷静的认真观察和判断，如果遇到任何危险场景或事故，应立即通知指导老师或者安全管理人员，并根据规定和程序采取相应的措施进行处理。

4. 疲劳操作

实习实训中的疲劳操作可能会导致大学生犯错、操作不当和事故发生的风险增加。在实习实训中，大学生可能需要长时间连续地进行某些操作，如在实验室中连续进行化学反应或在制造车间中连续进行机器加工；还有当大学生面对学习和实习实训的双重压力，往往会需要熬夜，或者在实习期间需要花费更多的时间来完成工作，这可能导致睡眠不足。以上操作会使大学生产生身体疲劳，降低警觉性，增加操作错误和事故的风险。

5. 高校对于实习实训安全教育存在形式主义

(1) 安全管理制度笼统:高校虽然制定了实习实训安全管理制度,但相关内容较为笼统,并不能针对大学生专业特色和真实的实习实训场景,帮助大学生更好地理解安全问题。

(2) 缺乏实习实训前的安全培训:实习实训前的安全培训可以帮助大学生了解实习实训中的风险和安全措施,但是如果学校缺乏实习实训前的安全培训,大学生可能不了解实习实训的安全要求,给实习实训安全埋下隐患。

(3) 缺乏实习实训期间的安全教育:在实习实训期间,大学生需要不断地接受安全教育,以便及时了解和更新实习实训中的风险和安全措施。如果学校缺乏实习实训期间的安全教育,大学生可能无法及时了解实习实训中的风险和安全措施。

(4) 缺乏实习实训事故的处理教育:大学生需要了解实习实训事故的处理方法,以便在事故发生时能够及时采取应对措施。如果高校缺乏实习实训事故的处理教育,大学生可能不知道应该如何应对实习实训中的事故。

(5) 缺乏鼓励大学生进行安全自我管理:高校应该鼓励大学生在实习实训过程中进行安全自我管理,提高大学生的安全意识和操作能力,避免发生危险。

6. 实习实训单位缺乏建立完善的安全管理制度

实习实训单位安全管理机构是为保障实习实训期间大学生的安全而设立的专门机构。但安全管理机构往往存在如下安全问题:

(1) 缺乏安全管理制度:部分实习实训单位缺乏明确的安全管理制度,无法对大学生的安全进行有效管理和控制,从而增加了实习实训中发生事故的风险。

(2) 缺乏安全管理人员:部分实习实训单位缺乏专门的安全管理人员,无法及时发现实习实训中的安全隐患,也无法提供及时的安全培训和指导。

(3) 缺乏安全管理设施和设备:部分实习实训单位缺乏必要的安全管理设施和设备,如紧急疏散设备、个人防护装备和急救设备等,无法对大学生的安全提供有效的保障。

(二) 实习实训中安全隐患的应对

1. 高校要教育大学生树立实习实训安全意识

大学生要积极学习并自觉遵守学校及实习实训单位所制定的安全管理制度,积极参加实习实训前和实习实训期间的安全教育。不同专业会有其特殊性,所制规定也各有不同,大学生要严格遵循实习实训单位的规定和指导,熟悉正确的实习实训流程。如果遇到安全问题,应该及时向指导教师或者安全人员进行报告。同时,大学生应该注意休息和合理饮食,保持良好的身体健康状况。合理规划实习实训任务和时间,避免过度疲劳导致安全事故发生。

2. 高校应该制定详细的实习实训安全管理制度

高校实习实训安全管理制度包括安全教育、实习实训前的安全培训、安全规定和程序等。为大学生提供充足的实习实训前和实习实训期间的安全教育,包括实习实训中的风险和安全措施、个人防护措施和实习实训事故的处理方法等。同时,应该建立实习实训安全管理体系,包括实习实训安全管理组织、安全教育和安全检查等。配备足够的安全设施和设备，如紧急疏散设备、个人防护装备和急救设备等。高校要加强实习实训安全督导和检查，及时发现实习实训中存在的安全隐患。

3. 实习实训单位应该制定实习实训安全管理制度

实习实训单位要明确工作流程，对大学生进行安全教育和安全培训，使其了解实习实训期间的安全工作要求，增强安全意识，提高安全技能。实习实训单位还应该组织实习实训场所和设施的安全管理与维护，加强对实习实训期间的安全检查，及时发现和纠正安全事故的隐患。同时，实习实训单位要督促大学生主动关注和报告实习实训场所的安全问题，培养他们的责任心和团队合作精神。

三、运动安全

在如诗如画的大学校园里，在“象牙塔”中“莘莘学子”的生活中，体育活动和体育运动犹如一道灿烂的阳光，为大学生带来了生龙活虎的朝气和丰富多彩的意义。常言道，“生命在于运动”，一个健康强健的体魄对于一个人的学习、生活、工作、社交等都至关重要，而这种强健的体魄往往源于体育运动和体育锻炼。特别是对于大学生而言，参与体育活动与体育运动不仅可以助其保持身体健康，同时还能帮助他们释放压力、舒缓紧张情绪，增加朝气与活力，提升心情和幸福感。同时，参与团体体育项目还可以培养大学生的团队合作精神、协作能力、沟通能力，提高大学生的自信心、意志力和集体荣誉感。然而，我们也要意识到在体育活动与体育运动中存在一定的风险和危险。例如，不正确的运动姿势可能导致肌肉拉伤或扭伤，不合理的训练量可能引发过度疲劳或运动损伤；运动场地的设施不完善、不达标或不规范的比赛规则都有可能导致安全事故发生，甚至是公共安全事故的发生。因此，大学生在参与体育活动和体育运动时需要遵守体育运动规则，正确使用防护装备，并增强自己的自我保护意识和安全防护能力。

（一）运动场地的安全问题

1. 运动场地常见安全问题的表现

（1）场地不平整或有障碍物

不平整的运动场地或存在障碍物的运动场地可能导致参与者运动者摔倒或受伤。例如，足球场地上有凸起的草坪或坑洞，篮球场上有破裂或起泡的地板，这些都可能引发意外伤害事故，带来安全隐患。

（2）缺乏适当的安全设施和保护措施

运动场地应配备适当的安全设施和保护措施，如护栏、安全网、垫子等。缺乏这些设施可能导致大学生在体育运动和活动中受伤。例如，没有足够高度的护栏或没有安全网可能导致运动器材冲到运动场外或观众区，增加伤害事故的风险。

（3）设备老化或破损

大学校园运动场地上的设备如篮球架、足球门、网球网等如果老化、破损或安装不稳固，都可能会引发安全隐患。例如，一个不稳定的篮球架可能在使用过程中倾倒，造成公共安全事故的发生。

(4) 缺乏紧急救援措施

案例 7.3-3

在大学校园运动场地上,意外安全事故时刻可能发生,因此,缺乏紧急救援措施可能导致伤者得不到及时的救助。例如,没有配备急救箱或紧急联系医疗人员的信息,或者没有训练有素的急救人员在场。

(5) 场地标识不清或不完善

清晰的场地标识对于指导参与者的运动行为、警示危险区域非常重要。如果标识不清晰、不完善或缺失,大学生可能不了解特定区域的用途或存在的安全风险,增加发生公共安全事故的可能性。

2. 运动场地存在安全问题的原因

(1) 不适当的设计和规划

大学校园运动场地在设计和规划阶段如果考虑不周全或未充分考虑安全因素,可能导致存在潜在的危险。例如,场地的布局不合理、缺乏必要的安全区域或安全通道等。

(2) 不及时地维护和修复

大学校园运动场地如果缺乏定期的维护和修复,随着时间的推移,设施和场地可能出现老化、破损或不平整的情况,这些问题会增加公共安全事故发生的风险。

(3) 缺乏安全意识和培训

参与运动的大学生和管理人员如果缺乏安全的意识和培训,可能无法识别潜在的危险或不知道如何应对紧急情况。缺乏安全意识和培训可能增加意外事故的发生率。

(4) 自然灾害和恶劣天气

大学校园运动场地有时可能受到自然灾害或恶劣天气的影响,如地震、风暴、洪水、雷电等。这些不可控因素可能导致场地不安全,需要相应的应对措施和紧急预案。

(二) 运动中的安全问题

1. 运动中常见安全问题的表现

(1) 缺乏适当的热身和拉伸

大学生在体育活动之前缺乏适当的热身和拉伸可能增加肌肉拉伤和其他运动损伤的风险。

(2) 摔倒和扭伤

在激烈运动或不稳定的场地上,大学生可能会因为摔倒、滑倒或错误的姿势导致扭伤、拉伤或骨折等意外伤害。

(3) 碰撞和撞击

在团体运动或竞技活动中,大学生可能会因为与其他人碰撞或撞击而受伤。这可能发生在球类比赛中的对抗或人群拥挤的情况下。

(4) 过度疲劳和体力透支

大学生在追求体育成绩时可能会过度训练,导致身体疲劳和体力透支。这可能引发晕厥、虚脱、呼吸困难等问题。

(5) 热衰竭和中暑

在高温环境中进行体育运动和体育锻炼时,大学生可能会受到高温和热辐射的影响。导致出现热痉挛、热衰竭和中暑等症状。

(6) 不合理的运动装备或器材使用

大学生可能会因为使用不合适的运动装备或器材而受伤。例如,穿着不合适的鞋子进行跑步可能导致足部损伤,使用破损或不适当的器材可能引发安全问题,甚至是公共安全问题。

(7) 不适当的运动技术

缺乏正确的运动技术或使用错误的姿势可能导致大学生受伤。例如,错误的重量举起方法可能造成腰部或背部受伤。

(8) 缺乏安全意识和知识

缺乏对运动安全规则和急救知识的了解可能导致大学生应对紧急情况时的错误行为或延迟救援,造成安全事故。

2. 运动中安全问题的有效预防

(1) 提供适当的指导和培训

确保大学生在参与体育运动与体育锻炼之前接受适当的指导和培训,包括正确的运动技术、姿势和安全意识;提供专业教练或指导员来指导他们的训练和比赛。

(2) 加强安全意识教育

为大学生提供必要的安全教育,包括体育运动与体育锻炼的潜在风险、常见的安全问题以及急救知识。提高大学生的安全意识,让他们能够识别和避免体育运动与体育锻炼中潜在的危险,避免安全事故的发生。

(3) 提供合适的装备和器材

确保大学生从事适合他们的运动项目和使用适合个人需求的装备和器材。检查和维护装备的质量和状况,避免使用破损或不适合的装备。

(4) 强调适度和平衡

提醒大学生要追求适度的运动量和训练强度,避免过度训练和过度疲劳。平衡运动与休息,给予身体充分恢复的时间。

(5) 定期体检和健康评估

鼓励大学生进行定期的体检和健康评估,确保他们身体健康状况适合参与特定的体育运动项目。

(6) 提供适宜的运动场地和设施

确保大学校园运动场地和设施的安全性和适用性,如平整的场地、安全的器材和充足的安全区域。定期检查和维护运动场地、体育设施、体育器材,确保其安全性能。

(7) 制定紧急处理和应急预案

制定紧急处理和应急预案,包括事故报告程序、急救措施和紧急联系方式。对大学生和管理人员进行培训,使其具备基本的体育运动急救知识和技能,掌握基本的急救方法。

(8) 促进合作和监督

鼓励大学生在体育运动与体育活动中互相合作和监督,提醒彼此遵守规则和注意安全。

管理人员要加强对运动场地、器材、设施的检查、监督和管理,及时发现并解决安全问题,消除安全隐患。

3. 处理运动受伤的常见方法

(1) 停止运动

大学生一旦发现身体不适、受伤,应立即停止运动进行休息,以避免进一步加重伤势。要给予受伤者足够的休息时间,避免继续运动造成更严重的损伤。

(2) 冷敷

在受伤部位使用冷敷物(如冰袋、冷水毛巾或冷冻食品袋)进行冷敷,每次持续时间为5到10分钟。冷敷可以减轻疼痛、肿胀。

(3) 加压包扎

对于出血的伤口,要使用干净的绷带或纱布进行适当地包扎,并施加适度的压力,以控制出血。

(4) 寻求专业医疗帮助

对于严重的损伤或无法缓解的疼痛,应该立即寻求专业医疗机构的帮助。

(5) 休息和康复

大学生要给予受伤部位足够的休息和康复时间,遵循医疗专业人员的建议,并逐渐进行适当地康复训练,以恢复功能和减少再受伤的风险。

需要注意的是,以上只是常规的运动损伤处理方法。在处理运动损伤时,具体情况需要具体分析,最好遵循专业医疗人员的指导和建议。大学生作为最富有活力、最喜爱体育运动和体育锻炼的群体,了解和掌握处理运动损伤的知识,具备处理运动损伤的能力,不但有助于自身的健康成长,而且有助于在出现公共安全事故时进行自救与他救。

四、就业陷阱

大学生离开校园步入社会,怀揣着信心和期待,充满着对未来的希望和憧憬,希望能够凭借自身的本领闯出一片属于自己的新天地。就业成为他们未来生活中至关重要的一部分。对于大学生来说,就业不仅仅是为了谋生,更是将自己在大学期间所学知识与技能应用到实际,实现自身的人生价值,为中华民族伟大复兴贡献力量。

每位大学生都希望能够找到一份称心的工作,实现自己的职业梦想和人生理想。在校期间,他们通过学习、实习、社团活动等方式积累了丰富的知识和经验。离开校园后,他们期待能够将这些所学所获应用于实际工作和社会的建设中,展现自己的才华和能力。

然而,大学生也需要清醒地认识到找工作不是一帆风顺的,其中可能会遇到各种各样的挑战。许多初入社会的大学生由于缺乏社会经验,在求职过程中,可能会遭遇虚假招聘信息、中介诈骗、传销等就业陷阱,这些陷阱会严重影响他们的职业发展和心理健康。因此,大学生安全就业是一个需要高等学校和全社会共同关注的社会公共安全问题。

（一）常见的就业陷阱类型

1. 虚假招聘

在招聘过程中，招聘方夸大、隐瞒或误导求职者关于工作职位、工作内容、薪水待遇等方面的真实情况。这种行为可能导致大学生对工作环境和条件的错误理解，进而做出不恰当的决策。一些犯罪分子更是通过招聘网站发布虚假招聘广告，以低要求、高收入、发展前景好为诱饵，吸引广大求职者。

2. 假冒培训机构

一些机构以培训的名义吸引大学生投资，承诺提供就业机会。然而，实际上，这些机构的培训往往只是噱头，没有实际内容，而且他们无法兑现提供真实的就业机会的承诺。这种行为严重损害了大学生的合法权益。

案例 7.3-4

3. 非法劳动合同

一些雇主或者用人单位可能故意违反劳动合同条款，剥夺大学生的权益。他们可能不签订正式的劳动合同，或者在合同中列入不合理条款，如无薪实习、加班等。大学生应该了解劳动法律法规，避免上当受骗。

案例 7.3-5

（二）就业受骗原因

1. 缺乏就业准备

有些大学生在毕业前没有做好充分的准备就业。他们既缺乏对就业市场的全面了解，同时又没有明确的职业目标，对不同行业的就业前景、就业需求和就业趋势不够了解。这使他们无法有效地选择适合自己的职业方向，盲目地投递简历或接受面试，很容易被虚假招聘所吸引。缺乏对市场的了解，还可能导致他们对职位描述和薪资待遇的真实情况缺乏准确的判断能力。

2. 缺乏就业信息

大学生可能对不同行业的就业前景、薪资水平、工作环境等方面的信息了解不足，这使得他们容易受到虚假招聘信息的欺骗，无法准确判断招聘信息的真实性。一方面，大学生可能只关注某些热门行业或职位，而对其他行业的就业形势了解不足。这使得他们容易被虚假招聘信息吸引，忽视了一些潜在的就业机会。另一方面，大学生可能没有掌握各个行业的薪资水平的真实情况，缺乏对薪资合理的预期。这使得他们更容易受到虚假招聘信息中夸大或虚构的薪资承诺的诱惑，从而陷入不合理的期望和陷阱。

3. 缺乏工作经验

许多大学生在毕业时面临一个常见的问题，即缺乏实际的工作经验。这种情况使得他们在就业市场上的竞争力相对较弱。为了获取工作经验，他们往往更容易接受低薪或恶劣的工作条件，成为不良雇主的目标。缺乏实际工作经验使得大学生往往在与其他有经验的求职者竞争时处于不利地位。用人单位通常更倾向于招聘那些已经具备相关实践经验的求职者，因为他们能够更快地适应工作环境并为单位做出贡献。这使得大学生感到压力，可能会在求职过程中妥协,并接受薪资较低或工作条件较差的工作机会。

4. 缺乏权益保护意识

许多大学生对劳动法律法规和自身权益的保护措施了解不足,这使得他们的合法权益面临被侵犯的风险。例如,他们可能不了解最低工资标准,导致被低薪雇佣;他们可能对工作时间的限制和加班工资的规定不熟悉,因此,可能被迫超时工作而没有得到相应的报酬。同时,他们可能不了解自己享有的社会保险权益,例如医疗保险、养老保险等,从而无法要求雇主提供相应的保障。一些不法雇主可能故意违反劳动法规,例如拖欠工资、强迫加班、不提供合法的社会保险等。大学生由于缺乏权益保护意识,可能难以识别这些违法行为,导致自身权益受到侵害。

5. 经济压力和就业焦虑

大学生面临着毕业后的经济压力和就业焦虑,希望尽快找到稳定的工作。经济压力和就业焦虑让大学生在找工作时可能急于求成,希望能够尽快解决经济问题和实现自己的职业发展。他们可能会盲目地接受面试邀请或投递简历,对求职单位缺乏充分的调查和了解,从而容易被虚假招聘信息所迷惑。在这种心理状态下,大学生也更容易受到不良雇主的诱惑,最终导致受到伤害。

(三) 应对就业陷阱的方法

1. 做好就业准备

为了确保就业安全,大学生应提前进行职业发展规划,明确自己的人生理想、职业目标和发展方向。包括认真思考自己的专业兴趣、业务技能和人生规划,并将其与所选择的行业和职业进行匹配。通过明确目标,大学生可以更有针对性地制定求职策略,提高就业成功的机会。同时,积极通过实习、兼职或志愿者活动等,积累相关工作经验,来提升自身的就业竞争力。通过实践中的学习和经验积累,大学生可以提升自己的实际能力和职业素养,增加被聘用的可能性。了解所在行业的就业市场信息也是重要的一步。大学生应该关注行业的发展趋势、薪资水平、岗位需求等方面的信息。这样可以更好地了解所处行业的就业形势,从而有针对性地提升自己的专业技能和能力,增加就业的成功率。通过提前进行职业规划、积累相关工作经验和了解就业市场信息,大学生可以为就业做好充分准备。这样可以更有自信地面对就业挑战,提高找到合适工作的可能性。同时,这也有助于大学生更好地规划自己的职业生涯,实现个人的职业理想。

2. 认真核实、甄别招聘信息

大学生在求职过程中,应该仔细筛选、研判、核实招聘信息的真实性,防止上当受骗。关注招聘渠道的可靠性至关重要,尽量选择正规的招聘网站、校园招聘会、学校和政府组织的招聘等渠道。这些渠道通常会筛选和审核招聘信息,减少虚假招聘的可能。同时,对于招聘信息中过于夸张或不符合常理的招聘要求和待遇承诺,大学生应该保持警惕,谨慎对待。如果某个职位的薪资待遇过高或工作条件过于优越,可能存在虚假招聘的风险。在面对这类招聘信息时,大学生要秉持理性和客观的态度,进行进一步的调查和核实。通过仔细筛选和核实招聘信息的真实性,大学生可以提高自身的防范能力,降低遭遇就业陷阱的风险。这样能够更加明智地选择合适、恰当的就业机会，并确保自己的权益得到充分保障。

3. 警惕虚假培训

大学生要谨慎选择培训机构，查证其合法性和声誉。避免盲目投资培训，特别是那些以提供就业机会为名义但实际没有真实机会的机构。多方了解相关信息，以避免成为虚假培训和就业陷阱的受害者。

4. 寻求专业指导和支持

大学生就业和择业时，要积极寻求就业指导和支持，包括参加就业培训、咨询专业人士或学校就业指导中心的意见。他们可以给大学生提供有关求职技巧、面试准备、简历撰写等方面的指导，帮助大学生更好地应对就业挑战。

5. 谨慎签订劳动合同

在与雇主签订劳动合同前，要仔细阅读合同条款，确保自己的权益得到保障。如有不清楚或不合理的条款，可以与雇主进行沟通与协商，或咨询相关专业人士的意见，切忌草率签订就业合同。

6. 用法律法规保护自己的合法权益

为了确保就业安全，大学生应了解相关法律法规的基本规定，包括最低工资标准、工作时间、社会保险等方面的内容。这些法律规定旨在保护劳动者的合法权益，确保公平的劳动条件和工作环境。例如，掌握最低工资标准可以避免遭遇低于合法要求的工资待遇；了解工作时间的限制可以避免长时间的过劳工作；了解社会保险的相关规定可以确保享受合法的社会保障待遇。

通过以上方法，大学生可以更好地应对就业陷阱，保护自身权益和公共安全。同时，学校加强教育和宣传，提高大学生对就业市场和相关法律法规的认识，也是保证公共安全的重要举措。

五、抵制传销

传销是一种非法的商业模式，以低成本的产品或服务为诱饵，通过招募成员和发展下线网络来实现利润。其核心思想是通过不断扩展下线网络，使下线成员购买产品、招募更多成员并销售产品，从中获取佣金或奖励。传销的盈利模式通常建立在招募新成员为主，而非真正的产品销售。同时，传销经常使用虚假的宣传手段和欺骗性的招募方式，使人们误以为可以轻松获取高额收益，从而误入传销陷阱。

传销最早产生于美国，导致大量参与者人财两空，后传到我国。传销是非法的商业模式，在很多国家都被认定为违法行为。参与传销活动后，传销组织或上线鼓励各成员囤货、招募新人发展下线，不仅可能导致金钱上的损失，还会涉及到违法犯罪的问题。随着经济社会发展，其传销模式也发生了演变，一些传销极易迷惑涉世不深的大学生。因此，大学生应该提高警惕，避免参与传销活动。

传销既是经济问题，也是社会问题，大学生一定要提高警惕，决不能掉以轻心。决不能让非法传销伤害自己、侵蚀和危害社会公共安全。大学生必须自觉提高个人的综合素质，树立正确的致富观，认清非法传销的真面目，远离传销骗局，才能保证个人健康成长、成才，才能保证大学校园的安全，才能为社会的公共安全环境营造做出贡献。

因此，对于大学生而言，了解传销的本质和风险非常重要。大学生要保护自己免受传销的伤害，就应保持警惕，避免盲目相信夸大的收益承诺。同时，要审慎选择加入任何商业的机会，在加入前，要认真调查和了解相关公司或组织的信誉和经营模式。在面临商业招募时，应理性判断，多与身边的亲朋好友、老师或专业人士交流，获取他们的意见和建议。

（一）传销的类型

1. 金字塔传销

也被称为“多层次营销”，是最常见的传销类型。参与者通过招募下线来赚钱，新招募的人需要购买产品或服务，并鼓励他们再进一步招募下线。

2. 链式传销

参与者需要通过购买产品或服务来加入，然后招募更多人加入。被招募的人也需要购买产品或服务，并继续招募更多人。这种传销类型的特点是结构呈现出一个链条形式。

3. 网络传销

参与者使用互联网和社交媒体等渠道来推广产品或服务，并招募下线。互联网的广泛应用使得网络传销成为一种流行的传销方式。

4. 伪装式传销

这种传销类型通过伪装成合法的商业模式来吸引参与者。参与者需要购买产品或服务，并通过招募更多人来赚钱。这种传销类型通常会以高回报率和潜在的机会为诱饵。

案例 7.3-6

（二）传销组织的特征

1. 金字塔式结构

传销组织的典型特点之一是采用金字塔式的组织结构。在这种结构下，传销组织的顶层通常由少数早期参与者或组织创始人组成，而底层则是大量被招募的下线成员。这种金字塔式结构的目的是通过不断扩大下线网络来实现利润的增长。然而，由于下线成员数量有限，最终只有少数早期参与者能够获得较高的收益，而大多数下线成员往往无法达到预期的经济回报。

2. 虚假承诺和夸大收益

为了吸引大学生加入，传销组织常常使用虚假的承诺和夸大的收益潜力来欺骗大学生。他们宣称参与者可以轻松获得高额收益，甚至迅速致富。然而，这些承诺往往是无法兑现的，大多数参与者最终无法实现预期的利润。

3. 关系网络和社交压力

传销组织通过建立紧密的关系网络和社交压力，使参与者难以退出或质疑组织。他们鼓励成员与亲朋好友、同学或同事分享机会,并利用亲密关系和信任来扩大组织规模。

【案例】

大学生王志豪想利用暑期的机会进行勤工俭学,离家时与父母说,通过高中同学的帮忙在江苏找到了工作。随后,王志豪便与家人失去联系。没过多久,家人总是接到王志豪的求助短信让其汇钱,这才意识到他可能被骗进了传销组织。接着,家人又接到一个电话,对方自称是和王志豪一起被骗进传销组织的,但侥幸逃出。对方告诉了他们王志豪的具体位置,他们赶紧与学校和当地警方联系,并在微博上求助。警方介入后,王志豪已脱离传销组织。王志豪说,被高中同学拉进传销窝,里面都是 20 多岁的年轻人,每天有人给他“洗脑”。

【评析】

这是一起通过关系网络来欺骗同学,并利用亲密关系和信任来欺骗大学生加入传销组织,扩大传销组织规模的案例。大学生王志豪之所以被欺骗加入传销组织,就是因为相信了自己高中同学的话而误入歧途的。一般来说,大学生很相信自己的同学,认为自己的高中同学不会欺骗自己。殊不知,当同学加入传销组织失去自由而又必须完成一定的任务时,他们就会利用关系网络来发展下线。因此,大学生在勤工俭学、兼职工作、求职择业时一定要通过科学的研判和充分的论证,即使是自己的亲朋好友、同学或同事也要认真的了解、查证,确保他们所介绍的工作是正规、可靠的。

(三)防止误入传销的方法

1. 提高警惕,增强自我保护意识

大学生应该保持警惕,不要轻易相信过于夸张的承诺和不切实际的利润回报。传销组织常常利用迅速致富的幻想来吸引人加入,但世界上没有快速致富的捷径,真正的财富需要通过自己的努力和拼搏来实现。因此,大学生需要树立正确的金钱价值观,理解金钱是通过诚实劳动和积极奋斗获得的。同时,大学生要学会保护个人隐私和财务安全。不要随意透露个人信息和银行账户等敏感信息,以免遭受身份盗窃或财务损失。谨慎对待、科学研判、理性分析要求缴纳高额费用或购买大量产品的要求,特别是在加入传销组织之前。合法的商业机构前期不会要求投入高额费用,并且通常有明确的产品或服务,而不是以发展下线为主要目的。

2. 警惕招募方式

传销组织常使用社交关系和亲朋好友来扩大影响力。如果某人以推销产品或招募下线为名义接触你,并且强调能够快速致富或强迫你推荐其他人加入,要保持高度警惕。不要因为亲密关系而盲目相信和加入。重要的是,大学生要保持独立思考和理性判断能力。同时,大学生可以寻求专业的建议和咨询。向可信赖的就业指导机构、法律专业人士或相关行业从业者寻求帮助,了解传销活动的危害和风险,并学习如何辨别和规避传销活动。

六、抵制校园暴力

大学校园是大学生获取知识,开展科学研究,追求真理的学术殿堂,是国家培育人才的摇篮。而校园暴力的出现,给原本美好、和谐、祥和的校园平添了一丝灰暗。对此,我们必须采取切实可行的措施,坚决抵制各种校园暴力行为,为大学生的健康成长提供一个安全的环境。

案例 7.3-7

(一) 校园暴力的表现

校园暴力是由个体或群体实施的一种侵犯性、伤害性行为,是一种基于故意或是恶意的行为,从而让受害者身体受到伤害或产生心理上的焦虑、自卑、恐惧、抑郁。校园暴力属于大学生的一种极端的违法行为。

常见的校园暴力主要类型有语言暴力、身体暴力、心理暴力、网络暴力等四类。语言暴力是指使用嘲笑、蔑视、辱骂、谩骂、诋毁、替别人取侮辱性绰号,用污言秽语等不文明语言对其他学生进行攻击,致使他人在精神和心理上感受到痛苦或伤害的一种暴力行为;身体暴力是指非法使用武力,借助身体的优势打击比较弱小的同学,如推撞、拳打脚踢、袭击他人、抢夺财物、剥夺他人自由等,从而造成人身伤害的任何行为;心理暴力是指不断重复地采用语言或其他行为,致使其他同学生活品质降低,造成对方精神或心理状况发生不良改变的行为;网络暴力是指借助互联网这一载体,对其他同学进行谩骂、抨击、侮辱、诽谤等,并对当事人的隐私权、人身安全权及其正常生活造成威胁或某种不良影响的行为。以上任何一种校园暴力都会给受害大学生带来躯体上的伤害、心理上的创伤和性格上的改变,都会给美好祥和的大学校园带来安全隐患,甚至对社会的公共安全环境造成伤害。

(二) 校园暴力的危害

1. 损害被暴力大学生的身心健康

当大学校园暴力发生后,会给被暴力的大学生造成巨大的身体伤害、心理创伤和性格改变。如果校园暴力非常严重,会造成被暴力大学生身体的损伤,给学习、生活、体育运动等带来影响。更为严重的是对被暴力大学生所造成的心理伤害,会造成被暴力者自信心受挫,缺乏安全感,生活压抑不快乐,学习退步,对生活缺乏热情;严重者会造成心理压抑、恐惧、抑郁,甚至会在心理上压垮一个大学生。

2. 形成不和谐的成长氛围和学习氛围

一旦大学校园出现暴力行为,就会给大学生带来不和谐的学习氛围、生活氛围和成长氛围。无论施暴者还是被暴力者在后续的学习、生活中都会带来隔阂、矛盾,带来同学之间关系的不协调、不信任,甚至带来彼此之间的敌对、仇恨。这会严重影响大学生之间正常的、纯洁的同学关系,影响他们正常的学习、生活、友谊,影响他们的健康成长与发展。

3. 对于施暴者可能带来法律后果

如果所发生的校园暴力较为严重,造成了被暴力者身体轻伤以上的伤害,那么,施暴者可能要负法律责任，受到法律的严惩。

（三）校园暴力发生的原因

高等学校校园暴力发生的原因主要有以下几点：

1. 学校教育管理机制不健全

由于大学的法制教育、安全教育、心理健康教育及学生管理方面存在缺失，导致有问题的学生没有及时得到关注和引导，当这些学生面临巨大的学习、生活、升学、就业等压力时，就有可能导致大学校园暴力的发生。

2. 法制观念淡薄，不能明辨是非

有些大学生法制意识较为淡薄，不知道暴力行为会触犯法律，可能带来牢狱之灾。一些大学生面对暴力行为，采取纵容的心态，助长了校园暴力的发生，甚至自己也会成为校园暴力的无辜受害者。

3. 学生心理不健康

一些大学生看问题偏激，存在暴力倾向和以暴制暴的心理，有张嘴就骂人、扬手就打人的不良习惯，并且不能正确预见暴力行为的不良后果。以暴制暴的心理在很多受过暴力伤害的大学生中都不同程度地存在着，尤其是那些长期受欺负、受暴力伤害、忍气吞声的大学生，这种心理更是明显和突出。如果我们不能及时发现与化解，一旦有机会，这些大学生就可能成为大学校园暴力的施暴者，给大学校园带来安全隐患。

4. 自我防范意识较差

一些大学生之所以遭遇暴力事件，可能是因其自身的防范意识较差造成的。如遭遇暴力抢劫，可能是因为钱包内经常放大量现金，尤其是经常故意炫耀；如遭遇人身攻击，可能是因为自己的言语和行为不当，对其产生的不良后果没有预见性；如遭遇校园暴力，可能是因为自己经常在他人面前炫耀、吹嘘自己，造成其他同学的不满与嫉妒。

案例 7.3-8

（四）防范和抵制校园暴力的方法

遏制大学校园暴力，构建和谐大学校园，不仅是高等学校的责任，更是大学生自己的事情，因为它关系到大学生的切身安全与健康成长。面对大学校园暴力，大学生应该提升自身的防范意识和抵制校园暴力的能力。

1. 学习法律知识

在日常生活中，大学生除了学习好专业知识外，还应该多学一些法律方面的知识，学会用法律的武器保护自己，并积极、主动、自觉地规范自己的言行，制止他人的暴力行为，为构建和谐的大学校园环境做出贡献。

2. 培养非暴力情感

每个人都渴望被关注、被接纳、被肯定，一旦某些大学生不被老师同学关注，就容易产生自暴自弃的心理，甚至用暴力手段来报复老师和同学，所以，对于周围那些内向抑郁自闭的大学生，我们应多理解、关心、呵护和帮助他们，让他们体会到自己的被尊重，体会到生活的美好，体会到集体的温暖，看到生活的希望，这样他们就会逐步培养起他们丰富、健康的情感，就会慢慢打消暴力的念头。

3. 学会缓解压力

大学生由于学习、生活、升学、就业压力过大，也很容易产生暴力倾向。如今的大学生面临着诸多压力，学习压力、情感压力、交往压力、经济压力、心理压力、就业压力等。如果这些压力问题得不到及时纾解和释放，就有可能造成大学生情绪低落、心理压抑、消沉、自卑、抑郁、恐惧，甚至引发一些极端行为，如暴力、攻击、自杀等。对此，大学生一定要注意随时发现、关注自己的情绪和心理变化，一旦发现自己有负面情绪、心理压力，要及时地舒缓、释放心中的压力，调节好自己的情绪；同时，还要主动帮助其他压力较大的学生进行情绪调节和心理减压。

4. 面对暴力不低头

当暴力发生时，大学生要告诉自己不要害怕，让施暴的人不敢贸然攻击，甚至自动退缩。同时，要迅速报警或者大声求救。但是，在面对暴力时，一定要注意方式方法，在保证自己不被伤害的情况下，一方面报警求援，一方面与施暴者周旋。

5. 做好自我防范

在大学校园内行走时不要走偏僻人少的小路，尤其是夜出时最好与同学、朋友结伴而行；保护好自己的钱、卡、财物，在掏钱包取钱时，不要让外人看到里边的钱、卡；平时注意不要与人结怨，说话做事要与人为善，注意把握分寸，与人争辩时情绪、动作不要过大。

七、抵制邪教

邪教是人类社会发展的一大毒瘤，一方面，它伤害广大信教群众的感情，欺骗他们的信任，榨取他们的钱财，破坏他们的家庭，甚至危害他们的生命；另一方面，它践踏人类文明的成果，破坏社会的安定团结，阻碍社会的发展。邪教的滋生蔓延、发展壮大，和他进行的一切破坏行动和违法犯罪行为，已经严重影响到广大信教群众的正常生产、生活秩序，影响到社会的公共安全和国家安全。大学生要充分认识邪教的本质，充分了解邪教的目的和危害，掌握邪教的欺骗手段，精准辨识邪教组织的特征，提高自己的防范意识，从而坚决反对、自觉抵制邪教的思想侵蚀，拒绝邪教、远离邪教。

（一）宗教与邪教的区别

宗教是人类社会和人类文明发展到一定历史阶段出现的一种文化现象，属于社会意识形态。宗教从其本质来说是一种精神寄托和终极关怀，它培养了人的社会性、人文性，对人类集体活动和社会活动具有一定的积极作用。

邪教是冒用宗教或其他名义建立的一种神化首要分子（往往是教主），利用制造、散布、宣扬迷信邪说等手段蒙骗、欺骗、蛊惑信教群众，发展控制会员，对国家、社会、家庭和个人的正常生产生活秩序、财产安全，甚至是生命安全有着极其严重危害的非法组织。邪教和恐怖主义、黑社会并称为世界三大毒瘤之一。

邪教大多是以传播宗教教义、为人类带来福音、拯救人类为幌子，制造歪理邪说，散布谣言，欺骗群众，蛊惑人心，而且通常都有一个自称开悟的具有超自然力量的教主，邪教往往以秘密结社的组织形式控制邪教群众，一般以不择手段地敛取钱财为主要目的。

邪教不是宗教，邪教与宗教有着本质的不同，主要区别在于：

1. 对社会的态度不同

宗教并不反社会、反人类，宗教倡导信徒融入社会、服务社会、造福人群、维护社会和谐与稳定。邪教则完全相反，邪教打着拯救人类的幌子，实则是大行反社会反人类之实。虽然邪教盗用了宗教的一些用语、教义和做法，但它的本质是反社会、反人类的，它们引诱、欺骗、蛊惑煽动广大信教群众敌视社会、仇视社会、危害社会，甚至带有政治野心。

2. 崇拜对象不同

宗教信奉、信仰和崇拜的对象是各个宗教特定的神，是固定不变的。宗教信仰和崇拜的往往都是超越于世的“神”。“神”不存在于现世之中，而是由千百年来历史、习俗等演化而来的，经过时间检验，受到社会上一部分人的认同与认可，与现实的人有着严格区别。

邪教信奉、信仰和崇拜的则是邪教教主本人，是现世的活生生的人。他们通过冒用、篡改手段，将自己塑造成为法力无边的“神”，吹嘘自己的超强能力，要求成员对其绝对服从，顶礼膜拜。邪教头子总是以神的名义，自称是神的“替身”“化身”“代表”“代言人”，通过神化自己，使本教成员产生信任感、神秘感、崇拜感、敬畏感，从而对他盲目服从、无限信任，进而达到对成员精神控制的目的。

3. 理论学说不同

宗教有自己的典籍，有自己的教义，形成了自己的理论学说体系。宗教关注人们的现实生活，教导人们学好从善，规范与约束自己的不良行为，给人们以安慰、劝勉和鼓励。宗教所传达的教义、经典能为人们提供一定的正面的精神支持，具有劝导、向善的启迪功能。

而邪教没有正当和完整的思想理论体系，往往篡改正统宗教的教理教义，盗用正统宗教徽号和概念，冒充正统宗教宣扬末世论、教主崇拜等歪理邪说。邪教所谓的教义往往是危言耸听或信口开河，是“谵妄之言”的杂糅。邪教刻意渲染灾劫的恐怖性，如频频发出某年某月某日为世界末日的谣言，蛊惑欺骗信众，扰乱人心，制造恐慌，致使信徒消极遁世走向厌世自杀，或仇视社会走向行为极端。

4. 活动方式不同

我国宗教有合法的团体组织和活动场所，信教公民所举行的集体宗教活动、宗教仪式等都是在经合法登记的宗教活动场所内举行，由经宗教团体认定的宗教教职人员主持，按照教义教规进行。也就是说，宗教的传教活动一般是公开的，人所常见的，信仰活动相对宽松、自由，不危及公民人身自由等基本权利。邪教一般没有按照国家社会团体登记管理和宗教事务管理规定登记，也没有经人民政府宗教事务部门审查同意并到人民政府民政部门登记。邪教没有合法的活动场所，他们活动诡秘，一般采取地下活动方式开展串联、聚会，活动多在比较隐蔽的地点进行。也就是说，邪教总是秘密结社，活动诡秘不可告人。邪教由于没有合法的活动场所，因此，他们常常变换聚集场所，对信徒实施严格管制和精神控制，要求信徒绝对信仰,对离教人员则采取打击报复迫害等手段,限制人身自由,使人很难摆脱出来。

5. 立教的目的不同

宗教一般不涉及世俗事物,多与现实世界、现实生活相通,大多教导人心怀善念、珍爱生命,对人类社会具有一定的积极作用。

邪教立教的动机和目的源于对世上事物、他人钱财、政治地位、自我安乐的非分之想,立教的目的是利用骗术和对信徒的控制、引诱、蛊惑、恐吓,来满足其个人的私欲、讹诈群众的钱财,并企图实现控制社会的野心。邪教往往是与现实世界相对抗,通过煽动、蒙骗、恐吓等方法,蛊惑人们逃避家庭,仇视社会,轻视生命,本质是反社会、反人类、反科学、反政府的,具有极大的社会危害性。

6. 对科学的态度不同

宗教对已经证实的科学事实、科学理论、科学学说,大多会表示接纳和认同。邪教则不同,邪教对人类已经证实的科学事实、科学理论、科学学说持怀疑和反对态度,要么打着科学的旗号反科学,要么明目张胆地攻击科学。

7. 法律地位不同

宗教组织是依法登记、依法经过审查和备案的社会团体,公民正常的信教自由、宗教活动和仪式,受到国家宪法和有关法律的保护。邪教组织则属于非法社会团体,其一切组织、人员、活动、财产等都不受国家法律保护。

(二) 邪教的本质、特征和危害

1. 邪教的本质

邪教具有反科学、反社会、反政府、反人类的反动本质。

(1) 反科学

邪教组织大肆宣扬神秘主义和"教主"的所谓"神通""法术""魔力",其本质是宣扬神秘主义、封建迷信和伪科学,试图否认科学的存在和作用;其目的在于试图束缚人们的思想,控制人们的行为。例如"法轮功"的李洪志多次宣称"现在的科学不算科学",并吹嘘自己是"最大的佛",有搬运、定物、思维控制、隐身等功能,有"推迟地球爆炸时间"的大神通,可以"往来于宇宙各个不同的空间",对现代科学进行全盘否定,这些都是明显反科学的骗人鬼话。大学生要树立正确的科学观、世界观,要以现代唯物主义认识论为基础,不相信任何超自然的神秘力量,更不要相信邪教这种反科学的做法。

(2) 反社会

邪教的本质是反社会,它们通过各种手段逃避现实社会,抹黑社会现实,丑化社会现实,破坏现实社会;其突出表现为通过对抗与破坏现实社会,大搞教主崇拜。他们千方百计把邪教组织打造成一个封闭的社会,不准成员与社会正常交往,以建成一个以教主为中心的"天国社会",让教主为所欲为。一旦邪教组织的"请求"得不到满足,他们就会采取极端手段对抗社会,破坏社会秩序和安宁。例如"法轮功"煽动蛊惑不明真相的练习者挑起事端,编造谣言,制造恐慌,对抗社会,对社会的和谐与安定造成了极大地干扰和破坏。因此,大学生应该警惕邪教的存在,增强法律意识,不支持、参与邪教活动,共同维护社会的公共安全和社会的和谐稳定。

（3）反政府

尽管邪教组织的反政府本质在不同的历史时期、不同的国家和地域表现不一样，但是邪教组织对抗政府、反对政府的本质是不变的。其突出表现是散布“政府无用论”和“法律无用论”，否定政府与法律的权威；宣扬政府面对自然灾害无能为力，鼓动人们只能依附邪教“教主”才能得救。例如“法轮功”头目李洪志鼓吹“全人类都归我管，我要管不了你，谁也管不了你”，“人类制定的法律就是在机械地限制人，封闭人”；“全能神”邪教“教主”赵维山鼓动信徒要积极“振作起来，舍去生命，舍去一切，不惜个人得失，在神的率领下与大红龙展开一场鱼死网破的决战，将大红龙灭绝，建立全能神的国度。”这些邪教的反政府行为都是邪教的本质体现，都是对政府和社会的威胁，也都是对和谐社会的破坏。大学生一定要认清邪教的本质，防止邪教对自己的影响，积极与邪教的反政府行为做斗争。

（4）反人类

任何一个邪教组织的本质都是反人类的。邪教组织通常通过编造歪理邪说来煽动人们相信“只有加入邪教才能得到拯救”。他们鼓吹“人生宿命论”，主张人们逃避现实、远离社会、听天由命。其突出表现是编造歪理邪说，以“人生灾难”“人类劫难”“世界末日”等摧垮人们的意志；通过散布“人类罪恶论”，妄言地球爆炸、人类毁灭来束缚人们的思想和行为。一旦其歪理邪说不能自圆其说，或不能兑现许诺时，或被人们识破时，往往采取残害其成员生命的方式制造人间悲剧。这些做法都是邪教组织试图控制人们的思想和行为的方式，从而达到煽动人们加入邪教的目的。大学生一定要保持头脑清醒，一定要识破邪教组织反人类的本质，并自觉抵制邪教的渗透和影响。

2. 邪教的特征

（1）教主崇拜，精神控制

邪教教主往往以伪装和骗术来抬高自己、神化自己，自称为“绝对神”“无上神”“无限神”“唯一神”，让信徒对其绝对服从、绝对崇拜、无限信仰，即唯教主是从，为教主而生而死。邪教在鼓吹教主崇拜的基础上，实施极权和专制统治，在精神上控制信徒，对信徒进行“洗脑”，使其逐步失去正常理智，丧失判断是非的能力，痴迷于邪教，甘愿受其控制。

（2）编造邪说，妖言惑众

编造邪说是一切邪教教主蒙骗坑害群众的手段。他们往往打着宗教或气功等旗号，冒用宗教的名义编造和散布歪理邪说，妖言惑众，蛊惑人心，制造恐慌心理和恐怖气氛，使信徒追求超常心理体验，生病时拒绝药物治疗，痴迷于邪教的歪理邪说而不能自拔，把包括生命在内的一切都交给教主，最终导致其人格分裂、精神失常，对人的生命、尊严和家庭伦理道德等造成严重伤害。

（3）秘密结社，敛取钱财

邪教一般都有以教主为核心的行动组织，采取诡秘方式进行联络活动。邪教组织结构相当严密，组织内部等级和戒律森严，要求信徒绝对、无条件地服从教主，严禁脱离、背叛教主。几乎所有邪教组织，都无一例外地以各种名目骗取不义钱财，用于自身的挥霍和从事邪教活动。

（4）破坏家庭，残害生命

邪教煽动信教群众离家出走、背离家庭，把全部身心和财产都交给教主，导致家庭破裂。邪教不惜以教徒的生命作为牺牲品和政治赌注，诱导信徒集体自杀或制造绑架、暗杀、自杀、互相残杀、投毒、爆炸等恐怖事件，以制造政治影响。

（5）扰乱社会，危害国家

邪教一般在政治上不仅对现实不满、对社会不满，而且还怀有野心，唯恐天下不乱，制造各种事端破坏社会公共安全和国家的安全稳定。邪教有目的、有组织、有计划地窃取国家机密，勾结、投靠敌对政治势力，充当干涉他国内政的工具，危害本国国家安全。

案例 7.3-9

3．邪教的危害

邪教的危害是广泛而深远的，它对人类社会、人类文明的危害是全方位的。邪教不仅违背人性、违背人类基本的道德观念和法律准则，严重损害了正常宗教的合法权益，伤害了宗教信徒的情感，破坏了宗教秩序；严重影响社会的安定团结、国家的长治久安。

（1）破坏正常的生产生活，危害群众健康

邪教组织往往靠编造歪理邪说，制造恐慌心理、恐怖气氛和制造思想混乱，达到他们控制人们思想的目的。邪教组织是一种典型的反科学、反文明、反人类，亵渎人文精神和曲解人类文明的组织。他们鼓吹“世界末日论”，宣扬吃“赐福粮”“生命粮”以及“一切靠神的恩赐”等歪理邪说，致使一些群众分不清是非，上当受骗；他们诱使信教的群众整天忙于信“教”、传“教”，从而荒芜了良田，放弃了工作，甚至导致家破人亡；他们宣扬“信主可以免灾，祷告可以治病”，编造“只要虔诚祷告，不用打针、吃药，疾病自然会好”的谎言，不让患病的信教群众去医院看病，致使失去最佳的治疗时间，导致病情恶化。

（2）从事违法犯罪活动，危害社会

首先，邪教组织非法敛财，危害人民群众财产安全，进行经济犯罪，破坏社会生产及财政金融秩序。他们以收取“奉献款”、销售邪教用品等名目诈骗信教群众的钱财。例如某邪教“教主”欺骗信教群众说“信教的主要目的就是看轻钱财”“钱财最损害灵性和生命”，但自己却大肆挥霍信教群众上缴的“奉献款”，过着奢侈糜烂的生活。其次，邪教组织非法印制、传播大量邪教书籍和影像制品，宣传、宣扬歪理邪说。他们干涉信教群众的婚姻，违背人伦，破坏家庭，毒化社会风气，例如邪教头子奸淫玩弄妇女，严重摧残妇女的身心健康。再次，邪教组织诋毁正宗、合法的宗教和宗教活动，伤害信教群众的名誉权；扼杀信教群众自由，侵犯信教群众的政治权；戕害无辜信教群众的生命。最后，邪教组织往往使用色情勾引、非法拘禁、绑架、恐吓甚至杀人等手段吸纳人员、扩充组织、控制成员。以上这些做法严重危害社会秩序稳定，破坏社会治安，蔑视法律，危害公共秩序，危害社会健康发展。

（3）煽动反对政府，危害基层政权

邪教组织通过煽动信教群众发泄对现实、对社会、对政府的不满，来反对政府、反对社会、反对国家。一方面，他们通过向公职部门渗透，侵蚀国家机构。一些邪教组织有目的、有计划地拉拢、腐蚀党员和基层干部，侵蚀基层党、政府组织。另一方面，他们通过挑战现行政治体制，反对国家政权。有的邪教组织公然打出“夺取政权，建立神国”的旗号。

(三) 防范和抵制邪教的方法

新时代的大学生要树立远大的理想和正确的世界观、人生观和价值观,坚决防范和抵制邪教的侵蚀,为社会的公共安全和国家安全做出贡献。

1. 崇尚科学精神,反对迷信思想

科学是人类所积累的关于自然、社会、思维的知识体系,是人类对自然规律、社会发展规律和人类思维的正确认识与把握,科学的力量改变了世界的面貌,推动了人类文明的发展,是推动历史进步和文明发展的主要动力。迷信则是一种无知、愚昧,是一种对自然力量和社会力量的畏惧和屈服。新时代的大学生要使自己成为国家的有用之才和栋梁之材,就应当学习科学、崇尚科学、坚持科学,用科学知识、科学方法、科学思维、科学技术去反对和揭穿一切形式的迷信、邪说、邪教。因此,大学生在学习和生活中,一定树立科学的世界观和方法论,遇到问题要运用科学方法解决,切不可相信迷信,相信歪理邪说;切不可被这些邪教组织所迷惑,变成他们的信徒。

2. 站稳政治立场,拒绝宣传诱惑

作为新时代的大学生要态度鲜明,立场坚定,坚持做一个守法的公民。无论任何人以何种方式向你宣传邪教时,都要立场明确、态度坚决,义正词严地予以拒绝,同时向有关机关报警,以便公安机关查找线索,对邪教组织进行打击和取缔。当面对邪教组织和邪教分子的纠缠、各种小恩小惠的拉拢诱惑时,不要胆小怕事,更不要贪图便宜,要提高警惕,理直气壮,坚决摆脱邪教组织和邪教分子的骚扰、纠缠、拉拢和诱惑,防止上当受骗,误入歧途。在学习和生活中,大学生要多和同学、老师接触,遇到不顺心、困难的事可以找亲朋好友倾诉和帮忙,决不要上邪教的当,误入邪教泥潭,造成财产损失,甚至葬送自己的性命。

3. 挺身勇敢斗争,坚决予以反击

如果大学生被邪教势力包围和控制,邪教组织故意挑拨离间制造矛盾,使你精神和财产受到伤害、人身受到攻击,逼你加入邪教组织时,一定要立场鲜明,态度坚定,坚决予以反击。一要及时报告学校,依靠学校组织力量与邪教作斗争。二要及时跟家人说明情况,争取家人朋友的帮助与支持。三要及时采取灵活的方法报案,努力避免恶性案件的发生。

4. 发挥积极作用,保护家人朋友

大学生发现自己的家人或亲朋好友中有人受邪教迷惑,甚至发现自己的家人已经加入邪教组织离家出走,要立即到公安机关报案并及时反映给学校。大学生自己要多与其交流,做好政策宣传和思想工作,帮助其摆脱邪教组织的精神控制,断绝与邪教组织的任何往来,必要时寻求基层组织、公安机关的帮助。

5. 跳出邪教陷阱,回归正常生活

如果大学生自己曾陷进邪教中,首先要在老师和同学的帮助下,摆脱邪教的精神控制。其次要坚决与邪教组织划清界限,断绝往来。最后要主动向公安机关说明问题,争取从宽处理。检举揭发有功的还可以依法减轻或免予处罚。上当受骗加入邪教组织的,本身也是受害者,全社会都会欢迎他们回归正常的生活。

八、防范恐怖主义

近年来,恐怖袭击事件和恐怖主义在世界各地时有发生,造成了恶劣的影响,形成了极大的危害性和破坏性。作为新时代的大学生应该深刻了解和认识当前国内外严峻的反恐形势,树立防恐防暴意识,掌握防恐防暴的技能和技巧,提高自我保护能力。

(一) 恐怖主义的定义

恐怖主义是恐怖组织和恐怖分子为了实现一定的政治目的,对非武装人员有目的、有计划、有组织地使用暴力或以暴力相威胁,通过使用砍杀、纵火、爆炸、枪击、绑架、劫持、化学攻击等方式,将一定的对象置于恐怖之中所进行的恐吓活动、破坏活动和威胁公共安全的暴力恐怖行为。恐怖主义的一般表现形式为有目的、有组织地制造恐慌的暴力行为,意在达成宗教、政治或意识形态上的目的而故意攻击非战斗人员(平民)或将他们的安危置之不理。恐怖主义通常涉及对无辜人民群众的袭击,目的是在更大范围的人群中造成恐慌。恐怖主义事件主要是由极左翼和极右翼的恐怖主义团体与极端的民族主义、种族主义的组织和派别组织策划。

(二) 恐怖主义的主要特征

恐怖组织从根本上说是政治组织,它与黑社会组织的主要区别在于追求的目的不一样。黑社会性质的组织主要以追求经济利益为目的,而恐怖组织以政治目标为主。其特征主要是:

1. 严密的组织性

恐怖主义不是一个人或几个人的行动,而是具有严密、稳定的组织形式,其骨干成员相对固定,犯罪成员之间联系得比较紧密。恐怖主义组织通常具有高度的组织性和纪律性,在恐怖组织内部具有严密而明确的分工,各项恐怖活动和行为都有明确的意向和周密的组织程序,他们会有计划地筹备和执行袭击,人员的配备安排也具有制度化、规范化、保密化的特点,并利用互联网和其他手段来协调行动。一般来说,恐怖组织的背后都有一些具有相当经济及军事实力的利益集团甚至政府的支持。

2. 极强的隐蔽性

许多恐怖活动、恐怖袭击事件事先根本无任何迹象,虽然某些恐怖组织在实施恐怖主义行为之前会散布一些恐怖信息,但对其所组织的具体恐怖袭击行为的目的、时间、地点、对象、手段等人们却无从知晓。人们通常不知道恐怖分子在哪里,也不知道他们什么时间会采取恐怖行动,他们可能在哪里采取恐怖行动,以及其行动的直接目标和具体对象是什么。

3. 袭击目标的不确定性

恐怖袭击活动的被袭击对象是不确定的。这些被袭击对象不限于国家领导人及政府官员,很多情况下恐怖袭击是不分青红皂白的,普通民众经常成为恐怖活动的牺牲品,这是恐怖主义得以“恐怖”之名的一个重要原因。恐怖主义袭击的目标通常是随机选择的,可以是在公共场所、宗教场所、商业区等任何地方。攻击目标的多样化和不确定性使得恐怖袭击活动造成的后果远比仅针对国家领导人、政界要人实施的袭击行为的后果严重。

4. 反政府性

恐怖主义对人类社会造成巨大危害，其中反政府性是恐怖分子实施恐怖行为的一个最根本的目的。恐怖主义组织是通过暴力行为来实现政治、宗教或其他目的，例如迫使政府改变政策或意识形态。尽管恐怖主义所攻击的目标和对象具有不确定性，而且并不总是直接针对政府机构及政府领导人，但其根本的目的就是发泄内心的不满，反对政府及其行为，力求改变政府在相关事情上的做法。

（三）恐怖主义袭击的手段

恐怖主义袭击手段可分为常规恐怖袭击手段和非常规恐怖袭击手段。

1. 常规恐怖袭击手段

（1）砍杀。砍杀是指恐怖分子在人员密集场所如车站、机场、码头、地铁、市场、公园、学校、医院、超市、集会、影剧院等人员流动大的公共场所使用刀斧砍杀无辜群众的行为。

（2）冲撞碾压。冲撞碾压是指恐怖分子驾驶机动车辆无差别的、不计后果地冲撞碾压无辜群众的行为。

（3）纵火。纵火是指恐怖分子使用汽油、酒精等易燃物品对交通工具、建筑物等实施纵火焚烧，破坏电力、交通、通信、供气供水设施等的行为。

（4）爆炸。爆炸是指恐怖分子使用包括炸弹爆炸、汽车炸弹爆炸、自杀性人体炸弹爆炸等对特定地点、设施、对象、人群所进行的爆炸行为。

（5）枪击。枪击是指恐怖分子使用手枪、制式步枪或冲锋枪等，对特定对象、不特定对象和广大人民群众所进行的疯狂的、不计后果的枪击行为。

（6）劫持。劫持是指恐怖分子所实施的劫持人质、车辆、船只、飞机等的行为。

2. 非常规恐怖袭击手段

（1）核辐射恐怖袭击。核辐射恐怖袭击是指恐怖分子通过核爆炸或放射性物质的散布，造成环境污染并使人群受到辐射照射，从而制造恐慌、恐怖的行为。

（2）生物恐怖袭击。生物恐怖袭击是指恐怖分子利用有害生物或有害生物产品侵害人、农作物、家畜等的恐慌、恐怖行为。如发生在美国的炭疽邮件事件。

（3）化学恐怖袭击。化学恐怖袭击是指恐怖分子利用有毒、有害化学物质进行的恐怖行为。如东京地铁沙林毒气袭击事件。

（4）网络恐怖袭击。网络恐怖袭击是指恐怖分子利用网络散布恐怖袭击谣言、组织恐怖活动，攻击电脑程序和信息系统等，从而制造恐慌、恐怖的行为。

案例 7.3–10

（四）恐怖主义的主要危害

1. 伤及无辜百姓

恐怖主义为了达到自己的政治目的和政治意图，往往会不惜一切代价，不分青红皂白地向广大人民群众发难，造成无辜者的生命和财产受到重大损失。例如“9·11”恐怖事件共有4000多人死亡或失踪，上万人失去了自己的亲人和朋友。

2. 引起社会恐慌

由于恐怖主义组织所实施的恐怖行为经常通过使用爆炸、枪击、绑架、化学攻击等方式，将一定的对象不加区分地置于恐怖之中，在这种手段残忍的影响下会引起社会恐慌和动荡，破坏社会的公共安全和和谐稳定。例如“9·11”恐怖事件一度导致股市、汇市严重动荡，世界黄金、白银、石油价格飞涨。

3. 造成经济损失

由于恐怖主义行为一方面通过纵火、爆炸等破坏电力、交通、通信、供气供水等社会的公共设施，通过核辐射恐怖袭击造成环境污染，通过生物恐怖袭击侵害人、农作物、家畜等，通过化学恐怖袭击侵害人类、城市重要基础设施、食品与饮用水等，造成人类社会的基础设施、生存环境、物质财产的巨大损失，严重影响人类社会的经济发展与繁荣。例如“9·11”恐怖事件在美国造成财产损失近1000亿美元，使2001年的世界经济损失约3500亿美元，全球GDP增长率降低一个百分点。另一方面，恐怖主义的袭击行为会造成很多的人员伤亡，特别是像美国“9·11”事件，造成大量科技人员、专家教授、金融精英等的死亡，这也在某种程度上直接影响人类社会经济的发展。

4. 加剧社会矛盾

恐怖主义的存在与民族、宗教矛盾以及复杂的国际形势密不可分。恐怖主义袭击行为使得民族矛盾和宗教矛盾进一步加剧，使得民族之间、宗教之间的隔阂、仇恨进一步加大，导致民族之间、宗教之间冤冤相报难有终点。拉登的母亲阿利娅·加尼姆说，“我甚至希望他能够发动一场袭击，至少这样我能知道他平安无事”。从中我们可以看出恐怖主义造成的人性扭曲。

5. 破坏世界的和平与发展

恐怖主义的国际化发展影响了周边国家的安全，严重破坏了各国的民族和睦，引发社会动荡；极大地阻碍了各国的经济发展和社会进步；影响一些国家政府的形象，造成政局动荡、社会不安；严重地破坏世界的和平与发展等等。

（五）防范和抵制恐怖袭击的方法

1. 掌握预防恐怖活动的基本知识

新时代的大学生要了解、掌握恐怖主义、恐怖袭击的基本知识，包括什么是恐怖主义、什么是恐怖活动，恐怖主义的主要特征是什么，恐怖主义袭击的手段有哪些，恐怖袭击的主要方式有哪些，恐怖主义的主要危害是什么。大学生只有掌握了恐怖主义袭击的这些基本知识，才能在恐怖主义袭击来临时能够正确地识别、区分，才能够正确地应对恐怖主义袭击，才能够自觉与恐怖主义的袭击行为进行坚决的斗争。

2. 共筑反恐防范安全防线

安全源于你我，反恐人人有责。日常生活中，进入车站、机场、影剧院等公共场所时的安全检查,购票乘坐交通工具、使用物流快递、租赁机动车、上网等场景的实名登记,都离不开广大人民群众的支持与配合。这些举手之劳的作用不可小看,它对全社会防范恐怖袭击具有重要意义,能够有效震慑、阻止暴恐分子策划、准备及实施恐怖袭击活动,能够有效地保护广大人民群众的安全。大学生要主动树立这种意识,主动配合安全检查,要主动养成这种习惯。

(1) 积极来安检,不要嫌麻烦

保障每个人的人身、财产安全,是各种安全检查工作的主要目的。通过各种公共场所的安全检查,能及时发现人身、车辆、物品等是否携带或夹带枪支、弹药、管制刀具、易燃易爆、腐蚀性、放射性等危险物品,有效防止损害发生。大学生要积极、主动配合安全检查,为防止恐怖主义做出自己的贡献。

(2) 依法实名制,保护你我他

在日常的社会生活中,当我们坐飞机、乘火车、住酒店、寄快递时,都需要出示有效身份证件。实名制有利于加强社会管理、规范个体行为、打击违法犯罪,并在及时发现可疑、消除涉恐隐患方面,发挥着十分重要的作用。大学生要养成依法实名制的习惯,为打击违法犯罪、消除涉恐隐患贡献力量。

(3) 平日多练习,遇袭保平安

在凶残的暴恐分子面前,大学生明显处于弱势。因此,大学生一旦意识到身边可能发生暴恐事件,要在确保自身安全的前提下,及时报警。

3. 自觉抵制恐怖主义思想

恐怖主义思想是恐怖活动的重要诱因。恐怖分子往往通过制作、发布音视频,散发非法宣传品等形式,千方百计地向群众传播恐怖主义思想,煽动实施恐怖活动,传授恐怖袭击方法。作为大学生,要学会识别它们。一方面,坚决抵制恐怖主义思想的滋生和蔓延,从自己做起,切实切断与恐怖主义思想的任何联系。另一方面,教育、引导、影响自己身边的亲戚、朋友、同学远离恐怖主义思想,使他们了解恐怖主义思想所带来的危害,自觉与恐怖主义思想行为做坚决的斗争

4. 正确识别、举报涉恐可疑情况

大学生为避免遭受恐怖袭击,尽量不去或少去恐怖活动的重灾区。即使到了这些地方,思想上也要提高警惕,活动要格外小心。面对恐怖袭击要注意:

(1) 发现疑似恐怖分子

首先,要保持镇静,迅速判别自身面临的危险程度,快速撤离危险区域,或者就地隐蔽。

其次,要迅速报警。直接拨打“110”报告可疑情况,让警方来处理。

最后,要牢记特征。在确保自身安全的情况下,要尽可能记住恐怖主义嫌疑人及与其交往人员的体貌特征,以便警方后续的处理。

(2) 遭遇恐怖袭击

首先,如果看到有人拿着刀砍人,应迅速跑开,不围观、不停留、不回头。跑不掉要躲藏,跑不了也躲不了的话,要利用身边的物体自卫、反击。

其次,如果在校园里或校园外遇到横冲直撞的可疑车辆时,要马上向车的两侧跑开,寻找建筑或树木等坚固物体藏起来。

再次，在校园内或学校周边看到没有主人的包裹、汽油桶等可疑物时，不要随意碰触挪动，这有可能是恐怖分子放置的会爆炸的危险物品，要立即告诉老师或者保安。万一发生爆炸，应当迅速趴下，爆炸结束后捂住口鼻，有秩序撤离。

最后，如果不幸被恐怖分子劫持成为人质，要尽可能保持冷静，不哭不闹，服从劫持者，以免因为哭闹惹怒劫持者而做出进一步伤害行为。在耐心等待救援的同时，注意观察劫持者的体貌特征，以便后续给警察提供更多的线索。如果警察发起突袭，要尽量趴在地上，配合解救。

►► 第四节　预防和应对校园安全问题的措施和方法 ◄◄

在当今社会，大学校园安全问题日益凸显，已成为各高校面临的重要挑战之一。保障大学生的安全与健康是高等学校的首要责任。然而，面对各种潜在的安全风险和威胁，高等学校需要采取一系列的措施和方法。从安全意识培养、制定应急预案，到加强校园巡查，各项措施共同构建了一个安全稳定的校园环境。与此同时，高等学校与当地派出所和社区安全组织的紧密合作也发挥着关键作用。通过这些综合性的举措，高等学校可以为大学生创造一个安全、和谐的学习和生活环境。

一、重视对大学生安全意识的培养

安全意识是人们对自身和他人安全的关注程度和认识，它涉及到对潜在危险的识别、预防和应对能力。缺乏安全意识会增加事故发生的风险，因为人们可能忽视潜在的危险或采取不安全的行为。大学校园安全事故的发生往往由于师生安全意识淡漠、缺乏重视和不正确的行为习惯造成的。一方面，大学师生对安全问题的认识不足，对大学校园安全隐患缺乏敏感性。他们可能没有意识到某些行为或环境可能会造成伤害，从而没有采取相应的预防措施。例如，不安全使用设备或忽视安全警示标志。另一方面，忽视安全规定和不正确的行为习惯也是导致事故发生的原因之一。有些大学师生可能出于方便、追求刺激或不了解危险性而违反安全规定。例如，在实验室中不正确地使用化学品或实验设备，或者在运动场上不穿运动护具进行激烈活动等都会导致安全事故的发生。

由此可见，加强大学生安全意识的培养，提高大学生个体对大学校园潜在危险和风险的认知和理解，是预防和应对大学校园安全问题的基础。培养良好的安全意识可以提高大学生的自我保护能力，减少事故和意外事件的发生，并及时应对紧急情况。因此，培养大学生的安全意识对预防和应对大学校园安全具有非常重要的意义和价值。

（一）安全意识的培养方法

1. 定期开展安全教育活动

高校应定期组织安全教育活动，包括讲座、培训课程、主题研讨、参观访问等形式，向大学生传达安全知识、技能，提高他们的安全意识。

2. 发放安全意识宣传材料

制作和发放安全意识宣传材料，如海报、宣传册、安全提示卡等，通过校园媒体、网站和社交媒体等渠道广泛传播，以提醒和引导大学生关注校园安全、关注自身安全、关注公共安全。

3. 举行模拟演练和实践活动

举行模拟演练和实践活动，例如火灾逃生演练、急救技能培训、地震逃生演练、洪水自救演练等，让大学生亲身参与，增强他们的应急反应和处理能力，进一步培养安全意识。

4. 组织校园安全知识竞赛

组织校园安全知识竞赛，鼓励大学生积极参与，通过比赛形式加深对安全知识的理解和记忆，提高他们的安全意识水平。

5. 开展经验分享和案例分析

邀请校园安全专家和相关部门的代表来高校举办讲座和经验分享，分享真实的安全案例和安全事件，引发大学生的思考和讨论，提高他们对安全问题的敏感性。

（二）大学生安全意识教育策略

1. 分年级和群体开展安全教育

根据大学生的年龄和特点，有针对性地开展安全教育活动，如针对新生的安全入学教育、针对毕业生的就业安全教育等，确保大学生对安全知识的全面掌握。

2. 设置安全意识教育课程

将安全意识教育融入到大学生的日常课程中，设计相关的安全课程或模块，培养大学生对各类安全问题的认知和应对能力。

二、开展应急预案制定与演练

不可抗因素是导致大学校园事故发生的一个重要原因，其中包括自然灾害和意外事故。自然灾害是不可抗拒影响大学校园安全的因素之一。地震、台风、洪水等自然灾害具有突发性和破坏力，其发生往往无法准确预测和控制。这些灾害可能导致大学校园建筑物的倒塌、道路的损坏、供水和供电中断等情况，从而危及师生生命财产安全。天气状况是影响校园安全的重要因素。恶劣的天气条件，如大雨、狂风、冰雪天气等，会增加大学校园事故发生的风险。例如，大雨可能导致大学校园道路湿滑，增加摔倒和滑倒的危险；狂风天气可能造成窗户、广告牌等滑落、倒塌，危及大学生的生命财产安全；冰雪天气可能使地面结冰，增加行走难度和交通事故的发生率。这些天气状况可能影响学生的正常活动和校园设施的安全运行。意外事故包括火灾、化学泄漏、公共卫生事件等，这些意外事故的发生将会严重影响大学校园的安全，将会给大学生的学习、生活、工作等带来严重的后果。

面对不可抗因素给大学校园带来的影响和危害，应急预案的制定与演练就显得非常重要,成为高校校园安全管理的重要环节。通过合理制定应急预案,加强预案演练,高校能够提高应对突发事件的能力,保障大学生的生命安全和财产安全。同时,高校还应及时修订和完善应急预案,以应对不断变化的安全形势和挑战。

(一) 应急预案制定

1. 风险评估

对高校可能面临的各类风险进行全面评估,包括自然灾害(如地震、洪水)、意外事故(如火灾、化学泄漏)、公共卫生事件等。根据风险评估结果确定优先级和紧急程度。

2. 设立应急组织机构

设立应急管理机构和指挥部,明确人员职责和指挥链条;指定应急管理人员,负责应急预案的制定、实施和评估。

3. 科学预案编制

根据不同类型的突发事件,制定相应的应急预案,包括火灾应急预案、洪水应急预案、地震应急预案、化学品泄漏应急预案等。预案内容应包括预警与通知机制、应急指挥体系、疏散与救援措施、资源调配与支持、信息发布与媒体沟通等。

4. 做好资源准备

制定详细的资源清单,包括消防器材、急救设备、紧急疏散设施等。确保这些资源的配备和维护,并与相关部门建立合作关系,以便在需要时能够及时获取支持。

(二) 应急预案演练

1. 演练计划

高等学校要制定应急预案演练的计划和时间表。根据风险评估结果和实际情况,确定演练的频率和类型。建议定期进行大规模综合演练,以及针对特定事件的专项演练。

2. 演练形式

演练形式包括桌面演练、实地演练和综合演练。桌面演练通过模拟情景和讨论的方式,检验应急预案的可行性和合理性。实地演练在实际场地上进行,模拟真实环境下的应急响应和协调。综合演练是综合多种演练形式,测试大学生的整体应对能力。

3. 演练评估与总结

演练结束后进行评估,检查大学生在演练过程中存在的问题和不足之处。总结演练经验,及时修订和完善应急预案。重点关注演练中发现的问题,如沟通不畅、指挥混乱、资源调配不足等,及时加以改进。

4. 培训与意识提升

高等学校要加强大学生的应急知识培训。定期举办应急知识讲座、实地演练和逃生演习,提高大学生应对突发事件的能力和应急反应速度。

三、坚持校园巡查与安全巡逻

巡查和巡逻是预防和监控大学校园安全的重要手段，旨在及时发现和解决大学校园潜在的安全隐患，维护大学校园秩序和安全。

（一）发现和消除安全隐患

通过巡查和巡逻，能够及时发现大学校园内的安全隐患，如疏散通道堵塞、设备故障、安全设施缺失等，并采取相应的措施予以解决。

（二）维护校园秩序

巡查和巡逻可以对大学校园内的学生和教职员工的行为进行监督和引导，防止违规行为和纠纷发生，维护校园秩序和安全。

（三）增加安全感

巡查和巡逻制度的实行可以提高师生的安全感和信任度，增强校园成员的自我保护意识，减少潜在的犯罪和安全事件的发生。

思考题

1. 校园安全对大学生的学习和生活有何重要性？请列举具体的例子，并讨论如何提高大学校园安全的重要性。

2. 你认为学校应该采取哪些措施来预防大学校园安全隐患。请列举至少三个具体的措施，并解释其重要性。

3. 大学校园安全需要全体师生和工作人员的积极参与和合作。你认为如何促进大学校园安全文化的建设？请提出至少两个具体的建议。

4. 在你的学校中，你觉得哪些校园安全问题需要更多关注和改进？请描述该问题，并提出至少一项解决方案。

拓展阅读 4

第八章　实验室安全

思维导图

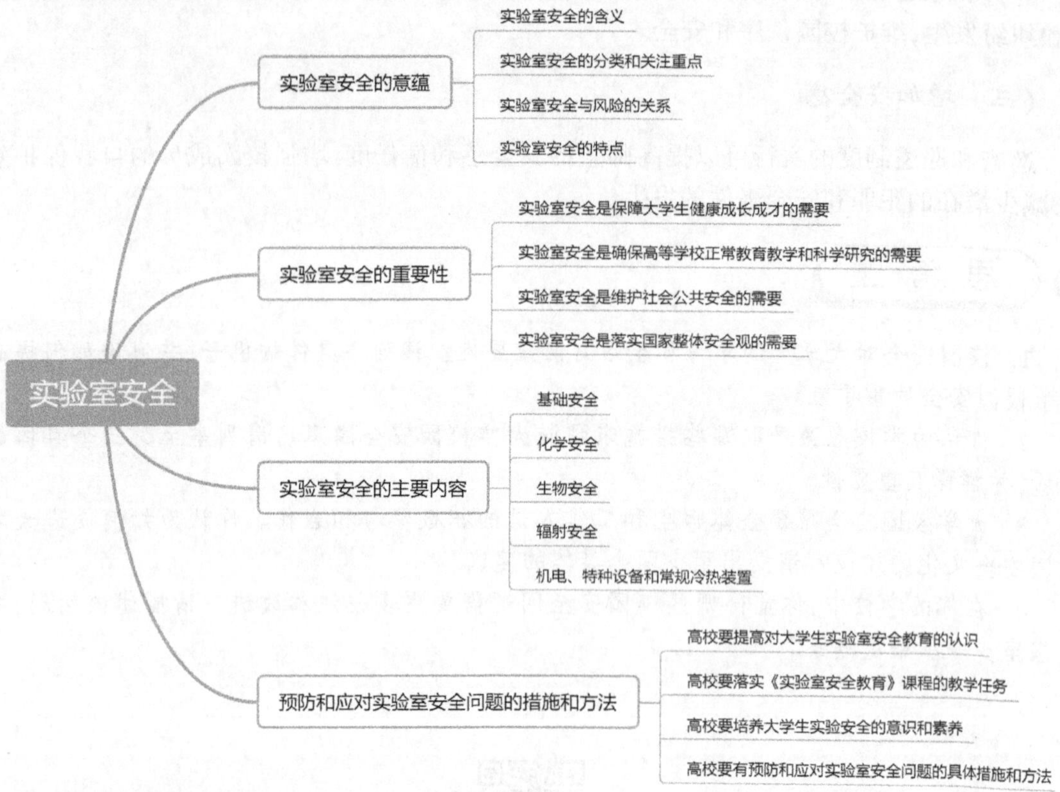

学习目标

【知识目标】了解大学生在实验室中常见的安全问题类型;理解实验室安全的相关基础知识。

【能力目标】学会使用实验室设备和仪器时的安全操作;掌握常见的实验室安全问题的应对技能。

【素质目标】具备基本的实验室安全素养,能妥善处理遇到的实验室安全挑战;学会与他人合作,共同维护实验室的安全环境。

【思政目标】认识到实验室安全对于整个实验团队、学校乃至社会的公共安全的重要性;在面对安全事故时,能够积极参与、主动承担责任,做到严谨、负责。

实验室安全教育在大学生公共安全教育中占据着重要地位,对于保障大学生的健康成长与发展具有关键作用。由于大学生的专业学习、技能提升和科学研究离不开实验室,特别是对于理工农医类专业的学生而言,实验室安全教育显得尤为重要。

实验室中常使用腐蚀性、易燃易爆或有毒的化学试剂,配备易损的玻璃仪器和精密的分析仪器,以及燃气、水电等设施。这些因素使实验室安全风险不容忽视。近年来,随着高校对实验室建设投入的增加和办学规模的扩大,实验室安全问题愈发重要。因此,加强大学生实验室安全教育,可以有效预防火灾、爆炸、中毒等潜在安全事故的发生。

为确保大学生的健康成长,我们应时刻牢记实验室安全规则,并严格遵守相关操作规程。通过加强实验室安全教育,可以提高大学生的安全意识,降低实验室事故发生的可能性,为大学生创造一个安全、有序的学习、生活和实验环境。

►► 第一节 实验室安全的含义 ◄◄

一、实验室安全的含义

实验室安全是一门多学科交叉的应用技术领域,它以实验室环境为基础,通过对实验人员、设备、实验材料和环境进行系统性的风险分析、评估和控制,旨在提高实验室运行的安全性、可靠性和可持续性。实验室安全作为实验室管理的核心部分,根据国家法律法规、教育部门规章制度和实验室管理规定,关注实验室的设施、化学、生物、辐射等各方面的安全问题,以降低实验室内的潜在风险,保障实验人员及其周围环境的生命健康、财产安全和实验数据的可靠性。

实验室安全可以从预防、控制、应对和恢复四个层面出发,用科学的方法,对实验室内潜在的安全风险进行全面管理。在实验室安全管理过程中,要重视风险识别和评估,强调事前预防和事中控制,关注事后处置和恢复,注重实验室安全文化的建设,提升实验人员的安全意识和素养。

二、实验室安全的分类和关注重点

大学生安全教育应使大学生了解实验室安全的主要分类及其重要关注点,这对于培养大学生的公共安全意识和能力具有重要的意义。

实验室安全主要包括以下几个方面:

(一) 基础安全

基础安全涵盖实验室的用电安全、用水安全,以及实验室的设计、设施维护,安全设备配置、疏散通道设置等方面。关注重点包括实验室的用电、用水、消防设施、布局、通风系统、照明条件等。

(二) 化学安全

化学安全涉及化学品的储存、使用、废弃物处理等环节。关注重点包括实验人员的化学品知识和风险评估能力、化学品的分类存储、实验操作规程等。

(三) 生物安全

生物安全主要针对生物实验室,涉及生物制品、病原体、基因工程等方面的安全防护。关注重点包括生物安全柜的使用、实验室生物废弃物处理、病原体实验操作规程等。

(四) 辐射安全

辐射安全包括实验室内放射性物质、电磁辐射等方面的安全防范。关注重点包括放射源的管理、监测设备的使用、防护设施及措施等。

(五) 机电与特种设备安全

机电与特种设备安全主要指实验室内各类设备、仪器的安全操作和维护管理。关注重点包括设备的安全使用培训、设备维护保养、操作规程等。

三、实验室安全与风险的关系

实验室安全面临一定程度的风险,这些风险来自于实验室内外的多种因素。实验室安全就是要在识别、评估和控制这些风险的基础上,降低实验室事故发生的概率和影响后果,从而保障实验人员及其周围环境的生命健康、财产安全和实验数据的可靠性。

风险是不确定性的一种表现,它可能来源于实验室内外的各种因素,包括人的行为、设备设施、实验材料、环境条件等。在实验室开展实验和安全管理过程中,需要通过识别、评估和控制这些风险,采取有效的预防和控制措施,降低实验室事故发生的概率和产生的后果,实现实验室安全的目标。

实验室安全与实验室风险是相互关联的,实验室的安全水平取决于实验室风险的大小和可控程度。通过加强实验室安全教育,提高实验人员(尤其是大学生)的安全意识和素养,可以降低实验室的风险水平,从而提高实验室的安全水平。

四、实验室安全的特点

实验室安全是大学生开展学习、实践、科学研究的基石和保障,我们必须了解实验室安全的特点，确保实验的顺利进行。其特点有以下几个方面：

（一）多样性

实验室安全涵盖了基础安全、化学安全、生物安全、辐射安全和机电与特种设备安全等多个方面，因此，具有多样性。

（二）动态性

实验室安全是一个动态的、持续的过程，需要实验室管理者、实验人员和相关部门共同参与，通过不断地学习、实践和改进，实现实验室安全质量的持续提升。

（三）系统性

实验室安全需要从实验室的设计、建设、运行、维护等多个环节入手，形成一个完整的、系统的安全体系。

（四）预防性

实验室安全注重对潜在风险的预防，通过风险识别、评估和控制，降低实验室事故发生的可能性。

（五）培训性

实验室安全需要对实验人员（尤其是大学生）进行针对性的安全教育培训，通过学习和实际操作，使大学生掌握实验室安全操作的技能，提高他们的安全意识，使其能够在实验室内做到安全操作。

这些特点强调了实验室安全涵盖的广泛领域、持续改进的过程、全面的安全体系、重视风险预防的措施以及对大学生安全教育培训的重要性。了解和掌握这些特点，将有助于大学生在实验室中更好地确保安全，共同构建安全的实验环境。

►► 第二节 实验室安全的重要性 ◄◄

实验室安全在我国高等教育和安全大环境中具有至关重要的作用，它关系到大学生的生命安全、财产安全、实验数据的可靠性，以及实验室工作效率和声誉。中华人民共和国成立 70 多年来，特别是改革开放 40 多年以来，我国的科技和高等教育事业取得了显著成就。实验室作为科研、教学的重要场所，对于国家和社会的科技进步、高等学校人才培养和经济发展具有重要作用。因此，加强实验室安全教育和管理，遵循国家和教育部的文件精神，旨在确保实验室能够在安全、有序的环境中开展科研、教学和实验活动。

党的二十大报告强调推进国家安全体系和能力现代化，提高公共安全治理水平，以及进一步完善安全生产管理体系。这为实验室安全提供了有力的政策支持和指导。党的二十大报告要求坚持安全第一、预防为主,建立大安全大应急框架,完善公共安全体系,推动公共安全治理模式向事前预防转型。这为实验室安全教育指明了方向。

实验室安全是公共安全的重要组成部分。当前,实验室安全的重要性和紧迫性愈发凸显,需切实增强责任感和使命感。这就要求各级领导干部、教育工作者和实验室人员要切实履行安全主体责任,按照党的二十大精神要求,严格落实国家和地方的安全生产管理要求,不断加强实验室安全教育,确保实验室安全教育工作取得实质性进展。

一、实验室安全是保障大学生健康成长成才的需要

保障大学生在实验室内的安全,对其身心健康、专业技能提升具有重要意义。通过加强实验室安全教育,大学生可以提高对实验操作和安全规程的认识,预防实验事故的发生。在安全的实验环境中,大学生能更好地专注于科学研究,锻炼实践能力,培养团队合作精神,为以后的职业生涯和社会发展打下坚实基础。

二、实验室安全是确保高校正常开展教学和科研的需要

实验室是高等学校开展教学和科学研究活动的重要场所,实验室安全直接影响到高等学校教育教学和科学研究的质量和效率。加强实验室安全教育,严格执行实验室安全管理规章制度,可以避免人员伤亡、设备损坏、实验数据丢失等问题,保证实验结果的准确性和可靠性。同时,良好的实验室安全管理和扎实的安全教育培训,还能提高实验设备设施使用效率,降低运营成本,有利于高校的长期发展。

三、实验室安全是维护社会公共安全的需要

实验室安全关系到周边环境和社会公共安全。如果实验室安全管理不善,可能引发火灾、爆炸、化学泄漏等事故,甚至造成生命财产损失。通过加强实验室安全教育和管理,可以有效预防这些事故的发生,降低公共安全风险,为学校和社会创造一个安全、有序、和谐的环境。

四、实验室安全是落实国家整体安全观的需要

实验室安全是国家整体安全观的一个重要方面,符合国家战略目标和政策导向。通过加强实验室安全教育和管理,可以推动科研、教育和社会安全的整体提升,为国家安全和社会稳定做出贡献。同时,实验室安全工作的推进有助于提高国家在科技创新、人才培养等方面的国际竞争力,实现国家可持续发展。

五、实验室安全是构建社会主义和谐社会的需要

实验室安全对于构建和谐社会具有积极意义。通过确保实验室安全,可以为社会创造

一个安全、稳定、和谐的科学研究和教育教学环境,促进社会主义和谐社会的建设。加强实验室安全教育,可以提高大学生的安全意识和自我保护能力,进一步完善公共安全体系,推动公共安全治理水平不断提高,实现事前预防和应急处置相结合的公共安全治理模式。

►► 第三节 实验室安全的主要内容 ◄◄

高等学校实验室安全大致可以分为基础安全、化学安全、生物安全、辐射安全以及机电、特种设备和常规冷热装置安全等。这些领域涵盖了实验室安全教育的核心内容,通过这一节的学习,旨在全面提高实验室安全水平,防范各类实验室安全事故的发生。

每个安全领域又包括基础知识和注意事项、事故的应急处理方法和典型案例。通过对各类安全事项的深入了解,帮助大学生掌握实验室安全的基本知识,在实际操作中充分重视实验室安全,提高安全意识和应急处理能力,并从典型案例中汲取经验教训,避免类似安全事故的发生,为大学生创造一个安全、健康、有序的实验环境。

一、基础安全

(一) 用电安全

1. 实验室用电安全的基础知识和注意事项

(1) 基本要求和安全使用

① 实验人员(特别是大一新生)必须通过电气安全方面的实验室安全准入测试。

② 使用电气设备时,务必遵循设备标识上的电压、负载、运行状态、接线方式和安装位置等要求。

③ 电器设备应满足国家标准,并具备完整的标识及接地设施。

(2) 设备检测和维护

① 定期检查并及时更换老化或损坏的电气设备,确保设备使用安全。

② 在操作电器设备时,需熟悉设备的详细信息,了解设备的风险特点、容量和操作说明。

③ 禁止擅自拆卸或改造电器,如需维修或改造,应请专业人员操作。

④ 非专业人员不得接触或使用高压电器。

(3) 个人防护和操作环境

① 使用大型电器设备时,应按照要求,使用绝缘工具、绝缘手套或保护装置等防护措施。

② 确保室内操作环境地面平整、干燥、无障碍物,并避免受水汽、蒸气等干扰。

(4) 特殊场地与化学实验

① 在特殊场地(如高温、潮湿、易燃易爆等环境)使用电器设备前,应进行安全评估和规

范的操作安排。

② 如发现设备异常、电路短路等情况，应立即切断电源，并在确认安全后排除故障。

③ 在科研实验室中，化学实验与电气设备经常搭配使用，此时务必了解化学试剂与电气设备之间的相互作用。

(5) 设备巡查与安全检查

① 定期检查设备的接线、插头、开关等部件，确保设备运行的稳定性和安全性。

② 按规定执行电气安全检查，并严格遵守电气安全操作标准和规范。

(6) 大功率电器注意事项

使用大功率电器时，关注设备的电气和机械安全性，并定期检查设备及连接部件是否松动。

(7) 保护开关与设备放置

① 安装漏电保护开关和过载保护开关，以确保在设备发生故障和异常情况下，操作人员和设备能得到有效保护。

② 放置电器设备时，要确保周围具备良好的通风和散热条件。

(8) 紧急情况处理

① 遇到紧急情况，应立即切断电源并报告实验室负责人或安全管理员。

② 熟悉并掌握实验室内的灭火器、应急照明和其他安全设施的使用方法。

③ 在实验室内设置醒目的安全出口标识，并保持通道畅通。

(9) 实验室电气事故种类

实验室电气事故包括直接接触触电、间接接触触电、剩余电荷触电、感应电压触电、静电触电等。

(10) 造成电气灾害的主要因素

电气灾害的主要原因包括线路短路、线路超负荷供电、插头和插座容量不足、接头接触不良、保险丝选用过粗或用铜丝代替保险丝、空气开关或漏电保护器选用不当等。

实验室用电安全关系到大学生的生命安全、实验设备的正常运行，每个大学生都应当熟知电气安全基本常识，严格遵循上述注意事项，确保在实验室环境中能够安全地使用电气设备。同时，实验室管理者应着重加强实验室用电安全管理，提高实验室整体的安全水平。

2. 实验室用电安全事故应急处理方法

表 8-1 实验室用电安全事故类别及应急处理方法

事故类别	处理方法
电器漏电、电线起火、电源短路引起火灾、电气火灾	立即切断电源，使用灭火器或灭火毯扑灭火源。如火势无法控制，撤离人员并拨打消防电话。
电缆老化、电缆断路或中断、电气设备运行异常	切断电源并检查电缆或设备，进行更换或修理。
高压电器事故	立即切断电源，并拨打当地消防电话报警。
避雷器击穿	立即与配电室联系，尽快检修或更换避雷器。
自然灾害引起的电器设备故障	切断电源，并对设备进行检查或更换。
电击事故	立即切断电源或设法使其脱离电源，对患者进行急救并尽快送往医院。

续表

事故类别	处理方法
开关过载、断路器开闸	更换符合要求的开关、断路器,进行检查和维修保养。
电气设备过热	切断电源,检查设备散热系统是否正常,进行必要的维修和保养。
电气设备漏电保护器失效	切断电源,检查漏电保护器是否工作正常,若损坏,需进行维修或更换。
电气设备未按规定接地	切断电源,按照规定进行接地处理,确保设备使用安全。

如表 8-1 所示,实验室用电安全事故应急处理方法主要包括对各类电气事故进行及时、有效的处理。在发生电气事故时,首要任务是切断电源,隔离危险区域,避免进一步的损害。针对不同类型的事故,采取相应的处理措施,如使用灭火器、灭火毯扑灭火源,联系相关部门修复故障,更换损坏的设备或部件等。同时,针对受伤人员,采取及时的急救措施,并拨打 120 急救电话或报告有关部门。通过严格遵循实验室用电安全事故应急处理方法,确保实验室用电安全,降低事故发生的风险。

(二) 用水安全

1. 实验室用水安全的基础知识和注意事项

(1) 实验室用水分类

① 纯净水:需要经过过滤、脱盐、去离子等处理,以达到实验要求。按照实验要求选择合适级别的纯净水。

② 自来水:主要用于实验室的冲洗和清洁工作,但在某些情况下也可用于实验。使用自来水时,要注意水质可能存在的问题,如硬度、氯离子含量等。

③ 循环水:用于实验室设备冷却,如冷冻机、冷却水浴等。循环水系统应定期清洗和保养,以保证冷却效果和设备安全。

(2) 水龙头、阀门、上下水管使用与维护

① 使用水龙头时要注意关闭,避免浪费。

② 发现水龙头、阀门滴漏时,及时报告实验室管理员进行维修或更换。

③ 如发现地漏、下水道堵塞,及时报告实验室管理员进行疏通。

(3) 冷却冷凝装置使用与维护

① 了解冷却冷凝装置的用途和正确使用方法。

② 合理控制水流量,避免因压力过高导致橡胶管脱落。

③ 发现设备异常时,及时报告实验室管理员进行检查和维修。

(4) 化学品与水的接触

①避免化学品与水源接触,以防水源污染和意外发生。

②了解化学品的物理和化学性质,包括是否溶于水,是否与水发生反应等。

③当化学品与水接触时,应控制水的量和速度,避免过快的反应速度导致失控或产生危险。

(5) 实验室洗涤设备与用水安全

① 使用安全的洗涤剂,了解其对水质和环境的影响。

② 掌握洗涤设备的正确使用方法和操作注意事项。

2. 实验室用水安全事故应急处理方法

表 8-2 实验室用水安全事故类别及应急处理方法

事故类别	处理方法
水管破裂事故应急处理	立即关闭水源，联系后勤或物业维修人员进行修理。
水源周围化学品泄漏事故应急处理	立即戴上防护装备，用专用吸附剂或砂土吸附泄漏的化学品，避免化学品进入水源。
漏电事故应急处理	如发现水与电气设备接触，立即切断电源，迅速清理现场积水，并联系维修人员进行检查和修理。
水污染事故应急处理	如发现水源受到污染，立即停止使用，分析污染原因，并采取相应的处理措施，确保实验和环境安全。
跨污染事故应急处理	如水资源与其他实验室用品发生污染，立即停止使用，并通知相关人员进行处理和消毒。
人员安全事故应急处理	如因用水安全问题导致人员受伤，立即进行现场急救，并联系医务人员。

高等学校实验室安全教育要教育、引导大学生正确认识和了解实验室用水安全事故应急处理方法。针对表 8-2 中所示各种情况，如水管破裂、化学品泄漏、水污染、交叉污染等事故，必须采取相应措施。要立即采取行动，确保实验人员的安全，迅速解决问题并防止事态恶化。

（三）消防安全

1. 实验室消防安全的基础知识和注意事项

表 8-3 实验室消防安全的注意事项及详细说明

注意事项	详细说明
了解火源和火灾原因	(1)实验室中常见的火源包括电气设备、化学品、高温设备等。 (2)火灾的主要原因有电气设备故障、化学品泄漏、操作不当等。
确保电气设备安全	(1)定期检查电气线路和设备，确保其完好无损。 (2)避免使用损坏的电线和插座，不私拉乱接电线、电缆。 (3)电气设备应远离易燃易爆物品，确保设备散热良好。
妥善存储和使用化学品	(1)易燃、易爆和氧化性化学品应单独存放在专用柜中，并确保柜门紧闭。 (2)使用化学品时，遵循实验室规定，避免产生火源。
安全使用高温设备	(1)使用高温设备如热板、热风枪、炉子等时，确保设备稳固放置在防火台面上。 (2)操作过程中要小心谨慎，避免烫伤。 (3)使用完设备后，应及时关闭电源并让设备冷却。
安装和维护消防设施	(1)实验室应配备灭火器、消防栓、烟雾报警器等消防设施，并定期检查维护。 (2)确保消防通道畅通无阻，消防设施易于取用。

续表

注意事项	详细说明
消防安全的培训和演练	(1)定期组织消防培训和演练,提高大学生的消防意识和应急处理能力。 (2)确保大学生都了解如何使用灭火器、疏散逃生设备、报警装置等。
制定消防安全的应急预案	(1)制定实验室火灾应急预案,明确火警时的报警、疏散、灭火、救援等程序。 (2)确保大学生熟悉并掌握预案内容,以便在火灾发生时迅速采取行动。

消防安全是实验室安全的重要组成部分。通过遵循表 8-3 中实验室消防安全的基础知识和注意事项,高等学校可以降低实验室火灾事故的风险,保护大学生的生命安全,确保实验室的正常运行。

2. 实验室消防安全事故应急处理方法

(1) 保持冷静:面对火灾事故,首先要保持冷静,迅速评估火势和危险程度,正确选择灭火方式。

(2) 启动警报:如有火警按钮或报警系统,立即启动警报,通知其他实验室人员。

(3) 关闭电源和气源:在环境允许的情况下,立即关闭火源附近的电源和气源,以防火势蔓延。

(4) 灭火:根据火源类型选择合适的方法进行灭火。以下是不同火源的建议处理方法(见表 8-4):

表 8-4 火灾处理方法

火灾类别	灭火方法和注意事项
普通可燃物火灾(如纸张、木材)	可用水、泡沫灭火器或干粉灭火器扑灭。
液体火灾(如醇、醚、酸等)	可用干粉灭火器、泡沫灭火器或二氧化碳灭火器扑灭。注意不要用水扑灭液体火源。
气体火灾(如氢气、丙烷、天然气等)	可用干粉灭火器扑灭。首先关闭气源,然后使用灭火器扑灭火源。
金属火灾(如钠、钾、镁等)	可用专用金属灭火器、干砂或干粉扑灭。切勿使用水、泡沫或二氧化碳灭火器。

(5) 疏散人员:如火势无法扑灭或扑灭失败,请立即疏散人员,按照预定的疏散路线前往安全地点。避免使用电梯,优先使用楼梯。在疏散过程中,要保持冷静,做到有序疏散。

(6) 报告事故:通知实验室负责人、安全管理人员和消防部门,报告火灾事故情况。

(7) 配合消防救援:消防人员到达现场后,积极配合消防救援工作,向消防人员提供实验室内火源、有毒物品等相关信息。

(8) 记录和分析:火灾事故结束后,详细记录事故发生的时间、地点、原因、处理过程等,进行事故分析,总结经验教训,采取措施预防类似事故再次发生。

实验室安全教育要教育、引导大学生了解和掌握应对实验室火灾事故的基本步骤和基本方法,在实验室火灾事故发生时,迅速、妥善处理事故至关重要,以减小事故造成的损失和风险。但具体情况请根据实验室环境和消防规定进行处理。

【案例】

案例 8.3-1

2021 年 7 月 27 日，广州某大学药学院 505 实验室在清理通风柜时发现之前毕业生遗留在烧瓶内的未知白色固体，一博士研究生用水冲洗时发生炸裂，炸裂产生的玻璃碎片刺破该生手臂动脉血管，在场同学和老师及时施救，救护车将受伤学生送至广东省中医院大学城医院进行救治，经治疗后该生伤情得到控制，无生命危险。

【评析】

经核实，导致炸裂的未知白色固体中可能含有氢化钠，遇水发生剧烈反应而炸裂。

从以上案例中，我们应吸取以下教训：

第一，严禁私自处理不明化学试剂。实验室里所看到的不明试剂，可能顷刻间变成猛虎。

第二，严禁在未做好个人实验防护的前提下开展实验。尤其禁止未穿实验服开展实验。

二、化学安全

对于化学、化工材料等涉及到化学品的相关专业大学生来说，实验过程中化学安全问题显得尤为重要。因此，高校应当高度重视化学、化工等相关专业大学生的化学安全教育，并将其作为实验室安全教育的重要组成部分。

（一）基础知识和注意事项

1. 易燃气体安全

（1）熟悉实验室内可能产生的易燃气体种类，如氢气、甲烷、乙炔等，并采取相应的安全防护措施。

（2）了解易燃气体的特性，包括气体的闪点、燃点、爆炸范围等，以更好地预防火灾和爆炸事故。

（3）使用易燃气体时，务必保持实验室良好的通风。

（4）如发现实验室中有可燃气体泄漏，立即停止使用，疏散人员并迅速开启门窗或启动抽风设备以排放气体。在泄漏气体未完全排除前，禁止点火或接通电源。

（5）严禁在易燃气体设备附近存放易燃易爆物品或堆放可燃物品，以降低火灾风险。

（6）在离开实验室前，务必检查所有易燃气体设备是否已关闭或熄灭，以防意外发生。无人值守时，禁止使用易燃气体设备。

2. 有毒物品及化学药剂管理

（1）在实验中尽量将有毒物质替换为无毒或低毒物质，采用优化的实验方案、设施和工艺以减少或避免实验过程中毒素的扩散。

（2）重视个人卫生和遵守个人防护规定，严禁在实验室内饮食、吸烟。请确保佩戴合适的防护装备；实验结束后立即洗手；工作期间，在指定区域用餐或饮水前务必仔细洗手和漱口。

(3) 对于会产生有毒和异味气体的实验,必须在通风橱中进行。实验人员应按规定佩戴防毒口罩或防毒面具,确保个人安全。

(4) 对实验室内所有有毒物品及化学药剂的性质、毒性级别、危险程度要充分了解,以便采取相应的安全措施。

(5) 使用剧毒品时,必须严格执行"五双"(双人验收、双人保管、双人发货、双人把锁、双本帐)制度,并做好记录。实验废弃物(尤其是废液)要按规定贴好标签置于安全区域统一存放,不得将有害废弃物混入生活垃圾。

(6) 配备必要的应急设备和药品,如洗眼装置、安全淋浴设施、中和剂等,以应对可能发生的意外事故。

3. 爆炸性物质使用安全

(1) 了解涉及爆炸性物质实验的物理、化学性质,以及实验的温度、压力等条件,确保使用能承受压力的仪器和设备。避免将脸部靠近危险物质,必要时佩戴防爆面具。

(2) 限定使用能确保实验结果的最小量爆炸性物质,严禁直接用火加热。

(3) 对于高风险实验,即使小试顺利,进行放大实验前也必须进行风险评估,以充分了解、防控放大实验带来的风险叠加。

(4) 进行含爆炸性物质实验时,不得使用带磨口的仪器。干燥爆炸性物质时,应在惰性气体保护下进行。

(5) 学会分类储存和处理实验剩余的爆炸性物质残渣。

(6) 熟悉存储区域的安全标识和警示标志,遵守实验室内爆炸性物质的使用规定。

(7) 在实验过程中如出现异常情况(如泄漏、损伤等),立即停止实验并按照相应的应急处理措施进行处理。

(8) 使用易燃、易爆化学品时,确保实验环境无静电火花产生的风险。

4. 酸碱及有机溶剂安全

(1) 学会正确存放酸碱类化学品和有机溶剂,注意分类存放以避免混合。酸和碱类物质应分别存放,防止交叉反应。

(2) 在操作酸碱及有机溶剂时,务必穿戴防护手套、防护眼镜和实验服,以防止化学品与人体皮肤接触。

(3) 使用酸碱和有机溶剂期间,尽量减少用量和接触时间,并保持实验台面整洁,预防化学品挥发和泄漏。

(4) 对于强酸、强碱等具有腐蚀性的物质,应采用专用耐腐蚀容器,并谨慎操作,避免溅出。

(5) 使用有机溶剂时,远离火源和高温区域,如出现泄漏或火灾,请使用灭火器或其他消防设备扑灭火源。

(6) 实验完成后,按废液处理规定对含有酸碱及有机溶剂的废液进行分类收集和妥善处理,避免对环境造成污染。

(7) 使用酸碱溶液时,稀释过程中应将浓缩酸或碱缓慢加入水中,以防剧烈反应导致溅出。

(8) 操作有机溶剂时,避免在无充分通风条件下长时间暴露,因为有机溶剂挥发性较强,可能导致中毒。

(9) 熟悉实验室内紧急安全设备的位置和使用方法,如安全淋浴、紧急洗眼器等,以应对意外泄漏或溅出情况。

(二) 实验室化学安全事故应急处理方法

1. 烧伤或灼烫伤等的急救

(1) 对于轻度烧伤,可以使用清凉乳剂或冷水擦拭创伤处,然后进行包扎;对于较严重的烧伤应当立即送往医院进行处理。

(2) 对于化学烧伤应立即脱下衣服,清除皮肤上的化学药品,并使用大量流动的水冲洗,至少持续 20 分钟,同时应立即送往医院救治。

(3) 如果发生化学灼伤,应立即解脱衣服,清除皮肤上的化学药品,然后使用大量流动的水反复冲洗,至少持续 20 分钟,以防止深度烧伤,按照以下方法处理:

① 受酸腐蚀:使用饱和碳酸氢钠溶液或稀氨水进行冲洗,最后再用清水冲洗。如果酸溅入眼内,也采用相同的方法,但碳酸氢钠溶液的浓度要改为 1%,禁止使用稀氨水。

② 受碱腐蚀:先用清水清洗,再用 2%的醋酸或饱和硼酸清洗,然后再用清水冲洗。如果碱溅入眼内,可以用硼酸溶液进行洗涤,然后用清水清洗。

(4) 烫伤时可使用浓溶液 $KMnO_4$ 擦拭患处,并再涂上凡士林或烫伤膏。

2. 创伤的急救

(1) 对于小的创伤,可以使用消毒纱布清洗伤口,并在伤口四周涂抹碘酒或其他消毒药物,然后进行包扎。如果出血较多,可以采用压迫法止血,处理好伤口,然后紧密包扎。

(2) 对于较大的创伤,尤其是动、静脉出血和骨折时应立即使用急救绷带在伤口出血部分上方扎紧止血,并用消毒纱布盖住伤口,立即送往医院救治。止血时间过长时应该每隔 1 ~2 小时适当放松一次,以免导致肢体缺血坏死。

(3) 玻璃擦伤时,应先用消毒纱布清洗伤口,取出残留的碎片,然后涂上药物并进行包扎。

3. 中毒的急救

对于中毒者,最重要的是尽快将其从中毒物质区域中移出,以减少其继续接触和吸收有毒物质的可能性。同时,观察和了解致毒物质的相关信息,这将有助于医生更好地诊断和治疗患者。如果中毒者出现呼吸或心跳停止的情况,应立即采取人工呼吸和心脏按压等急救措施,直到医生赶到或送往医院接受进一步治疗。如果吸入了刺激性气体,应立即离开现场,到空气流通处呼吸新鲜空气,并及时寻求医疗帮助。这些措施对于维持患者的生命体征和确保其安全至关重要。

表 8-5 所示的是实验室常见的化学物质中毒处理方法。

表 8-5　实验室常见的化学物质中毒及应急处理方法

中毒试剂	应急处理方法
氯气	①迅速将患者转移到新鲜空气的地方，并保持安静。 ②给患者嗅 1:1 的乙醚与乙醇的混合蒸汽，以帮助缓解症状。
溴气	①将患者迅速转移到安全地方。 ②吸入过程中，给患者嗅稀氨水。
氯仿	①保持患者头部较低的位置，伸出舌头以确保呼吸道畅通。 ②进行洗胃或使用催吐剂。 ③保持患者平躺，加保暖，并确保通风良好。
二氧化硫	①立即将患者转移到空气新鲜的地方，并保持安静。 ②如果二氧化硫进入眼睛，请立即使用大量清水进行冲洗，同时清洗咽喉部。
氰化物	①每隔两分钟，让患者吸入 15~30 秒的亚硝酸异戊酯。 ②给患者饮服硫代硫酸盐溶液。 ③如果不慎吸入，请将患者转移到空气新鲜的地方，使患者平躺，脱去沾染氰化物的衣物，并立即进行人工呼吸。 ④如果吞食，及时洗胃或催吐。
甲醛	①立即喝大量牛奶。 ②进行洗胃或催吐以清除吞食的甲醛。 ③随后使用泻药。
有机磷	①确保患者呼吸道畅通，进行催吐或洗胃以排出毒素。 ②彻底清洗沾染有机磷的头发和指甲等部位。
乙醛、丙酮	①如果吸入，将患者迅速转移至空气新鲜处，让患者休息以缓解呼吸系统刺激。 ②如果误食，给患者饮用牛奶或水稀释。 ③丙酮通常不会引起严重中毒，但仍应注意观察症状并采取必要措施。
乙二醇	①进行洗胃、催吐或使用泻药以排除吞食的乙二醇。 ②静脉注射 10 mL 10%的葡萄糖酸钙。 ③进行人工呼吸。
甲醇	①使用 1%~2%的碳酸氢钠溶液充分洗胃。 ②将患者安置在昏暗的环境中。

4. 化学物质泄漏的应急处理

(1) 应尽快切断泄漏的源头，并进行清理和处理。

(2) 对于面积较小的泄漏，可以使用吸附材料（如沙子、石灰等）将泄漏物吸附，然后用塑料袋或其他容器收集并安全处理。

案例 8.3-2

(3) 对于面积较大、涉及范围较广的泄漏，应立即采取措施，首先保证现场安全，然后启动应急预案，通知相关人员和单位进行紧急处置。

【案例】

2018 年 12 月 26 日 9 时 34 分，北京市“119”指挥中心接到北京某大学东校区 2 号楼起火的报警，经核实，现场为 2 号楼实验室内学生进行垃圾渗滤液污水处理科研实验时，实验现场发生爆炸，事故造成 3 名参与实验的学生死亡。该校党委书记等 12 人被问责，研究生导师和实验室管理人员 2 个人被依法追究刑事责任。

【评析】

上述案例中,在搅拌机对镁粉和磷酸进行搅拌和反应的过程中,料斗内产生的氢气被搅拌机转轴处金属摩擦产生的火花点燃,引发了镁粉粉尘云的爆炸。这次爆炸引发了周边镁粉和其他可燃物的燃烧,导致3名学生被烧死。事故调查组认定,这起事故的主要原因是该校某些人员违规开展实验和冒险作业,违法购买和储存危险化学品,以及对实验室和科研项目的安全管理不到位。经过对事故的全面调查和分析,调查组认定这是一起责任事故。

从以上案例中,我们应吸取以下教训:

第一,严格遵守实验操作规程,确保实验过程中的安全。在本案例中,实验过程中镁粉和磷酸的搅拌反应产生氢气,并被摩擦火花点燃引发爆炸。因此,实验人员应当对实验操作有充分了解,做好风险预防。

第二,加强实验室安全管理,确保实验室内的危险品储存和使用合规。本案例中,有关人员违规购买、违法储存危险化学品,导致事故扩大。实验室管理需要制定严格的危险品管理规定,遵守国家法律法规,确保实验室安全。

第三,对实验室和科研项目进行全面的安全管理。本案例中,事故调查组认定实验室和科研项目的安全管理不到位。因此,管理者需要加强实验室和科研项目的安全管理,确保整个实验过程的安全。

第四,提高大学生的安全意识。在本案例中,事故发生时,现场有3名参与实验的大学生死亡。提高大学生的安全意识,让他们意识到实验操作中的潜在风险,有助于减少类似事故的发生。

三、生物安全

在生物科学及相关领域专业的大学生实验过程中,生物安全问题同样必须重视。因此,高等学校应当注重生物科学及相关专业学生的生物安全教育,并将其纳入相关课程,确保在实验和研究中严格遵循安全规范,降低风险。

(一) 生物安全知识和注意事项

1. 实验室通风和空气流动

(1) 了解实验室通风系统的重要性和维护保养方法。

(2) 学习新风量和回风量平衡的知识,掌握避免产生多余气流的技巧。

2. 生物安全柜

(1) 只有经过培训并获得操作许可的实验人员才能操作生物安全柜。

(2) 学会正确使用生物安全柜,了解其工作原理。

(3) 掌握生物安全柜的定期清洁方法。

(4) 理解高风险操作和病原体转移操作应在生物安全柜中进行的原因。

(5) 在生物安全柜内操作时,避免在开放的容器中使用高速设备,以防泼溅和气溶胶的产生。

3. 实验室内物品和设施

(1) 了解实验室设备和材料的抗腐蚀和易清洁特性。

(2) 学会使用自动化防护设施，如紫外线消毒灯、气体检测器、火灾报警器等。

4. 废弃物处理和环境监测

(1) 掌握实验室废弃物分类收集和消毒处理的方法。包括实验动物的废弃物如尸体、粪便等。

(2) 学习实验室环境监测和生物安全评估的知识。

5. 进出控制和个人防护

(1) 遵守实验室进出消毒间的规定，执行严格的出入登记和消毒措施。

(2) 学会正确包装和标识病原体样品。

6. 实验记录和档案管理制度

学会在实验过程中详细记录实验过程和结果，便于追溯和分析。

7. 实验室清洁和消毒

掌握生物实验室的清洁和消毒方法，避免病原体残留和交叉污染。应定期彻底清洁实验台、设备、地面，并使用合适的消毒剂。

8. 生物样品管理

(1) 学会妥善保存和存储生物样品，避免污染和泄露，包括实验动物及其相关样品。

(2) 掌握实验用生物样品的详细登记方法。

9. 实验操作规范

(1) 学会佩戴口罩、手套等个人防护装备，特别是在处理实验动物时要佩戴适当的防护装备。

(2) 严格按照实验操作规程进行操作，避免误操作导致的安全隐患，包括实验动物的饲养、管理和操作技巧。

(3) 掌握实验操作后的清理方法，保持实验环境整洁，特别是实验室的卫生。

(二) 实验室生物安全事故应急处理方法

1. 实验室生物制剂泄露事故处理

(1) 发现生物制剂泄露时，立即停止实验操作并通知实验室管理人员及其他同学。

(2) 佩戴适当的个人防护装备，采用专用吸附材料或砂土吸附泄漏的生物制剂。

(3) 使用有效消毒剂对泄漏区域进行处理，以防止生物污染扩散。

2. 实验室生物物质溅射事故处理

(1) 如有生物物质溅射至实验人员身上，应立即用消毒液清洗受污染部位。

(2) 如溅射到眼睛，立即用大量清水冲洗，并及时就医检查。

(3) 通知实验室管理人员，对溅射事件进行记录和分析，以预防类似事故再次发生。

3. 实验室生物样品破损事故处理

（1）立即通知实验室管理人员和其他相关人员。

（2）佩戴个人防护装备，对破损的生物样品进行安全处理和处置。

（3）如果涉及病原体或有毒生物材料，采取严格的消毒措施以防止污染。

4. 实验室生物安全操作不当事故处理

（1）如发现实验操作不当可能导致生物安全风险，立即停止实验操作。

（2）通知实验室管理人员，对操作不当事件进行记录和分析，以预防类似事故再次发生。

（3）根据实验室规定，加强生物安全操作培训，提高大学生的实验操作水平和安全意识。

5. 实验室生物安全事故中的人员暴露处理

（1）如实验室人员可能暴露于生物风险环境中，立即进行临时隔离。

（2）按照实验室生物安全事故应急预案对人员进行观察与处理。

（3）通知实验室管理人员，对暴露事件进行记录和分析，以防止类似事故再次发生。

6. 实验室生物安全事故记录与追踪

（1）实验室负责人应对事故进行详细记录，并进行事故追踪与处理结果的评估。

（2）通过对事故原因的分析，采取有效措施防范类似事故再次发生。

案例 8.3-3

实验室生物安全事故应急处理的关键是迅速响应，采取相应的处置措施，确保实验人员（特别是大学生）和环境安全。实验室安全教育重在教育和引导大学生应时刻注意生物安全，严格遵守实验室规章制度，加强对生物安全意识的培养，确保实验安全顺利进行。

四、辐射安全

针对核工程、粒子物理等相关专业的学生，实验中的辐射安全问题至关重要。因此，高等学校应当将核工程、粒子物理等相关专业学生的辐射安全教育作为教学重点，并将其纳入课程体系，确保在实验与研究过程中严格执行安全标准，降低潜在风险，保障实验室环境的安全与大学生的身体健康。

（一）辐射安全知识和注意事项

1. 理解辐射的基本概念

（1）电离辐射：具有足够能量的辐射，可以从原子或分子中剥夺电子，形成带电粒子。常见的电离辐射有 α、β、γ 和 X 射线。电离辐射具有较高的能量，能够破坏生物体内的分子结构，可能导致细胞损伤、基因突变、肿瘤等健康问题。

（2）非电离辐射：能量较低，不足以从原子或分子中剥夺电子。例如紫外线、可见光、红外线、微波和无线电波等。虽然非电离辐射对人体的影响相对较小，但长时间或高剂量暴露仍可能对人体造成损害。例如，紫外线可导致皮肤晒伤、皮肤癌，过多的可见光和红外线可能导致眼睛损伤。

2. 了解辐射的来源

（1）自然辐射：来自宇宙射线、地壳放射性物质和人体内部自然放射性同位素等。

（2）人造辐射：来自核事故、核武器试验、医疗放射、工业放射以及科学研究等。

3. 熟悉辐射的类型

（1）α 射线：由带正电的氦原子核组成，穿透能力较弱，可被一张纸所阻挡。

（2）β 射线：由高速运动的带负电的电子组成，穿透能力较 α 射线强，可被几毫米厚的塑料或铝板阻挡。

（3）γ 射线：电磁辐射的一种，具有很高的能量和穿透力，需要厚重的铅板或混凝土等材料进行屏蔽。

（4）X 射线：与 γ 射线类似，也是一种电磁辐射，能量略低于 γ 射线，通常由 X 射线机产生。

4. 了解辐射剂量的单位

（1）辐射吸收剂量（Gy，戈瑞）：描述的是物质吸收的辐射能量，1 Gy = 1 J/kg。

（2）剂量当量（Sv，希沃特）：描述辐射对生物体的生物学影响，考虑了辐射类型和组织敏感性等因素，1 Sv = 1 J/kg。

（3）辐射剂量率单位：如 Gy/h，表示单位时间内辐射吸收剂量率。

5. 掌握辐射防护的基本原则

（1）时间：减少与辐射源的接触时间，降低累积剂量。

（2）距离：增加与辐射源的距离，以降低辐射暴露。

（3）屏蔽：使用适当的屏蔽材料，如铅、混凝土等，减少辐射对人体的影响。

总的来说，尽量减少暴露时间、增加与辐射源的距离以及采用有效的屏蔽材料，也就是 ALARA 原则（As Low As Reasonably Achievable）：在过程中尽可能采取合理措施，使辐射暴露保持在尽可能低的水平。

6. 了解实验室辐射源

大学生和实验室工作人员应了解实验室内所使用的辐射源类型、活度、能量等信息，以便采取相应的防护措施。

7. 佩戴个人防护装备

根据实验室辐射环境和工作内容，佩戴相应的个人防护装备，如铅围服、铅帽、铅手套等。

8. 使用辐射监测设备

在使用含有辐射源的设备或进行辐射实验时，应使用相应的辐射监测设备，如剂量计、区域监测仪等，监测辐射水平。

9. 严格遵守实验室规章制度

大学生和实验室工作人员应严格遵守实验室辐射安全管理规定，按照操作规程进行实验。

10. 储存与处理辐射废物

辐射废物应按照相关法规和规定进行妥善储存、处理和处置。

实验室辐射安全教育的目标是确保实验人员(特别是大学生)、实验室工作人员和环境的安全。大学生和实验室工作人员应增强辐射安全意识,严格遵守实验室规章制度,采取有效的防护措施,确保实验安全顺利进行。

(二) 辐射安全的应急处理方法

1. 预防为主,强化培训

(1) 加强辐射安全培训,了解辐射危害、防护原则以及应急处理方法。

(2) 熟悉实验室辐射安全规程和操作规范,确保正确使用辐射设备和放射性物质。

(3) 遵循辐射防护的"时间、距离、屏蔽"原则,尽量减少暴露时间,增加与辐射源的距离,使用屏蔽材料。

2. 辐射泄漏应急处理

(1) 立即报告实验室负责人和辐射安全管理部门。

(2) 切勿用手触摸污染物,避免污染扩散。

(3) 封锁事故现场,设置警示标志,防止他人进入。

(4) 根据辐射安全管理部门的指导,采取相应的应急措施。

3. 放射性物质外泄应急处理

(1) 立即报告实验室负责人和辐射安全管理部门。

(2) 佩戴个人防护装备(如手套、防护眼镜、口罩等)。

(3) 对涉及到的区域进行隔离,设置警示标志。

(4) 根据辐射安全管理部门的指导,进行事故现场的清理和净化。

4. 辐射设备故障应急处理

(1) 立即关闭辐射设备,切断电源。

(2) 立即报告实验室负责人和辐射安全管理部门。

(3) 避免靠近辐射设备,防止受到辐射伤害。

(4) 根据辐射安全管理部门的指导,采取相应的应急措施。

5. 人员辐射暴露应急处理

(1) 立即离开辐射区域,避免继续暴露。

(2) 立即报告实验室负责人和辐射安全管理部门。

(3) 对可能污染的衣物、皮肤等进行清洁处理。

(4) 根据辐射安全管理部门的指导,进行个人剂量评估和医学检查。

案例 8.3-4

总之,在实验室进行辐射相关工作时,大学生应严格遵守实验室辐射安全规程和操作规范,确保个人和他人的安全。当发生辐射安全事故时,按照应急处理方法迅速采取措施,减小事故影响。同时,实验室应建立完善的辐射安全管理制度,定期组织培训和演练,提高大学生的辐射安全意识和应急处理能力。

五、机电、特种设备和常规冷热装置安全

对于机械工程、电气工程,以及用到特种设备的专业的学生来说,实验过程中机电设备、特种设备及常规冷热设备的安全问题同样非常重要。因此,高等学校应当高度重视这些专业大学生的设备安全教育,并将其纳入教学计划,以确保大学生在实验和操作过程中严格遵循安全规程,降低潜在危险,维护实验室环境的安全与稳定。

(一)机电、特种设备和常规冷热装置安全知识和注意事项

1. 机电设备安全

(1) 学习并遵守实验室安全规定,不擅自操作或改变设备功能设置。

(2) 穿戴适当的安全防护用品,进行设备检查以确保安全运行。

(3) 遵循操作规程和安全操作规定,不进行违规操作。

(4) 熟悉设备的工作原理、性能参数和操作要求。

(5) 检查设备接地、绝缘及保护设施是否完好。

(6) 不在设备运行过程中进行维修、调整或清洁。

(7) 遇到突发情况立即切断电源,保证操作者人身安全。

2. 高压气瓶使用安全

(1) 气瓶必须保持直立,并确保其稳定固定;气瓶应远离热源,以避免因受热引起的不安全因素;应避免气瓶受到强烈的震动。

(2) 在使用高压气瓶时,操作人员应站在与气瓶接口垂直的位置,以避免不安全的接触和操作失误。在整个操作过程中,应避免对气瓶进行敲击或撞击,并定期检查气瓶是否有漏气现象。同时,工作期间应注意观察压力表的读数,以确保气瓶处于安全的工作状态。

(3) 针对一些特定的气瓶,如氧气瓶和氢气瓶等,应配备专用的工具,并且严禁与油类接触。在操作这些气瓶时,操作人员应注意不要穿戴沾有油脂或易产生静电的服装和手套,以防止引发燃烧或爆炸等危险情况。

(4) 减压器应按类别专用并在安装时旋紧,以防泄露。开启或关闭减压器时,动作需缓慢。使用前,先打开气瓶阀门,然后再开启减压器;使用完毕后,先关闭气瓶阀门,排放余气,再关闭减压器。严禁仅关闭减压器而不关闭气瓶阀门。

3. 冰箱和冷冻设备

(1) 冰箱和冷冻设备应根据存储需求选择合适的温度范围。

(2) 定期检查和维护冰箱和冷冻设备,保证其正常运行。

(3) 避免在冰箱和冷冻设备内存储易挥发或有毒物质,以防发生泄漏。

(4) 冰箱和冷冻设备内部应保持整洁,定期清理。

4. 加热设备(电磁炉、水浴、烘箱等)

(1) 使用加热设备前,确保操作环境安全且无易燃易爆物品。

(2) 使用加热设备时,注意防触电,确保电源接地可靠。

（2）使用加热设备时，注意表面温度，避免烫伤。

（3）使用加热设备时，确保容器和物品适合加热，避免破裂和泄漏。

（4）在加热过程中，监测温度，避免过热。

5. 离心机

（1）使用离心机前，务必确保离心管正确放置且平衡。

（2）离心机在运行时，避免打开盖子，以免发生意外。

（3）操作离心机前，了解离心机的最大转速和转子的限制，避免超速运行。

（4）离心机操作结束后，关机并清洁内部，以免积累杂质。

6. 紫外线和激光设备

（1）在使用紫外线和激光设备前，了解设备的安全设施，熟悉操作流程。

（2）在操作紫外线和激光设备时，确保安全区域内无无关人员。

（3）使用紫外线设备时，确保紫外线灯罩完好，防止紫外线泄漏。

（4）在激光设备周围设置明确的警示标志，提醒他人注意安全。

（5）操作激光设备时，确保对准目标物体，避免错误操作。

（6）完成紫外线和激光设备操作后，关闭设备电源，避免设备过热导致损坏。

（7）对于紫外线和激光设备的故障，及时报告给实验室管理人员，避免自行拆解、维修。

（二）机电、特种设备和常规冷热装置安全应急处理方法

1. 机电和特种设备应急处理方法

案例 8.3-5

（1）判断设备异常：在设备运行过程中，如发现异常声音、异味、振动等现象，应立即停止设备运行，切断电源，进行故障评估。

（2）评估故障风险：根据设备异常情况，评估可能存在的安全风险。如有必要，请撤离现场人员至安全区域，并确保周围人员了解发生的情况。

（3）通知相关人员：立即通知实验室负责人、安全人员及相关人员，告知发生的故障情况。

（4）查阅设备手册：参考设备使用手册，了解设备的构造、原理和故障处理方法，以便对故障进行初步诊断。

（5）佩戴个人防护装备：在处理设备故障时，确保佩戴适当的个人防护装备，如防护手套、防护眼镜、口罩等。

（6）故障排查：根据设备手册和故障现象，进行故障排查。如果能够自行解决问题，按照操作规程进行修复；否则，请及时联系专业维修人员进行处理。

（7）记录故障信息：记录故障发生的时间、地点、设备型号、故障现象、处理措施等详细信息，并汇报给实验室管理人员。

（8）设置警示标志：在故障设备周边设置明显的警示标志，防止其他人员误入。

（9）后续处理和维护：设备故障处理完毕后，进行现场清理，确保实验室恢复正常工作状态。对故障原因进行分析，采取相应措施防止类似事故再次发生。同时，定期对设备进行维护和检查，确保设备处于良好状态。

2. 气体钢瓶泄漏应急处理

(1) 评估泄漏程度:迅速评估气体泄漏的严重程度。如果泄漏量较小,可以尝试自行处理;如果泄漏量较大,应立即撤离现场并通知实验室管理人员及专业人员。

案例 8.3-6

(2) 关闭阀门:若泄漏源头明确,立即关闭气体钢瓶的阀门,减少泄漏量。

(3) 戴上个人防护装备:在处理泄漏时,确保佩戴适当的个人防护装备,如防护手套、防护眼镜、口罩等。

(4) 通风排放:开启实验室通风设备,如排风扇、实验室通风柜等,以排出泄漏的气体。如有条件,可使用便携式风机辅助通风。

(5) 使用泄漏控制材料:针对易燃、易爆气体泄漏,使用泄漏控制材料(如吸附剂、中和剂等)来控制泄漏,并防止泄漏气体引发火灾或爆炸。

(6) 疏散人员:在泄漏发生时,立即疏散现场人员至安全区域,并确保周围人员了解发生的情况。

(7) 通知相关人员:立即通知实验室管理人员、安全人员及相关人员。如泄漏严重,应报警并联系消防部门。

(8) 设置警示标志:在泄漏区域设置明显的警示标志,防止其他人员误入。

(9) 记录与汇报:记录泄漏发生的时间、地点、气体类型、泄漏原因等详细信息,并汇报给实验室管理人员。

(10) 后续处理:气体泄漏事故处理完毕后,应进行现场清理,确保实验室恢复正常工作状态。对泄漏原因进行分析,采取相应措施防止类似事故再次发生。

第四节 预防和应对实验室安全问题的措施和方法

为了确保实验室的安全运行和提高大学生的实验安全意识,高校需要采取一系列的预防和应对措施。本节将结合高校实际情况,从四个方面详细阐述这些措施。

一、高校要提高对大学生实验室安全教育的认识

实验室安全教育对于大学生的身心健康至关重要。高校要提高二级学院和教职工对实验室安全教育的重视,确保每位学生都能接受到系统的实验室安全教育。

1. 制定实验室安全教育方案,明确实验室安全教育的目标、内容和方法。

2. 加强校级、二级学院和大学生的实验室安全信息沟通,形成共同关注实验室安全的良好氛围。

3. 高校要定期组织实验室安全教育和知识培训,提高教职工和大学生的实验室安全意识和操作技能。

二、高校要落实《实验室安全教育》课程的教学任务

高校应将《实验室安全教育》课程纳入教学体系，落实《实验室安全教育》课程的教学任务，尤其是有重要危险源的院系和专业，要将《实验室安全教育》课程纳入必修环节，确保每位大学生都能学习到关于实验室安全的基本知识和技能。高校应做到以下几点：

一是设计实用的《实验室安全教育》课程大纲，涵盖实验室安全的基本知识、操作规程、应急处理等内容。

二是邀请实验室安全专家和有经验的教师担任授课教师，确保教学质量。

三是采用多种教学方式方法，如讲座、实践操作、案例分析等，提高大学生的实验室安全意识和操作技能。

三、高校要培养大学生实验安全的意识和素养

高校应通过多种途径培养大学生的实验安全意识和素养，使他们在实际操作中能够遵循安全规程，确保实验室安全。

一是在实验课程中设置实验安全环节，教授学生正确使用实验器材和处理实验废弃物的方法。

二是在实验操作前进行安全提示，提醒大学生注意实验中的安全事项。

三是鼓励大学生参加实验室安全比赛、研讨会等活动，提高他们的实验安全意识和技能。

四、高校要有预防和应对实验室安全的具体措施和方法

高校需要采取多种措施，全面提高实验室的安全管理水平，确保教职工和大学生的人身安全。

一是建立实验室安全责任体系，明确各级管理人员的职责，保证实验室安全工作的落实。

二是制定实验室安全制度，采用信息化手段，规范实验室的使用、设备监测、维护、危险品管理等方面的工作。

三是开展实验室安全检查，及时发现和整改安全隐患，防范实验室安全事故的发生。

四是建立实验室安全应急预案，加强应急设备配备和应急演练，提高应对实验室安全事故的能力。

五是设立实验室安全宣传周或宣传月，通过举办讲座、展览、互动体验等活动，增强教职工和学生的实验室安全意识。

六是加强实验室安全信息公开和沟通，定期向校领导、教职工和大学生报告实验室安全工作的进展和成果。

七是鼓励实验室安全创新，持续优化实验室安全管理体系和工作方法，提高实验室安全

工作的实效性。

通过采取以上几个方面的措施，高校可以有效地预防和应对实验室安全事故，为实验室的正常运行和教学科研工作提供有力保障。同时，也有利于提高大学生的实验安全意识和素养，为他们今后的职业生涯奠定坚实的基础。展望未来，随着科学技术的迅猛发展和实验室设施的不断完善，将不断推动高校实验室事业繁荣发展，我们有理由相信，实验室安全将得到更加有效的保障，能够为教职工和大学生提供更加安全、优质的实验环境。

思考题

1. 请简要阐述实验室安全对于大学生和实验室环境的重要性。
2. 请列出至少四种实验室常用的个人防护装备，并简要解释它们的作用。
3. 请说明实验室中常见的火源以及如何预防实验室火灾。
4. 假设你在实验室中遇到了一个突发的紧急情况（如火灾、化学品泄漏等），请说明你应如何采取措施应对，并在适当情况下报告相关部门。
5. 请以一个常用实验室设备（例如离心机、高压气瓶等）为例，详细说明在操作过程中应遵循的安全准则。
6. 请结合你的实际经验，谈谈如何在日常学习中培养和提升实验室安全意识，以及如何将安全意识融入实验室的工作流程。

推荐阅读

1.《中华人民共和国安全生产法》（2021 年修订）
2.《生产安全事故应急条例》（2019）
3.《学生伤害事故处理办法》（2010）
4.《中华人民共和国环境保护法》（2014）
5.《中华人民共和国危险化学品安全管理条例》（国务院令第 344 号，2002。修订：国务院令第 591 号，2011）
6.《危险化学品目录（2015 版）》（国家安全生产监督管理总局，2015）
7.《危险化学品安全技术说明书和防护标签管理办法》（安监总局令第 68 号，2011）
8.《高等学校实验室消防安全管理规范》（教育部 ，2023）
9.《高等学校实验室安全规范》（教科信厅函第 5 号，2023）
10.《生物安全法》（全国人大常委会令第 13 号，2020）
11.《高等学校实验室工作规程》（国家教委令第 20 号，1992）
12.《普通高等学校学生安全教育及管理暂行规定》（教学［1992］7 号）
13.《高等学校仪器设备管理办法》（教高［2000］9 号）
14.《病原微生物实验室生物安全管理条例》（国务院令第 424 号，2018）
15.《实验动物管理条例》（国家科委令第 2 号，1988 年发布，2013 年、2017 年修订）
16.《实验动物福利与伦理规范》（科技部，2016）
17.《实验动物许可证管理方法（试行）》（国科发财字（2001］545 号）

18.《实验动物质量管理办法》(国科发财字(1997]593 号)
19.《中华人民共和国消防法》(主席令第 6 号,2008)
20.《高等学校消防安全管理规定》(教育部、公安部令第 28 号,2009)
21.《特种设备安全监察条例》(国务院令 373 号,2009)
22.《中华人民共和国特种设备安全法》(主席令第 4 号,2013)
23.《特种设备目录》(国家质检总局,2014 年第 114 号)
24.《特种设备作业人员监督管理办法》(国家质监总局,2011 年修订)
25.《中华人民共和国职业病防治法》(2018 年第四次修订)
26.《放射性同位素与射线装置安全和防护条例》(颁布:国务院令第 449 号,2005。修订:国务院令第 709 号,2019)
27.《放射性废物分类》(环保部公告第 65 号,2017 年)
28.《放射性废物安全管理条例》(国务院令第 612 号,2011 年)
29. GB /T15490-2012. 固体激光器总规范[S].
30. GB26859-2011. 电力安全工作规程电力线路部分[S].
31. GB26861-2011. 电力安全工作规程高压实验室部分[S].
32. GB /T16895. 21-2011. 低压电气装置第 4-41 部分:安全防护电击防护[S].
33. GB19517-2009. 国家电气设备安全技术规范[S].
34. GB14050-2008. 系统接地的型式及安全技术要求[S].
35. GB /T12801-2008. 生产过程安全卫生要求总则[S].
36. GB8702-1988. 电磁辐射防护规定[S].
37. GB /T13869-2017. 用电安全导则[S].
38. GB /T35816-2018. 实验室用电安全技术指南[S].
39. GB3836-2010. 防爆国家标准[S].
40. GB15577-2007. 粉尘防爆安全规程[S].
41. GB12158-2006. 防止静电事故通用导则[S].
42. GB19815-2005. 离心机安全要求[S].
43. GB17269-2003. 铝镁粉加工粉尘防爆安全规程[S].
44. GB6067. 1-2010. 起重机械安全规程第 1 部分:总则[S].
45. TSG21-2016. 固定式压力容器安全技术监察规程[S].
46. TSG21-2016. 固定式压力容器安全技术检测规程[S].
47. GB /T35892-2018. 实验动物福利伦理审查指南[S].
48. WS233-2017. 病原微生物实验室生物安全通用准则[S].
49. GB14922. 2-2011. 实验动物微生物等级及监测[S].
50. GB14925-2010. 实验动物环境及设施[S].
51. GB/T19492-2004. 生物安全柜[S].
52. GB/T16548-1996. 病原微生物实验室生物安全指南[S].
53. GB19489-2008. 实验室生物安全通用要求[S].
54. GB /T23316-2009. 工作服防静电性能的要求及试验方法[S].

55. GBZ/T352-2018. 职业病防护技术规范[S].
56. GBZ120-2003. 职业病防护用品选用规范[S].
57. GBZ184-2018. 实验动物实验室职业病危害因素分类与评价标准[S].
58. GB /T35815-2017. 实验室安全管理规范[S].
59. GB /T35817-2017. 实验室应急预案编制与实施导则[S].
60. GB /T35818-2018. 实验室危险废物管理规范[S].
61. GB /T35819-2018. 实验室危险化学品管理规范[S].
62. GB /T35820-2018. 实验室生物样品管理规范[S].
63. GB13690-2009. 危险化学品通用安全标签[S].
64. GB6944-2012. 危险化学品目录[S].
65. GB5085. 6-2007. 危险废物分类标准[S].
66. GB5085. 3-2007. 危险废物特性鉴定方法[S].
67. GB5085. 5-2007. 危险废物名称与特性列表[S].
68. GB18597-2001. 危险化学品仓库设计规范[S].
69. GB18218-2009. 危险化学品生产企业危险化学品安全管理规定[S].
70. GBZ 2. 1-2007. 工作场所环境因素卫生标准值[S].
71. GB /T17167-2013. 气体检测仪器通用技术条件[S].
72. GB /T21437. 4-2017. 应急设备与技术第 4 部分:应急防护设备[S].
73. GB /T30485-2013. 实验室紧急洗眼器和紧急淋浴[S].
74. GB7251. 1-2013. 低压成套开关设备和控制设备[S].
75. http://www. gov. cn(中国政府网)
76. http://www. moe. gov. cn(中华人民共和国教育部网)
77. http://www. safetree. com. cn(中国安全教育网)
78. https://www. safehoo. com(安全管理网)

第九章　心理安全

思维导图

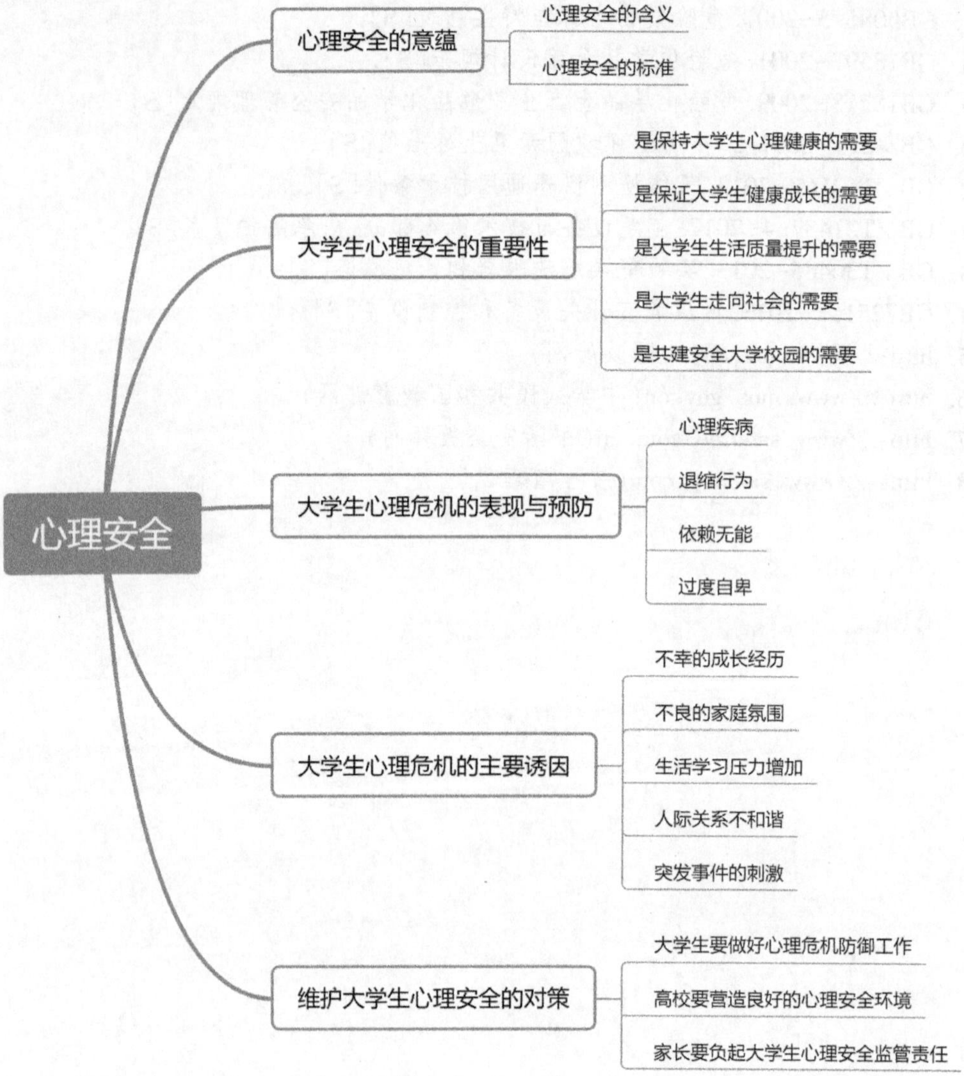

学习目标

【知识目标】了解心理安全的标准和心理危机的表现及其诱因。
【能力目标】能够掌握简单的心理问题干预方法,有效调节负面情绪。
【素质目标】增强心理素质,提高心理健康水平和挫折承受力。
【思政目标】树立正确的人生观、价值观,成为积极上进、充满正能量的人才。

心理安全不仅对大学生的成长具有重要的意义,也对社会公共安全的建设起着积极的作用。大学生只有了解心理安全的相关知识,才能更好地判断自身是否存在心理问题、找到解决心理问题的办法,即使遇到突发事件也不会做出危害社会公共安全的过激行为。

►► 第一节　心理安全的意蕴 ◄◄

安全问题是人们在做事前首要考虑的重要因素,安全体现在人们生活的方方面面,心理安全是其中的一大方面。心理安全涉及人的内在心理发展变化,不易被外界察觉,对大学生的健康发展有着极为重要的影响。高校不仅要为大学生构建安全的生活环境,还需要为大学生心理安全构筑防线,这样才能塑造大学生的安全行为,减少社会恶劣事件的发生,维护社会稳定。但根据“大学生公共安全教育研究与实践”课题组调查数据显示,在大学开展公共安全教育的内容安排中,仅有63.5%的高校将“预防和应对心理问题”作为公共安全教育的内容。与心理安全教育的重要性相比,这个比例并不高。因此,构建大学生心理安全防线,守护大学生心理健康是高等学校迫切需要做好的工作。

一、心理安全的含义

大学生心理安全指的是大学生面对所处内外环境的变化能够适时调整心境和行为,从而具有一种平稳松弛、不受威胁、不用戒备、不被指责和批评的心理状态,内心有一种安全感。① 即大学生具有持续的安全感,能够放下对周围环境的戒备心,不用担心自己克服不了所面对的问题,更不用紧张来自他者的批评和指责,大学生能够迅速调整心态和行为以达到内外和谐的状态。反之,如果大学生心理安全受到威胁,他们可能会出现过激的外显行为,造成安全事故。

---

① 刘带,邓家洲.心理安全教育视阈下大学生的心理障碍疏导[J].韶关学院学报,2014,35(5):181-184.

二、心理安全的标准

大学生接受外界信息繁多,思维比较活跃,同时由于他们还未真正涉足社会,心理发展还不够成熟,容易受到外界不确定因素的影响,引发心理问题,做出极端行为,危害公共安全。根据"大学生公共安全教育研究与实践"课题组调查数据显示,"3308 名大学生中,49.18%的大学生完全能够判断自己的心理安全是否达标,40.39%的大学生基本能够判断自己的心理安全是否达标。可见,大学生整体上对自身心理安全的判断情况比较乐观。但仍然存在 10.43%的大学生不能确定自己的心理是否处于安全状态。"那么,如何判定大学生的心理是否处于安全的状态呢?大学生心理安全的标准主要有以下几点:

(一)无心理疾病

"心理疾病是指一个人由于精神上的紧张、外部的干扰,而使自己的思维、情感和行为发生了偏离社会生活规范轨道的现象。"①心理疾病是威胁大学生心理安全的一大杀手。大学生常见的心理疾病有抑郁症、焦躁症、偏执症、神经衰弱、强迫症、偏执型人格障碍等,这些心理疾病对大学生的心理健康产生不利影响,时刻威胁着大学生的心理安全。因此,心理安全最重要的标准是心理健康,即大学生无心理疾病的干扰,能够自主调节负面情绪,大多数时间处于积极的心理状态,对生活充满热情和希望。

(二)具有正确的自我观念

正确的自我观念是指大学生能够了解自我,接纳自我。正确的自我观念是大学生构建心理安全防线的基础,从自我出发给予心理安全感。这一方面要求大学生能够了解自己的优势和不足,积极肯定所取得的成长和进步,意识到自我的个体价值和社会价值。大学生既能够对自己的不足做出客观评价,不过分苛责自己成为完美无缺的人;同时又能够继续努力,不断完善自我。另一方面,大学生能够积极接纳自我。不管是内向的性格或外向的性格、纤细的身材或是偏胖的身材,个体对自己总体上是满意的,能够接受所有不完美的一面,越来越喜欢自己。

(三)合理表达情绪

情绪的表达是心理状态的外在表现。大学生的生理和心理都处在快速成长期,情绪丰富且内隐。在这个特殊的年龄阶段,大学生的情绪表达容易受到外界环境的强烈影响。当遇到外界刺激时,激动、紧张、悲伤、愤怒等情绪的来临是正常的,心理安全的大学生能够找到合适的方式释放压力,合理表达情绪,不过分沉溺于负面情绪的桎梏中。他们对外界的刺激不会有过激的行为表现,并能够及时调整,展现出稳定、积极向上的状态。如果这一标准缺失,大学生很容易做出危险的事情,危害社会公共安全。

---

① 刘欣.大学生安全教育(第二版)[M].西安:西安电子科技大学出版社,2019:112.

(四)敢于提出个人观点

心理安全的重要标志是敢于表达自己的观点,这是接纳自己、相信自己的最好体现。部分大学生经常害怕提出的观点不被他人认可,受到他人嘲笑,在公开场合表达自己观点时总是谨慎胆怯,害怕受到关注,内心极度紧张、恐慌,这是心理缺乏安全感的表现。心理安全的大学生能够勇敢地在公开场合提出自己的想法,比如班级例会、小组讨论会、班干部竞选等场合,内心拥有足够的安全感,不恐惧自己的想法或观点被反驳,能够向他人展现自己的想法。

(五)能够接受外在批评

心理恐惧来源于外界的批评。外界的负面评价会让大学生陷入自我怀疑,心理完全防线崩塌,失去自我,从而引发一系列心理问题。严重时还会出现打击报复的变态心理,引发公众的恐慌,给社会公共安全带来危害。因此,能够坦然接受外界批评是心理安全的重要条件。其具体表现在:不因外界批评过分苛责自己,客观接纳来自他者的评价;在接受外界负面评价时能够肯定自己的优势,避免陷入全盘否定的怪圈;既不会因为某方面优于别人过于自负,也不会因为某方面不如他人而感到自卑。

(六)乐于接纳他人

建立良好的人际关系是快乐享受大学生活、持续投入学习热情的前提。内心极度缺乏安全感的大学生难以走出狭小的社交圈,害怕自己踏出舒适区会受到伤害,从而将自己禁锢起来。心理安全感充足的大学生则表现出以下特点:一是乐于同他人交朋友,既能广泛结交不同领域的新朋友,又有感情深厚的知心朋友。二是能够在人际关系中保持个人的独立人格,尊重他人的独立人格,不过分依附他人。三是能够建立亲密的、真诚的连接,对朋友能够表达内心想法,袒露心声。四是能够建立对他人的信任感,比如室友、同学、老师等,分享快乐,共解难题。

(七)对生活充满信心

心理安全的大学生对生活是充满希望的,对未来充满信心。虽然未来会面对很多困境,但他们内心是坚定的,相信通过自己的努力能够克服遇到的困难。他们热爱生活,勇于探索新事物,乐于吸收新知识,比如加入轮滑社、吉他社等先前没有接触到的社团,或是学会一项新的技能。而心理缺乏安全感的大学生可能遇到困难便退缩,不愿意再进行尝试,害怕再次受到伤害。他们在言语上多以抱怨为主,在行动上则拖延放弃,总是觉得自己什么也做不好,提前为自己的失败找到理由。

以上七条标准可以作为评估大学生心理安全基本情况的依据,但并不是绝对的、适用于所有大学生的,还需要特殊情况特殊评判。在对照标准时还应注意以下两点:一方面,标准是因人而异的,不能用以上标准衡量所有大学生。这并不是说没有达到以上标准的大学生就是心理缺乏安全感,而是说如果在生活或学习过程中长期处于一项或多项标准的负面状态,则需要重点关注,适时调整。另一方面,大学生是不断成长发展的,心理安全的标准也是不断变化的。可能大学生在某个阶段出现很多问题，但随着事情的不断解决，心理不安全的因素随之消失，这些轻微的心理变化不需要过度关注，以免引起不必要的恐慌。

►► 第二节　大学生心理安全的重要性 ◄◄

一、心理安全是保持大学生心理健康的需要

心理疾病的出现很多时候与先前负面经历相关，这些负面经历使人的心理长期处于不安的状态，从而引发焦虑、悲伤、恐惧等情绪。当负面情绪不断沉积，致使大脑功能严重失调，心理疾病便会随之而来。不同的成长经历会投射在心理发展轨迹上，表现出不同的心理状态。大学生处在青春期的末端，心思单纯且敏感，容易受到外界环境的影响，触发先前经历的心理伤害，威胁到大学生的心理健康。因此，大学生的心理健康教育需要为他们避开心理威胁，守护大学生的心理安全。

二、心理安全是保证大学生健康成长的需要

大学生的健康成长离不开心理安全的保障。如果没有足够的心理安全感，大学生的身心发展都处于被负面情绪压制的状态，难以谈及大学生的健康成长。大学生知识的获得、能力的提升、品德的养成等都需要心理安全的呵护。一方面，心理安全的大学生能够主动获取新知识、掌握新技能，相反，心理充满恐惧的大学生则会出现逃避行为，不愿接纳新事物，阻碍大学生成长成才。另一方面，心理安全的大学生拥有良好的情绪调控能力，不会出现过激的言语和行为，这对大学生的品德养成、人格健全起着关键作用。因此，心理安全是保证大学生健康成长的重要前提。

三、心理安全是大学生生活质量提升的需要

生活质量的提升不单单在于物质的满足，还在于心理的安稳舒适。心理长期处于不安的状态是难以保持正常的生活质量的。大学时期是人生当中最美好的阶段，理应全心享受大学生活的美好，投入新知识的学习。但美好的大学生活避免不了各种竞争，缺少足够的心理安全感是难以坦然面对失败的，生活态度也将趋于消极。因此，心理安全是大学生生活质量提升的前提，只有内心充满安全感，不惧怕生活难题，才会敢于、乐于接受新事物，迎接新挑战，建立新的人际关系。

四、心理安全是大学生走向社会的需要

心理安全是大学生与社会正常接轨、承担社会责任分工的保障。现代社会就业竞争激

烈,各行各业出现"内卷化"现象,这对大学生的能力素质、身体素质、心理素质等都提出更高的要求,而能力素质和身体素质依赖心理素质的提升。不论是在求学求职阶段,还是已经入职,良好的心理素质始终是个体最大的竞争资本。大学生作为新生代知识分子,如何在竞争激烈的生存条件下实现个人追求和社会价值是人生避免不了的课题。这需要具备乐观、自信、接纳、开放的精神品质,而这离不开内心足够安全感的加持。大学生只有内心感到安全放心,才能勇敢走出校园,走向社会不同的工作岗位,适应社会生活。

五、心理安全是共建安全大学校园的需要

大学校园安全除了保障大学生身体、财产等不受伤害外,还包括守护大学生的心理安全。心理安全一方面是大学校园安全建设的重要内容,同时也是大学校园安全建设的前提条件。大学校园事故的频发时刻威胁着大学生的身心健康,心理充满不安、时刻怀有戒备心的大学生容易出现过激行为,如故意伤害、伺机报复、自杀等极端行为的出现多数与病态心理相关。这些极端行为成为大学校园危险的不确定因素,稍有疏忽便会造成不可逆转的后果。如何避免悲剧发生?从源头解决心理问题不失为一剂良方。心理安全教育可为大学生疏导负面情绪,扭转病态的心理取向,安抚宽慰大学生的脆弱心灵,把极端行为扼杀在摇篮里。这样就可以避免很多不必要的伤害,才能创造和谐、友爱、安全的大学校园环境。

六、心理安全是构建和谐社会的需要

大学生作为新生代知识分子,处于学习科学知识和社会技能的快速发展时期。如果没有道德的约束和行为的规范,那么,大学生危害社会的结果是不可估量的。如轰动全国的"马加爵事件""药家鑫案件"等。当大学生的心理出现问题时,他们难以合理调控自己的负面情绪,不能控制极端言语和极端行为的出现,这对和谐社会的建设是极为不安定的因素,影响社会公共安全,容易对他人和社会造成不可控的伤害。因此,守护大学生心理安全,协助其合理表达情绪,避免做出过激的行为是构建和谐社会的重要方面。

►► 第三节 大学生心理危机的表现与预防 ◄◄

心理危机是与心理安全相对的一个概念。"当一个人面对困难情境,而他先前处理问题的方式及其惯常的支持系统不足以应对眼前的处境,即他必须面对的困难情境超过了他的能力时,这个人就会产生暂时的心理困扰,这种暂时性的心理失衡状态就是心理危机。"①当心理长期处于情绪低迷、紧张焦虑、恐惧不安等状态时,心理危机便会来临。大学生心理危机的频发给大学生活带来很多负面体验,也给社会公共安全带来隐患。只有了解大学生心

---

① 张运红.大学生心理危机预防途径探讨[J].现代预防医学,2009(3):518-519.

理危机的表现症状才能及时识别心理问题，以快速找到应对策略，减少恶性事件的发生。

一、心理疾病

心理疾病是阻碍大学生健康生活的主要杀手，也是心理不安全状态的常见反应。大学生常见的几种心理疾病主要包括抑郁症、焦虑症、恐惧症、强迫症等。

（一）抑郁症

抑郁症是“一类以显著而持久的心境低落、兴趣减退和快感缺失等临床表现为特征的心境障碍，具有高发病率、高复发率、高自杀率及高致残率等特点。”①抑郁症给大学生的身心带来极大的折磨，也给家庭和社会造成沉重的负担。由于社会竞争激烈和学习压力增大，大学生患抑郁症的比例较高，已严重威胁到大学生的心理健康。

抑郁症有以下明显特征：(1)一段时间总是高兴不起来，处于忧伤的情绪之中，莫名其妙流泪，对待问题总是持悲观的态度。(2)兴趣减低，对周围的事物提不起来兴致，在社会交往方面体现出冷淡、厌倦。(3)思维、行动迟缓，记忆力减退，注意力不集中，创造性下降。(4)还可能伴随无缘由的长期失眠、食欲减退、体重下降、身体疲劳等情况的出现。如果出现上述情况，并且持续时间已经超过两周以上，对生活和学习有明显的影响，就需要重点关注这些现象，情况严重者需要及时咨询专业人士的帮助。当然出现以上症状并不代表确诊抑郁症，还需要结合临床判断进行诊治。

抑郁症并不等于抑郁情绪或是“坏心情”，它的发病机制目前并不明确，普遍认为是生物、心理和社会环境等多方面因素影响的结果。由于公众对抑郁症的认识还不够深入，很多患病大学生羞于将这种疾病告知他人，致使病情越来越糟糕。还有的大学生只是短期内心情不佳，便自行在网上寻找“抑郁症自测量表”，依据不科学的量表结果判定自己得了抑郁症，并由此疑神疑鬼、寝食难安。因此，当大学生觉察心理发生突然变化时，一定要及时向同学、老师或家长寻求帮助，必要情况下寻找专业医院或机构进行判断，切不可盲目求医、胡乱用药。

［案例］

小周(化名)是刚进入大学的新生，中学时期被诊断出来抑郁症。他总是莫名其妙陷入悲伤的情绪，闷闷不乐，感觉对周围的事情都没有什么兴趣。他也不想参加新生军训和各种社团活动，情况严重时整晚睡不着觉，白天精神萎靡，全身无力，难以投入到正常的生活和学习当中。有时候小周还会出现自杀倾向，目前家长准备为其办理休学手续。

［评析］

小周同学已经确诊抑郁症，在大学期间持续性出现抑郁症的症状，已经影响到其正常的学习和生活，甚至还会做出伤害自己的事情。这是比较严重的抑郁症表现，小周应该积极配合专业医生的治疗，并结合医嘱定期用药，以缓解抑郁症带来的痛苦。

常见的抑郁症预防方法包括：(1)找到合适的情绪疏解方式。消极情绪的积累像一个不

---

① 刘兰英.抑郁症中医典籍撷英[M].上海：上海交通大学出版社，2021：1.

间断充气的气球，当充气到一定程度时，爆炸是必然的结果。同理，如果一个大学生的负面情绪积攒过多，最终超过他的心理承受能力，心理防线崩塌和情绪失控也是必然的结果。因此，找到合适的情绪疏解方式对大学生尤为重要，如运动、痛哭、找人倾诉、书写心情日记、逛街、旅游等等，通过情绪转移或排解将负面情绪宣泄出来。(2)增加社交，参加集体类的活动。"当你觉得充满负能量时，要去到人群当中吸收正能量"。大学生应该主动扩大自己的社交圈，认识不同的朋友，提升自身的能量场。(3)及时疏压。适当的压力有助于保持学习的动力，但压力过大时则会出现抑郁症状。大学生要及时疏解压力，摆正心态，把目标制定在能力范围内，不要长期处于疲劳的状态中。

(二) 焦虑症

"焦虑是人们在面临威胁或预料到某种不良后果时产生的情绪体验，是一种紧张、害怕、担忧等混合交织的情绪体验。"①大学生面临升学、考试、比赛竞争、就业、人际关系、突发事件等多种复杂的问题，这些都需要大学生自己判断并做出相应的行为，承担一定的后果。这些压力的叠加很容易引起心理承受能力差的大学生的焦虑症状，并带来一系列的并发症。调查显示，中国大学生焦虑症检出率总体处于较高水平，焦虑症状的合并检出率为 21.51%，大学生焦虑目前已成为较为普遍的现象。②

焦虑症的表现主要有以下几点：(1)心理症状：持续性或发作性出现莫名其妙的焦虑、恐惧、紧张和不安，整天心烦意乱。(2)躯体症状：在神经系统、泌尿生殖系统、心血管系统、肠胃系统出现不适症状。(3)行为症状：出现坐立不安、面部表情不自然、四肢轻微震颤，肌肉紧张抽动、运动僵硬、气促、窒息感、哽噎感等症状。③ 焦虑症一般是由于外界环境打破大学生构筑的安全防线，他们找不到合适的方式来防御，最终导致焦虑的产生。一般情况下，面对突发情况和较大压力，轻微焦虑和短暂焦虑是正常的，会随着时间的推移和问题的解决逐渐消失，而较为严重的焦虑则需要通过药物干预和专业手段进行治疗。

焦虑症多出现在谨小慎微、易于紧张、过于自责、心理承受能力差的大学生群体。他们多对自己要求严格，过于看重目标未能达成的后果，如果没有实现既定的要求，则过分怀疑自身，并将这种自我怀疑持续深化到日常所有的事情中。比如对待某次考试的结果特别看重，并设想很多最坏的结果，导致紧张、焦虑情况的加重；外界的细微变化就能引起他们的很大关注，害怕自己的能力不足以应对，表现出无所适从、手足无措的情况，工作和学习效率明显下降，形成恶性循环。日常生活中属于这些类型的大学生需要多注意，要及时找到转移焦虑的方式，避免过度焦虑引发更多心理问题。

案例 9.3-1

大学生缓解焦虑的方式包括：(1)轻度或短暂的焦虑可以通过心理方法或运动等方式缓解，保证充足的睡眠，约同学一起散步、旅游、K 歌等，这些方式可以有效缓解焦虑情绪。(2)中度或重度焦虑的大学生需要借助专业心理治疗手

① 李靖，戴文胜. 心理健康[M]. 成都：电子科技大学出版社，2014：36.

② 张晨阳，等. 中国大学生焦虑症状检出率的 Meta 分析[J]. 心理月刊，2022(12)：1-4+97.

③ 王向群. 焦虑症十个表现[EB/OL]. (2021-06-28)[2023-09-01]. https://health.baidu.com/m/detail/ar_2190784946125713751.

段或药物辅助治疗,需要到专业机构进行焦虑测评,并对症治疗。

(三) 恐惧症

“恐惧症是指对某种特定的对象或境遇具有持久强烈、非理性的害怕或病态的恐惧,即对特定的事物明知不存在真实的危险,却产生强烈的恐惧反应或紧张不安的内心体验。”①这种心理疾病的发生与缺乏安全感极度相关。恐惧是面对特定场景和事物时,个体对其危险的判断等级。如果超过个人所接受的范围,打破了心理平衡,就会产生恐惧心理。恐惧症是一种常见的心理疾病,日常生活中大学生可能都会遇到,比如社交恐惧症、选择恐惧症、幽闭恐惧症、恐高症、密集恐惧症等多种类型。有时候面对恐惧事物,个体无法控制自己的言行,容易出现过激行为,造成对他人和社会的伤害,影响社会的公共安全。

恐惧症的表现主要有:(1)过于排斥某件事情,并且伴有反复或持续性的回避行为。(2)即使知道特定事物不具有危险性,但还是出现紧张不安、害怕等内心体验,且个人无法控制。(3)出现显著的焦虑现象。恐惧症虽然不会引起严重后果,但可能在某些时候会引起大学生的过激行为和负面心理体验,造成不好的影响,对他人、社会等公共安全带来威胁。

对大学生而言,社交恐惧症和选择恐惧症是最常出现的两种。当面对社交场合时,他们会产生一种强烈的、不合理的、持续性的焦虑和不安,不知道如何处理这种情绪。或者当他们面临诸多选择时,因无法承担选择的后果,害怕失败,无法进行自主选择;或者在选择的过程中出现惊慌失措、焦躁、害怕的现象。很多大学生自嘲“社恐”,但多数情况下是可以控制自己的行为,克服恐惧的。但有些恐惧症程度严重的大学生还是需要采取一些干预手段,如放松训练等,以缓解恐惧症引发的不适,避免造成对公共安全的破坏。

大学生出现以上恐惧现象时,可以根据自身情况采取以下方式进行干预:(1)当面对令自身恐惧的事物时进行积极的心理暗示,深呼吸,调整情绪,做好心理疏导,尽快使自己平静下来。(2)每天进行正向的自我暗示,逐步消解恐惧事物对自身的影响。(3)可以在专业人员的辅助下使用系统脱敏法、厌恶疗法、放松训练等进行治疗。

案例 9.3-2

(四) 强迫症

“强迫症是一组以强迫思维和强迫行为为主要临床表现的神经精神疾病,其特点为有意识的强迫和反强迫并存,一些毫无意义,甚至违背自己意愿的想法或冲动反反复复侵入患者的日常生活。强迫症者由于抑制功能存在缺陷,无法抑制强迫思维以及由强迫思维引发的强迫行为,从而导致其主观与生理上的痛苦体验。”②这给大学生的生活和学习带来极大的困扰,干扰了大学生正常地行事,也影响着其他人和社会公共安全。

强迫行为主要表现在以下几个方面:(1)反复地、有目的地、故意地做一些事情。比如多次洗手,总觉得没有清洁到位;或者物品的摆放一定要有顺序;出门时多次检查门是否锁好等。(2)过于思虑某件事的危险或者伤害,反复出现一些想法或者冲动,个体无法控制。如

---

① 张密丹. 大学生安全教育:慕课版[M]. 北京:人民邮电出版社,2016:123.

② 张文琪,等. 强迫症与冲动控制的关系[J]. 国际精神病学杂志,2022(4):591-593+601.

总是担心燃气灶没有关阀门、觉得周围都是细菌、担心物品没有归置到位等。(3)不受控制地数台阶、楼层、树木等。这些强迫行为或强迫想法妨碍大学生的正常生活和学习,严重者会出现焦虑、重度抑郁、强迫型人格障碍等问题,也会给社会的公共安全带来隐患。

案例 9.3-3

强迫症经常出现在大学生的言语中,比如“我有强迫症,物品必须摆放齐全”或是“地面必须干净”,有些强迫行为可能是大学生个人生活习惯的要求,并非是强迫症。如果这种症状并未干涉到大学生正常的生活和学习,不必担忧,但如果某种强迫行为已扰乱到正常生活,影响到社会公共安全,需要及时寻求解决办法。

大学生强迫症一般的干预方式是:(1)学会放松。当出现强迫意向或强迫行为时,要做好心理建设,使自己慢慢冷静放松下来,或者转移注意力,如听歌、跑步等。(2)接受自己的不完美,正确评价自己。患有强迫症的大学生通常对某件事要求苛刻,接受不了有瑕疵的事情。在生活中,大学生要树立正确的业绩观、失败观,学会接受生活中的不完美。(3)可以通过药物治疗、认知行为治疗、森田疗法等进行干预和控制。

以上心理疾病的出现大多是大学生心理安全感的缺失导致的,心理长期处于恐惧、焦虑不安的状态容易诱发心理疾病。当觉察到心理突然发生不好的变化,并且持续性地加重,大学生应及时寻求专业人士的帮助,以免对自身和社会公共安全造成伤害。

二、退缩行为

生活中我们可能会看到这样的事例:一个人第一次参加考试时,信心满满,但却没有通过。于是鼓足勇气进行第二次考试,还是没有通过。等第三次、第四次的考试结果都不理想时,这个人奋发向上的热情、欲望就可能被扼杀。即使还拥有考试的机会,他也不敢再去尝试。并非是这个人失去了学习的能力,而是由于一次次的失败,使他丧失了信心和勇气,逐渐形成了害怕、自卑心理,并伴随逃避退缩行为的出现。逃避退缩行为易发生于大学生身上,大学生在成长的过程中由于生理和心理的不成熟,容易在受到打击和挫折后出现退缩行为。

“退缩通常指当个体处于挫折或感到不安的情境时,为了减低焦虑并维护自己的安全与自尊,而采取的一种回避性的行为方式。”①当心理安全感缺失时,大学生很容易出现退缩行为,采取心理自我防御机制以维护自身的安全。退缩行为主要表现在以下几个方面:一是人际关系比较淡漠,不爱交际,不愿意同其他同学或老师进行交流。退缩型大学生更愿意自己单独玩耍,不愿意参加集体活动,拒绝或消极应对他人发出的互动。二是性格内向,不愿意表达,特别是跟陌生人相处时会表现出脸红、害羞、无所适从的状态。三是逃避现实,不思进取、害怕失败、责任意识淡薄。四是当外界环境发生改变时,他们会表现出强烈的不适感和恐惧感,并试图伪装、掩盖自己的行为。当大学生经历挫折和失败之后,短暂的退缩行为是正常的。人具有趋利避害的本能,挫折和失败打击到人的自尊心,并产生恐惧和不安的心理,这个时候人的本能就是逃避,因此,短暂性出现以上行为是正常的。但长期出现退缩行

① 郭念峰,毕希名.常见心理疾病的临床表现与治疗[M].济南:山东科学技术出版社,2000:114.

为时，需要引起大学生的关注，并寻求专业手段的干预。

退缩行为的出现既有先天遗传因素的影响，比如某个大学生生理上具有某种缺陷，致使其不愿意同他人进行交流；或者先天性的气质属于多愁善感、抑郁质的类型，这样很容易导致退缩行为。也有后天环境因素的影响，如家庭氛围过于压抑、人际关系紧张等对大学生的行为会起到抑制作用。还有多次考试失败、自我评价较低等也会引发大学生的消极情感反映，进而形成退缩行为。从高中的“保姆式”地守护到大学期间的“放养式”管理，大学生面临很多问题需要独立解决，并承担一定的行为选择后果。缺少教师和家长的监督和管理，他们很容易出现自我怀疑、情感损伤、畏手畏脚的反应，不敢踏出舒适圈，形成“闭环式”的退缩行为反应机制。

［案例］

小丽(化名)是一名大三的学生，经常在寝室待着，也不愿意跟室友进行过多的交流，吃饭上课都是独来独往。先前被好朋友伤害过，现在小丽不敢轻易付出真心，同他人交朋友。她很少参加集体类活动，每次参加活动时都会一个人坐在角落里。每当小组有任务分配时，小丽总是躲在最后面，不愿承担过多的责任。

［评析］

小丽的情况与社交恐惧症的情况略有不同，社交恐惧症是内心想要去交朋友，但一旦真正开始社交就表现出害怕、紧张的情况。而小丽的情况属于不愿意与外界有过多的接触，与其说将自己保护在安全地带，倒不如说退回到个人狭小的空间内，不敢承担社会责任。从背景来看，小丽是由于先前受过伤害，才导致这种退缩行为。这种情况还需要从根源处解决问题，建立小丽与周围人的信任关系，采用一些方法逐步改善退缩行为。

转化大学生的退缩性行为的方式包括以下几个方面：(1)刻意训练社会交往技能。在网络上学习社交相关策略，学会新的交往行为模式，可通过录制视频、尝试与同学交流等方式进行演练，使自己在不同情境中熟练运用交往行为模式。(2)交往压力训练。适当逼迫自己去认识不同的同学，当宿舍或班级有集体活动时，做好心理建设报名参加，并承担一定的任务。当自身适应一定的交往压力之后，紧张情绪会逐步得到缓解。(3)做好正向强化训练。当自己突破某项障碍时，给予自己一定的奖励，比如站在讲台演讲、结识新同学等，以此增强自信心，缓解退缩行为。

三、依赖无能

案例 9.3-4

依赖的前提是信任。没有信任为基础的关系犹如一幢没有地基的高楼，随时会被外界的一点点吹动而倾倒。由于先前成长和生活经历的影响，很多人无法对其他人产生信任的感觉。如童年时期经历过家庭暴力，或者在生活中被亲人、朋友欺骗等。特别是在一段亲密关系中，承诺未能实现、长期冷暴力、数次欺骗等行为一次次击退大学生的心理安全防线。当人的心理安全防线退回到临界点时，自我心理防御机制便启动，无法再相信对方，难以建立亲密的人际关系。信任感是心理安全的一种表现，只有大学生内心充满安全感，才有相信他人的基础。大学生不能放心地接纳他人，无法全然地袒露自己的心声主要源自恐惧，害怕自己受到他人的冷眼相待和他人的背叛，从而选择规避风险，这就是我们经常说的信任感缺失。

信任感缺失在生活中经常出现，而与信任感缺失相伴的一个心理现象便是“依赖无能”。依赖无能是指独立自主，无法依赖他人。依赖无能者看上去独立坚强，什么事情都可以做得很好，但内心是恐惧不安、无法向他人表达自己的诉求，并将这种行为认为是对自己的否定。据临床心理学家 Jonice Webb 的总结，以下这些信号能够帮助人判断自己是否是一个依赖无能者：①有人会用“冷漠”来评价你；②你希望给他人留下独立、强大的印象；③爱你的人曾抱怨你在情感上过于疏离；④你习惯自己的事情自己做；⑤向他人求助对你来说异常艰难；⑥在太过亲密的关系中你会感到不适；⑦示弱或是暴露自己的脆弱会让你感到极其不舒服；⑧你时常会感到孤独，即使身边有亲人和朋友。[①] 依赖无能并不是批判独立性的价值，而是说个体无法同他人建立需求互助的联系，是一种心理障碍。

依赖无能容易出现在独立自主、自尊心强、为人淡漠的大学生群体。在学校组织的群体活动或专业内部的小组合作中，他们表现出明显的界限感，不愿意参与到活动中，或者只完成自己所负责的内容，与团队成员的交流沟通缺失。在恋爱中，依赖无能的大学生无法建立亲密关系，即使有很多追求者，他们也不敢放心地依赖对方，并认为依赖他人会降低自己的价值，害怕踏出心理安全区域。依赖无能的大学生最明显的想法就是害怕被拒绝，其心理活动主要是：我向他人寻求帮助，他们要是不答应的话，我会非常害怕和尴尬，还会后悔提出需求，那我索性就不向他人帮助，避免被拒绝；如果别人答应了我的需求，我就会欠他一个人情，我害怕还不上。这样一来，虽然依赖无能的大学生看起来特别厉害，所有的事情都可以靠自己的能力解决，但实际上他们内心是充满不安和恐惧的，造成室友关系、同学关系、朋友关系、师生关系等都处于不温不火或疏离的状态，给大学校园和社会公共安全带来隐患。

大学生当觉察到自身面临依赖无能的问题时，可以通过参加“信任背摔”等活动建立对他人的信任，放松心理戒备，尝试与室友、同学、老师等说出内心想法和需求，稳固与他人之间的信任关系。同时，克服内心对依赖的错误认知，依赖并不是否定自己，可以通过麻烦别人小事情走出心理恐惧，如帮忙带饭、帮忙取快递、帮忙收下衣服等别人力所能及、也不会构成自己内心负担的小需求，在需求不断得到满足的过程中一步步克服依赖障碍。

四、过度自卑

案例 9.3-5

自卑是一种常见的心理状态，自卑的人是极度缺乏安全感的。自卑是个人实际情况未能达到完美标准或与完美事物差距过大引起的心理落差。从积极层面来看，自卑的产生是以人想要变得完美、想要成为更好的人为起点的，一定程度上的自卑感是值得赞扬的。它有助于个体不断向上发展，激发进取心和斗志。阿德勒说过，我们每个人都有不同程度的自卑感，因为我们都想让自己更优秀，让自己过更好的生活。但过度自卑就会引发各种心理疾病的产生，严重者会心理扭曲，发生过激行为，破坏社会的公共安全环境。

---

① 知乎用户 KBTgRe. 不麻烦别人，不是真正的“独立”而是“依赖无能”[EB/OL].(2021-09-27)[2023-06-08]. https://zhuanlan.zhihu.com/p/414495596.

在《心理学大辞典》中，自卑又称为自卑感，是指个人体验到自己的缺点、无能或低劣而产生的消极心态。自卑心理主要有以下表现：

一是自我认知存在严重的偏差，看不到自己的优势，只能看到自己的不足，过分关注并放大自身的缺点，对自己的各方面评价都很低。如有的女同学觉得自己太胖便觉得自己低人一等，或是男同学认为自己脸上有痘便无法接受自己。自我认知偏差还存在过分夸大自我的某些优点形成的自负心理，这是对自己所认为"短板"的掩盖，转移他人的注意力，从而得到心理满足。

二是情感态度上容易自暴自弃，悲观消极，情绪敏感多疑，易多愁善感。自卑的大学生刻意追求过高的目标，以补偿自己所认为的缺陷，但往往正是由于目标过高难以实现，而又加剧挫败感和期望落差，对生活失去希望和热情。自卑的大学生经常性自我检视，性格内向，心思比较细腻多疑，对他人的评价较为在意。他人的一句话或者一个眼神就可能让他们陷入自我怀疑，使他们难以同他人建立和谐的人际关系，不利于和谐大学校园和公共安全环境的构建。

三是言行上一方面会对他人进行恶意攻击，故意用言语对他人批评和责备，行动上处处表现出凌驾于他人之上的优越感，通过打压别人满足内心的需求，以掩饰内心的自卑。另一方面会表现出唯唯诺诺，自我封闭，逃避社交等情况。自卑的人缺乏安全感和自信心，不愿意将自己的缺陷展示出来，也很难接受任务失败带来的打击，因此，他们多会畏手畏脚、自我孤立。

自卑心理广泛存在于大学生群体，对大学生的身心健康发展有着不利的影响。"社会比较是将自身状况与他人进行比较的过程。大学生的自卑心理不是凭空产生的，而是在与他人进行比较的过程中形成的。社会比较作为一种弥散性的情境，时刻影响着个体的自我评价，是大学生自卑心理产生的必要条件。"①大学是群体性生活，同学之间联系密切，在家庭条件、外貌长相、学习成绩、工作能力、人际关系等各方面存在避免不了的"比较"。比较必然会带来孰优孰劣的结果，引发大学生自卑的不良心理体验。部分大学生能够迅速调节心理落差，通过自身努力缩小差距，但部分大学生还会存在心理调节失衡的问题，持续加深消极错误的认知机制，使自卑感过度引发心理疾病。过度自卑的大学生容易导致畸形的认知观念，可能会因为他人的无意识言行而怀恨在心，严重者还会产生报复心理，进而影响社会的公共安全。

大学生克服自卑心理的常见的方法有：(1)培养自信心。从自己擅长的事情入手，逐渐提升自我认同感。如写字好看、唱歌好听、绘画有天赋等，假如没有擅长的事情，大学生可以从感兴趣的领域入手。(2)进行积极的心理建设，提高自我评价。每个人都有擅长或不擅长的地方，不必苛求完美标准，学会接纳不同状态的自己。(3)主动与他人交往，打开心扉，参与学校社团活动或比赛，获得外界的正向评价和支持。(4)如果自卑心理已经严重影响到生活和学习，建议寻找专业的心理咨询师或专业教师进行疏解开导。

心理疾病、退缩行为、依赖无能、过度自卑等心理安全感缺失的表现并不是绝对的，也不是涵盖所有情形，只是将大学生经常出现的问题呈现出来，帮助大学生觉察自己心理的变

① 韩丕国. 大学生自卑心理：基于社会比较的研究[J]. 中国成人教育，2014(12)：122-124.

化。如果长期存在以上心理问题,还需尽快进行专业治疗。

▶▶ 第四节　大学生心理危机的主要诱因 ◀◀

大学生心理安全感的缺失有多种诱发因素,比如个人成长经历、家庭环境、竞争压力、突发事件等都可能成为大学生安全感缺失的原因。“解铃还须系铃人”,只有找到心理问题发生的根源,才能够对症下药,促进大学生心理健康和心理安全。

一、不幸的成长经历

童年时期的影响对大学生来说是巨大的,即使某些事情过去很久,但痛苦和恐惧却可能伴随一生。每个大学生的成长经历不同,在成长过程中遇到的保护和挫折也不同。幸福的童年经历会让人充满阳光,对未来充满希望,心理安全感十足,拥有足够的底气去应对未来的风险。然而不幸的童年带来的却是无尽的恐惧和担忧,长期缺少爱的滋养和陪伴,心理安全感极度缺乏,引发一系列的心理问题。有大学生说,小时候爸爸经常喝酒,一喝完酒会摔东西,脾气很暴躁,这对她年幼的心灵带来极大的伤害,长大之后特别自卑,为人相处小心翼翼。直到现在,她已经是一名大学生了,当听到有东西摔碎的声音还会特别紧张。还有大学生说,他小学老师曾经让他在讲台上蹲了一节课,那种羞愧和恐惧伴随至今。童年阴影、校园欺凌、冷暴力、教师体罚等都会对大学生的心理发展造成重大影响,成长过程中尊重和爱的需要被忽视或拒绝,便会产生一种不安全感和焦虑的情绪,这对大学生人际关系和身心发展是不利的,是造成大学生心理危机的原因之一。

二、不良的家庭氛围

家庭氛围对大学生的影响是深远且持久的。不良的家庭氛围对大学生的伤害会伴随很长时间,如“高期望”的家庭氛围、“负能量”的家庭氛围、“无交流”的家庭氛围、“打骂式”的家庭氛围等等。有的大学生长期处于高压的环境下,父母对其有特别高的期待,给大学生带来沉重的负担,长期压抑的生活环境导致他们无法表达出自己合理的需求;有的家长经常抱怨,向大学生传达的都是负面情绪,他们从小接收很多悲观的想法,自然会养成自卑、怯懦的性格;“无交流”的家庭是父母不关心大学生的内心世界,只提供吃穿等基本的生活条件,忽视对大学生心灵的呵护;“打骂式”的家庭氛围对大学生的负面影响是最大的,大学生长期处于暴力、辱骂的环境中,心理安全感基本没有,成年后也会担惊受怕,怯弱自卑。家庭是给大学生提供心理安全场所最合适、最重要的地方,家长是给予大学生安全感的重要他者。可以发现,很多有心理问题的大学生都有一段不堪回首的经历和一个有问题的家庭教育,如何走出家庭氛围的影响、找回缺失的安全感是他们需要不断追寻、破解的人生难题。

三、生活学习压力增加

由于社会竞争激烈,大学生面临的学业、升学、就业等问题越来越严峻。大学生活与高中阶段明显不同,高中阶段有老师和家长的监督,而大学期间自由度增加,使大学生面临自主学习和独立生活时手足无措,容易引发大学生不同程度的压力和心理上的不适应。竞争性考试给大学生带来了巨大的心理压力,很多大学生在考试来临时出现不同程度的焦虑、失眠、恐惧,严重者还会引发极端行为。还有些大学生爱慕虚荣,超前消费,在筹备资金时陷入"套路贷"的牢笼中,对其心理造成重创。资料显示,在骗子的无休止的催贷电话后,山东大学生李某、新乡大学生杨某两人因被催收欠款导致重度抑郁,被迫退学;蓬莱大学生杨某因其女朋友及其姐姐裸照被催收人员传到校园百度贴吧后,被迫退学;浙江杭州大学生,年仅17岁的刘某,因精神压力巨大跳楼身亡。① 悲剧发生的背后是大学生心理恐惧与心理压力的增加,害怕未来、担忧学业、害怕受伤、害怕考试……并引发一系列问题,因此,维护大学生心理安全尤为必要和关键。

四、人际关系不和谐

良好的人际关系滋养生命、温暖心灵,而恶劣的人际关系则增加烦恼、消耗感情。友情和爱情是大学生活两大美好的主题,结识志趣相投的朋友、认识三观相合的伴侣会为大学生活增添许多美好。然而由于性格内向、认知偏差和行为方式的不同,一部分缺少人际交往经验和技能的大学生容易在社交中遇到各种困难和麻烦,导致人际关系紧张,引发自闭、焦虑、孤独、自卑等消极心理。如有的大学生室友关系特别紧张,在寝室受到孤立和排挤,整日情绪低落,闷闷不乐,极易引发心理疾病和心理危机。也有大学生保持不健康的恋爱关系引发情绪内耗,在恋爱关系中患得患失、过度依赖,丢失了自我,造成心理危机。2019 年,北京大学包某因受男朋友长时间的精神控制和精神打压,在某宾馆服药自杀②;2021 年,某高校男生因感情问题欲跳崖轻生③。一系列的悲剧说明:不健康的恋爱关系使某一方过度依赖于另一方,将安全感全部转移到对方身上,因害怕对方的离开而不断迎合,做出伤害自己的事情。人际关系的建立是以信任依赖为基础,但信任依赖不足或过度都会造成心理安全感的缺失,导致悲剧的发生。

---

① 央视网. 17 岁大学生身陷"套路贷"精神压力巨大跳楼身亡[EB/OL]. (2018-10-09)[2023-05-15]. https://baijiahao. baidu. com/s? id=1613831975541769849&wfr=spider&for=pc

② 尹建莉父母学堂. "北大包丽被男友虐待自杀"最新后续曝光! 无数女孩"最隐秘"的痛被揭开……[EB/OL]. (2022-09-27)[2023-05-28]. https://yule. sohu. com/a/588252784_164605.

③ 封面新闻. 高校男生因感情问题欲跳崖轻生 失联 15 小时后被救回[EB/OL]. (2021-10-21)[2023-05-28]. https://baijiahao. baidu. com/s? id=1714204318353931602&wfr=spider&for=pc.

五、突发事件的刺激

有些大学生原本具有足够的安全感，但由于突发事件的刺激，导致安全感尽数流失，陷入极端的痛苦当中。突发事件对人的心理伤害是重大的，很多大学生未经历过社会的磨难，心理防御能力较弱。当遇到突然的变故或挫折后情绪起伏太大，心理安全防线瞬间崩塌，可能会引发心理失常，甚至出现创伤后应激障碍，难以再建立起来安全感。如经历车祸、父母离异、亲人离世、失恋、性侵、抢劫、重病、灾害等变故，这需要很长时间去调整和适应。一些严重的灾难性事件对大学生的心理健康会造成长久的影响，他们很难从变故中走出来。即使过去很长时间，他们再想起来时仍然痛苦万分，成为心理阴影挥之不去，造成心理危机。如有的大学生因父亲生病去世，长期郁郁寡欢，逐渐将自己封闭起来；还有的同学成绩名列前茅，一直是家中的骄傲，但因考研失利，常常陷入自我怀疑，经常性情绪崩溃；有的大学生在被性侵之后，原本活泼开朗的性格变得自卑内向、小心翼翼、沉默寡言，难以建立与周围同学的信任关系。心理安全一旦被破坏便很难修复，这对大学生的健康发展是沉重的打击。情况严重时，突发事件还会在大学生的心理埋下怨恨的种子，容易出现自暴自弃、打击报复等极端行为，危害社会的公共安全。

▶▶ 第五节　维护大学生心理安全的对策 ◀◀

根据“大学生公共安全教育研究与实践”课题组调查数据显示，“92.32%的大学生在面临生活、学习中的困扰时，完全或基本能够想办法解决”，说明绝大多数的大学生能够积极面对生活中的问题，不断调适自己以适应外界环境的变化。但乐观的数据背后仍有缺憾，7.68%的比例扩至全国大学生群体时，仍会出现很多因心理危机引发的悲剧性事件。近年来，大学生心理疾病与心理问题频发，在大学生群体中造成不良的影响。只有构筑大学生的心理安全防线，维护大学生心理安全，才能预防心理疾病和心理问题的产生，减少悲剧性事件的发生。如何维护大学生的心理安全呢？这主要从大学生自身、高校、家长等三个方面入手。

一、大学生要做好心理危机防御工作

大学生自身是心理安全感是否缺失最真切的感知者，靠外界他者发现行为异常时可能会错过良好的调整时间。因此，大学生作为自己心理安全的第一责任人，对待心理安全问题应及时发现、及时调适、及时求助，并在日常的生活中注意小心呵护。

（一）及时发现

由于大学生的成长经历不同，心理安全的状况不同，心理安全感的缺失表现也会存在多重差异。作为内在情绪变化感知的主体,大学生自身应及时察觉情绪变化、及时发现心理安全问题。

1. 作息方面

当突然出现作息紊乱、非人为性改变时,应当及时察觉。比如晚上入睡困难,需要很长时间的睡眠潜伏期;睡眠时间突然缩短,早晨醒来的时间提前;睡眠质量差,多梦易惊醒,醒来并无放松的感觉,甚至觉得疲惫不堪,第二天的精神状况不佳;出现白天想睡觉、晚上睡不着的作息颠倒现象。如果是非人为性干预长期出现上述情况,大学生需要重点关注是否出现或存在心理危机。

2. 学习方面

大学生可以关注自身的认知发展、思维活动等方面的变化,是否出现记忆力突然下降、学习知识的速度变慢的现象?是否出现原本可以理解的知识点需要耗费更多时间的情况?思维活动是否突然变得无厘头,甚至怪异,出现幻觉?学习积极性是否锐减,提不起来对新事物的学习兴趣?学习效果是否突然变差,难以完成所交付的学习任务?是否突然对学习产生厌恶、极度恐惧的现象?如果上述问题的回答"是"或多数为"是"的话,一定要提防心理问题的发生。

3. 情绪方面

情绪的表达是心理安全情况显现的标识。当近期情绪有异常变化时,如原本活泼的性格变得闷闷不乐、悲观抑郁,失落感很强;或者是长时间陷入负面情绪中,无征兆地落泪,郁郁寡欢;或者变得喜怒无常、处于异常悲伤或者异常兴奋两个极端的状态,这时需要怀疑一下心理是否出现问题,并做下一步的打算。

4. 社交方面

心理安全出现异常还会表现在社交方面。即大学生发现自己近期不愿与同学、朋友进行交流,面对集体活动开始出现恐惧、逃避的现象;原本喜欢社交的大学生却对交朋友失去兴趣,做事开始独来独往。这些交往方面的变化可能会被大学生忽视,但其实这对大学生自身来说是观察心理变化很明显的指标。

除了上述情况,如果成长经历中有过重大伤害并且一直有心理阴影,或者近期有过突发事件,对自己的打击比较大的话,那么,心理安全感的流失是特别容易出现的,需要格外关注自己的心理变化。只有及时发现问题,才能积极进行调适和求助。

(二) 及时调适

当发现心理出现异常变化后,如果情况不严重,大学生可以通过简单的方式自主进行调适,及时阻止心理安全问题的恶化。

1. 阅读心灵治愈类的书籍

阅读可以让人冷静下来,在嘈杂的生活环境里建立一个安静的心灵空间,从书中获取安全感是最为稳定且持久的。当大学生遇到情绪或心理问题时,可以翻开一本心灵治愈类的书籍。这些书籍可以放松心情、治愈心灵,给人一种温暖向上的能量传输,并且有些书籍能够提供一些有效的缓解负面情绪的方法,这对调节大学生心理问题具有很大的帮助。

2. 积极进行自我心理建设

心理安全问题的产生多数是因为恐惧情绪的出现,大学生对自己的认知和评价过于负面,认为自己不足以对抗外界的变化。因此,当大学生出现心理问题苗头时,一定要积极地进行自我心理建设,及时调节负面情绪。遇到挫折和失败时也要及时肯定自己的努力,相信自己总能克服困难,达到自己想要的目标。

3. 放空身心,好好休息

当遇到心情烦躁的棘手问题或者焦虑不安时,大学生要学会放空身心,适时休息,给身体和心理调适的时间和空间。比如好好睡一觉、听听放松的音乐、练练瑜伽或者去当地比较近的景点旅游,这些都是快速缓解负面情绪、调节心理问题的有效方法。只有身体和心理得到充分的休息,才能获得更充足的能量面对困难。

4. 做些喜欢的事情,转移注意力

从事喜欢的工作能够有效释放压力,找回安全感。如果大学生难以从负面情绪中走出来时,不妨去做些喜欢的事情。比如准备一些画画用的工具,天马行空地畅想;或者把自己的心情记录下来,作为倾诉的一种方式;或者看部喜欢的电影;或者到拳击馆等地方释放压力等等,将自己从负面情绪中解放出来。

(三)及时求助

如果发现上述的方法并没有发挥作用,心理安全问题仍在影响自己的生活或学习,那么,大学生需要及时向他人、教师、专业医疗机构等寻求帮助。

1. 向朋友求助

作为同龄人,朋友之间会更有共鸣,更适合作为大学生的情绪倾诉对象。如果遇到无法自行排解的苦闷,或者遭遇重大的变故,可以向自己的朋友求助,向他们倾诉内心的不愉快,将忧伤、痛苦等情绪宣泄出来,以减轻内心的压力。朋友之间的相互帮助能够给予大学生一定的心理安全感,并且可以提供问题解决的办法,预防和纠正不健康的心理问题。

2. 向教师求助

大学教师的育人经验丰富,且作为成年人具有足够的判断是非和解决问题的能力。大学生可以将遇到的困难告知辅导员或者专业课教师,听取他们的意见,并获得心理支持和心理安慰。这既有助于问题的解决,也有利于快速从坏情绪中走出来,避免产生严重的心理疾病。

3. 向家长求助

家长是大学生求助最可靠的人选,并且家长对孩子的性格、成长经历、兴趣爱好等情况比较了解,当大学生出现心理安全问题后,可以向他们倾诉,减轻心理压力。

4. 向专业人士求助

专业人士具有专业的治疗手段,能够根据患者的实际情况采取相应的手段和药物进行治疗。如果大学生认为心理问题比较严重,并且已经困扰到大学生日常生活,那么,需要放下心理疾病羞耻心,通过写邮件、网络答疑、电话咨询、面对面咨询等各种方式,及时地寻求专业人士的帮助。

（四）日常呵护

除了遇到心理问题需要及时关注并跟进治疗外，大学生还需要在日常生活中不断加强心理建设，提高心理风险防御的能力。

1. 规范作息和饮食

这是身体运转最基本的能量来源。有些大学生过于放纵，长期熬夜，白天睡觉，晚上打游戏，致使大脑得不到正常的放松和休息，引发多种心理疾病。还有些大学生长期保持不健康的饮食习惯，暴饮暴食，高油高糖；或者为了减肥过度节食，致使身体逐渐垮掉。生理和心理健康密切相关，良好的生活习惯能够滋养身心，因此，大学生应规范自己的作息和饮食。

2. 培养兴趣爱好

当遭遇突然的刺激或变故后，兴趣爱好可以为大学生构筑一个安全的心灵港湾，帮助他们修复受伤的心灵，放松心情，获得慰藉。大学生可以根据自身感兴趣的领域，如读书、弹琴、绘画、郊游、运动、看电影等，并将其作为爱好不断培养，这不仅能为情绪调节找到合适的宣泄口，还能够发展“副业”，增加技能。

3. 定期运动

运动时交感神经处于兴奋状态，有助于分泌体内的多巴胺，多巴胺能够使人产生开心的情绪，对情绪调控具有良好的作用。建议大学生每天运动半个小时以上，保持定期运动既能锻炼身体，也能够减少负面情绪的出现。

4. 积极参加社交活动

维持良好的人际关系是建立安全感、消除孤独感最有效的方式。大学生应该利用学校提供的各种机会，参加社团活动、比赛活动，或者与学姐学长、室友同学一起学习、聚餐、游玩，和周围人保持良好的人际关系，获取周围人的支持和正能量。

二、高校要营造良好的心理安全环境

大学生心理安全是校园安全建设的一部分，高校不但需要为大学生心理健康发展提供安全的环境，还需要为大学生心理安全建设提供支持和帮助。

（一）建立心理咨询室

鉴于大学生心理安全问题频发，高校有必要建立专业的心理咨询室，公益性质地为大学生提供心理咨询服务。有些大学生碍于面子，认为心理问题是难以启齿的事情，羞于去专业的心理咨询机构或医院。高校心理咨询室的开设能够减轻大学生主动咨询的心理压力，能够为大学生提供初步的心理问题筛查以及有效的治疗矫正方法，并依据大学生心理问题的发展情况为其提供后续治疗建议。如果高校已经开设心理咨询室，还需要加强心理咨询室的宣传，鼓励有需要的大学生积极寻求心理帮助。

(二) 定期举办心理安全教育讲座

心理安全教育讲座辐射面广且针对性强,定期举办心理安全教育讲座可让大学生深入了解心理安全知识,自主筛查是否存在心理问题,减少心理安全事故的发生。建议心理安全讲座每月或每季度开展一次,针对不同的心理安全问题进行专题讲解,并提供有效的矫正方法。大学生应以此为契机,多参与心理安全教育类讲座,提高心理风险防御水平,维护心理安全。

(三) 多关注学生异常行为

除了上述公开性质的讲座或公益性质的心理咨询外,大学辅导员或责任导师应多关注大学生的异常行为。有些同学心理安全感严重缺失,主动寻求帮助的可能性比较小,这时候需要教师及时发现异常,并尽快进行心理帮助。比如辅导员或责任导师可通过“一对一”或“一对多”等方式和学生沟通,了解大学生是否存在生活或学习困难,是否遇到重大事故。对于行为异常的大学生,教师要及时了解情况,重点关注学生的心理状态,如有必要,找寻专业人员展开救助。

(四) 加强大学校园安全建设

心理安全依赖环境安全的构建。如果大学校园里出现危险物品或人物,那么,对学生的心理伤害是巨大的。比如带有攻击性行为的流浪猫和流浪狗、基础设施的老化、社会无关人员的入校、恶性事件的发生等等,这些不确定的安全隐患对大学生的心理安全造成潜在的威胁。因此,高校需要及时巡查,减少不必要的心理伤害和身体伤害。大学生也应该具有一定的自我保护和自我防御风险的能力,对自己的安全负责。

三、家长要负起大学生心理安全监管责任

家长为大学生提供物质基础和生长环境,对大学生性格特点和行为习惯比较了解。但也正是家长某些方面的原因,导致大学生在成长过程中没有获得足够的心理安全感,在性格和行为方面表现出异常现象,因此,大学生心理安全建设需要家长的倾情参与和极力配合。

(一) 不要给大学生过重的压力

有些家长对大学生的要求很高,并在日常的沟通交流当中不断施压,本来温馨的家庭港湾变成指责加压的牢笼,从而导致大学生的畏难情绪持续存在,心理安全感流失。长此以往,过重的心理压力会引发大学生各种心理问题,得不偿失。因此,家长应根据大学生的成长和发展情况,寄予切合实际的期望,在学业成绩、升学、就业等各方面多给予理解与支持,不能一味地指责和加压,要给大学生创造一个安全、舒适、快乐的家庭环境。

(二) 多鼓励大学生

大学是一个培养学生多种技能和素养的地方,整个培养体系是一个持续且长久的过程,

失败与成功是难免交替出现的状态。有些大学生胆小怯懦,不敢踏出舒适圈参加各种活动和比赛,这就需要家长在背后不断鼓励、支持,给予大学生足够的安全感,让他们敢于尝试新事物和新技能,并从中获取更多的自信心。当大学生取得成就时,不论是小成就或是大成就,家长都应该及时地鼓励和表扬,提高他们的自我评价水平;当面临失败时,是大学生心理最脆弱的时候,家长不应过分指责,在给予安慰的同时帮助他们调整好心态,重新出发。

(三) 多与大学生加强沟通交流

家长除了给大学生提供物质基础外,还应该多关注他们的心理发展情况。有些大学生在成长过程中缺少与家长的沟通,家长在心理安全建设方面并没有给予足够的重视,导致他们长期处于缺乏安全感、孤独抑郁的状态。对于此类心理问题,家长应调整教育方式,多与大学生进行沟通交流,了解他们的生活和学习情况,倾听他们的内心想法和需求,对于出现的心理问题及时进行疏导,协助他们处理生活中遇到的困难。只有家长建立起与他们沟通的桥梁,大学生才更愿意打开心扉,为心理问题的解决提供便利。

(四) 发现异常后应及时干预

大学生在学校脱离家长独立生活和学习,难免会遇到情绪低沉、情绪压抑、情绪反常,甚至情绪崩溃的问题,如果大学生只是出现暂时性的症状,家长只需心理疏导即可。但如果家长发现大学生长期性情绪抑郁或性格突变,行为出现异常、紊乱时,需要引起足够的重视。这需要家长及时联系大学辅导员或责任导师,重点关注大学生的情况。如果出现过激行为或情绪恶化,就需要求助专业人员对其进行干预治疗。

生活中的阴影是我们无法避免和控制的,但有阴影的地方就会有阳光照进来。重要的是,我们能够不断调整自己,一次又一次地走出阴影,拥抱光明和美好的大学生活。

思考题

1. 常见的心理安全问题有哪些?
2. 怎么判断是否存在心理危机?
3. 大学生心理安全的重要性体现在哪些方面?
4. 如何预防心理危机的发生?
5. 你知道哪些心理问题调适的方法?
6. 如果你的好朋友最近心情很低落,你会怎么做?

推荐阅读

1. [日]岸见一郎,[日]古贺史健. 被讨厌的勇气"自我启发之父"阿德勒的哲学课[M]. 北京:机械工业出版社, 2015.
2. 武志红. 感谢自己的不完美[M]. 北京:北京联合出版有限责任公司, 2021.
3. [英]罗伯特·戴博德. 蛤蟆先生去看心理医生[M]. 天津:天津人民出版社, 2020.
4. 张维扬. 情绪请开门 放出困在情绪中的自己[M]. 北京:人民邮电出版社, 2021.

5. 汤玉梅,杨熙.新冠肺炎疫情背景下大学生积极心理健康教育研究——基于积极心理学的视角[J].思想教育研究,2023(2):135-139.

6. 张瑞红.高校大学生常见心理问题与健康教育探讨[J].中国学校卫生,2022(10):1603-1604.

7. 国家心理健康和精神卫生防治中心 https://ncmhc.org.cn/

第十章　性安全

思维导图

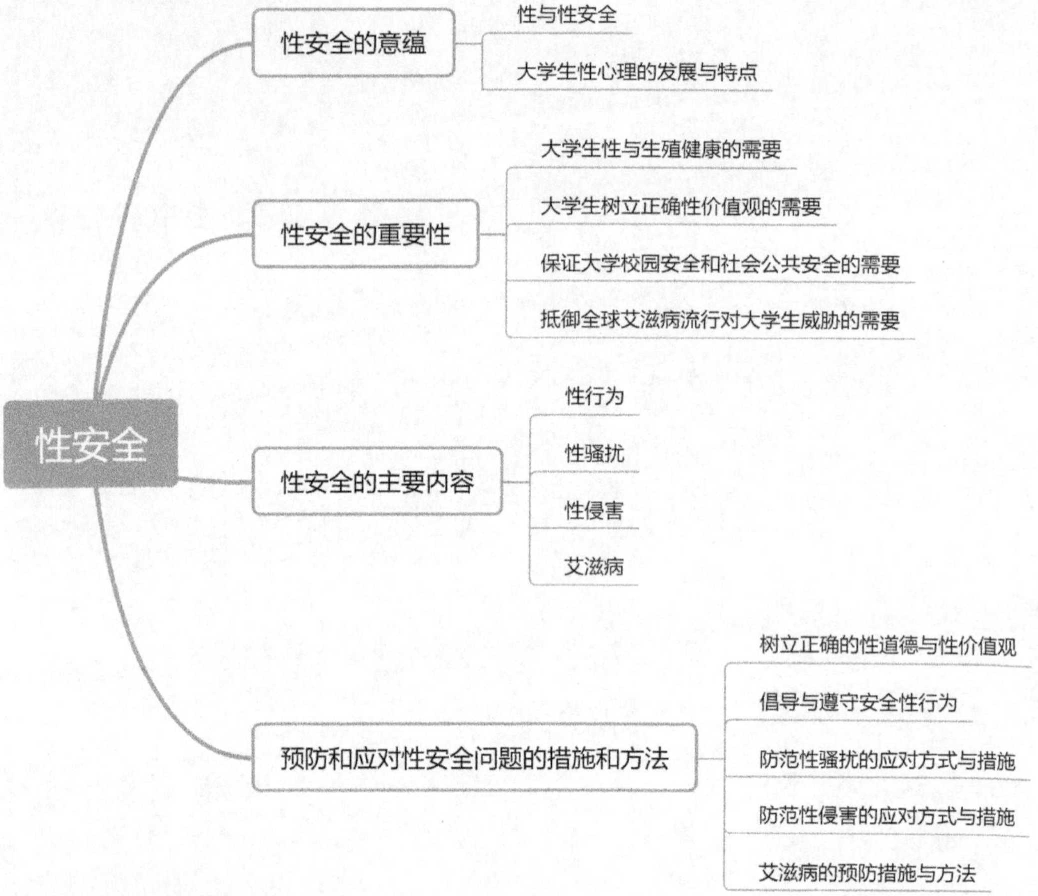

学习目标

【知识目标】引导大学生科学地认识性，了解性安全、性安全教育的基本含义，掌握性安全的基本内容。

【能力目标】通过学习，使大学生能够掌握预防和应对性安全的措施和方法，具有防范性安全的能力。

【素质目标】培养大学生性安全的素质，形成正确的性观念与性道德，具备与家庭成员、同伴、朋友、恋爱对象或性伴侣建立更好、更有成效的关系的素质。

【思政目标】培育大学生良好的性价值观，学会为自己的行为负责，同时也要保持对所有人的尊重、宽容和同情之心，为自己的行为对他人所造成的影响负责任。

第一节 性安全的意蕴

当前，大学生性观念正悄然发生变化。随着大学生婚恋观念日趋多元化，在对待两性关系时，存在着随意、盲目等问题。恋爱和性经验的攀比现象侵入了大学校园，性道德观念薄弱、性犯罪、未婚先孕、艾滋病等性疾病的传播蔓延，日益成为困扰大学生性安全的普遍性问题。因此，大学生更需要掌握科学的性知识，树立正确的性观念与性道德，倡导性文明，预防性疾病，有效保护自己的身心安全、校园安全和社会公共安全。

一、性与性安全

(一) 性的含义

性是一种本能，是具备生命力、创造力和向上提升力的。性，伴随人的一生，从受精卵开始到寿终正寝，性与每个人结下了不解之缘。因为性不仅是生物学意义上的性，也包括心理学意义和社会学意义的性。生物学意义上的性是指以身体为基础的性；心理学意义上的性是以人脑为基础的性；社会学意义上的性是指以社会、文化、历史为基础的性。

三个关于“性”的专业名词在性安全中有着十分重要的意义，它们分别是：性(sex)、性意识(sexuality)和性别(gender)。对这三个概念的界定十分重要，因为对于这三个概念的理解将有助于我们理解有关性安全教育的基本内涵。性(sex)往往指生理的性，包括男性和女性的生理特征。性别(gender)在国内更多地被翻译为社会性别，指与性相关的行为、标准，人们表现出的男性特质和女性特质。性(sexuality)是贯穿人一生的十分核心的内容，它包括性(sex)、性别认同、性别角色、性取向、情欲、愉悦、亲密关系和生殖。性意识(sexuality)通过以下一些方面来表达和体会，包括：思维、幻想、欲望、信念、态度、价值观、行为、练习、角色和关系、发展和指引。

(二) 性安全的定义

性安全的定义是从性侵害的定义引申而来。性侵害的定义最早源于西方，出自世界卫生组织颁布的《防止儿童虐待：采取行动和产生证据指南》中的“儿童性侵害”定义，儿童性侵害(Child Sexual Abuse)又称儿童性虐待,是指身心尚未发育成熟的儿童卷入他完全不能理解的、无法给予知情同意的、违反法律或社会禁忌的性活动①。性安全主要指身体和心理两方面均未遭到人为的伤害。曹红梅等认为,“性安全是指儿童在性生理(如性发育、性健康)和性心理上未遭到人为的伤害,也没有儿童由于无知自愿发生性行为(包括接吻、性抚摸、与他人发生性交等)后对自身生理、心理造成的伤害。”②王进鑫认为,“性安全既指儿童没有受到他人的性侵害,也包括自身性行为(这里所指的性行为是广义的,包括看黄行为、接吻、抚摸等边缘性行为)对自身生理和心理的安全没有造成危害。”③

综上所述,将大学生性安全界定为大学生在成长过程中生理和心理上未遭到他人的性侵害,包括身体接触类性侵害(如侵犯者触摸或抚弄身体敏感生殖部位、迫使触摸其身体隐私部位、试图与其发生性行为等)和非身体接触类性侵害(如侵犯者向大学生暴露自己的生殖器、迫使大学生拍摄裸照等),以及避免主动性行为所造成的性疾病与艾滋病所造成的危害。

(三) 性安全教育的定义

“性安全教育”这一概念的早期提出主要是针对儿童性侵害的频繁发生与深远危害来说的④。Brown 认为,儿童性安全教育旨在以适合儿童年龄的方式教授儿童个人安全知识和技能,提升儿童自我保护意识,主要内容包括认识身体及身体隐私部位、发展他们识别潜在有害情况的能力、应对性侵害和寻求帮助的方法、并鼓励他们在不幸遭遇侵害后向值得信任的成年人寻求帮助、帮助儿童理解遭受性侵害不是自己的错等内容。⑤ 国内学者也对性安全教育诠释了自己的理解。佘双好教授认为,所谓性安全教育即通过向学生介绍性生理、性心理和性的社会的基本特征等教育帮助学生正确和全面认识性这种复杂的生物社会现象,从而消除性神秘感和对性的一些错误观念,以此来预防在性健康方面出现的一些问题,从而对自己的性行为提供保护的一种教育理念和方式。⑥ 胡莹等认为,性安全教育有狭义和广义的区别,狭义的性安全教育是指开展两性器官的解剖学、生理学和卫生学的性教育。广义上的性安全教育主要基于性生理基础上进行性心理健康、性的道德与伦理教育和性的文明修养的教育。⑦

综上所述,大学生性安全教育主要是指通过向大学生介绍性生理、性心理和性道德等基本知识等来帮助大学生正确全面地认识性是正常的生物现象,纠正偏见与迷思,提升大学生应对性侵害风险的能力,树立自我保护意识,提高性自护自救能力。

---

① World Health Organization. Preventing child maltreatment: a guide to taking action and generating evidence[M]. World Health Organization, 2006: 9-15.

② 曹红梅,徐晓阳,沈志.农村留守儿童性安全现状及教育反思——以达州市大竹、开江县为例[J].大家,2012(14):53-56.

③ 王进鑫.青春期留守儿童性安全问题调查研究[J].青年研究,2008(9):7-14.

④ 杨倬东,杨欢.儿童性侵害之教育预防管理的理性思考[J].教育与教学研究,2015(6):96-100.

⑤ Brown J, Saied-Tessier A. Preventing child sexual abuse[J]. London: NSPCC, 2015: 11-20

⑥ 佘双好.性安全教育·性纯洁教育·爱情教育——性健康教育的过去、现状和未来[J].青年探索,2003(1):3-6.

⑦ 胡莹,李东明.青春期教育[M].北京:北京理工大学出版社,2004:30-50.

二、大学生性心理的发展与特点

大学生普遍具有开放、务实的恋爱观与性意识,大多都处在18岁到24岁的青年期,性意识与性冲动进一步增强,渴望与异性接触交流,普遍产生恋爱心理。同时,大学生了解与获取性知识的途径、了解程度也不尽相同,有的大学生通过性教育课与性卫生书籍了解获取性知识;有的则通过不良网站、淫秽读物等获得不良性刺激。事实上,大学生应主动避免此类不良性刺激,用理智和克制能力履行社会责任。

当代大学生,一方面性发育年龄不断提前,另一方面在学业压力与事业要求下,使得婚育年龄不断推后,出现了漫长的"性等待期"。当然,一定程度上的性压抑也是社会文明与进步的体现。在面对较大程度的性压力时,有的大学生通过安全适度的性自慰等方式加以调节、疏导,有的大学生则通过性行为获得性体验。频次适度、认识正确的性自慰能够在一定程度上缓解性压抑、释放性压力,而大学生必须正确看待性与爱,树立以学业为主的性生活观念,遵循良好的性道德,这样才能避免性伤害与性犯罪。实际上,大学生既不能"谈性色变",也不能"放任自流",要突破性观念的误区与盲点,理性、科学、严谨地对待性问题,树立正确、高尚、纯洁的性观念。

►► 第二节 性安全的重要性 ◄◄

性安全对于一个人的价值观和人生态度形成具有重要的塑造作用,有助于培养其就有关性的诸多问题进行科学的决策、进行交流和减少风险的能力。① 性安全教育是一项权利,及时和有效的性安全教育可以帮助大学生远离由于不安全的性行为所导致的各种风险。

一、大学生性与生殖健康的需要

在快速的经济和社会发展过程中,大学生的性成熟期在逐渐提前,而平均结婚年龄较迟,这容易增加大学生的婚前性行为和商业性行为的可能。如果大学生不具备正确的性与生殖健康知识,在性行为中不采取安全措施,将会面临非意愿怀孕、性传播感染(包括艾滋病病毒感染)等诸多风险。

进入大学以后,一方面,当代大学生科学全面的性知识教育仍未得到弥补。据中国当代大学生性现状与性教育调查研究,仅6.6%的大学生在大学接受过科学全面的性知识;35.9%的大学生表示"没有接受过"性教育;接受过涉及两性交往的"恋爱观教育"占35.5%;"在讲课时涉及了一些性知识"的占12.9%;接受过"科学全面性知识"的仅占6.6%②。男

① 联合国教科文组织.国际性教育技术指导纲要[EB/OL].(2010-06-04)[2020-08-20].http://www.taodoc.com/p-55517417.html.

② 胡珍.中国当代大学生性现状与性教育研究[M].成都:四川科学技术出版社,2003:65-66.

大学生主要需要的性教育是对具体行为方式的指导,女大学生主要需要是面对恋爱现实时,得到具体的、理性的指导。所以,女大学生对恋爱观教育中涉及的性教育不满意度较男大学生低。

另一方面,大学生起码的性基础知识不够。关于两性生殖器官、胎儿的生长、婴儿娩出的途径等最基本的常识,尚有两成以上的大学生"不知道",或自以为知道实际"知道的是错误信息"。例如,根据调查显示,排除出于羞涩不愿回答等因素,对于男女生殖器官正确的认识,女大学生远不如男大学生。但对此问题的认识,对未来性生活的影响却不可忽视。否则,我国21世纪的大学生将会在未来的性生活中,要么以本能完成"应尽的义务",要么在无知中继续上演一出出"低性商"的悲剧。

由此可见,高校在性教育方面几乎是空白,当代大学生性基础知识有所欠缺,大学生在性知识方面多采用各种"自学成才"的途径,均不能代替科学系统的性教育,自学成才获得的性知识理解是片面的,甚至是歪曲和错误的。可见,关于大学生性教育是这一特殊群体健康教育中的突出问题,高校迫切需要开展包括性与生殖健康教育在内的性知识教育。

二、大学生树立正确性价值观的需要

大学生的性安全教育主要应是性价值观教育。性影响着每个人的人格培育,在对人的自我认同中起着至关重要的作用。性价值观教育,不仅是一种价值观教育,也是一种人格教育,更是我国性安全教育不可或缺的内容。对大学生的性安全教育,关键在性价值观教育,因此,大学生性教育的内容主要是性心理、性伦理和价值观教育,而本文所述的性价值观包括性心理、性伦理在内的广义性价值观(除了伦理的和谐观之外,还包括性的健康观、情爱的美学观),大学生的性教育应以包括性心理、性伦理在内的性价值观教育为主。加强大学生性价值观教育,一方面能够加强大学生在有关性方面的自我约束、价值判断等方面的能力,另一方面教育引导大学生在人生的关键阶段树立起积极健康的恋爱观、性价值观以及婚姻观,惠及一生。①

大学生的性价值观教育有利于纠正大学生性价值观方面已经出现的偏误。比如:部分大学生受西方的性自由、性解放等思潮影响,在爱情方面表现出没有责任感、没有道德观念的有害倾向。

加强大学生性价值观教育,不仅仅是为了使大学生能够对性价值观的内涵、内容结构,以及性价值观教育的含义和意义有着基本的了解,促使其在性、两性交往关系、社会交往关系等人际关系中树立起正确的价值观,自觉抵制社会上不良观念的侵蚀;也是为了使大学生能够明晰是非,分辨善恶,分清美丑,让其具备较高的道德情操;更是为了能够走出大学生性价值观教育困境提出理论性的依据,努力探索走出困境的基本理念和思路,以期达到改变我国目前大学生性价值观教育的现状,最终使大学生能够运用正确的性价值观处理和对待两性交往中、恋爱中、婚姻家庭中与性相关的问题。

---

① 穆世欢.大学生性价值观教育的困境与出路[D].芜湖:安徽师范大学,2017.

三、保证大学校园安全和社会公共安全的需要

大学生性安全是大学校园安全和社会公共安全的重要组成部分。由于我国长期以来性禁忌的文化传统和社会心理,对性安全的教育及其研究一直处于边缘地位,难登大雅之堂。性安全及其相应的性行为直接影响着人的身心健康、人格完善以及家庭和人生幸福,也关系到社会的稳定与和谐。大学生处于人生发展的重要阶段,大学校园也是大学生实现梦想的重要场所,成熟与幼稚、自觉与冲动,以及独立与依赖都是大学生的典型性表现。大学生所具有的两面性的特征,要求高校必须时刻关注大学生的心理动向、性价值行为倾向,便于对其错误的思想和偏误的性行为进行及时的引导和矫正,尤其是在对大学生错误的性价值观教育引导方面。

通过性安全教育,帮助大学生获取科学的性知识,形成正确的性观念,从而减少大学生性无知和大学校园性传染病传播,维护大学校园的健康和安全。由于我国从古至今对"性"的问题一直是缄口不言,造成成年人对性的观念模糊不清,而年轻人没有接受正规的性教育,更是懵懵懂懂,甚至可以说是性无知,因为无知而进行的不安全性行为导致性传染病在大学生中传播率高,使大学生健康受到威胁。2016 年的《大学生性与生殖健康现状调查报告》显示,"本次调查大概有 300 多人报告孳生或者是伴侣曾经有过人工流产的经历。这个数据占有的性行为的调查对象的 9.9%。其中有过重复的人工流产的经历约占四分之一,也有 7.8%是曾经经历过三次以上的人工流产。"①这都是由性无知所导致的不良后果,对大学生的健康和性安全带来了危害。

通过性安全教育,引导大学生树立正确的性价值观,从而减少大学生性犯罪,保证大学校园安全和社会公共安全。有的大学生自小没有接受过科学的性知识教育,有的即使知道相关的性知识,但获取的渠道和内容不正规,导致其思想观念出现偏误,存在错误的性价值观,在这样的性价值观引导下,容易出现性随意、滥交、未婚先孕、婚前流产、高校女生卖淫、大学生嫖娼、网络一夜情等性越轨和违法犯罪行为,严重威胁校园安全和社会公共安全。②

因此,大学生的性安全教育应该受到应有的关注和重视,这有助于对大学生在有关性的问题上的思想、情感、行为进行正确的指导,帮助大学生获取科学的性知识,形成正确的性观念,树立正确的性价值观,从而减少大学生性犯罪,对校园安全和社会公共安全建设起到推动作用。

四、抵御全球艾滋病流行对大学生威胁的需要

截至 2020 年底,中国共有 105.3 万人感染艾滋病病毒,累计报告死亡 35.1 万人。异性

---

① 调查显示:20.3%大学生在校发生过性行为 男生比例高于女生[EB/OL].(2016-09-26)[2020-11-05].http://china.cnr.cn/ygxw/20160926/t20160926_523160991.shtml.

② 穆世欢.大学生性价值观教育的困境与出路[D].芜湖:安徽师范大学,2017.

恋和同性恋传播的比例分别从 2009 年的 48. 3%和 9. 1%，上升到 2020 年的 74. 2%和 23. 3%。① 中国青少年艾滋病防治教育工程办公室、北京青爱教育基金会发布了《青爱工程“性教育防艾的社会疫苗”探索与实践》白皮报告。报告分析称，目前，青年学生成为艾滋病病毒感染高发人群。2022 年 12 月 1 日是第 35 个“世界艾滋病日”。联合国艾滋病规划署（UNAIDS）在加拿大蒙特利尔发布《2022 全球艾滋病防治进展报告：危急关头（In Danger）》。最新数据表明，在新冠疫情和其他全球危机的共同影响下，艾滋病大流行的应对进展在过去两年停滞，资源不断减少，导致数百万人的生命面临威胁。报告称，2021 年，艾滋病大流行导致平均每分钟 1 人死亡。尽管拥有有效的治疗方法以及机会性感染的预防、检测和治疗工具，2021 年仍有 65 万人死于艾滋病相关疾病。去年，约有 150 万例新发艾滋病病毒感染病例——比全球目标要多出 100 万例。2020～2021 年间，全球新增艾滋病病毒感染仅减少 3. 6%，降幅为 2016 年以来的最低水平。②

数据显示，截至 2021 年 10 月底，我国报告现存艾滋病感染者 114 万例。艾滋病进展虽然能够控制，至今却未研制出用于预防和根治的特效药物。与此同时，这一疾病的患者仍然面临着被“污名化”的问题，依然有不少人“谈艾色变”。艾滋病对人类的健康产生了极大威胁，《健康中国行动（2019—2030 年）》中明确提出，到 2022 年和 2030 年，我国艾滋病全人群感染率分别控制在 0. 15%以下和 0. 2%以下。艾滋病防治形势依然严峻。③

科学有效的性安全教育可以通过教给大学生科学的性知识和性道德使大学生对性有一个全面科学的认识，了解艾滋病的传播途径、预防措施和严重危害，增强大学生的性责任感、性社会感、性意志和防病意识，树立正确的人生观、价值观和恋爱观，摆正学习、生活、事业和恋爱与性的关系，自我做出正确的选择，最终有助于减少大学生婚前性行为尤其是不洁性行为和感染艾滋病的概率。

►► 第三节　性安全的主要内容 ◄◄

一、性行为

（一）性行为的定义

樊民胜主编的《性学词典》中性行为的定义为：“性行为是指以生育和性的满足为基本

① 青爱工程“性教育防艾的社会疫苗”探索与实践——中国青少年艾滋病防治教育工程办公室、北京青爱教育基金会.

② 中国新闻网.《2022 全球艾滋病防治进展报告：危急关头》发布[EB/OL].（2022-07-28）[2023-09-17]. https://m.chinanews.com/wap/detail/chs/sp/9814716.shtml.

③ 国家卫生健康委. 健康中国行动（2019—2030 年）[EB/OL].（2019-07-15）[2023-09-17]. https://www.gov.cn/xinwen/2019-07/15/content_5409694.htm.

目的的行为。人与动物的性行为有很大的不同,动物的性行为是一种在体内激素作用下导致的繁衍目的的本能行为,其主要方式是交媾;人类的性行为不仅有与动物相同的导致生育目的的性交,也有出于娱情、结偶、示爱、探索、解闷、发泄、显示、商业等需要的非生育目的的方面。人类的性行为从目的、对象、方式和结果诸方面来考察,有远比繁衍后代更为广泛的内涵和外延。"①综上所述,性行为狭义上只包括性交,而广义包含所有与性有关的行为。

(二) 性行为的分类

性行为的划分没有统一的分类标准。如果以研究婚姻为目的,根据婚姻关系划分性行为,性行为包括:婚前性行为、婚内性行为、婚外性行为。如果从性行为是否为自愿参与,可以分为强迫性性行为和非强迫性性行为。下面我们介绍一些常见的性行为分类:

1. 以社会文化习俗和接受程度分类

(1) 正常的性行为:指被大多数人接受的,合乎自然的,对健康无害的,被社会认可的性行为。正常和异常的区分可以基于不同的原则,它们既有联系又有区别。按照统计学原则,把多数人曾经或正在实施的性行为列为正常。按照医学和生物学原则,以合乎生理规律、无碍于健康为正常,即使是多数人有过的性行为,若是对健康不利,也不应视为正常。社会学则以文化概念为准则,凡被当地文化所认可的,均为正常。不同时代、地区和群体文化的标准不一,所谓正常的性行为的概念和范畴也随之改变。在实际应用中,社会文化准则是判别性行为正常与否的主要标准。随着时代的变化,对于正常性行为的判定标准也逐渐宽松。

(2) 异常的性行为:异常是指与正常相对而言,指多数人不接受的,对健康有害的,伤害他人的,或不被社会所认可的性行为。多数原则是区分正常与异常的重要准则之一。某些仅见于少数人的性行为,如以尸体或动物为性对象的性行为都属于异常性行为。根据无害原则,对本人或他人有害,即为异常。社会文化的准则是最重要的标准。特定的社会文化环境允许或认可某些性行为,而把那些不认可或不接受的作为异常,甚至是违法的性行为。

2. 以性行为的对象分类

以性行为的对象分类方法是对性行为比较早的分类系统,德国人 Wilhem Von Humboldt 在《人种依赖史》中提出了人类性行为的自然分类法②。可大致分为自我性行为;异性间性行为;同性间性行为;人兽间性行为。

3. 以法律标准的分类

(1) 合法性行为:是法律不禁止的性行为,也就是通常说的夫妻间正常性行为,也有学者称为社会性性行为,即符合特定社会文化的性行为。

(2) 违法性行为:违法性行为与合法相对,是法律明文规定禁止的性行为,不同地区或国家对于性行为的法律规定不尽一致,违法性行为多数是非社会性,也就是不被社会文化所认可的。

4. 以性行为目的的分类

(1) 生育目的性行为:男女之间为了繁衍后代而发生的性行为。

---

① 樊民胜. 性学词典[M]. 上海:上海辞书出版社,1998:84.

② 彭晓辉. 性科学概论[M]. 北京:科技出版社,2002:83.

(2) 非生育目的性行为:以除生育之外的其他目的而进行的性行为。

(三) 性、爱、婚姻的关系

性行为是以生命活动为基础的,其本质是生物行为,其根本驱动力是性快感。性本能与食欲本能一起构成人类生存和繁衍的保障。爱情是以心理学为基础的,其本质是情感。爱情是一种深刻的情感体验,是人类特有的高级情感方式。婚姻是以社会学为基础,本质是法律。也就是说婚姻是一种法律契约,是一种社会规定。真爱包括五项内容:①强烈的性兴趣,哈特(Hart)教授曾风趣地说人类能够维持下来的三个关键原因是:必须吃早餐,必须避免成为他人的早餐,对性有相当的兴趣;②尊重和欣赏;③友谊和伴侣;④挚爱,分享快乐和分担痛苦;⑤自我奉献,无私地爱,爱对方甚至胜于爱自己。

布斯卡格利亚博士提出了影响爱情动机的六个假设:①一个人不能给予他不曾拥有的东西,要给予爱情就必须拥有爱情。②一个人不能讲授他不懂的课程,讲授爱情就必须懂得爱情。③一个人不能知道他没有学习过的知识,学习爱情就必须在生活中有爱情。④一个人不能欣赏他没有认知的事物,要认知爱情就必须对爱情敏感。⑤一个人不能承受他没有驾驭的东西,要驾驭爱情就必须献身爱情。⑥一个人不能靠他没有任何奉献的事务生活,如果你献身于爱情就能够在爱情中茁壮成长。

斯腾伯格的爱情三角理论包括三个主要元素:激情、亲密和承诺。亲密关系(Intimacy)主要指交流、感情、互助,最后是相互依赖和亲近。激情(Passion)主要是指以生理为主的性唤起或性兴奋。浪漫激发了最强烈的爱情。激情容易消逝和引发危险。承诺(Commitment)决定爱一个人和爱多久。激情有时也翻译成情欲,其实就是指性爱,将性放在爱情之中了。由此可见,性与爱是难舍难分的,你中有我,我中有你。斯腾伯格的爱情三角理论,构建出七种爱情类型:①喜欢型:交流至上(亲密);②迷恋型:信马由缰(激情);③空洞型:有名无实(承诺);④愚钝型:憨笨粗放(激情+承诺);⑤伴侣型:唇齿相依(亲密+承诺);⑥浪漫型:心花怒放(激情+亲密);⑦完美型:地久天长(亲密+激情+承诺)。斯腾伯格还有一个重要的研究就是提出爱情三要素与时间的变化关系。激情是来得快去得也快,几年后从高点下降到低点,而亲密和承诺却可以随时间的延长而不断攀升,所以,真正的爱情不能只靠性来维持,还必须有承诺和亲密的扶持,而承诺和亲密是婚姻的长治久安之道。

结婚就是两性关系合法化。婚姻是男女两性的结合,而结合的目的是确定婚姻关系。两性结合是人类生理和心理发展的需要,是人的自然本能和生理行为,两性的结合就成为婚姻的自然属性。性是人类最基本的生物要求,两性结合是婚姻的基础。由于社会对于人类的两性关系通过伦理、道德和法律进行规范,把性限制在婚姻的范围之内。婚姻具有确认和维护性关系的保障功能,同时,也有限制、排斥婚外性关系的否定功能。婚姻家庭具有自然属性和社会属性,也就是双重属性。恩格斯认为只有以爱情为基础,并且继续保持爱情的婚姻才是合乎道德的。保障离婚自由就是保障当事人决定解除婚姻关系的合法权利。离婚自由也是保障婚姻要以爱情为基础的前提,离婚自由是婚姻自由的基本原则之一,离婚自由是以爱情为基础的社会主义婚姻本质的要求。性行为、爱情和婚姻三者紧密相连,密不可分。虽然三者有时可以分离,如婚外性行为等,但这也导致个人烦恼和社会问题的出现,只有性、爱、婚三者关系和谐的时候,人们才能够享有幸福的婚姻和美满的家庭生活。

二、性骚扰

（一）性骚扰的定义

性骚扰是在工作场所或公共场所，用与性有关的语言或动作等形式，对他人进行性暗示、性偏好请求或侵犯，给他人造成心理上的反感、压抑和恐慌。性骚扰是一种以侵犯他人人格尊严为特征的民事侵权行为，它以让人反感的与性有关的言语、行为、信息、环境等方式侵犯他人的人格权。广义的性骚扰并不限于异性间，对象亦不单指妇女，同性间，对象为男性亦可构成性骚扰。

（二）性骚扰的手段

1. 语言挑逗

受某种不良动机、欲望的驱使，有些男性运用庸俗下流的语言、轻浮的腔调、淫荡的表情，当面对女性进行有关性内容的挑逗、戏弄、取乐，或恣意羞辱、谩骂，严重伤害女性的尊严和形象时，就构成语言的性骚扰。以曲折方式进行挑逗、影射和暗示，同样可能使女性感到难堪羞辱，这是另一种形式的语言性骚扰。在现实生活中，这些性语言挑逗是较为多见的一种性骚扰现象。

2. 下流动作

有些男性在女性面前有意无意地暴露自己的性器官，或对不认识的女性做飞吻等动作，这些羞辱性行为常常使女性的尊严受到侵犯，精神受到刺激，感到难堪、羞辱。还有些男性在与漂亮女性接触的过程中，用眼睛长时间地盯视对方。从严格意义上说，这既是一种非礼行为，也是一种常见的性骚扰。

3. 肢体接触

在没有得到女性同意认可的情况下，有些男性有意无意地对女性动手动脚，触摸对方的手掌、臂膀、臀部、大腿，以满足自己的心理。还有的甚至违背女性意愿强行搂抱、亲吻、抚摸，这是令女性难以容忍的性骚扰行为。

案例 10.3-1

（三）性骚扰的类型

1. 补偿型性骚扰

大多数性骚扰者属于这类男性，由于长期性匮乏或性饥渴导致的一时冲动势必使他对女性做出非礼的冒犯举动。此种人的骚扰行径多是出于不同程度的亏损心理，骚扰的目的与其说是想占有女性不如说是想占便宜。

2. 游戏型性骚扰

多是有过性经验的男性，懂得女性的弱点，把女性视作玩物，对女性的非礼和不敬出于有意的游戏心态。这类男性一般是“猎物能手”或“花花公子”。骚扰的目的大多是为了猎奇,也为印证自己的男性“势能”和“本事”。

3. 权利型性骚扰

多发生在老板对雇员或上司对下属,尤以女秘书居多。骚扰者大都受过较好的教育,骚扰时虽然也多出于游戏心态,却比一般游戏者的表现要“高级”且“彬彬有礼”。此种骚扰者大都把女性视为“消费品”,且因为明显的利益关系,甚至认为女性喜欢这种骚扰,并把这种骚扰当作自己的“专利”。

4. 攻击型性骚扰

此类男性多半在早年和女人有过不愉快的关系史,对女人怀有较大的恶感和仇恨,将女性视为低等动物或敌人。这种骚扰有蓄意的伤害性或攻击性,骚扰者有时并不想占有女性,不过是满足和平衡对女性的蔑视和仇恨心理。

5. 病理型性骚扰

此类是明显病态表现的性骚扰,比如窥淫癖和露阴癖。此种男性骚扰者大都是真正的性功能失调者。骚扰本身能给男性带来强烈的性冲动和性幻想,却无法“治愈”,反倒会加重其病症。

6. 冲动型性骚扰

此类多指处于青春期的青年。由于年轻、好奇或文化素质低,不懂得尊重女性,不具备应有的自制力。对女性的骚扰多半起始于性的冲动,以发生在熟人间的骚扰居多,多以游戏和玩笑开始。此种骚扰者一般没有蓄意地伤害意识,多为显示男人的“能力”和“气概”。

三、性侵害

(一) 性侵害的定义

性侵害是指加害者以权威、暴力、金钱或甜言蜜语,引诱、胁迫他人与其发生性关系,并在性方面造成对受害人伤害的行为。性侵害通常包括强奸、强制猥亵、侮辱和性骚扰。一般认为构成性侵害行为应当同时具备四个构成要件:第一,行为人实施了不受对方欢迎的与性有关的外在行为;第二,受害人的性权利受到侵害,造成精神和其他方面的损害;第三,行为人实施的不受欢迎的与性有关的行为与该损害结果之间具有因果关系;第四,实施行为的人主观上是故意。

(二) 性侵害的主要形式

1. 暴力型性侵害

这类性侵害的作案主体大多是校外人员,也有些是校内人员所为,有的是以强奸为目的,混入女大学生宿舍或者校园内偏僻处伺机作案;有的以抢劫、盗窃为目的,见有机可乘或因受害人处置不当发展为性侵害。一旦女大学生处于孤立无援的状态下时,作案主体就会使用凶器、殴打等暴力方式迫使被侵害大学生就范,如果在性侵害的过程中被侵害人强烈反抗,或者他们害怕事情暴露,施暴者还可能会剥夺被侵害人的生命,其手段特点为暴力残忍、行为无耻。

2. 胁迫型性侵害

这类性侵害主要是指作案主体利用自身权势、地位、职务之便等,对大学生采用利诱、威胁、恐吓,如曝光隐私、毁坏名誉等手段,对大学生实行精神控制,使其不能反抗,或者在大学生有求于作案主体的情况下,通过给予大学生某种许诺,迫使其不能反抗而进行的侵害。

3. 社交型性侵害

社交型性侵害也被称作"熟人强奸""沉默强奸""酒后强奸"。犯罪行为的主体往往是大学生的相识者,作案主体利用社会交往关系创造机会,实施性侵害。大学生受到伤害后,往往出于各种考虑而不敢揭发。

4. 诱惑型性侵害

诱惑型性侵害指利用受害人追求享乐、贪图钱财的心理,诱惑受害人而使其受到性侵犯。如作案人在网络聊天中利用花言巧语给那些正处于感情迷茫时期的大学生以最大的诱惑,在大学生看来,这些作案主体就是她们要找的"梦中情人",因而容易上当受骗。

5. 滋扰型性侵害

滋扰型性侵害主要指社会上的一些流氓无赖或校内某些品行不端的人员在变态心理的驱使下,对女大学生进行的各类骚扰活动。一是在公共场合如商场、地铁、公共汽车上有意识地进行性骚扰;二是裸露生殖器官、做下流动作等变态式性滋扰;三是向大学生无理纠缠、调戏侮辱,甚至可能发展成暴力强奸或轮奸。

(三) 性侵害的特征

1. 性侵害目标人群的选择

(1) 缺乏经验、单纯幼稚者。大学生往往缺乏基本的社会交往经验,在与有着丰富社会阅历的人打交道时,大学生所表现出的单纯、幼稚等特点,很容易被某些居心叵测的人所利用,以交友、恋爱、求职等为名,对受害人进行侵害。

(2) 贪图虚荣、作风轻浮者。现代越来越开放的性观念和社会上一些不正确的价值观,对处于青春期的大学生造成了一定的影响,容易使其盲目追求虚荣享受,而漠视基本道德,忽视对自我的性保护。如个别女大学生频频出入高档娱乐场所,结识那些所谓的成功人士,殊不知这样很容易成为被侵害的对象;一些思想过于开放的女大学生,在面对各类高薪兼职广告时蠢蠢欲动,最后却是人财两失,还留下了难以恢复的身心伤害。

(3) 精神空虚、无视法纪者。大学生富有活力,再加上远离家乡,需要朋友的陪伴和心理慰藉,往往有正常的交友需求。大学生一定要正视这种需求,通过合理合法的途径结交真心实意的朋友,不要因为别人几句花言巧语就相见恨晚,贸然与陌生人见面;更不要幻想通过"一夜情"等不正当方式交友恋爱,否则,很容易落入犯罪分子的圈套,遭到性侵害。

(4) 性格懦弱、胆小怕事者。性格较为孤僻、懦弱、胆小怕事者也很容易成为犯罪分子的侵害目标。因此,大学生平时应多与同学交往,减少独行机会,避免给犯罪分子乘虚而入的机会；在面对性骚扰、性侵害等不法行为时，要及时向学校保安部门报告，勇于面对，积极、理智地解决问题，才能有效保护自己。

2. 性侵害的时间与场所

(1) 夏天是女大学生容易遭受性侵害的季节。一方面，夏季白昼较长，夜生活时间相对延长，外出机会增多。另一方面，由于天气比较热，女大学生衣着单薄，裸露部分较多，犯罪分子更容易心生歹念。

(2) 夜晚是女大学生容易遭受性侵害的时间。夜间光线暗，外出人少，犯罪分子作案时不容易被人发现。因此，女大学生应尽量避免或减少夜间外出。

(3) 僻静场所是很多案件的易发地点。如大学校园内的假山、树林深处、楼顶天台、电梯内、灯光昏暗的小路、尚未投入使用的建筑物内等，女大学生单独逗留或经过，容易遭受侵害。

(4) 公共场所是很多案件的易发地点。因为公共场所，如大学校园内的教室、礼堂、运动馆，校外的车站、公交车、影院、商场等，人多拥挤时，犯罪分子很容易趁机骚扰、侵害女大学生。

3. 性侵害常见的作案手法

校园性侵害常见的作案手法有如暴力、胁迫的手段，以及通过家教、网恋、求职等方式进行诱骗或胁迫，或以谈恋爱为借口、以玩弄女性为目的"谈恋爱"侵害，或在吃饭的场合提出让女大学生喝酒，由于酒精能刺激麻痹人的神经系统，使人的思维受到干扰而变得神志不清，自制力下降，从而使犯罪分子轻易得手。

四、艾滋病

(一) 艾滋病的定义

艾滋病是获得性免疫缺陷综合征的通称，是一种传染病。病原体是人类免疫缺陷病毒，通过性接触或血液、母婴等途径传播，侵入人体后，使丧失对病原体的免疫能力。艾滋病病毒只能在血液和体液中活的细胞中生存，离开人体后会变得脆弱，高温、干燥或常用的消毒剂(如漂白粉、84 消毒液、过氧乙酸、戊二醛、酒精、碘酒等)均可杀死体外的艾滋病病毒，100℃沸水 20 分钟可将艾滋病病毒完全灭活，但艾滋病病毒对紫外线、γ 射线不敏感。

艾滋病病毒是一种逆转录病毒，具有极强的迅速变异能力。这一特性不仅使人类免疫系统难以抵御其侵害，而且也给特效药和疫苗的研制造成极大困难。艾滋病病毒可以直接侵犯人体免疫系统，杀灭免疫细胞。为了繁殖，艾滋病病毒必须进入人体的一种免疫细胞，通过干扰这种具有抗感染能力的细胞，使机体在通常状态所具有的与这些细胞正常活动有关的抵抗疾病的能力下降。艾滋病病毒存在于艾滋病病毒感染者和艾滋病病人的体液和器官组织内。感染者的血液、精液、阴道分泌物、乳汁、伤口渗出液中含有大量艾滋病病毒，具有很强的传染性。眼泪、唾液、汗液、尿、粪便等在不混有血液或炎症渗出液的情况下，含这种病毒的数量很少，不会引起传染。艾滋病病毒对外界的抵抗力弱，离开人体后常温下在血液或分泌物内可生存数小时至数天，在自然条件下则不能存活。高温、干燥的环境或一般常用消毒药品都可杀灭这种病毒。

(二) 艾滋病的传播途径

艾滋病感染者和艾滋病患者是唯一的传染源,包括艾滋病患者和无症状艾滋病感染者,血液、精液、阴道分泌物已被证实有很强的传染性。

任何使这些体液中的病毒通过穿破皮肤和黏膜进入其他人的血液中的行为都会导致艾滋病病毒的感染。皮肤是一种天然屏障,但是这个屏障会因切伤、擦伤、皮肤上的疮、溃疡而破损。

现已证实,艾滋病病毒主要通过性接触、血液和母婴三种途径传播。

1. 性接触传播

在世界范围内,无保护的性接触是艾滋病最主要的传播途径,全世界约 75% 的艾滋病感染是通过此途径传播的,以同性恋为主,肛交是最危险的性接触传播。性病患者比没有性病的人更容易感染艾滋病。性病主要通过性接触传播,而性接触也是艾滋病传播的主要途径之一。再有,一个性病患者可以同时感染多种性病,如梅毒患者可同时感染淋病,亦可同时感染或患有艾滋病。因此,不负责任的性行为,与多个人发生性行为,意味着有更多的机会感染性病和艾滋病。这也是性病与艾滋病主要在性行为混乱人群中传播的主要原因。

人体皮肤的完整性是有效阻止病原体进入人体内的屏障。然而,许多种性病会在生殖器部位形成炎症或溃疡,使皮肤黏膜破损。如果患有性病而尚未受艾滋病病毒感染的人与艾滋病病毒感染者发生性行为,对方精液中或阴道分泌物中的艾滋病病毒就会通过破损的皮肤黏膜直接进入其体内。另一方面,如果一个人在感染艾滋病病毒的同时也患有性病,因生殖器皮肤黏膜上的炎性渗出物或血液中含有大量的艾滋病病毒,在性交中使对方感染艾滋病的危险性就会增大。所以,性传播疾病会极大地增加感染和传播艾滋病的危险性。因此,性病患者应及早治疗并治愈性病,以减少感染艾滋病的危险。

2. 血液及血制品传播

用过的针头和注射器会残存少量血液,当被其他人使用时,这些血液就会进入他们的血液中。如果前一个人是艾滋病病毒感染者,后面的人就会被感染。只需少量的血液就能引起艾滋病病毒传播。共用注射器进行药物注射或吸毒时,会引起艾滋病病毒的传播。艾滋病病毒不是由这些药物传播的,而是由残留在注射器中的血液传播的,主要包括以下四种:

(1) 静脉注射毒品的人共用未经消毒的注射器;

(2) 输入或注入被艾滋病病毒污染的血液或血液制品;

(3) 使用被艾滋病病毒污染而又未经消毒的注射器和针灸针、其他可刺破皮肤的医疗器械,如口腔科器械、接生器械、外科手术器械等;

(4) 其他可能引起血液传播的途径:理发、美容、文身、穿耳、修脚等用的刀具、针具不消毒;与其他人共用刮脸刀、电动剃须刀、牙刷;体育运动外伤和引起流血的打架斗殴;救护流血的伤病员时救护者有破损的皮肤接触伤员的血液。

3. 母婴传播

感染了艾滋病病毒的妇女可通过妊娠、分娩和哺乳将病毒传染给婴幼儿。

了解艾滋病病毒传播途径的信息非常重要。因为这一信息可保护我们免受艾滋病病毒的感染。

4. 不传播艾滋病的日常活动

了解日常生活中不传播艾滋病的活动与了解艾滋病传播途径一样重要,因为这些知识可减少大学生对艾滋病不必要的恐惧。

(1) 在工作中和生活中与艾滋病患者或艾滋病感染者的一般接触不会感染艾滋病,如握手、拥抱、接吻和共餐等;

(2) 艾滋病不会经马桶圈、电话机、餐饮具、卧具、游泳池等公共设施传播;

(3) 咳嗽或打喷嚏不传播艾滋病;

(4) 食物、水、汗液和眼泪不会传播艾滋病;

(5) 蚊虫叮咬不会传播艾滋病(因为蚊子体内不具备艾滋病繁殖的条件)。①

(三) 艾滋病的主要临床表现

当艾滋病病毒感染者的免疫系统受到病毒严重破坏,便发展成为艾滋病病人。进入艾滋病期后,如不进行抗病毒治疗,病死率很高,平均存活期12~18个月。规范的抗病毒治疗可以显著延长艾滋病病人生存期。

艾滋病的常见症状有长期发热、盗汗、腹泻;体重减轻十分之一以上;部分病人表现为神经精神症状,如记忆力减退、精神淡漠、性格改变、头痛、痴呆等。另外,还可出现持续性全身淋巴结肿大。

艾滋病还表现为各种机会性感染及肿瘤。机会性感染(或称条件性感染)是指一些平时对正常人致病率很低或不致病的病原体,在艾滋病病人免疫缺陷时才引起的各种各样的感染。如肺孢子菌肺炎、隐球菌脑膜炎、结核性胸膜炎、弓形虫脑病、白念珠菌食道炎、鹅口疮、带状疱疹等。艾滋病常见的恶性肿瘤以卡波西肉瘤比较多见,表现为皮肤出现深蓝色或紫色的斑丘疹或结节。除了卡波西肉瘤外,其他还有淋巴瘤、肝癌、肾癌等也不少见。

(四)"盯上"大学生:"防艾"形势不乐观

随着我国艾滋病感染数量的增加,大学生感染艾滋病的比例也在日益增长,大学生已成为艾滋病的高发人群,而且艾滋病正逐渐向被视为净土的大学校园蔓延,这是我们必须要正视的事实。

"根据中国疾控中心2019年透露的数据,中国15到24岁之间的青年学生近年每年报告发现艾滋病病例在3000例上下。更重要的是,艾滋病患者正逐渐走向大学的校园,这些就更值得我们警惕。""根据疾控中心的统计,我国的大学生艾滋病感染者,10年之间增加将近十倍,其中绝大多数人的感染发生在18~22岁的大学期间。"②

中国疾控中心调查发现,有过性经历的学生安全套使用率还不到40%。对艾滋病认识

---

① 徐震雷,张玫玫.性教育学[M].北京:人民卫生出版社,2014:46-55.

② 教育导向.大学生患艾滋病比例大幅提升,有些东西,我们确实该警惕了![EB/OL].(2020-12-01)[2023-5-25].教育导向 https://baijiahao.baidu.com/s?id=1684873803049993066&wfr=spider&for=pc.

不足,存在侥幸心理,是大学生群体防护意识差的主要表现之一。青年人包括青年大学生,处于性活跃期,由于风险防范意识不强,易受他人影响或诱惑使自己陷入风险之中。高校大学生尚未步入社会,远离父母生活,容易受外界影响发生不安全性行为。大学生感染者对感染艾滋病的承受能力相对有限,因而更需要在心理、生理、经济、社会关系等多方面得到关怀和帮助。

在艾滋病的感染群体中,年轻化的趋势比较严重,尤其占很大一部分比例的是大学生群体。当人们仍把大学校园视为艾滋病不可侵入的净土时,艾滋病离大学生已经不远。当代大学生的婚恋观、性观念已发生巨大变化,而过度开放的性观念可能成为艾滋病传播的高危因素。大学生心理、思想尚未完全成熟,防范意识比较弱,同时缺乏防治知识,在信息极不对称的情况下会大大增加感染的风险。

【案例】

小雨和外籍男友Jack相爱了,也因此昏了头脑,把第一次交给了Jack。刚开始都坚持使用安全套,有一晚没有使用安全套,有一就有二,在事后坚持服用避孕药,几个月来都没有什么事,于是小雨就停用了避孕药。结果怀孕了,在收到确诊怀孕信息的同时,也确诊感染了艾滋病。随后到疾控中心做进一步检查,经过一个星期的煎熬,还是确诊了。①

【评析】

小雨感染艾滋病是因为在性行为时不戴安全套。她错误地认为,不采取任何保护措施的性爱才是真爱,没有任何阻碍的性爱才过瘾刺激,两个人应该相互信任,所以,不需要戴安全套。有些女大学生也认为戴安全套等于不信任男友,爱他就要毫无保留地献出自己的一切。比如故事里的小雨,就抱着对对方绝对信任的心态,没要求男友戴安全套。在性行为时,一方面在心理上觉得戴安全套是一种隔膜,是两个世界,两个人没有真正达到身心结合;另一方面,戴安全套做爱时不能得到彻底的性快感,等于对方不能完全接纳自己,所以,就选择了不戴安全套。但事实上情况并不是大学生想象的那么简单,很多人的过去我们并不了解,有时往往不止一个性伙伴,很难保证对方是安全健康的。

因此,提倡在发生性关系时戴安全套,因为它具有很好的保护作用,可以有效预防艾滋病、性病的传播。但是,安全套也不是万能的,目前世界各国的社会调查研究得出了共同的结论:凡是性自由盛行、家庭震荡解体严重的地方,青少年问题和各种社会弊端就越严重,艾滋病的流行也越难以遏制。加强大学生的性安全教育,既是保证大学生健康成长成才的需要,也是构建和谐大学校园的重要抓手,更是构建社会公共安全环境的重要一环。

---

① 蒋建敏,潘晓红.倾斜的世界——大学生艾滋病感染案例分析[M].杭州:浙江科学技术出版社,2017:2-3.

►► 第四节　预防和应对性安全问题的措施和方法 ◄◄

一、树立正确的性道德与性价值观

（一）树立正确的性道德与性观念

“性道德是指人类调整两性性行为的社会规范的总和。为了维持社会秩序的稳定，保证社会生活的正常进行，需要用这种规范来约束人们的性行为。”①

1. 性道德的基本标准

（1）双方自愿原则

自愿原则是以不违反社会公德为前提的。成人性行为的最低限度就是要双方同意，通常尤其是要女方同意。性伦理学的不同观点认为，性行为不仅需要双方同意，而且还需要双方在相互平等的条件下才能发生。总之，违背双方意愿的性行为，不仅违反了性道德的基本要求，甚至触犯了法律，也会造成不安全事件的发生。

（2）无伤原则

无伤原则主要指彼此之间的性行为不伤害自己，不伤害对方，不伤害后代，不造成精神污染。“负责任”的性关系指的是能够避免意外怀孕、性疾病等不良结果的自愿发生的性行为。大学生一方面要注意性卫生与性健康，对自己与他人负责。另一方面要洁身自好，远离涉“黄”场所，卖淫嫖娼不仅危害社会治安、败坏社会风气，还存在传播性疾病的隐患，违背了无伤原则，属于不道德的性行为。

（3）爱情原则

性的吸引是爱情产生的自然前提。爱情是人的一种社会感情，单纯的性欲只是动物的本能。道德的性行为应该发生在真心相爱的基础上，即躯体感受与心理感受有机融合。对待爱与性的态度，反映出一个人的精神面貌和道德品质。一个有道德有修养的人，应当树立正确的性爱观念。

（4）婚姻缔约原则

大学生不仅要自觉遵守社会道德与社会准则，而且还要遵守以法律形式表达出来的具有契约精神的社会道德规范。异性之间符合自愿、无伤、爱的原则后，应该经过结婚缔约的法律程序，即结婚登记后，才是符合性道德标准的性行为。

2. 树立正确的性观念

（1）正确看待性与爱

大学生在性问题上应该持慎重的态度，尤其是在社会上一些“性解放”“性自由”思潮的

---

① 刘欣. 大学生安全教育[M]. 西安：西安电子科技大学出版社，2019：186-188

影响下，更要提倡对大学生性行为的慎重。两性关系往往不是单一的，还牵扯到伦理道德、社会责任、情感真实、法律约束、自身自重、他人健康等一系列的问题。爱是性的前提，但不是一定需要性来证明。

(2) 正确认识性冲动

大学生处在青年期，是性欲望、性冲动、性兴趣频繁出现的时期，更应该努力培养正确的性道德，既要遵从人的自然本性，又要符合道德规范。大学生一般可以通过专业学习、体育活动、艺术欣赏、社会实践等方式来分散、转移性冲动，这也是大学生常用的且最适合大学生的一种对待性冲动的方式。同时，要注意在与异性交往时落落大方，理性克制，注意摆脱低级趣味，不要只限于身体上的吸引，而应该注重双方在真实的情感、相近的价值观、共同的兴趣爱好、信任与承诺等良好关系方面的进一步发展。

(3) 正确对待性行为

当性行为的发生无可避免时，一定要事前了解一些生殖健康知识、避孕常识等医学知识，要本着对自己与他人负责的态度来对待性行为。如果意外怀孕，应寻求安全的解决方式，必须要去正规的大医院就诊，不要因为怕人知道或节省费用而去不正规的医疗机构，以免遗憾终身。如果女生没有做好接受性行为的心理准备，要勇敢地说“不”，劝告对方用理智、含蓄的方式表达爱意。

(二) 树立正确的情爱生活观

“大学生要树立正确的情爱生活观，关键在处理好人生中生活与生命的紧张，要从生活感觉走向生命存在。”①人生是一个统一体，但可以分作两个层面：一是人生的感性生活的层面，二是人生之生命精神的层面。相应地，人生享受也可分为两个部分，一是生活层面的感性享受，比如口腹之欲的满足、身体舒适的满足、男女性的满足等等；二是生命层面的精神性享受，比如音乐艺术文学等激起人们的精神愉悦，真诚的友谊、社会的成功、事业的顺利、思想的创造带来的精神上的幸福感，以及男女相爱所引发的深情，还有人们获取终极真理所产生的灵魂的震颤等等。一般而言，完整的人本来就是生活与生命的统一体，所以，人的一切生活的感性的享受无不有自我生命与精神的参与，甚至前者还要受到后者的调控；从另一角度而言，人之一切的生命与精神的享受又无不都要以生理与感性为基础，没有一定的物质基础，没有人的生活感觉，又何能有享受？又何能获得精神的愉悦？所以，情爱生活一般都有肉体之欲参与的。不过，在具体的人生过程中，生活与生命的统一、感觉与精神的统一常常会处于分裂的状态，从而引发出许许多多的人生问题，包括情爱生活中的灾难与痛苦。

具体而言，人之生理层面的“性”是感性生活的，是一种肉体的生理性的享受；而男女相爱出现的两情相悦引发那种极度的幸福感则是心理层面的，是一种生命的精神性享受。如果人们能够在男女爱情基础上走向“性”，那么，这是一种正常且合理的状态，可以使人们获得身与心、感性生活与精神生命的同步享受；可是，现在的情形却往往是，许多人只重男女性爱的感性生活的一面，而漠视甚至抛弃了生命与精神层面的爱情，走向了纯粹的肉欲。因

① 郑晓江. 从生活感觉之“性爱”到生命安顿之“情爱”——关于大学生情感与恋爱问题的思考[J]. 中国性科学，2007(16)：44-45.

此,在当今社会就出现了大量的所谓“一夜风流”的现象,很多青年男女抱持着“过把瘾就死”“不求天长地久,只求一时拥有”“玩得就是心跳”“爱得糊里糊涂”等错误观念,对待“性”与“情爱”关系非常随便,并且绝不以成婚成家立业为目的。种种现象,皆造成大学生们在爱情方面、男女性的方面的种种问题,甚至酿成他们极大的困惑与痛苦。

我们每个人都应该了解,男女的情爱是人之内在生命之事,男女之“性”是外在感性生活之事,在情爱基础上的性爱才是人之身与心的完美结合,才是人生的当下此在的感性享受与恒长久远幸福的结合,如此,才会有真正的人生幸福。一旦分裂二者,把爱情弃之如敝屣,只沉溺于肉欲的欢乐之中,人之完整的人格便遭到分裂,人生断为两截,生理感性与心理精神也被迫离异,这是一种非常糟糕的人生状态,也可以说,是一种病态的人生,终必引发人的生存危机与人生的痛苦。现代人遭遇到的男女悲剧还少吗?处置不当的爱情与性的关系引发的人生痛苦还少吗?所以,大学生们应该从生活感觉之“性”提升为生命安顿之“情”;有了生命安顿之“情”再去享受生活感性之“性”,唯有如此,才能够获得健康的情爱生活。

如果人们是从生命的角度出发来恋爱,则对待“性”与“情爱”的态度会比较认真,其目的是成家立业,希望能由恋爱而婚姻而生子,过好夫妻生活,承担人生命中的诸般责任。这可以说是我们情爱生活的一块“试金石”。

首先,在情爱生活中一定要明白一个基本的道理:性欲是本能的产物,而爱情是文明的产物。也就是说“性”是生活感觉之事,“情”是生命安顿之事。这就要求我们不应该先从生活感觉之“性爱”再到生命安顿之“情爱”;而应该先从生命安顿之“情爱”再到生活感觉之“性爱”。这是解决大学情爱生活问题的根本途径。

其次,我们若只追求以性欲为全部基础的情爱,那就犹如动物与食物的关系;我们若只求以物质金钱为全部基础的情爱,那就犹如商人与顾客的关系;但我们若追求以精神为全部基础的情爱,则又犹如“圣人”与信徒的关系。这三者都有偏颇,其中任何一种单独的基础都永远无法支撑起神圣、崇高与甜蜜的爱情。

最后,生活感性之“性”与生命安顿之“情”的结合才是人生大美之事。大学生应该一定要区分所需之“性”与所欲之“性”,在此基础上,从纯粹地追求生活感性之“性”走向生命精神之“爱”,由“爱”而得“性”。如此,才可能既有肉体快乐的呻吟,又有发自灵魂的愉悦幸福,真正获得生理与心理、感性与精神、生活与生命的统一,获得生存的良好状态,也使自我的人生得到发展的动力与幸福。①

二、倡导与遵守安全性行为

1994 年,国际人口与发展大会(International Conference on Population and Development, ICPD)引用了 WHO 对健康的定义,正式将生殖健康的概念、策略与行动等列入《行动纲领》的第七章“生殖权利和生殖健康”中。这标志着国际社会对生殖健康概念的普遍认可与接受,并将其作为人类发展优先关注的领域和共同目标。《行动纲领》定义生殖健康:“是指生

---

① 郑晓江.从生活感觉之“性爱”到生命安顿之“情爱”——关于大学生情感与恋爱问题的思考[J].中国性科学,2007(16):44-45.

殖系统及生殖功能和生殖过程所涉及的一切身体、精神和社会等方面的健康状态,而不仅仅指没有疾病或不虚弱。"

从生殖健康的定义看,生殖健康的基本范畴包括以下六个方面:①人们能够有满意而且安全的性生活;②有生育能力;③可以自由和负责任地决定生育时间和生育数量;④夫妻有权知道和获取他们选定的安全、有效、负担得起和可以接受的计划生育方法;⑤有权获得生殖健康保健服务;⑥妇女能够安全地妊娠并且生育健康的婴儿。[①] 生殖健康范畴的第一项就是人们能够有满意而且安全的性生活。满意的性生活包含两个首要条件,即有满意的性生活对象和性功能良好,这样才能够有满意的性生活感受;安全的性生活至少包括两大内容,一个是合法性和不会导致意外怀孕,另一个是不会感染性病和艾滋病。安全性行为比满意的性行为更加重要。与性生活有关的医疗服务经常称为生殖健康保健,这是安全和满意的性生活的外界条件和保障。

安全性行为(safer sex)的概念是由美国高级性学研究院院长泰德教授在艾滋病猖獗时期提出的预防艾滋病传播的一个实用的性行为分类理念,以安全为标准,将性行为分为:安全或不太危险的性行为方式、可能安全或有一定危险的性行为方式、不安全或危险的性行为方式三类。安全性行为具有指导大学生如何分辨性行为的危险性、性行为与感染艾滋病的关系,具有实用价值,在预防艾滋病方面起到很好的作用。安全性行为是一种理念,是性行为人的一个人际交往健康原则,能够遵守安全性行为的原则,只从事安全或不太危险的性行为,罹患艾滋病的概率就微乎其微;如果从事高危的性行为,罹患艾滋病的风险就明显加大。安全性行为教育是性教育的重要内容之一,更是大学生性安全教育的重要内容。

三、防范性骚扰的应对方式与措施[②]

(一)公共场所遇到骚扰:直接警告

1. 骚扰方式:被他人用暧昧的眼光上下打量或予以性方面的评价。

2. 处理方法:若有陌生的男性搭讪,不要理睬,及时避开,换个位置,可以的话立刻抽身离开。对有性骚扰企图的人,要用眼神表达你的不满;若对方并无收敛,可直接用言语提出警告,把你的拒绝态度表示得明确而坚定,告诉对方,你对他的言行感到非常厌烦;若他一意孤行,可报警,请警察协助。

(二)面对电话骚扰:不要用激烈言辞

1. 骚扰方式:打电话骚扰,通过"你怎么忘了我""你怎么会不认识我"等言语,对方会想尽各种理由跟你闲聊。他很有可能会一而再、再而三地打电话。

2. 处理方法:遇到上述情况最好不要用激烈的言辞反唇相讥,因为这可能会引起对方的兴奋,应该用平静严正的语气说:"你打错了电话!"若对方经常骚扰自己,只要他打进电

---

① 王应雄,王心如.生殖健康学[M].北京:人民卫生出版社,2007:1-2.

② 郑仁钢.应急教育:班主任工作的一个重要课题[J].班主任之友,2005(4):4-6.

话,应该马上挂电话,不要理他。最后,要记得告诉父母事情的经过。如果对方要到家里来,马上报警处理。

(三) 收到淫秽物品:正面表明态度

1. 骚扰方式:赠送与性有关的礼物或展示色情刊物。

2. 处理方法:不要畏缩或偷偷将其处理掉,要用坚定的语气向对方说:“你的行为实在无聊,若你不收回,我会投诉。”并将事情转告其他相识的人,留下物品作为证据;消除贪小便宜的心理,不要轻易接受异性的邀请与馈赠。

(四) 公共场所遇到骚扰:大声斥责

1. 骚扰方式:遭遇故意抚摸或擦撞。

2. 处理方法:对于有性骚扰行为的男性,千万不要退缩或不好意思,可以大声斥责:“请将你的手拿开!”可以狠打其手,也可以告知同行的伙伴,引起公众的注意,使侵犯者知难而退。对情节恶劣严重的,可报警;如果穿了高跟鞋,可以毫不客气地使劲踩他的脚。

(五) 受到教师骚扰:不要单独去教师宿舍

1. 骚扰方式:个别品行不良的男老师利用职务之便对女大学生假意“关心”和“照顾”。

2. 处理方法:最好不要单独去教师家里,如果要有可靠的同伴陪伴更为保险;如果遇到骚扰,应该明确地表明你不喜欢他的言行,并提出警告。若事情没有好转或对方威胁,应该向家长和学校寻求帮助,或者向公安部门报案。

大学生掌握了这些防范性骚扰的应对方式与措施,就能够在现实生活中正确处理所遭遇的性骚扰行为,防止自己受到伤害,也为社会公共安全做贡献。

四、防范性侵害的应对方式与措施

(一) 预防性侵害的方法

1. 筑起思想防线

在社会中,女性作为性侵害的特殊客体容易遭受侵害。因此,女大学生在校内校外的各种活动场合,要随时注意防范遭受性侵害的可能性,提高自我保护的警觉性,一旦发现社会交往中的朋友对自己讲肮脏下流的笑话、说淫秽暧昧的语言、使用挑逗暗示的动作,一定要严厉拒绝、大胆反抗,并及时向学校保卫与部门公安机关求助,及时打消不法人员的侵害念头,避免被侵害。

对自己特别热情的异性,不管认识与否,都不要随便说出自己的真实情况,要提高警惕。根据调查表明,有63%的性侵害是发生在相互认识的熟人中间。因此,女大学生在与同学、老乡及朋友(网友)的交往过程中,要注意对方交往的目的,留意对方在日常言行中表现出来的人品、道德修养、思想境界,如发现对方时常有过分亲昵、挑逗等预兆性言行时,要及时果断地终止来往。在与朋友交往中,应时刻注意观察和提醒自己,不要轻信好话,不要单独跟新朋友去陌生的地方。

2. 务必行为端正

大学生在平时生活上要注意仪表，言行得体，行为端正，态度明朗。如对方在言谈举止方面有过分举动，要明确自己态度并提出警告。女大学生要懂得自尊自爱，不要与男性过分随便、亲昵甚至暧昧，在喝酒、跳舞中不要有轻佻、挑逗性动作，使加害人误解，从而将自己置于一种潜在的危险环境中。

3. 加强安全防范

性侵害犯罪作为一种特殊的犯罪行为，犯罪分子往往注重作案环境的选择以求作案的“成功率”，减少作案风险，所以，大学生对自己的生活、居住环境要加倍关注。宿舍要经常对门窗进行安全检查，晚上有事外出要尽早回来，夜晚外出或在校内行走最好结伴而行，行走时要选择行人较多、路灯较亮的明亮道路，经过树林、建筑工地、废旧房屋、桥梁涵洞等处时要特别小心。在学校公寓或校外租房处就寝时，要避免独处，特别是节假日期间，晚上睡觉时要关好门窗，拉上窗帘。不要搭乘陌生人的交通工具，防止落入不法分子的圈套。

（二）性侵害时的防卫措施

1. 保持冷静，控制情绪

发生性侵害时，保持头脑清醒、情绪稳定是最重要的，只有设法使自己沉着、冷静，才能明白性侵害者的意图，与其周旋，从而找出摆脱困境的办法。如果被害人处于危险时惊慌失措，大喊大叫，进行本能的反抗或逃避，则可能会助长犯罪分子的攻击性，导致性侵害的发生。

2. 明确意愿，态度坚决

有时性侵害行为是性侵害者错误地理解了被害人的意思后发生的。因此，女大学生遇到别人要对自己进行性侵害时，应当恰当而且坚定地表明自己的态度，阻止性侵害行为的发生。明确表示，能够有效防止熟人之间的性侵害行为发生，也能够使一些陌生的性侵害者丧失信心，放弃性侵害的企图。

3. 利用条件，机智反抗

如果遇到丧心病狂的犯罪分子，你的拒绝和斥责无效的情况下，受害人要在避免伤害升级的情况下，迅速了解对方弱点和周围环境，如犯罪分子有无携带武器、此处是否会有人经过、周围是否有可以利用的武器等，凭借自己的智慧和胆识，在保证生命安全的基础上，采取合理措施进行反抗。

4. 使用语言，间接反抗

通常情况下，性侵害行为是由犯罪分子强烈的情绪冲动引起的，因此，受害者可以使用语言减弱其冲动情绪，设法拖延性侵害行为的发生，为援助赢得时间。如可以用赞扬的语言夸其优点，使其行为向好的方面转化，避免性侵害行为发生；或向对方诉苦，引起对方共鸣，唤起其人性中善良的一面，消除性侵害欲望。

5. 突然袭击,正当防卫

如果语言反抗无效,还是可以采取一些暴力措施进行正当防卫的,如抓住合适时机、突然袭击,对犯罪分子的脸部、眼睛、腹部、下身等身体脆弱部位进行有效攻击,使对方身体产生疼痛,从而使其终止侵害行为,为自己的逃脱或获救创造条件。但当犯罪分子有明显优势时(体格、武器),要慎用暴力反抗的手段,以免激怒犯罪分子,造成更大的人身伤害。

6. 抓住时机,迅速脱身

在面对性侵害事件时,要根据实际情况,灵活机动地采取前面所说的措施,为自己赢得脱身的机会。如果不幸,犯罪分子得逞,根据犯罪心理学,性犯罪的主体在实施犯罪的过程中,有一个从冲动到后悔再到恐惧的心理变化过程,因此,一旦侵害行为完成,激情消退,侵害人会产生后悔、自责心理,大学生此时一定要抓住有利时机,迅速脱身,及时报警。

(三) 性侵害后的应对措施

1. 及时报案不畏惧

不幸遭遇性侵害后,要打消顾虑,及时向公安机关和学校保卫部门报案,不能因为害怕名誉受损,将苦果自己咽下去,这样只会导致犯罪分子逍遥法外,更加肆无忌惮地对受害人及其他女性实施加害行为。

2. 配合调查不保留

性侵害发生后,受害人要尽量将侵害人的相关物证保留好,在报案的同时,将犯罪分子的体貌特征、衣着打扮、口音、携带物品及自己的受伤状况等情况如实地向有关人员反映,积极配合调查,不要因为顾虑而有所保留,也不要提供虚假不实的情况,要为公安机关破案提供准确线索。

3. 身体检查不逃避

受害人在遭受性侵害后,可能会受到身体伤害,应及时与家人、朋友沟通,要求其陪同自己到医院检查,不要因为羞于启齿而采取逃避行为,这样只会在心灵受伤的同时给身体健康留下隐患。积极治疗,早日康复,才能有利于日后摆脱侵害阴影,调整身心健康。

4. 心态调整不极端

受害人被侵害后意志消沉,精神萎靡,心理负担加重,整天生活在被侵害的阴影中,久而久之,会产生厌世情绪;有些会抱着破罐破摔的心理,走上自甘堕落的道路。所以,要破除“一朝失身,终身有瑕”的精神枷锁,正确对待人生道路上的曲折和挫折;要接受教训,如果因自身某些方面不慎所致,就要吸取教训,提高自己的抵御能力,使自己更加成熟;要调整心态,正确认识,必要时进行心理咨询。

五、艾滋病的预防措施与方法

(一) 艾滋病的预防措施

虽然艾滋病是一种致死率极高的严重传染病,目前还没有治愈的药物和方法,但可预防。大学生只要认真了解并掌握预防艾滋病的常识,同时用道德内省的力量进行自我约束,就可以把感染艾滋病的风险降到最低。

1. 防治艾滋病的 ABC 模式

ABC 模式:A 代表禁欲(abstain);B 代表相互忠诚(being faithful),C 代表安全套(condom),就是通过禁欲、相互忠诚和使用安全套的策略有效预防艾滋病。ABC 模式无论是在大学生还是在性活动的高危人群以及任何有感染艾滋病可能的情况下都是非常实用的一个预防模式。ABC 模式本身就是一个等级化的模式,从禁欲比较困难的一级,到使用安全套比较容易实行的一级。但目前在我国,对大学生来说,使用 A 方案是最好的,也是基本可以实现的。禁欲分为两种情况,一种禁欲是完全性的禁欲,没有任何自发的性行为,包括手淫;另一种是部分禁欲,可以有手淫,但没有相互手淫,性行为仅限于自身。性伴侣之间相互忠诚是一个在成年人中比较值得提倡的做法,如果性伴侣都能够遵守诺言,那么,既能够享受性快乐,又免于艾滋病的感染,这是比较理想和人性化的结果。如果不能做到前面两项在道德和自律方面比较高的要求,那么就退而求其次,采用安全套,能够坚持使用安全套确实可以起到预防艾滋病的作用。在推广 ABC 模式等预防艾滋病的宣传教育之后,一些国家艾滋病感染阳性率已经从 30%下降到 6%。① 在高危人群中提倡使用安全套无疑会降低艾滋病和性病传播,但是,仍然有些人因为各种各样的原因而不愿使用或不能坚持使用安全套,其防护效果将大打折扣。

2. 预防艾滋病的具体措施

(1) 洁身自爱、遵守性道德是预防经性途径传染艾滋病的根本措施。大学生要杜绝进入不良场所,在所有的性行为中正确使用质量合格的安全套,没有全程正确使用安全套的性行为是一种高危行为。由于生理上的差别,男性感染者将艾滋病传给女性的危险明显高于女性感染者传给男性,女性应主动使用女用安全套或要求对方在性交时使用安全套。

(2) 共用注射器静脉吸毒是感染和传播艾滋病的高危险行为,要拒绝毒品,珍爱生命。不用没有消毒保证的注射器与检查、治疗器械,在救护流血伤员时,要设法防止血液直接粘到自己的皮肤或黏膜上。

(3) 避免不必要的输血、注射,避免没有使用严格消毒器具的拔牙和文身、美容等。大学生不要借用或共用牙刷、剃须刀、刮脸刀等个人用品。大学生要主动要求酒店、旅馆、澡堂、理发店、美容院、洗脚房等服务行业使用的刀、针和其他易刺破或擦伤皮肤的器具,经过严格消毒。

(4) 血液中的艾滋病病毒在空气中不能立即死亡,浓度愈高生存时间愈长,长的则可达三日,即使浸在酒精消毒液中也能生存十分钟。因此,为避免有人刻意传染,大学生在公共场合要留意座位等地方的钉子及其他尖锐物。

(5) 对艾滋病病毒感染者及病人的歧视不仅不利于预防和控制艾滋病,还会使其成为社会的不安定因素。关心、帮助、不歧视艾滋病病毒感染者和病人,鼓励他们参与艾滋病防治工作,是控制艾滋病传播的重要措施。

---

① 天山医学院. 安全性行为与 ABC 模式. [EB/OL]. [2023-09-21]. https://www.tsu.tw/edu/14196.html.

(6) 加强自我预防和检测,及时关注自身身体状况。在各地疾控中心自愿咨询检测门诊(VCT)可以获得免费咨询和检测艾滋病的服务,各地县级以上医院、各地妇幼保健机构和大部分基层医疗机构可以提供检测服务;开展艾滋病防控工作的社会组织可提供检测咨询和转介服务,一些高校设立了自助尿液检测包售卖机,供大学生购买检测。

(二) 积极参加红丝带行动

1. 了解红丝带的意义

红丝带以红色代表生机、激情和鲜血,象征对艾滋病患者、艾滋病感染者及其照顾者的接纳,倡导尊重艾滋病患者人权;推广预防艾滋病的社会公益活动,象征对艾滋病宣教、防治和研究的支持。红丝带是对艾滋病和艾滋病认识的国际符号。

2. 积极参加世界艾滋病日活动

因第一个艾滋病病例是在1981年12月1日诊断出来的,故在1988年1月,世界卫生组织把每年的12月1日定为世界艾滋病日。建立世界艾滋病日的目的是:

(1) 让人们知道,艾滋病是能够加以控制和预防的;

(2) 让人们知道,预防艾滋病重要的就是每个人都要对自己的行为负责;

(3) 通过艾滋病日的宣传,唤起人们对艾滋病病毒感染者的同情和理解;

(4) 支持各个国家制定艾滋病防治规划,唤起全球人民共同行动起来支持预防艾滋病工作。

思考题

1. 什么是性、性安全、性安全教育?
2. 性安全的基本内容包括哪些?
3. 如何预防性侵害?
4. 如何正确应对性骚扰?
5. 简述艾滋病传播途径及预防措施。

推荐阅读

1. 刘文利. 大学生性健康教育读本[M]. 北京:清华大学出版社,2013.
2. 刘欣. 大学生安全教育[M]. 西安:西安电子科技大学出版社,2019.
3. 蒋健敏,潘晓红. 倾斜的世界:大学生艾滋病感染案例分析[M]. 杭州:浙江科学技术出版社,2017.
4. 艾滋病防治条例. 2019年3月2日正式实施.
5. 刘文利. 中国大学慕课《全面性教育》. 北京师范大学.
6. 朱俊勇. 中国大学慕课《性与健康》. 武汉大学.

第十一章　财产安全

思维导图

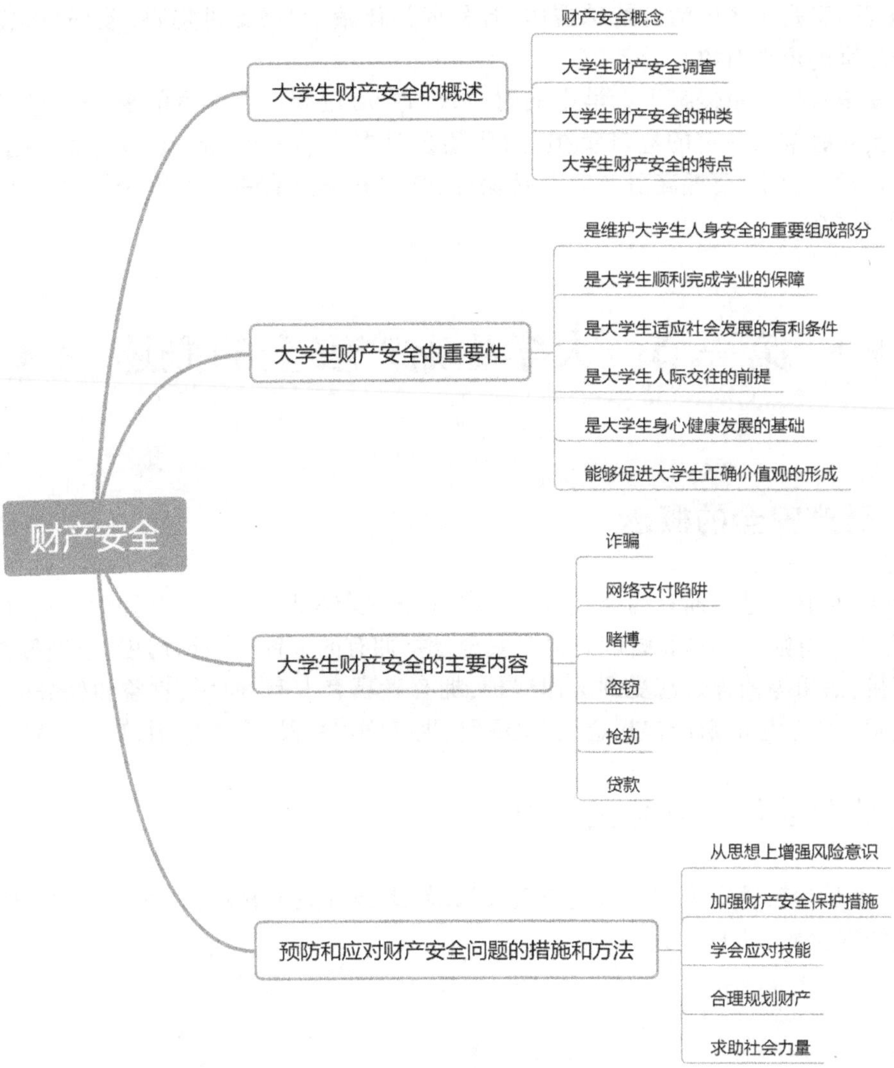

学习目标

【知识目标】理解财产安全的相关概念,了解常见的财产安全问题的类型。

【能力目标】掌握常见的财产安全问题应对技能。

【素质目标】具备基本的财产安全素养,能妥善处理财产安全问题。

【思政目标】了解当前大学生财产面临的安全风险与挑战,形成正确的人生观、价值观、财产观。

保护财产安全是我们生存必备的知识和技能。大学生是社会的一分子,拥有一定量的个人财产,个人财产是顺利完成大学学业的保障。大学生财产安全,主要指在读大学期间大学生所带现金、银行卡、生活学习用品、个人信用、知识产权等不受侵犯。由于大学生思想单纯、涉世未深,又是集体生活的特殊群体,容易成为诈骗、网络支付陷阱、赌博、盗窃、抢劫等不法分子侵害的重点对象。

财产安全事件严重侵害了大学生的财产权与身心健康。大学生的财产一旦受到侵害,不但会给其家庭带来一定的经济负担,而且还会对本人学习、生活、心理造成一定的影响。大学生在日常生活中,要提高财产安全警惕性,学习和掌握有关财产安全的知识和技能,确保个人财产安全。

第一节　大学生财产安全的概述

一、财产安全的概念

一般认为:财产是指拥有的金钱、物资、房屋、土地等物质财富,以及知识产权、信用等精神财富,分为公有财产和私有财产。财产安全是指拥有的金钱、物资、房屋、土地等物质财富和知识产权、信用等精神财富受到法律保护,拥有者享有占有、使用、收益和处分的权利,他人不得侵犯。大学生的财产包括金钱/生活费、生活学习用品、个人信用、知识产权等。

二、大学生财产安全的调查

根据“大学生公共安全教育研究与实践”课题组调查数据显示,大学生预防和应对财产安全调查的现状如表 11-1 所示。

表 11-1 大学生预防和应对财产安全调查

题目	完全认同	基本认同	不确定	基本不认同	完全不认同
1. 我具有很强的个人财产安全保护意识。	68.26	28.84	2.63	0.24	0.03
2. 银行卡、手机卡、手机、支付宝、微信等账号密码我不会随意给别人。	72.10	25.12	2.48	0.24	0.06
3. 在乘坐公交车、地铁和电梯时，我会把随身物品放置在身前而非身后。	64.51	28.87	4.87	1.27	0.48
4. 我具有健康的财富观念和财产安全意识。	67.87	28.72	3.02	0.27	0.12
5. 我能够做到不借贷、不放贷、不参与赌博。	78.60	19.29	1.69	0.24	0.18
6. 我了解校园贷的套路、危害、后果等，遭遇校园贷知道如何通过正当途径解决。	68.02	27.15	4.29	0.42	0.12
7. 当个人财产被侵占时，我能够运用正当的方法保护个人财产，例如向公安机关及时报案、寻求帮助。	71.13	25.30	3.20	0.30	0.06
合计	70.07	26.18	3.17	0.43	0.15

注：表中数据全为百分比，本次调查涵盖全国 9 个省(区、市)的 20 多所高校，回收有效问卷 3308 份，其中男生提交 1205 份，女生提交 2103 份。

通过表中数据分析可知，大学生在财产安全方面意识、知识、经验、理论和方法上都具有较高的水平，同时也存在一些问题。

通过调查分析，大学生普遍(70.07%)具备很强的财产安全意识、很丰富的财产安全知识和经验、一定财产安全保护能力。除了完全认同外，基本认同部分(26.18%)表示大学生对财产安全意识不坚定、或认识较为模糊、或实际技能不熟练。此外，极少数的大学生(3.75%)在财产安全方面极度缺乏，亟须提高。大学生的财产安全问题事件，是“0 和 1 的哲学问题”，即使一校、一地区发生一起大学生财产安全事件，也有必要对全校、全地区的大学生进行财产安全教育。而不法分子往往通过一些技术手段，筛选出财产安全意识薄弱、财产安全知识欠缺、财产安全技能不足的大学生实施盗窃、欺诈等。

三、大学生财产安全的种类

“一粥一饭，当思来处不易；半丝半缕，恒念物力维艰。”大学生学习和掌握有关财产安全的知识和技能，是生活和学习的基础。大学生的财产包括金钱/生活费、学习生活用品、个人信用和知识产权等方面。

(一) 金钱/生活费安全

大学生的金钱/生活费是支持其顺利完成学业的经济基础。随着社会的进步，人民的生活水平也随之提高。由于家庭条件与消费观念的差异，大学生的支出也不尽相同，但对生活费的保管具有共同的特点。大学生的生活费常常以现金形式保管或存储到银行卡、支付宝、微信钱包中，当需要消费时，以现金或数字钱包形式支付。

大学生的生活费主要来源于三个方面。首先，大学生的生活费主要来自于家庭的付出，即父母的给予,也有兄弟姐妹等亲戚的赠与。第二,大学生兼职获得的劳动报酬,包括校内勤工助学和校外兼职工作,以及利用专业知识和技能获得科研与实践项目的劳务费等。第三,奖、助学金及助学贷款。国家为大学生提供读大学的机会,并在政策及奖助学金、助学贷款方面给予很大的支持,尽力满足学子们的大学梦。因此,生活费中有一部分来自奖助学金、助学贷款。除此之外,大学生的生活费还有来自于投资理财收益等方面。

大学生贵为天之骄子,是中国特色社会主义的建设者和接班人,承担着中华民族伟大复兴的使命与责任。大学生对金钱/生活费的保管方式也较为稳妥。主观方面,大学生对个人的金钱/生活费非常珍视,不会也不愿意消费在与学业无关的方面;客观方面,大学校园是经过多层关卡净化的环境,大学生感受到、接触到的人、事、物都是真善美的。因此,大学生的思想比较单纯,在财产管理方面比较简单,财产安全防范意识不够强。

大学生对金钱的态度呈两极三态,容易被不法分子趁机而人。第一种态度,大学生以学业为重,轻视金钱的赚取、保管、升值、安全等。大学生受传统自命清高读书人思想、观念的影响,形成了一种忽视金钱的态度,不善于保管金钱,容易被盗。第二种态度,金钱至上的过激态度,认为人类的一切活动都是建立在金钱之上。如果大学生受到这种思想或态度的影响,就会对金钱产生非常敏感的效应,容易上当受骗。第三种态度,对金钱是一种平和的态度,不忽视、不过激,这是大部分大学生对金钱的态度。持有第三种态度的大学生,在学习、生活和工作中,他们会把生活费存储到自己的银行卡中,随身携带少量现金或少许金钱存到支付宝、微信钱包中,在需要消费时,通过现金或扫码支付。这类大学生不会轻易告诉他人自己拥有多少金钱,也不会把现金暴露于他人。当有人借用他们的银行卡、手机时,非常警惕,也不会轻易把金钱借给同学、朋友或者网友。当面对金钱诱惑时,更不会轻易上当。因此,对金钱持有平和态度的大学生,对金钱/生活费的保管更为稳妥。

(二)学习和生活用品安全

学习和生活用品是大学生完成学业必备的物质基础。随着科学技术与经济社会的发展,大学生所拥有的学习和生活用品种类增多、价值增大。不同家庭条件的大学生在校期间所使用、拥有的学习和生活用品性能、价格差异较大,同时保管方式也有一些共性与差异。

部分大学生学习和生活用品种类多、价值大、价格高。在大学校园里,大学生一般拥有一定的学习和生活用品,包括笔记本电脑、台式电脑、平板、手机、教材、各类图书、包包、首饰、衣物等。对于部分大学生来讲,以上所列内容都是读大学必备的物品;对于另一些大学生来讲,除电脑(包括笔记本电脑、台式电脑、平板其中一种)、手机、教材、各类图书、必要的衣物之外,其他物品都是可有可无的。综合来讲,大学生在校期间所拥有的各种学习和生活用品,尤其越是贵重的物品,越容易引起他人注意,丢失、被盗的可能性越大,此类事件一旦发生,会对大学生心理造成严重的影响,例如伤心、苦恼、愤怒、痛苦欲绝,短时间内不能从阴影中走出来,影响学习、生活和工作等,进而影响大学校园安全与社会公共安全。

大学生对学习和生活用品的保管存在一些漏洞。《道德经》有曰:“不贵难得之货,使民不为盗。”“盗”的出现,一方面是有难得之货的出现,另一方面是难得之货保管存在漏洞。人人都有攀比的心理,大学生也不例外,包括普通人的衣食住行玩吃喝拉撒睡,以及大学生特有的学习、生活和工作的需求,都有可能存在攀比方面。著名心理学家马斯洛把人的需求分为生理(食物和衣服)、安全(工作保障)、爱(人际交往)、尊重和自我实现五层次,吃喝拉撒睡衣食住行玩都属于第一、二层次(生理和安全);学习、生活和工作属于第三——第五层次(爱、尊重和自我实现)。例如,大学生拥有笔记本电脑、平板电脑是为了方便学习和利于创作,拥有手机是方便人际交往,拥有教材和各类图书是学习的需要,拥有贵重的电脑、手机、包包、首饰和衣服等,更容易吸引他人注意、获得好感,因此,这些方面属于爱、尊重和自我实现的需要。

大学生对学习和生活用品保管具有一定的共性与差异性。大学生是以宿舍为单位进行起居,因为都是同学,相互之间都非常信任。他们一般把不经常使用的物品放到衣柜或行李箱里,把经常使用的物品随身携带或放置在宿舍学习桌、床铺上,甚至拿出个人贵重的物品让他人欣赏,或炫耀或攀比。在不知不觉中留下财产安全隐患。大学生应加强财产安全意识,提高财产保管的能力,弥补学习与生活用品保管的漏洞,自律自强,不给违法犯罪分子机会,为校园安全和社会公共安全做出应有贡献。

(三) 大学生信用安全

案例 11.1–1

讲信用是践行社会主义核心价值观的必然要求。信用是大学生重要的财产。摩根财团的正式创始人摩根认为个人的信用是财产。孟子曰:"诚者,天之道也;思诚者,人之道也。"21 世纪初,人类社会已进入信用经济时代,在市场经济的发展与推动下,以信用为基础发展形成多种类的经济衍生品。所谓信用,"指能够履行跟人约定的事情而取得的信任或银行借贷、商业上的赊销、赊购;不需要提供物资保证,可以按时偿付的,例如信用贷款。"①大学生信用是指依附在大学生生活和学习交往之间形成的一种相互信任的生产关系和社会关系。大学生信用是学习、生活和工作的重要保障。如果一个大学生丢弃了信用,那么,可能成为考研、毕业后找工作的绊脚石。一般大学生信用安全问题由两方面导致,一方面由个人引起的信用安全问题;另一方面,由他人引起而导致个人信用危机。

大学生都很重视个人信用,主动构建和维护个人信用,同时,也被一些不法分子、机警钻营之徒所惦记。自 2010 年以来,互联网风暴席卷祖国大地,一些"打擦边球"的公司进入该领域,把矛头瞄准在校大学生,导致一些涉世未深的大学生掉入贷款陷阱。2019 年,国家专门出台了《关于办理"套路贷"刑事案件若干问题的意见》,严厉打击针对大学生的套路贷。即使国家有相关的政策保护大学生的权益,但是大学生自我保护也需进一步加强。

大学生重视个人信用,容易成为贷款公司的签约对象或潜在签约对象。大学生对信用的重视,可以分为三种类型。第一类,大学生重视信用如生命,努力构建和维护个人信用,从不以信用担保、担责。在生活和学习中,大学生全身心地投入学习,不用过多的时间、精力关注生活或工作,塑造完美的学霸形象。第二类,大学生重视信用,用心学习,同时分出一部分时间和精力关注生活和工作。在日常的学习、生活和工作中,注重学习过程和结果,抽出一定的时间和精力关注生活节奏、工作进程,划出一定的生活费用在生活和工作中。第三类,

---

① 中国社会科学院语言研究所词典编辑室编. 现代汉语词典(第 7 版)[M]. 北京:商务印书馆,2016:1462.

以获得毕业证、学位证为目的，特别注重个人生活情调、人际关系。在日常学习、生活和工作中，划出很大一部分生活费作为相对高昂的消费，甚至超过个人或家庭承担的能力。第一类大学生对信用的管理和维护是最为稳妥的，但本节不是倡导每一位同学都做第一类大学生；第二、三种大学生也是普遍存在的，存在高消费、超前消费的可能，但并不一定会签约贷款合同、掉入贷款陷阱。在这里，我们主要讨论大学生信用与信用贷款的泛在关系，了解在何种情况下能够更好维护个人信用，何种情况下容易陷入贷款、套路贷的陷阱。同时，大学生重视个人信用，并不代表与己相关的他人都重视个人信用。在生产和社会关系中，尤其涉及个人切身利益时，应形成具有法律效益的文书，以维护大学生的财产安全。

（四）知识产权安全

知识产权，指法律规定公民、法人对其科学、技术、文化等知识领域中的创造性智力成果所享有的专有权，包括作品、发明专利（发明、实用新型、外观设计）、商标、地理标志、商业秘密、集成电路布图设计、植物新品种、法律规定的其他客体等。知识产权安全是指不侵犯他人知识产权的权利和合法权益，同时保障自身知识产权的合法权益，以保障知识产权的创造、传播和利用的正常进行，促进知识创新和经济发展。知识产权安全是创新和发展的保障，也是企业竞争力和国际竞争力的重要因素。

大学生知识产权安全包括以下方面：

1. 专利安全：保护发明人在产品、技术方面的独立权，保护专利持有人的权益。
2. 商标安全：保护商标持有人的商标权，防止商标被侵犯、仿冒和滥用。
3. 著作权安全：保护作者的创作成果，以及出版社、电影公司、音像制品公司等的版权，防止盗版或非法复制。
4. 专有技术安全：保护企业研究和开发的专有技术，防止知识产权被窃取或滥用。
5. 商业秘密安全：保护企业商业秘密，防止机密信息被窃取或泄露。

大学生是中华优秀传统文化和科学技术的继承者，也是中华文化和科学技术的创新者、创造者。保护大学生的知识产权安全，是培养社会主义建设者和接班人的需要。学习有关知识产权安全知识，有助于大学生学业和职业发展。首先，大学生应加强知识产权安全意识，了解知识产权法律法规和保护政策。其次，及时向知识产权局提交申请，注册知识产权，以确保自己的知识产权可以得到保护。第三，尽可能保留证据，包括文献资料、实验记录、设计图纸等，以便在产权争议时提供证据。第四，注册商标或专利。特别是在创业领域，注册专利或商标是保障知识产权的重要途径。第五，建立合理合法的合同保障体系。在知识产权交易和创业过程中，要建立明确的合同保障体系，以保证知识产权的安全。第六，积极维护自身权益。一旦发现知识产权被侵犯，应该及时采取法律手段维护自己的权益。

四、大学生财产安全的特点

大学生财产安全主要与其生活环境、学习环境、人际交往环境及家庭因素等方面紧密联系与相互影响。大学生财产安全的特点，主要表现以下四个方面。

（一）大学生财产的非隐蔽性

大学生财产的非隐蔽性指的是大学生的财产状况不能够完全隐匿或掩盖，主要表现以下几方面：

首先，大学生在日常生活和登记过程中个人财产被第三方获知。在现代社会中，大学生所拥有的财产种类繁多，如现金、智能手机、笔记本电脑等，甚至部分大学生还有股票、房产、汽车、知识产权等。这些财产的所有权、数量和价值都需要以一定的形式进行登记或记录，如开户银行、购房合同等。这些信息有可能会被第三方获知，可能会引起不必要的关注或麻烦。

其次，大学生在社会交往活动中显露财产状况。例如，一些大学生拥有较高的消费能力，存在较高的消费行为，与经济状况较为拮据的同龄人产生差距感或排斥感。此外，一些社会组织事先会对参与者的财产状况进行调查，以便确定参与门槛、费用标准等，而某些财产状况的披露可能会影响大学生的参与意愿和机会。

最后，大学生在就业过程中暴露财产状况。在求职过程中，一些单位会要求应聘者提供财产状况证明或资产调查表，以便评估其信用和诚信度。如果大学生没有合理的财产状况解释或准备不足，可能会影响到其求职成功率或职业发展。

因此，大学生应认真对待自己的财产状况，做好登记记录和合理规划，同时，做好必要的保密工作，以避免不必要的麻烦和影响。

（二）大学生生活的集体性

大学生生活的集体性对财产安全有着重要的影响。在大学校园内，生活在同一宿舍的同学们之间相互接触频繁，彼此之间建立了一定的友谊。这种友谊的建立与维护，影响着每个大学生在学习生活中的各种经验和问题的解决。

一方面，生活在同一寝室的同学们拥有共同固定的住宿地点和家具设施，对财产的安全起到了一定的保障作用。由于同学们生活在一起，大家会相互关心，对于别人的财物，大家有时会进行一些简单的监督以及提醒，只要是遵循了公共秩序，鲜有发生财物被盗窃的情况。

另一方面，由于同学们有着不同的生活习惯与消费水平，对个人及他人财产安全存在一定的威胁。居住在同一宿舍的大学生，如果没有进行相互协调与磨合、自律自强，很容易产生生活习惯和消费观念的冲突，甚至对财产安全造成一定的威胁。例如，一些消费水平高的同学，如果共同生活后不加以收敛，那么他的高消费行为、理念将影响宿舍其他同学，而对于家庭收入不高的同学受到影响后预要达到那样的消费水平所要付出的代价远远大于他及家庭承受的能力。近些年，一些自律性低的大学生，受到高消费行为与理念的影响，购买个人及家庭难以承担的物品，最后掉进了网贷、校园贷，甚至陷入“套路贷”。同时，贵重物品也是财产安全问题的重要因素之一。

因此，大学生应该充分认识到集体生活的价值，并遵守公共秩序，做到相互尊重、相互关心，保护好自己和他人的财产安全。

(三) 大学生财产(有形)保存的简易性

首先,大学生的财产种类比较丰富,保存方式简单。大学生的财产包括现金、电子产品、文具、衣物、鞋子等多种物品,需要采取不同的保管方式。即使大学生初入大学校园,无过多的财产,但随着时间的推移,财产量也逐渐增加。常见的大学生财产保存方式有三种,一是随身携带;二是暂时放置在宿舍书桌书架上;三是保存到宿舍衣柜、行李箱或保险柜里。

其次,大学生的财产需要自我保存。相比于家庭中有长辈帮助管理财产,大学生需要自己负责自己的财产保管,需要树立自我保管意识。与其他年龄层相比,大学生容易成为犯罪分子盗窃的目标对象,并且常常处于公共场合,因此,对保护财产安全的要求更高。

最后,大学生是在固定空间里共同学习与生活。在大学教室、宿舍等固定空间中,大学生们共同学习和生活,实现了固定的集体管理和互相帮助,为财产安全提供一定的保障。

总之,大学生财产保管需综合考虑财产种类、财产数量、自我保管意识以及安全策略等方面,并在保证自身财产安全的同时,也要兼顾集体的安全和谐。

(四) 大学生财产取得的不易性

大学生财产取得的不易性指的是大学生在求学期间,要通过自己的努力,通过勤奋学习、劳动、奖励和资助等方式才能获取一定的财产。相比于其他人群,大学生的经济来源相对单一,普遍存在经济压力较大的问题,并且还需花费相对较多的时间用于学习,难以拥有充分的时间和精力去赚取更多的经济收入。

同时,大学生在碰到诸如学费、住宿费、生活费等高昂的开销时,难以依靠自身劳动所获得的经济收入来支付这些费用,最终可能会选择贷款等方式来解决,从而增加了自身的经济负担。因此,大学生财产取得的不易性是一个实实在在的问题,需要我们关注和重视。

第二节　大学生财产安全的重要性

财产安全对于大学生非常重要。大学生的财产一般由父母供给和兼职工作所得,甚至还有亲朋好友赠予。无论是自己父母供给、兼职所得或亲朋好友赠予,对于大学生来说都是弥足珍贵的。大学生拥有一定量的财产,是大学生日常学习、生活和工作的必要条件,能够保障大学生顺利完成学业。大学生拥有一定量的财产,是促进大学生与学校、社会的联系与互动的有利条件。财产安全对于个人来讲是条件、结果,对于集体来讲是环境。人是社会性动物,必须融入到社会群体中。大学生所持的财产,包括符合季节的合身衣服,梳妆打扮所用的化妆品、护肤品和首饰,用于沟通的有线和无线的电脑、平板、智能手机等,上课所用的书包、教材和文具,寝室休息所用的床褥被罩,都是大学生的财产,而这些财产的安全构成大学生校内外人际交往的直接、间接条件,在这里我们称为环境。财产安全是大学生人际交往的良好环境,大学生身心健康发展的基础。在财产安全的环境中,大学生向真善美的方向发展;一旦大学生的财产发生重大损失,将直抵大学生心理最脆弱的地方,致使大学生久久难以从财产损失的阴影中走出来,严重者影响完成学业。下面,我们将从六个方面阐述财产安全的重要性。

一、财产安全是维护大学生人身安全的重要组成部分

大学生财产的安全可以有效维护大学生的人身安全。财产安全是大学生人身安全的一部分,大学生正处于社会活动的高峰期,拥有各种财物,财产安全问题不容忽视。合理地开展财产管理、提高财产安全意识、保护个人财产,可以有效降低遭受盗抢、诈骗等不良事件的风险,维护大学生自身安全。

(一)大学生重视财产的安全可以有效保障大学生的人身安全

大学生重视财产的安全可以预防一些犯罪行为,从而保障大学生的人身安全。例如,不炫耀个人贵重物品、不向他人透露个人钱财、在住宿区内安装门禁和监控系统等,能够防止非法人员惦记或进入,从而预防盗窃、抢劫及伤害大学生的犯罪事件的发生。

(二)开展财产安全教育可减少对大学生人身安全的威胁

对大学生财产安全教育,可以提高其财产安全管理水平,增强自身财产保护的能力。大学生管理好个人财物,能够避免或减少财产和人身安全受到的威胁。

(三)大学生重视自身安全也能促进财产安全

大学生对人身安全的重视也能促进其财产安全。如果一个大学生非常注意自己的人身安全,不轻信陌生人、不接受陌生人的物品、不使用来源不明的 U 盘、不连接陌生 Wi-Fi,那么,他的个人信息和财产的安全系数也会大大提高。

总之,大学生财产安全和人身安全是相互关联、相辅相成的。大学生应与高校共同努力,完善安全保障体系,提高自身安全防范意识和能力,确保财产安全和人身安全。

二、财产安全是大学生顺利完成学业的保障

大学生以学业为重,寄托着家庭的希望,其顺利完成学业是家庭、学校和社会共同的期望。大学生的财产安全与顺利完成学业有很强的相关关系,财产安全是大学生顺利完成学业的保障。

大学生个人财产的损失,包括被诈骗、网络支付陷阱、被盗或财产丢失、损坏,尤其数额较大、贵重的物品等,会对大学生造成一定的心理影响,包括恼怒、伤心、懊悔、痛苦欲绝等,严重者影响学业发展。当发生财产安全事件时,教师和学生都应及时给予该同学关怀和关心,进行适当的心理疏导,甚至物质帮助,让该同学尽快从财产损失的阴影中走出来,投入到学业中去。

总之,大学生无论是财产损失的受害方,还是财产损失的侵害方,都将对学业发展产生

阻碍与影响。因此,大学生积极参与财产安全活动,维护财产安全,是顺利完成学业的保障。

三、财产安全是大学生适应社会发展的有利条件

财产安全是大学生适应社会发展的有利条件。大学生来自于家庭,融合在校园,成长于社会。社会是人与环境形成的关系总和,繁冗于大学校园,财产安全学习贯穿大学校园和社会。大学生财产安全不仅仅是保障大学生财产安全事件不发生,还包括对财产的世界观、人生观、价值观的认识和理解,对财产安全有关知识的学习与掌握,对财产安全经验的积累与运用,大学生人际交往中信任与财产安全管理的驾驭,以及对财产安全事件发生后及时的补救方法和措施。

大学生要积累财产安全的知识和经验,运用于日常学习、生活和工作中。财产安全,不仅从知识方面的学习获得,更有必要学习财产安全事件,以积累财产安全的经验。近些年大学生财产安全事件表明:大学生虽具有丰富的专业知识,但社会经验不足,财产安全意识不强。因此,大学生学习和了解财产安全相关事件,能够理解在财产安全中当事人采取的措施方法,以及在类似事件中自己能够采用的措施以保护个人财产;能够在日常学习、生活和工作中,学会如何保护自己的财产、保护个人财产的限度与能力,以及在必要时如何舍弃个人财产,以获得更大的财产安全、人身安全等。

总之,财产安全是大学生适应社会发展的有利条件,引导大学生学习和掌握有关财产安全的知识和经验,促进大学生正确的世界观、人生观和价值观的形成,激发大学生自律自强意识的重要举措。

四、财产安全是大学生人际交往的前提

首先,财产安全是大学生人际交往的前提,因为人们进行交往是在基于相互信任的基础上展开的。如果个人财产安全无法得到保障,那么,人与人之间难以建立信任,就会影响人际交往。其次,财产安全也是大学生在日常生活中非常关注的问题,如果财产遭受损失,对大学生的心理和经济都会造成一定的影响,将会直接影响到一个人的情绪和态度。最后,只有保障好个人财产的安全,才能让大学生在交往中感到安全和信任,从而建立起稳定健康的人际关系。第四,保障财产安全不仅是大学生人际交往的前提,也是生活中重要的一部分,大学生需要用谨慎和智慧来保护个人财产和生活。

五、财产安全是大学生身心健康发展的基础

大学生身心健康的发展离不开财产安全的保障,两者之间具有密切的关系。

首先,财产安全可以保障大学生的基本生活。大学生要面对的压力包括学习压力、竞争压力、就业压力、人际关系压力等,若再加上因财产安全导致的经济压力,会对身心健康产生严重的影响。保障财产安全可以预防因财产安全原因产生的生活困境,避免大学生不必要的生活压力,以利于大学生身心健康的发展。

其次，财产安全可以保障大学生的学习与成长。财产安全可以让大学生获得更多的学习资源，可以让大学生更加自由地选择合适的学习方式。例如，大学生如果有一定的经济基础，可以报名参加相应的培训、考级考证等，提高个人学习能力，以利于学业和职业发展。

最后，财产安全可以保障大学生的心理健康。财产安全是身心健康的基础，如果大学生财产安全得不到保证，容易造成大学生的心理压力，影响大学生的身心健康发展。保障大学生财产安全，可以避免因财产安全压力而产生的问题，有利于大学生的身心健康发展。

综上所述，财产安全与大学生身心健康发展密切相关，保障财产安全是保障大学生身心健康发展的基础。

六、财产安全能够促进大学生正确价值观的形成

财产安全对于大学生的正确价值观形成具有重要的促进作用，主要有以下几个方面：

首先，培养良好的财产保护意识。保护个人财产安全、不侵占他人财产是大学生基本的权益与责任，同时也是大学生自律与健康发展的基础。良好的财产保护意识会让大学生更加重视自己的努力成果和合法权益，不仅可以培养个人的自我保护意识和能力，也可以让自己形成尊重他人财产、遵守道德法律规范的价值观。

其次，积累财产安全有关的知识。为了维护财产安全，大学生会主动学习有关财产安全的知识，了解财产的来源和管理方式，并形成正确的财产观念。

最后，避免不当行为的诱惑。大学生具有财产安全意识，能够避免违法犯罪行为、网络诈骗以及赌博等不良行为发生的风险。通过大学生财产安全教育，大学生能够形成正确的道德观念、价值观念和财产观念，形成诚实守法、自律自强的品质。

综上所述，财产安全教育有助于大学生形成正确的价值观和财产观，提高生活质量和未来发展能力。大学生通过学习财产安全的知识，树立财产安全保护意识，识别不当行为的诱惑，更好地保护个人财产。

►► 第三节 大学生财产安全的主要内容 ◄◄

对大学生财产安全事件的收集与梳理，大学生财产安全的主要内容分为诈骗、网络支付陷阱、赌博、盗窃、抢劫、贷款等。

一、诈骗

诈骗，又称为骗术，以确定或非确定的对象作为目标、以非法占有为目的、以虚构事实或者隐瞒真相的方法骗取数额较大财物的行为。大学生诈骗案，是以大学生为目标，以虚假信息或者隐瞒真相的方法，非法占用大学生的财物，侵害大学生的权益，使大学生身心遭受打击。在大学生诈骗案中，轻者令大学生烦恼或陷入经济困境，影响其正常的学习与生活，阻

碍学业发展;重者则会导致轻生或连环的治安及刑事案件的发生,危及社会的公共安全。预防大学生诈骗案,要从了解各种类型的诈骗案开始,表 11-2 所示为大学生诈骗案的常见类型。

表 11-2 大学生诈骗案的常见类型①

诈骗案常见类型	诈骗方式	特点	预防措施
仿冒身份欺诈	冒充亲友诈骗	以"患重病、出车祸"等紧急事件为名,骗取大学生或其家人的信任。	不轻信,与相关人取得联系确认。
	冒充政府机关人员诈骗	以大学生普遍信任的政府机关工作人员,骗取大学生的银行卡号及密码。	不轻信,与官方机构联系确认。
	伪造身份诈骗	伪装成"高富帅"或"白富美",骗取大学生的信任与钱财。	不轻信,不转账。
	"猜猜我是谁"诈骗	冒充熟人身份,向大学生借钱。	不轻信,不转账。
购物类诈骗	假冒代购诈骗	以境外商品代购"商品被海关扣下,要加缴关税"等为由向大学生加付款项实施诈骗。	不轻信,不转账。
	退款诈骗	冒充客服,以退款为由,引诱大学生购买者提供银行卡号、密码等信息,实施诈骗。	不轻信,不向陌生人提供银行卡号、密码。
	网络购物诈骗	以虚假购物网站或网店,通过 QQ、微信等发送虚假激活网址,让大学生填写个人信息,实施诈骗;或以物品低价转让需缴纳定金、手续费等为由骗取大学生的钱财。	不轻信、不转账,不点击来源不明的链接。
	解除分期付款诈骗	冒充客服,诱骗大学生到 ATM 机前办理解除分期付款手续,实施资金转账。	不轻信,不转账。
活动类诈骗	发布虚假爱心传递	将虚构的寻人、扶困帖子以"爱心传递"方式发布在网络上,引发大学生转发,实际上帖内所留联系电话是诈骗电话。	不轻信,不转发来源不明的帖子。
	"点赞"诈骗	以"点赞有奖",套取大学生个人信息后,以获奖需缴纳保证金等形式实施诈骗。	不轻信,不转账,不在来源不明弹窗中填写个人信息。

① 公安部公布 60 种典型电信网络诈骗手段[J]. 中国防伪报道,2019(5):45-48.

续表

诈骗案常见类型	诈骗方式	特点	预防措施
利诱类欺诈	冒充知名企业中奖诈骗	冒充知名企业,预先大批量印刷精美的虚假中奖刮刮卡,投递发送,后以需交个人所得税等各种借口,诱骗大学生向指定银行账号汇款。	不轻信、不转账。
	兑换积分诈骗	犯罪分子拨打电话,谎称大学生手机积分可以兑换,诱使大学生点击非法链接。如果大学生按照提供的网址输入银行卡号、密码等信息后,银行账户的资金即被转走。	不轻信,不转账,不在来源不明弹窗中填写个人信息。
	二维码诈骗	以降价、奖励为诱饵,要求大学生扫描二维码加入会员,实则附带木马病毒。一旦扫描安装,木马程序就会盗取大学生的银行账号、密码等个人隐私信息。	不轻信,不下载、安装来源不明的 APP。
	高薪招聘诈骗	犯罪分子通过群发信息,以月工资数万元的高薪招聘某类专业人士为幌子,要求事主到指定地点面试,随后以缴纳培训费、服装费、保证金等名义实施诈骗。	不轻信,不转账。
	电子邮件中奖诈骗	犯罪分子通过互联网发送中奖邮件,受害人一旦与犯罪分子联系兑奖,犯罪分子即以缴纳个人所得税、公证费等各种理由要求受害人汇钱,达到诈骗目的。	不轻信,不转账。
虚构险情欺诈	虚构车祸、手术等突发困难的诈骗	犯罪分子以大学生本人遭遇车祸,需紧急手术为由,要求其父母立即转账;或犯罪分子通过社交媒体发布病重、生活困难等虚假情况,博取大学生的同情,借此接收捐赠。	不轻信,不转账。
	ATM 机告示诈骗	犯罪分子预先堵塞 ATM 机出卡口,并粘贴虚假服务热线,诱使大学生在卡“被吞”后与其联系,套取密码,待用户离开后到 ATM 机取出银行卡,盗取用户卡内现金。	不轻信,不拨打小广告上的电话,与官方电话联系。
	刷卡消费诈骗	犯罪分子以银行卡消费可能泄露个人信息为由,冒充银联中心或公安民警设局,套取银行账号、密码实施犯罪。	不轻信,不向陌生人透露银行卡号、密码。
	引诱汇款诈骗	犯罪分子以群发短信的方式直接要求对方向某个银行账户汇入存款,由于事主正准备汇款,因此收到此类汇款诈骗信息后,往往未经核实,即把钱款打入骗子账户。	不轻信,不向陌生人账号转账。

续表

诈骗案常见类型	诈骗方式	特点	预防措施
钓鱼、木马病毒类欺诈	伪基站诈骗	犯罪分子利用伪基站向大学生群体发送网银升级、移动商城兑换现金的虚假链接，一旦受害人点击后便在其手机上植入获取银行账号、密码和手机号的木马程序，从而实施诈骗。	不轻信，不点击来源不明的链接。
	钓鱼网站诈骗	犯罪分子以银行网银升级为由，要求事主登录假冒银行的钓鱼网站，进而套取大学生的银行账户、网银密码及手机交易码等信息实施诈骗。	不轻信，不点击陌生网站、链接。
其他新型违法类欺诈	虚假 App 诈骗	通过网络社交软件宣传 APP，大学生下载注册后，犯罪分子以“客服”或“专家”的身份进行诈骗。	不轻信，不点击陌生网站及链接。
	盗用账号、刷信誉诈骗	犯罪分子盗取商家社交平台账号后，发布“诚招网络兼职，帮助淘宝卖家刷信誉，可从中赚取佣金”的推送消息，受害大学生按照对方要求多次购物刷信誉，后发现上当受骗。	不轻信，不刷单。
	公共场所钓鱼 Wi-Fi	在公共场合放出钓鱼免费 Wi-Fi，当连接上这些免费网络后，通过流量数据的传输，将手机里的照片、电话号码、各种密码盗取，对大学生或其他受害者进行敲诈勒索。	不轻信，不连接陌生网络。
	人工智能模仿好友声像进行诈骗	犯罪分子通过技术盗用手段盗用受害者微信通讯录好友的微信，向受害者发起视频通话，通过 AI 换脸和拟声技术，伴装好友实施诈骗。	不轻信，不转账。

除以上所列类型的诈骗，还有一些新型诈骗，不仅诈骗钱财，甚至强迫劳动、剥夺他人生命，严重危及社会公共安全。大学生应积极学习有关预防诈骗的知识和案例，提高防骗意识，掌握预防诈骗的方法和手段，在必要时进行报警备案和请求警方援助，以保障财产安全和人身安全。

二、网络支付陷阱

案例 11.3-1　案例 11.3-2

网络支付陷阱是以数字金融为背景，利用网络技术，以短信、微信、QQ 等方式，向受害者推送显性或隐性的支付链接，让受害者误以为是合法链接，当受害者完成支付后，资金不受第三方监管，直接转入不法分子的账户，当受害者发现问题时不法分子已经消失得无影无踪，受害者的资金难以追回。随着信息技术的发展与更新，网络支付陷阱的形式、方式也不断更新。主要表现以下几种形式，见表 11-3。

表 11-3 常见支付陷阱的形式

常见支付陷阱的形式	特点
二维码内藏病毒	骗子以返利或折扣为诱饵诱使大学生消费者扫描带有病毒、恶意扣费的二维码。扫码后,大学生的银行账号、密码等个人隐私信息就会被窃取。
真假应用分不清	假冒知名企业 APP 软件,用户一旦下载、安装、登录应用这类 APP,不仅会钱货两空,更有可能转走用户银行卡内全部钱款。
虚假微信公众号	骗子取一个诸如"xx 银行"的公众号名称,用户一旦信以为真,按照提示操作,就会收到"需要提交你刚刚收到的手机验证码"等消息。若将验证码发送,账户中的钱款就会被转走。
微信红包藏木马	微信红包藏木马,又称为"伪红包",当打开微信"伪红包"时,收到的不是钱,而是需要填写个人信息和微信支付密码,一旦填写了微信支付密码,就会被木马窃取,随后转走用户微信钱包里的钱。
手机短信"毒链接"	骗子发送带有木马病毒链接的短信冒充银行或者运营商,以积分兑换、余额不足等为诱饵,点开链接之后手机看似无异常,但木马病毒却会被激活,盗取银行卡信息,开通快捷支付,截获验证码,盗走钱财。

三、赌博

案例 11.3-3

赌博,即用纸牌、麻将、掷骰子等形式,拿金钱或有价值的东西做注码来赌输赢的游戏。赌博的本质就是赌心,与内心那个贪婪、软弱、恐惧的自我打仗。赌客的致命伤是不知"止"。从概率与统计学的角度来讲,赌博的任何结果出现的概率都是均等的,而在赌局中,"抽老千"或人为干预赌博结果时常存在。随着互联网的发展,一些赌博行为网络化,同时伴随着网络欺诈。赌博行为害人又害己,往往开始或是因为猎奇,慢慢变成因为不服输而借钱赌博,轻则倾家荡产,重则家破人亡。赌博是一种恶习,参与赌博也是违法行为,聚众赌博或组织赌博更是一种危害社会公共安全的犯罪行为。

常见的赌博可分为线下赌博和网络赌博,网络赌博又衍生了很多种类。传统赌博"十赌九输",网络赌博"十赌十输"。

(一) 麻将、纸牌类

打麻将、斗地主、牌九、梭哈、21 点、炸金花、跑得快、比大小、掷色子等等。

(二) 手气红包

在社交平台群组中使用拼手气红包这一娱乐功能,将传统赌博的赌大小、压数字等搬到了聊天群里面。赌客们先是向"庄家"转账下注,然后猜"庄家" 的随机红包尾数或大小来赌博。

(三) 休闲游戏

案例 11.3-4

一些原本是供用户休闲娱乐的游戏平台,也可以成为网络赌博的阵地。

例如捕鱼游戏等。

（四）体育竞技

比如足球、篮球、高尔夫球、百米赛、赛马、赛狗甚至西班牙斗牛等，都可以用来进行网络赌博。参赌人员可以赌参赛选手或参赛队伍间输赢、名次，也可以赌进球数、进球的单双数、净胜球数等。

除上述所列，网络赌博的类型还有很多，所依托的平台也是五花八门，由“大庄家”操控的多数位于境外，以逃避公安机关的打击。网络赌博比起现实中赌博的危害性更大，更容易让参与赌博的人陷入万劫不复的深渊。线下赌局都可能有人“出老千”，网络赌博的暗箱操作就更让人防不胜防了，通过控制后台数据或利用大数据技术，操纵结果。

作为大学生，要树立正确的人生观、世界观和价值观，树立远大的人生理想，形成正确财产观；要正确认识赌博的本质、手段、危害，防止赌博给个人财产带来损失；要正确认识赌博给大学生、给社会公共安全带来的危害，自觉远离赌博，拒绝赌博，自觉与赌博的违法行为做斗争。

四、盗窃

随着经济的发展，物质产品的丰富，一些不法分子瞄准了大学生的财物，发生了一些大学校园的盗窃案、公共场所大学生财物被盗的案例。大学生盗窃案常见场所及类型：

（一）宿舍盗窃

宿舍是大学生们生活和学习的地方，也是不法分子常常盯上的目标。犯罪分子通过撬锁、偷窥密码等方式进入宿舍，盗取贵重物品，如电子设备、现金、银行卡等。

（二）教室盗窃

大学教室内常常有大学生的贵重物品被盗，如手机、电脑等，不法分子乘人不备时盗窃大学生的贵重物品。特别是在大型课堂上，人员众多，不法分子更有机会可乘。

（三）图书馆盗窃

大学生通常在图书馆学习时携带较为贵重的物品，甚至留下个人物品占座。不法分子趁大学生疏忽盗窃他们的物品。

（四）实验室盗窃

大学生在实验室内进行实验时，通常会使用昂贵的仪器设备和材料。不法分子有预谋或非预谋地盗窃大学生的财物。

（五）自行车、电动车盗窃

自行车、电动车是大学生出行常用的交通工具，也是不法分子的盗窃目标。犯罪分子可能会盗取停放在校园内的自行车进行使用或贩卖。随着共享自行车、共享电动车投放后，大学生的自行车、电动车被盗的案例有所减少。

（六）扒窃或偷窃行李

案例11.3-5

不法分子趁大学生乘坐公交车、地铁和火车时，伺机盗窃钱包、手机和行李等贵重物品。

大学生财产安全教育要引导大学生主动认识和了解大学校园盗窃犯罪的形式、特点和种类，提高防盗意识，并自觉同一切盗窃分子和行为做斗争，以保证个人和他人财产的安全，维护大学校园的安全与和谐，为社会公共安全做贡献。

五、抢劫

一般认为，抢劫是指行为人对公私财物的所有人、保管人、看护人或者持有人当场使用暴力、胁迫或者其他方法，迫使其立即交出财物或者立即将财物抢走的行为。大学抢劫案是指以行为人非法占有为目的，以大学生为侵害目标，使用暴力、胁迫或其他手段强行劫取财物的案件。

大学生涉世不深，缺乏社会经验，被抢劫或者抢夺财物后，大多数不敢反抗，因此，往往成为犯罪分子选择的对象。抢劫案往往容易转化为凶杀、伤害、强奸等恶性案件，造成被害人精神伤害，甚至危及生命安全。只有充分认识其危害性，不断提高自我保护能力，才能有效防止大学生人身伤害和财产损失，才能在遇到危险时采取恰当的防范措施，减少不必要的伤害。

（一）抢劫案的特点

学习和了解常见抢劫案的类型、一般发生的规律，预防大学生抢劫案的发生。

1. 作案对象：抢夺的最主要对象是势单力薄的单身女性或女大学生等弱势群体。歹徒往往选择步行或骑自行车的单身女大学生下手，抢夺她们的挎包或手提包等。

2. 作案时间：通常为上下班时间或傍晚等行人较少的时候，时间上具有不确定性。

3. 作案地点：多在僻静的街道、小巷及便于逃脱的岔路口、广场等地。

4. 作案手段：以飞车抢夺为主，一般为两个人骑一辆摩托车（通常是无牌、假牌或遮盖车牌的赃车）在自行车道上作案。靠近目标之后，坐在车后的人突然伸手去抢目标的挎包、手提包、项链等物品，而后迅速逃离。

（二）大学生预防抢劫的措施

1. 增强安全意识：大学生要时刻保持警惕性，认识抢劫案的危险性，不轻易相信陌生人或接受陌生人的帮助、物品。

2. 加强自我防范能力：学会基本的防身技巧，如如何避免危险的场所、如何提高自己的个人安全意识等。

3. 不单独行动：尽量不单独外出，尤其是夜晚或人少的地方，最好结伴而行。

4. 保持社交圈子的纯洁:尽量与正经、守法的人为伍,减少与犯罪分子接触的机会。

5. 不随身携带大量现金和贵重物品:尽量使用电子支付方式,避免携带大量现金,贵重物品最好不要在公共场合显露。

6. 加强门锁安全:出门时确保宿舍或房间的门窗锁好,不要给不熟悉的人开门。

7. 寻求安全隐患改进:及时向学校报告校园内的安全隐患,配合学校开展安全巡查和安保工作,与同学保持畅通的交流,学习相关抢劫案例,吸取相关教训,预防同学们发生类似事件。

8. 学习有关法律知识:了解与抢劫相关的法律法规,知晓自己的权益和应对方法,以便在发生危险时能够保护好自己。

总之,大学生应提高自身的安全防范意识,遵守法律法规,及时向同学、教师、民警报告和求助,以避免抢劫案的发生。

[案例]

女大学生被抢劫巧发"还钱短信"引出劫匪

两名女大学生在被抢劫手机后,借用舍友手机巧发短信,嫌疑人回复信息并露面,警方最终将其抓获。

2012年11月9日晚上6时许,某高校的女大学生苏某某、刘某某在滨河路绿化带散步时,遭到一男子持刀拦截,抢劫两部手机后,该男子逃离现场。案发后,苏某某、刘某某多次拨打被抢电话,均无人接听。随后,聪明的两名女孩借用同宿舍舍友的手机,发出一条短信,"我欠你的500元钱给你汇过去",并向其索要账号。没想到,糊涂的劫匪竟然用被抢手机发回短信,"我的卡丢了,明天找一个账号给你。"第二天上午,被抢手机发回附有账号及姓名的短信,女孩凭借该短信信息,向当地公安机关报案。据此,民警根据短信信息让劫匪露面。随后,犯罪嫌疑人张某某在一网吧被民警抓获。

[评析]

两名女大学生在晚上独自行走,在比较隐蔽且安全措施不足的环境中成为了犯罪分子选择的目标。

从以上案例中,我们应吸取以下教训:

第一,在出现危险情况时,要尽量保持冷静和沉着,不要贸然反抗,以免让情况变得更加危险。这两名女大学生在手机被抢后,没有与犯罪分子追赶、撕打是对的,否则会造成案件的升级,给生命财产安全带来更大的伤害。

第二,这起案件中的巧妙计谋是值得肯定的,女孩利用短信引诱劫匪露面,积极与警方合作,提供信息以便抓捕犯罪嫌疑人。

第三,在遇到危险情况后,及时报警是非常重要的,警方能够提供帮助并展开调查追捕犯罪嫌疑人。

第四,在使用手机时要提高安全意识,设置密码锁屏,定期备份重要的信息,以防止个人信息泄露和遭受金融诈骗等风险。

六、贷款

贷款,一般指银行等金融机构借钱给需要用钱的单位或个人,也包含非金融机构或个人借钱给需要用钱的机构或个人,同时,借款方需按时向放款方还款及支付利息。随着高等教育的飞速发展,大学校园与社会的边界逐渐模糊与融合,大学生通过听课、阅读、实验实训、师生交流等方式获得知识、理论和技能,课余时间参与社会实践、兼职等,具有大学生和社会人的双重属性。大学生容易接受新事物、新思想、新技术,同时,也容易被诱导、诱惑。大学生贷款事件时有发生,影响了大学生的学业和身心发展,严重者危及大学生的生命安全。为预防大学生贷款事件的发生,避免大学生陷入套路贷,保障大学生的财产安全和身心健康发展,加强大学生的财产安全教育十分必要。

要教给大学生正确区分安全的贷款和不安全的贷款的方法。安全的贷款是借贷者在维持生活或生产的情况下,通过正规的银行及金融机构放贷,并能保证借贷者利益,即使在不得已违约的情况下,也不会产生高昂的费用,可以通过双方协商解决还款的一种贷款。不安全的贷款是指通过非银行或不具备放贷资质的机构或个人借贷,利率高、违约成本高,甚至存在被动违约风险,这样的贷款是不安全的贷款。

按照担保方式分类,贷款分为信用贷款、抵押贷款、质押贷款和保证贷款四种类型。其中,信用贷款门槛较低,利率普遍较高。国家为维护社会经济健康有序发展,设定贷款利率上限。人民法院对于高于一年期贷款 LPR 的 4 倍外的利率不予支持。大学生贷款一般都属于信用贷款,具体种类有网络消费借贷、信用卡消费、校园贷、套路贷、培训贷和助学贷款等。

(一) 网络消费借贷

随着互联网金融、互联网经济的发展,网络消费借贷已融入到大学生学习、生活和工作的方方面面。一些网络金融公司推出多种消费借贷,利息较低,具有一定的诱惑性。大学生利用网络金融公司的消费借贷,虽然额度很小,每月偿还的压力也不大,但是长期发展下去,这种消费理念、方式将催生大学生过度消费心理。在消费欲望、购物欲望的驱使下,一些大学生网络消费借贷超过个人的经济承受能力,按时还款成为严重的问题,致使大学生以贷养贷。长此以往,大学生的学业和正常生活会受到严重的影响。

(二) 信用卡超前消费

信用卡业务从西方引入中国,曾经也是一个非常时髦的事物。当大学生办理了信用卡,也代表个人与银行签订借贷合同,其消费额度、还款日期等都是在办理时形成。一些大学生以持有信用卡为荣、为傲,因为能办理信用卡的人都是征信、收入等方面非常优越的。各大银行为了争取新的业务和人群,瞄准了大学生群体。因为大学生的信用良好、发展前景好,免费为大学生办理个人信用卡,同时,赠送一些小礼物,吸引了一批大学生办理。大学生办了信用卡之后,一些学生很少使用信用卡消费,直到有一天,银行催缴信用卡年费,这些大学生才重视自己的信用卡。另一些大学生已经使用了信用卡消费,喜欢或依赖上信用卡,经常使用信用卡超前消费,每个月必须按时还款,都是紧张兮兮。当连续数月还不上信用卡时,有可能被信用卡银行起诉到法院，甚至以信用卡诈骗罪判刑。因此，大学生信用卡超前或过度消费，对大学生的学业与身心都会产生一定的影响。

（三）校园贷

校园贷是指在校大学生向正规金融机构或者其他借贷平台借钱的行为，一般是金融公司专门针对大学生办理的一种贷款，都是小额度的消费贷款，利率高于同期银行利率，甚至远远高于同期的银行利率。如果大学生进行了校园贷，则对自身的学业、生活和工作都非常不利。校园贷虽然是大学生自愿申请办理的贷款，但在高额的利息与强制性还款的压力下，大学生在无力还款的情况下，可能会通过其他网络金融平台贷款，以还即将到期的贷款，就会形成越借越多、越还越多的后果，甚至陷入套路贷的陷阱。

（四）套路贷

套路贷是以非法占有为目的，假借民间借贷之名，诱使或迫使被害人签订"借贷"或变相"借贷""抵押""担保"等相关协议，通过虚增借贷金额、收取隐形费用、恶意制造违约、肆意认定违约、毁匿还款证据等方式形成虚假债权债务，同时诱导贷款人到其他公司/平台借贷用于还款，并借助诉讼、仲裁、公证或者采用暴力、威胁以及其他手段非法占有被害人财物的相关违法犯罪活动的概括性称谓。陷入套路贷的受害者大学生居多，因为一次贷款，不知不觉背上了高额贷款利息，对大学生学业和身心都产生严重的影响。这一社会现象已经引起国家的重视，出台了相关措施，规范和限制对大学生放贷。总之，套路贷是一种严重危害大学生身心健康与学业发展的行为，需要引起大学生的高度重视和防范。

（五）培训贷

培训贷主要针对求职者，以即将毕业或已经毕业的大学生为主，贷款用途是培训。培训企业与信贷机构合作，由刚毕业的大学生以个人名义向信贷机构贷款作为"培训费"，而"培训费"直接打入企业账户，大学生无需出钱就能接受就业"培训"。然而，在培训结束后，大学生并不能入职，而是要求应聘者另找工作。

（六）助学贷款

助学贷款是党中央、国务院在社会主义市场经济条件下，利用金融手段完善我国普通高校资助政策体系，加大对普通高校贫困家庭学生资助力度所采取的一项重大措施。借款学生通过学校向银行申请贷款，用于弥补在校学习期间学费、住宿费和生活费的不足，毕业后分期或一次性偿还。该项目自 1999 年实施以来，至今累计发放 4000 多亿元，共资助 2000 多万学子完成学业。

除以上贷款类型，与大学生有关的贷款还有创业贷款等。无论是消费贷款还是创业贷款，大学生都应理性选择，做到有效拒绝校园贷、套路贷，养成理性消费的行为习惯，引导自身向上向学，限制自己超前的高额消费。

第四节 预防和应对财产安全问题的措施和方法

大学生保护个人财产安全,同时,不侵害他人公私财产,是大学生自律自强必备的技能。保护财产安全,预防财产安全事件发生,大学生应从思想意识、保护措施、应对技能、合理规划财产等方面学习和掌握,同时,在面对重大财产安全事件时,应了解如何借助社会力量解决。

一、从思想上增强风险意识

大学生应该增强对财产安全风险的认识和理解,提高安全意识和防范意识,掌握增强财产安全的方法和措施。

(一) 了解财产安全风险

了解财产安全风险是大学生增强财产安全风险意识的重要基础。大学生需要学习财产安全保护方面的常识和规则,了解各类财产安全风险,包括诈骗、网络支付陷阱、赌博、盗窃、抢劫、贷款等,以避免财产受到损失。

(二) 拓宽信息渠道

及时了解财产安全相关信息是大学生增强财产安全风险意识的重要途径。大学生可以通过互联网、社交媒体、电视等多种形式获取信源信息,洞察财产安全的风险和趋势,从而采取相应的预防措施。

(三) 增加自我保护措施

大学生要增强财产安全风险意识,积极采取一些自我保护措施,保障自己的财产安全。例如,在公共场合要注意保管好个人财物等重要物品,定期检查个人的账户、密码等,并要求家庭成员也保护好个人和家庭财产。

(四) 参加财产安全培训

大学生参加有关财产安全的培训和讲座,了解最新的安全技能和信息,从而提升财产安全风险意识,学会应对财产安全问题。

总之,大学生增强财产安全风险意识需要不断地学习和实践,并采取一些有效的措施和方法,了解财产安全常识和规则,拓宽信息渠道,增加自我保护措施,参加培训等,以提高自身对财产安全风险的识别和应对能力。

二、加强财产安全保护措施

对于财产安全的保护，大学生可以从人身保护、物品保护、信息保护等方面加强，避免成为财产安全的受害者。

（一）强化财产安全意识

大学生强化财产安全和防范意识是非常必要的。大学生需要了解财产安全风险和预防措施，例如，不要随身携带大量现金，不向他人泄露个人信息，谨防假冒网站欺诈等。

（二）加强物品保管

大学生外出时，要注意保管好个人财物，例如各种证件、手机、钱包、笔记本电脑等，注意防范被盗、被抢劫的风险。

（三）熟悉周边环境

大学生不仅要熟悉校园环境和各种安全措施，而且还需要熟悉周边的环境。了解周边情况，可以更有效地保护个人财产和生命安全。

（四）注重密码安全

保管好个人的密码是非常重要的。按照密码设置规则，设置较为复杂和安全的密码，并且不要将密码告知他人，以减少密码泄露的风险。同时，不连接陌生网络、不点击陌生链接、不登录非法网站、不注册陌生网站的账号、不下载安装不熟悉的 APP 等。

（五）加强保险保障

购买适当的个人保险，例如意外险、盗窃险、医疗险等，为自身提供更安全的财产保障。

总之，大学生可以通过加强安全意识、强化物品保管、熟悉周边环境、注重密码安全、加强保险保障等多种方式，加强财产保护措施，提高财产安全保护能力。

三、学会应对技能

对于可能发生的财产安全问题，大学生需要掌握基本的应对技能和应对策略，如遇到抢劫可以报告警方，遇到网络诈骗及时报案等。

（一）遇到抢劫

如果遇到抢劫，首先应保持冷静。不要尝试与罪犯抗拒，以免激化局面。尽可能记下犯罪嫌疑人的特征，例如身高、体型、穿着、说话语气等，并及时报警。

（二）遇到网络诈骗

如果遇到网络诈骗，应及时报案。同时，应尽量保留涉事人员的相关证据，例如聊天记录、电话录音等，并提醒身边的同学要提高警惕，避免受骗。

（三）防盗防失窃

在生活中，大学生应时刻注意财产安全。外出时要保管好钱包、手机等贵重物品，避免在人群中露富、炫耀。同时，贵重物品要放置在安全、隐蔽的地方，保持警觉，发现可疑人员不要轻易接近。

（四）其他应对技能

如果遇到火灾、地震等危急事件，应按照相关标准、规范进行应对，及时逃离现场或寻找安全的避难处。在突发情况下，大学生需要保持冷静，熟悉应对技能和应对策略，迅速响应，避免自己及他人受到损害。

总之，学会应对技能和应对策略有助于大学生更有效地应对各种财产安全问题。同时，需要注意保持警觉、提高警惕，从而为自己提供更好的保护。

四、合理规划财产

大学生应该合理规划财产，不要把所有的财产集中在一起。同时，合理规划生活和学习费用，注意避免过度消费和投资，谨防上当受骗。

（一）财产分散管理

大学生应该避免把所有的财产集中在一起，要将财产分散保管。例如，可以将资金存储到不同的银行账户里，投资多个项目和产品，这样可以冲抵财产集中带来的风险。

（二）合理规划生活和学习费用

制定详细的预算计划，将金钱分配到必要的支出上。养成合理的消费习惯，减少不必要的开支。选择合理的食品和衣物品牌，减少吃喝玩乐的消费。充分利用学校提供的图书馆、实验室和其他学习资源，减少购买教材和参考书籍的开支。保持良好的学习习惯，规划时间，减少无谓的娱乐和社交的费用。积极参加各类奖学金和助学金的申请，用于支付学费和生活费用。合理规划生活学习费用，减少不必要的开支，保持良好的学习和生活状态。

（三）谨防过度消费和投资

大学生要谨慎消费和投资，需要量入为出，在可支配的范围内进行消费和投资。不要贪图一时之快，一味地追求高回报率，而忽略财产安全。

（四）防范财产诈骗

投资和理财时，要注意选择资信良好的机构和渠道。如果遇到类似诈骗活动，要及时向公安机关报案，并学习如何识别和预防财产诈骗。

（五）规避风险

尽量避免风险较高的投资或理财方式，例如一些非法代理、投机活动等。同时，可以选择分散投资等方式来降低财产风险。

总之，合理规划财产、分散和分摊财产风险、谨防过度消费和投资并防范财产诈骗，可以帮助大学生更好地保护自己的财产安全。

五、求助社会力量

对于某些大规模的财产安全问题，大学生可以通过求助社会力量来解决，如与行业协会、组织成立维权组织等。

求助社会力量是对于大规模财产安全问题的一个有效途径。以下是一些常见的求助途径：

（一）行业协会

如果财产安全问题与某个行业相关，大学生可以向相关行业协会求助。行业协会通常具有行业知识和资源，可以为受害者提供指导和协助，并有可能协调解决问题。

（二）维权组织

大学生可以组织或联合其他受害者成立维权组织，通过组织集体维权、发起意见书、投诉等方式，为受害者争取合法权益。维权组织也可以提供律师咨询服务、派发相关宣传材料等。

（三）舆论渠道

大学生可以利用舆论渠道，利用社交媒体、网络、报纸等媒体曝光财产安全问题，引起社会的关注和重视，从而使相关方面认识到问题的严重性并采取应对措施。

（四）法律途径

大学生可以通过法律途径来维护自己的权益，例如向有关部门进行投诉、律师协助、公安机关报案等。

求助社会力量是一个有效的方式，对于大规模财产安全问题，大学生应该积极地寻求帮助，并选择合适的途径，通过合法的手段来解决问题。

总之，预防和应对财产安全问题需要采取多种措施和方法，大学生应该加强风险意识，学习应对技能，规划好自己的财产，同时注意求助社会力量来应对可能出现的大规模财产安全问题。

思考题

1. 大学生财产安全的含义是什么？大学生如何保障个人财产安全？
2. 大学生财产安全的重要性有哪些？
3. 大学生财产安全主要内容有哪些？如何避免陷入支付陷阱？
4. 当个人财产损失、丢失时，如何妥善解决？可采取哪些措施或方法？
5. 如何理解大学生信用贷款问题事件？个人面对类似的问题应该如何应对？

推荐阅读

1.《中华人民共和国民法典》
2.《中华人民共和国刑法》
3.《关于办理“套路贷”刑事案件若干问题的意见》
4. 中共中央宣传部，中央国家安全委员会办公室. 总体国家安全观学习纲要[M]. 北京：学习出版社，人民出版社，2022.
5. 朱松林. 大学新生入学教育[M]. 湘潭：湘潭大学出版社，2020.
6. 公安部公布60种典型电信网络诈骗手段[J]. 中国防伪报道，2019(5)：45-48.
7. 吴春，吕仁舟，孙海石. 央视网《电信诈骗大揭秘》(共5集). 中央电视台.

第十二章　自然灾害

思维导图

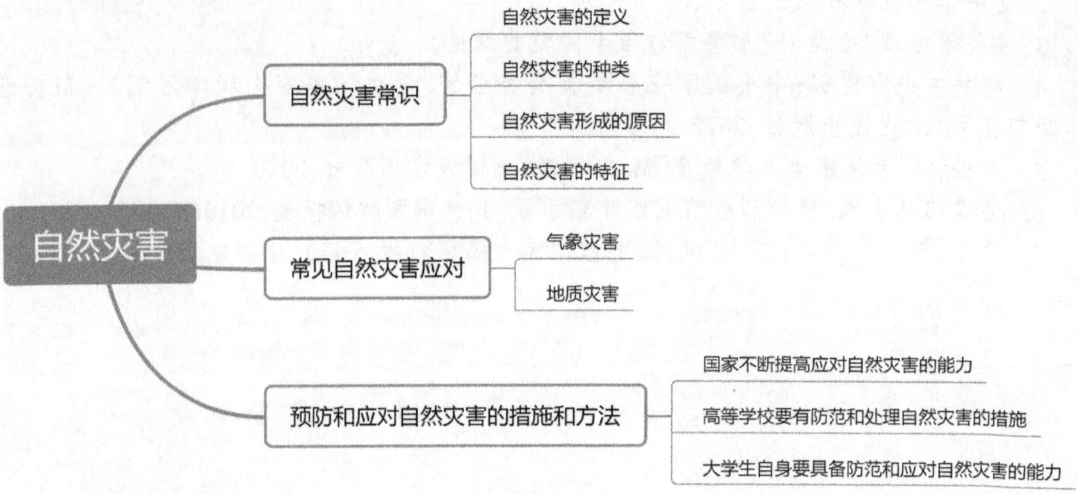

学习目标

【知识目标】了解有关自然灾害的知识和应对方法，认识常见的自然灾害及其危害性。

【能力目标】掌握自然灾害自救、救他的相关技能，提高应对自然灾害的能力。

【素质目标】具备应对自然灾害的安全素养，能妥善处理遇到的自然灾害。

【思政目标】认识和了解我国自然灾害救助管理体系，增强国家自信，培养团结友爱的精神，养成人与自然和谐共处的良好情怀。

第一节 自然灾害常识

一、自然灾害的定义

自然灾害是指能够造成人们生命和财产损失的自然事件。自然灾害孕育于由大气圈、岩石圈、水圈、生物圈共同组成的地球表面环境中,随时随地都有可能发生。自然灾害发生的主要原因有两个:一是自然变异,如因地壳运动引起地震,由海面大气运动引起风暴,由海底升降运动造成海啸等。二是人为影响,如因过度开采致植被破坏引起滑坡,因大气污染引起酸雨、酸雾等。

自然灾害是人与自然矛盾的一种表现形式,具有自然和社会两种属性,是人类过去、现在、将来都要面对的最严重挑战之一。

二、自然灾害的种类

自然灾害形成的过程有长有短,有缓有急,按照灾害形成的过程长短可分为两种:

(一) 突发性自然灾害

突发性自然灾害是指当致灾因素的变化超过一定强度时,就会迅速在几天、几小时甚至几分钟、几秒钟内表现为灾害行为,像火山爆发、地震、洪水、飓风、风暴潮、冰雹、雪灾、暴雨等。旱灾、农作物和森林病虫草害等,虽然一般要在几个月的时间内成灾,但灾害的形成和结束相对来说仍然比较快速、明显,所以,也把它们列入突发性自然灾害。

(二) 缓发性自然灾害

缓发性自然灾害是指致灾因素经过长期发展、逐渐显现成灾的,如土地沙漠化、水土流失、环境恶化等,这类灾害通常需要几年或更长时间的发展。

许多自然灾害,特别是等级高、强度大的自然灾害发生以后,常常诱发出一连串的其他灾害接连发生,这种现象叫灾害链。灾害链中最早发生的灾害称为原生灾害,由原生灾害而诱导出来的灾害称为次生灾害。自然灾害发生之后,由于自然环境和人类生存条件遭到破坏,还可以导致一系列其它灾害,这些灾害泛称为衍生灾害。如地震发生后,导致河流阻断出现堰塞湖,堰塞湖一旦决口而导致下游受淹;大旱之后,地表与浅部淡水极度匮乏,迫使人们饮用深层含氟量较高的地下水,从而会导致氟病,这些都称为衍生灾害。

三、自然灾害形成的原因

自然灾害形成的原因各种各样,按照灾害形成的原因主要分为四种:

（一）气象灾害

气象灾害是指因大气运动和演变给人类生命财产造成的直接或间接损害。气象灾害包括台风、暴雨、暴雪、高温、干旱、雷电、寒潮、冰雹、沙尘暴、雾霾等。在所有自然灾害中气象灾害占70%以上。

（二）地质灾害

地质灾害是指在自然变异或人为作用下导致的给人类生命财产带来损失、对环境造成破坏的地质现象，如地震、火山、滑坡、泥石流、土地沙漠化等。

（三）生物灾害

生物灾害是指在自然条件下，由于人类的生产生活不当、破坏生物链导致生物圈异常变化而引起的对人类生命财产和生态环境造成危害的自然事件。包括动物灾害、微生物灾害、植物病虫害，如虫灾、森林大火、鼠灾、瘟疫等。

（四）海洋灾害

海洋灾害是指海洋自然环境发生异常或激烈变化，导致在海上或海岸发生的灾害。海洋灾害主要有灾害性海浪、海冰、赤潮、海啸和风暴潮。与海洋和大气相关的灾害性现象还有“厄尔尼诺”现象和“拉尼娜”现象。

当然，灾害的起因和过程往往是复杂的。有时，一种灾害可以由几种灾因引起，或者一种灾害也会同时引起几种不同的灾害。这时，灾害类型的确定就要根据起主导作用的灾因和其主要表现形式而定。

四、自然灾害的特征

自然灾害的特征归结起来主要表现在四个方面：

（一）广泛性与频繁性

自然灾害是不可避免的。一方面，自然灾害的分布范围很广。不管是海洋还是陆地，地上还是地下，城市还是农村，平原、丘陵还是山地、高原，只要有人类活动，自然灾害都有可能发生。另一方面，全世界每年发生的大大小小的自然灾害非常多。近几十年来，随着自然环境的变化，自然灾害的发生次数还呈现出增加的趋势。

（二）区域性和不确定性

一方面，由于自然地理环境不同，自然灾害往往是在一定区域内发生的。另一方面，自然灾害的发生时间、地点和规模等往往是不确定的，这在很大程度上增加了人们抵御自然灾害的难度。当然，人类可以通过采取避害趋利、除害兴利、化害为利、害中求利等措施，最大限度地减轻灾害给人类生命财产造成的损失。

(三) 周期性和联系性

主要自然灾害中,无论是地震还是干旱、洪水,它们的发生都呈现出一定的周期性。人们常说的某种自然灾害“十年一遇”“百年一遇”,就是对自然灾害周期性的一种通俗描述。自然灾害的联系性表现在两个方面。一方面是区域之间具有联系性,比如,南美洲西海岸发生“厄尔尼诺”现象,有可能导致全球气候紊乱;美国排放的工业废气,常常在加拿大境内形成酸雨。另一方面是灾害之间具有联系性,也就是说,某些自然灾害可以互为条件,形成灾害群或灾害链。例如,火山活动可以导致火山爆发、冰雪融化、泥石流、大气污染等一系列灾害。

(四) 危害严重性

自然灾害往往会造成人们生命和财产的重大损失。全球每年发生可记录的地震约 500 万次,其中有感地震约 5 万次,造成破坏的近千次,而里氏 7 级以上足以造成惨重损失的强烈地震,每年约发生 15 次,造成的损失不可估量。干旱、洪涝两种灾害造成的经济损失也十分严重,全球每年可达数百亿美元。

我国是世界上自然灾害种类众多、发生十分频繁、造成损失十分严重的少数几个国家之一。在我国发生频率最高、影响范围最广的自然灾害是洪涝和干旱等气象灾害,每年重大气象灾害影响的我国人口约达 4 亿人次,造成的经济损失占国内生产总值的 1%~3%。另外,还有危害程度很大的地震等地质灾害。

五、自然灾害的主要危害和影响

自然灾害不但造成直接经济损失和人员伤亡,还有各种间接损失,甚至影响社会稳定和持续发展。

自然灾害会破坏生态环境,从而对人们的生产生活带来不同的影响,如环境污染、饮用水供应系统被破坏、交通被破坏、居住条件被破坏、食物短缺、燃料短缺、水体污染、传染病流行、人口迁徙等。

自然灾害扰乱了组织、家庭以及个体生活,会给人们带来实质性的精神创伤,导致慢性精神障碍。自然灾害会引起压力、焦虑、压抑以及其它情绪和知觉问题,在洪水、龙卷风、飓风以及其它自然灾害过后,受害者会表现出恶念、焦虑、压抑和其它情绪问题。影响的时间长短是未知数,绝大多数的痛苦在灾后一两年内通过自我调整和心理治疗会消失。

当然,有些灾害的整体影响也有正面的,因为它可能会增加社会的凝聚力,提升人们预防灾害的意识,增长预防灾害的知识和技能,促进建立和完善预防灾害体系,提升社会减灾防灾能力。

▶▶ 第二节 常见自然灾害应对 ◀◀

各种自然灾害的发生,都会给人类的生存与发展带来巨大的威胁和危害。由于自然灾害的难以预测和不可控性,灾害一旦发生,如果不及时采取正确的避险和自救措施,就可能造成无法挽回的后果,甚至危及生命。因此,大学生应当了解和掌握自然灾害常识及内在规律,进一步增强自然灾害避险意识,提高自然灾害自救能力,有效的预防和规避自然灾害带来的损失。

一、气象灾害

气象灾害是自然灾害中最为频繁而且最为严重的灾害之一。大学生要加强对气象灾害知识的积累,以提高自已应对气象灾害的能力。这里介绍几种常见气象自然灾害的应对。

(一) 洪水灾害的应对

一个地区短期内连降大暴雨,河水会猛烈上涨,漫过堤坝,淹没农田、村庄,冲毁道路、桥梁、房屋,这就是洪水灾害。发生了洪水,我们应该从以下几个方面进行自救:

1. 有连续暴雨发生时,要及时收听收看天气预报,关注当地的洪水预警和水位变化,必要时选择好逃生路线进行撤离。暴雨天气驾车要避免驶人高架桥、涵洞、积水较深路段及泥泞路段。

2. 受到洪水威胁时,如果时间充裕,应沿着安全路线,及时向山坡高地等处转移;如果来不及躲避,要尽可能利用船只、木排、木板、木床等撤离到安全的地方。

3. 当洪水来得太快,已经被洪水包围时,要果断放弃车辆、钱物等,立即爬上屋顶、大树、高墙、楼房高层等暂时避险,等待人来救援,不要单独游泳转移。

4. 山区连降大雨,容易暴发山洪。遇到这种情况,应该注意避免渡河,以防止被山洪冲走,还要注意避免山体滑坡、滚石、泥石流发生带来的伤害。

5. 洪水过后,要服用预防流行病的药物,积极做好卫生防疫,避免感染传染病。

(二) 台风灾害的应对

案例 12.2-1

台风是热带气旋的一种。由于它们产生的海域不同,不同国家用了不同的称谓,通常说的台风和飓风都属于北半球的热带气旋。我国是受台风影响最为严重的国家之一,产生于西北太平洋热带气旋有近 50%影响我国。遇到台风,要做如下预防和应对:

1. 台风来临前及时预防。台风来临前注意收听、收看或上网查阅台风预警信息,及时做好防范工作,及时从危旧房屋和低洼地区转移至安全处;紧固易被大风吹动的搭建物,如棚架、广告牌、招牌、霓虹灯、吊机等悬空和高空设施;将阳台、窗外的衣服、花盆等物品移入室内；检查电路、炉火、煤气等设施是否存在安全隐患；准备手电、蜡烛及储存饮水，以防断电停水；多储备一两天的食物。

2. 台风来袭时冷静应对。台风来袭时，应及时停止一切高空及户外作业，停止各种露天集体活动和室内大型集会；要待在室内，紧闭门窗。突遇台风时，迅速前往小屋或洞穴躲避，远离危墙、大树、棚架、吊机、广告牌等；遇强风时尽量趴在地面，可以往树丛处逃生，不可躲在枯树下。

3. 台风过境后科学处置。台风过境后，不要立即开始清理工作，要等待台风预警完全解除，确认撤离地区被宣布为安全以后才可以返回原地。不要立即随意使用煤气、自来水、电线电路，以免因为管道破裂、电线损坏而引起事故。台风过后还要注意环境卫生，注意食物、水的安全，及时进行环境清理和消毒工作。

案例 12.2-2

(三) 雷电灾害的应对

雷电是一种常见伴有闪电和雷鸣的大气放电现象。雷电一般产生于对流发展旺盛的积雨云中，常伴有强烈的阵风和暴雨。雷雨天要做到：

1. 有雷雨天气时，如果在室内，要关好门窗，断开各种电器、通信设备的电源和天线插头，尽量避免接打电话、触摸金属管道，不使用淋浴设备，以防止雷电入侵。

2. 雷雨天气下，在户外是最容易受到雷电伤害的。在户外遭遇雷电时，要及时躲避，不要在空旷野外停留；在空旷野外无处躲避时，要尽量寻找低洼之处（土坑）藏身，或者弯腰低头、抱膝抵胸、双脚合拢，尽量减少身体与地面的接触；要避免靠近建筑物外墙和电气设备，尽量不要进入临时性棚屋、岗亭等无防雷电设施的建筑物内；远离山顶、孤立大树、高塔、电线杆广告牌等；避免进行与水接触的活动，如钓鱼、划船、游泳等；不要在旷野高举雨伞、铁杆、球杆等细长的突出人体的物体。多人共处室外时，相互之间不要靠拢，以防被雷击中后电流互相传导。

3. 被雷击后要及时救护。遭受雷击的人可能被烧伤或严重休克，但身上并不带电，可以安全地加以处理和抢救。首先将伤员转移至安全的地方，然后拨打“120”电话求救。如果伤者呼吸、心跳已经停止，应立即就地做口对口人工呼吸和胸外心脏按压。同时，要注意给伤者保温。如果伤者有狂躁不安、痉挛抽搐等症状时要为其做头部冷敷。

【案例】

一天下午，某农村小学遭遇球状闪电袭击，当时这所小学四年级和六年级各有一个班正在上课，一声惊天巨响之后，教室里腾起一团黑烟，烟雾中两个班的95名学生和正在上课的教师几乎全部倒在了地上。此次雷击，共造成该校学生7人死亡，19人重伤，20人轻伤，许多学生留下了后遗症。这次事故发生的主要原因是：该村地处雷电多发区，村里的小学位于一个山包上，位置突出，周围又有水田和水塘，加上教室前面种有大树，种种因素都增加了雷电事故发生的概率，而校舍又没有安装避雷设施。①

① 王思迪，王耀远，鞠秀晶. 大学生安全教育[M]. 北京：中国民主法制出版社，2022：205.

【评析】

雷电造成的伤害离我们并不远,如花的生命在一瞬间消失,既是天灾,也是人祸。我们应该从中汲取教训,树立预防雷电的意识,重视雷电灾害的预防,学校等人员密集场所建筑要具有避雷设施,努力避免类似悲剧的发生。雷电来临时要具有自救能力,懂得自救的方法。

(四) 沙尘暴的应对

当强风将地面细小尘粒卷入空中,使空气浑浊、能见度明显降低时就会出现沙尘天气。沙尘天气达到了一定的强度,就称为沙尘暴。沙尘暴来临时,我们要做到以下几方面:

案例 12.2-3

1. 在室内时及时关好门窗,必要时将门窗的缝隙用胶带粘好,也可在室内采取喷雾方法降尘,保持室内空气清新适宜,尽量不要到室外活动。

2. 如果必须外出到室外活动,应戴好口罩或纱巾及护目镜,行走时远离高层建筑、工地、广告牌、老树枯树,还要远离水渠、水沟、水库等。

3. 在沙尘天气下驾车时,应启动雨刷,控制车速,掌握好方向,即使在白天也要打开远光灯并使用雾灯。

4. 沙尘暴天气时要多饮水,及时补充丢失的水分,加快体内各种代谢废物的排出;灰尘眯眼时不要用手揉,眼睛受到沙尘的刺激会流出大量眼泪,这时眨动眼皮,沙尘就会随着泪水流出来。如果眼泪无法将异物排出,应及时就医。

5. 沙尘天气时,一旦发生慢性咳嗽并伴有咳痰或气短、喘憋及胸痛时,均需尽快就诊,在医护人员指导下进行相应治疗。

二、地质灾害

我国地域幅员辽阔,地质灾害发生也很频繁,应对地质灾害是大学生必须面对的课题。这里介绍几种常见地质灾害的应对。

(一) 地震的应对

地震是地球上主要的自然灾害之一。地震又称地动、地振动,是地壳快速释放能量过程中造成振动、产生地震波的一种自然现象。一旦发生地震,要保持镇静,不要惊慌乱跑,要采取适宜的避震措施,以减少相应的损失。

1. 在户外遇到地震。地震发生时,如果在山坡上,千万不要跟着滚石往山下跑,而应躲在山坡隆岗的背后,同时还要远离陡崖,防止滑坡、泥石流对人的威胁和伤害。如果在道路或者街上行走,最好将携带的皮包或柔软的物品顶在头上,无物品时也可用手护在头上,尽可能做好自我防备。要迅速离开变压器、电线杆等危险设施、设备和围墙、狭窄巷道等,跑向比较开阔的空旷地带。地震时重要的是保存好自己,克制住自己的感情,千万不能冒着大地的震动进屋去抢救亲人。

2. 在室内遇到地震。地震发生时,如果在平房内,切不可贸然外逃,要迅速钻到床下、桌下，同时用被褥、枕头、脸盆等物护住头部。如果正处于楼房中，不要试图跑出楼外，最好的办法是及时躲到两个承重墙之间最小的房间，如厕所、厨房等；也可以躲在桌、柜等家具下面及房间内侧的墙角处，千万不要去阳台和窗下躲避，并且注意保护好头部。

3. 如果正在上课时发生地震。教师和学生都不要惊慌失措，更不能在教室里乱跑或争抢外出。靠近门口的同学可以迅速跑到门外，中间及后排的同学可以尽快躲到课桌下，用书包等护住头部，靠墙的同学要紧靠墙根，双手护住头部。

4. 地震过后，室内人员应有组织有秩序地迅速撤离已遭破坏的建筑物，到位于空旷的地方应急避难场所；高层住户向下转移时不能跳楼，也不能乘电梯。

5. 如果地震后被埋在建筑物中。应设法清除脸上的灰土和压在腹部以上的物体，用毛巾、衣物捂住口鼻，防止烟尘窒息；不要盲目大声呼救，要注意保存体力；设法找到食品和水并有计划地节约使用，尽量延长生存时间，等待救援。几个人同时被压埋时，要互相鼓励，团结配合，必要时采取脱险行动。

［案例］

2008年5月12日四川省阿坝藏族羌族自治州汶川县发生8.0级大地震，被称为“5·12”汶川大地震。“5·12”汶川大地震严重破坏地区约50万平方千米，其中，极重灾区共10个县(市)，较重灾区共41个县(市)，一般灾区共186个县(市)。“5·12”汶川大地震共计造成69227人遇难、17923人失踪、374643人不同程度受伤、1993.03万人失去住所，受灾总人口达4625.6万人，造成直接经济损失8451.4亿元。“5·12”汶川大地震是中华人民共和国成立以来破坏性最强、波及范围最广、灾害损失最重、救灾难度最大的一次地震。

地震发生后，应急管理部启动抗震救灾一级应急响应，国务院派出工作组分赴灾区，组织专家组开展灾情核查评估，紧急调拨救灾物资，全力支持地方抗震救灾。应急管理部、交通运输部、工信部、卫生部、自然资源部等各部门通力协作，消防救援、军队、武警等救援队伍闻令而动。一方有难，八方支援。全国人民万众一心、众志成城支援抗震救灾。①

［评析］

抗震救灾彰显了中国特色社会主义制度的巨大优越性。中国政府高度重视，时任国务院总理温家宝同志第一时间到达灾区指导抗震救灾工作。坚持统一协调、密切协作，国家、省、市、县各级抗震救援救灾指挥部高效运行。人民群众主动展开自救、互救，全国上下齐心协力支援灾区，很多具有救援能力的大学生志愿者也发挥了重要作用。

(二) 滑坡的应对

滑坡是指斜坡上的土地或岩体在自然和人为因素作用下整体或分散地沿边坡向下滑动的自然现象。危险地区进入雨季后，10天以上的连续降雨可能诱发滑坡，当连续降雨量达到50~100毫米，或日降雨量超过50毫米时，更易发生严重的滑坡。滑坡多为突然发生，且

① 根据相关材料整理：[1]汶川地震震级修订为Ms8.0. 中国政府网；[2]汶川地震两周年. 中华人民共和国国务院新闻办公室；[3]民政部 发展改革委 财政部 国土资源部 地震局 关于印发汶川地震灾害范围评估结果的通知. 中华人民共和国中央人民政府；[4]汶川特大地震四川抗震救灾志编纂委员会编. 汶川特大地震四川抗震救灾志·总述大事记. 成都：四川人民出版社，2017：1，6-35.

多发生在夜间。滑坡又往往和泥石流同时发生。大学生应对滑坡要做到：

1. 注意收听滑坡预警信息，或者观察身边的环境，如发现滑坡前兆，提前搬迁转移到安全场地。

2. 发生滑坡时，如果身处非滑坡山体区，切记不要慌张，在做好自身安全保护工作的同时，要及时报告相关政府部门和单位；一旦身处滑坡山体上，也要沉着冷静，仔细观察滑坡体的动向，迅速向垂直于滑坡方向的两侧山坡上爬，爬得越快越高越安全。当无法继续逃离时，应迅速抱住身边的树木等固定物体，切勿沿着滑坡方向跑。

案例 12.2-4

3. 抢救被滑坡掩埋的人和物时，首先要把后面的水设法排开，再从滑坡体侧面开挖。否则在开挖时后面的滑坡会影响抢救效率，甚至会再次发生滑坡。抢救被掩埋的人时，搬动要细心，严禁拖拉伤员而加重伤情，要采取专业的方法救治并及时送往医院。要及时清理被滑坡损坏的物品，并注意做好灾后卫生防疫工作。

（三）泥石流的应对

泥石流是山区沟谷中，由暴雨或冰雪融化等水源激发的、混有大量的泥沙石块横冲直下的特殊洪流。泥石流往往突然爆发，常常给人类生命财产安全造成重大伤害。泥石流的应急避险方法如下：

1. 处于易发生泥石流地质环境中的村庄、学校等要提高警惕。当前 3 日及当日的降雨累计达到 100 毫米时，发现河（沟）床中正常流水突然断流或洪水突然暴涨并夹带较多的柴草、树木时，可以确认河（沟）上游已形成泥石流，处于危险区的人员应立即撤离。

2. 当听到危险区内有轰鸣声、主河洪水上涨或者正常流水突然断流时，应立即意识到泥石流即将到来，应果断采取逃生措施。在逃生时，要向沟岸两侧山坡跑，不要顺沟方向向上游或下游跑，不要停留在凹坡处。

3. 外出旅游野营时，应选择较高的基岩台地、低缓山梁等安全处扎营建避险棚，切忌建在沟床岸边、较低的阶地、台地及坡脚、河道拐弯的下游边缘地带。万一遭遇泥石流要迅速撤离逃生。

4. 泥石流非常危险，一旦陷入其中很难摆脱。万一不幸陷入其中，不要慌张，要大声呼救，并及时向后边的人发出警告，然后将身体后倾轻轻倾躺在沼泽里，同时张开双臂，十指张大，平贴在地面上，慢慢将陷入泥潭的双脚抽出来，切忌用力过猛过大，避免陷得更深。然后采取仰泳般的姿势向安全地带“游”过去，尽量以轻柔缓慢的动作进行，千万不要惊慌挣扎。泥石流发生后行走时要防止跌伤磕绊，避免发生各种外伤。

案例 12.2-5

第三节　预防和应对自然灾害的措施和方法

各种自然灾害的发生，都可能给人类的生存与发展带来巨大的威胁和危害。面对这些威胁和危害，人类目前还没有办法去消除它们带来的危害。所能做的只有研究其形成、发生、发展的规律，针对性地采取措施和方法，有效预防和避开自然灾害，尽可能地减少损失。

一、国家不断提高应对自然灾害的能力

我国是一个幅员辽阔的大国，一些地区为自然灾害的易发、高发地区。因此，面对自然灾害我们要高度重视、积极应对。

（一）在灾害发生前，有所准备

1. 积累基本资料。为了便于制定科学的灾害防治对策，应注重平时的基本资料的积累，包括气象特点、地质信息、人口资料、灾害分布等。

2. 制定法律法规。法律法规是减灾防灾的基本遵循。如我国《地质灾害防治条例》于2003年10月24日由中华人民共和国国务院正式公布，自2004年3月1日起执行；《自然灾害救助条例》于2010年7月8日由中华人民共和国国务院正式发布，2019年3月2日根据《国务院关于修改部分行政法规的决定》做出最新修正。

3. 加强防灾减灾宣传教育。2008年5月12日汶川地震后，经国务院批准，自2009年起每年5月12日设立为全国减灾防灾日。通过设立减灾防灾日，定期举办全国性的防灾减灾宣传教育活动，有助于进一步唤起社会各界对减灾防灾工作的高度关注，增强全社会防灾减灾意识，普及推广全民防灾、减灾知识和避灾自救技能，提高各级综合减灾能力，最大限度地减轻自然灾害给人民的生命财产造成的损失。

4. 制定应急预案。国家和各级地方政府都应有应对自然灾害的紧急处置预案。预案应根据每个易受灾地区的具体情况，确定不同时期的防治重点。急需的防灾物资、器材的储备与调配等，也应在预案中加以考虑。

5. 成立应急救援队伍。各级政府应当加强应急救援队伍建设，配置必要的应急救援设备，训练一支专业化水平高、技术熟练、业务精湛的应急救援队伍。应急救援队伍在人员变动时应及时得到补充和调整，使其随时处于能够应对突发事件的状态。

（二）在灾害发生时，积极应对

在灾害特别是大规模、严重的自然灾害突然袭击的时候，要迅速展开有效的救灾工作。在这一时期内，必须派遣救援队伍进入灾区支援抗灾工作，救援队伍应当配备足够数量的救灾物资和设备。要科学预判、统筹安排救灾工作，调动各方面的积极性。同时，要注意发生次生灾害的征兆，做出适当处理，以控制次生灾害的发生。灾区中的每个人都要利用掌握的救灾知识进行自救并救助他人；大力发扬“一方有难、八方支援”的优良传统和民族精神，支援抗灾救灾。

（三）在灾害发生后，做好善后

灾害的影响在灾害后更能显现出来。因此，要及时总结经验教训，改进和完善救灾方案；要以案促改，加强警示教育；要对灾民进行心理健康教育，促进灾民心理恢复健康；要进一步加大减灾防灾投入，不断改善减灾防灾条件，提高减灾防灾水平；要加强卫生防疫工作，

避免灾后传染病的发生和流行。

二、高等学校要有防范和处理自然灾害的措施

高等学校应该是大学生减灾防灾的守护者，要高度重视减灾防灾的宣传和教育工作，建立减灾防灾的科学机制，面对自然灾害要能够迅速做出反应，采取应对措施。做到守土有责、守土负责、守土尽责。

（一）加强应对自然灾害事件的领导和管理

设立职责明确的应急管理机构，实行“分级管理、按级负责”。高校要有统一的指挥体系，发挥集体的力量和智慧。责任单位和相关部门按照任务分工，各自负责，密切配合，有效开展应急救援和善后处理工作。将预防自然灾害事件的工作纳入高校目标管理考核，并定期开展专项检查，发现问题及时进行整改。

（二）制订自然灾害紧急预防应对方案

坚持“安全第一，常备不懈，以防为主，防抗结合”的方针，高校要制订自然灾害紧急预防应对方案，方案要明确指导思想、工作原则、任务分工、处置要求等。平时按预案进行演练，提高突发自然灾害的应急水平。一旦自然灾害来临，能够及时、规范、有序应对。

（三）建立一支高效的应急管理队伍

高校要加强应对自然灾害的队伍建设，建立一支高效的学校应急管理队伍。应急管理队伍由保卫、学生管理部门联合组建，学校统一指挥，加强技术培训，关键时刻能随时进入防灾抢险战斗，处置紧急情况。

（四）改善预防自然灾害的基础设施

增加高校预防自然灾害经费投入，切实加固好自然灾害事件易发生的基础设施。应经常性地对校舍、场地、围墙、山坡、水沟、电线、树木等建筑开展自查，尽早发现问题，及时消除安全隐患。

（五）加强大学生应对自然灾害的教育和训练

高校应将应对自然灾害的安全教育纳入高等学校才培养方案，开设相关课程，开发相关教学资源，加强对大学生的自然灾害安全教育，提高大学生应对自然灾害的意识，大力普及安全减灾应急知识。加强大学生应对自然灾害的专门训练和应急演练，提升大学生应对自然灾害的能力，以备灾害来临时，保持冷静、正确应对。建立防范自然灾害教育持续发展的机制，把高校防范自然灾害引向深入。

三、大学生自身要具备防范和应对自然灾害的能力

根据“大学生公共安全教育研究与实践”课题组调查数据显示，“51%的大学生对防范和

应对自然灾害的知识和技能非常熟悉，38%的大学生是基本了解，仍有11%的大学生非常欠缺”。大学生是自身安全的主体，具备防范和应对自然灾害的能力非常重要，面对自然灾害要从我做起、学以致用，沉着冷静应对。

（一）切实树立防范自然灾害的意识

自然灾害是不以人的意志为转移的，随时随地都可能发生。一旦发生会给人类的生命财产造成巨大的损失。大学和大学生作为人类社会的一个组成部分，绝不可能游离在外。大学生要时刻认识到我们与自然灾害息息相关，思想上要高度重视，自觉树立防范自然灾害的意识。只有这样，当自然灾害来临时才能够正确、冷静的应对。

（二）加强防范自然灾害知识的学习

大学生要认真学习和掌握应对各种自然灾害的知识，了解自然灾害产生的原因、表现的形式、造成的危害，具有防范和应对自然灾害的丰富知识和基本素养。特别是要了解本地的自然环境的特征，熟悉本地区自然灾害发生的规律和易发、常发自然灾害事件。熟悉防范自然灾害事件的方法和程序，了解应对突发自然灾害的应急措施。

（三）增强防范自然灾害的能力

大学生要学以致用、加强实践，在不断的实践训练中培养和掌握防范自然灾害的技能，使自己具有较强的防范和应对自然灾害的能力。要掌握一定的救助技能，在突发自然灾害事件发生时，可以及时地进行简单救助。自己未受伤的情况下，要科学地对被困人员实施救助，设法帮助他人脱险。

（四）掌握防范和应对自然灾害的方法

大学生要熟知正确防范和应对不同自然灾害的措施和方法。积极参加学校、社会组织的突发事件应急演练，熟知各种场所逃生通道和逃生方法。要了解学校突发事件应急预案，在突发自然灾害事故发生时，要听从相关人员的指挥，切忌混乱。

思考题

1. 常见的气象灾害和地质灾害有哪些？我国救灾防灾机制的特点是什么？
2. 近年来我国发生过哪些重大自然灾害事件？我国自然灾害具有哪些特点？
3. 如何应对地震灾害？
4. 当洪水来临时，我们应该怎么做？
5. 应对自然灾害，大学生应该在平时掌握哪些应急知识？

推荐阅读

搜集与本章内容高相关的、最新的、具有代表性的著作、论文、网站、案例等6-8篇，作为学生课外学习资料。

1. 刘传正,王建新。自然灾害的基本型式及防控对策研究[J].岩石力学与工程学报,2023(2):275-291.

2. 程时雄,何宇航。自然灾害经济学研究新进展[J].经济学动态,2023(2):143-160.

3. 张琳,王金玉,王鑫,王伟,曲立。重大自然灾害下多灾害点应急物资智能调度优化[J].清华大学学报(自然科学版),2023(5):765-774.

4. 王紫薇,蔡红艳,段兆轩,郎焱卿,杨小唤。“一带一路”沿线地区自然灾害危险性与灾损空间格局研究[J].地理研究,2022(7):2016-2029.

5. 胡艺馨,杨丽丽,关大博。“自然灾害-公共卫生”重大突发复合极端事件的经济影响评估:以郑州“涝疫复合”事件为例[J].计量经济学报,2022(2):257-290.

6. 高佳,荣鹰.自然灾害对企业价值的实质影响——基于中国上市公司地震公告的事件研究[J].管理科学学报,2022(4):67-87.

7. 唐乾敬,孙婷婷.习近平关于抗御自然灾害的重要论述研究[J].重庆交通大学学报(社会科学版),2022(1):1-6.

8. 自然灾害_百度视频搜索 https://www.baidu.com/sf/vsearch?pd=video&wd=%E8%87%AA%E7%84%B6%E7%81%BE%E5%AE%B3&tn=vsearch&lid=cafc1855001eefa0&ie=utf-8&rsv_pq=cafc1855001eefa0&rsv_spt=5&rsv_bp=1&f=8&atn=index.

9. 中国气象科普网,http://www.qxkp.net/zhfy/.

拓展阅读4

第十三章　法制安全

思维导图

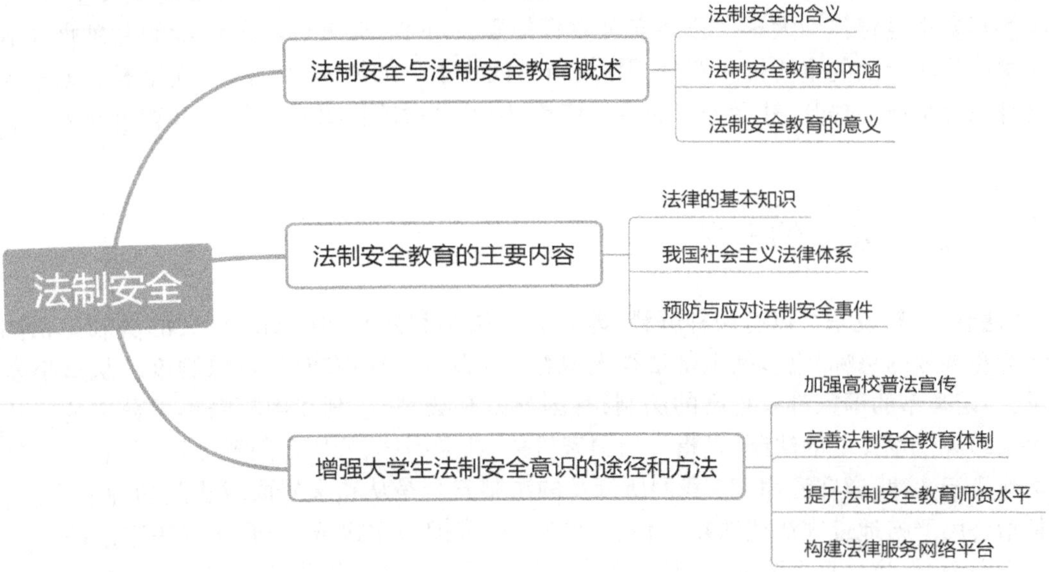

学习目标

【知识目标】了解法制安全和法制安全教育的主要内容，具备应对法制安全事件的常识。

【能力目标】具备预防与应对法制安全事件的基本技能。

【素质目标】增强法制意识，树立法治观念，做合格守法公民。

【思政目标】培养爱校、爱党、爱国情感，做新时代担当民族复兴大任的时代新人。

►► 第一节 法制安全与法制安全教育概述 ◄◄

当今社会是一个法治社会,依法治国是我国重要的一项治国策略。中国共产党第二十次全国代表大会提出:“坚持全面依法治国,推进法治中国建设”,同时要坚持“全面推进科学立法、严格执法、公正司法、全民守法,全面推进国家各方面工作法治化。”①法律是国家的基本准则,每个人都必须遵守。如果违反法律,必然会受到法律的制裁。大学生作为国家未来建设的主力军,是推动社会进步和国家发展的中坚力量,因此,当代大学生更应增强法制意识,具备知法、守法、用法、护法的基本素养,成为遵纪守法的公民。法制安全与社会安全、公共网络安全等公共安全内容密切相关,渗透于公共安全的各个方面,在此意义上来说,大学生法制安全教育作为大学生公共安全教育的重要环节,是法治国家建设的基础性工作和全面推进依法治国的重要组成部分,因此,新时代背景下加强大学生法制安全教育对于大学生自身综合素质的提升、社会公共安全的维护、国家社会的稳定发展都具有着重要的价值与意义。

一、法制安全的含义

“法制,一般说来可以有两种解释,即广义的法制和狭义的法制。广义的法制是指国家的法律和制度的总称,它包括全部法律及立法、司法、守法等方面的各项制度。从这个意义上讲,一切类型的国家都有自己的法制,有国家就有法制,法制和国家是不可分离的。狭义的法制即现代意义上的法制,是指一切国家机关、社会团体、公职人员和公民,都必须平等和严格地执行法律、遵守法律。”②我们所谈及的法制安全是从狭义层面对法制的理解,法制安全是指公民严格地遵守法律法规、自觉依法行事、维护法律权威,进而通过法律维护自身人身财产安全、保障自身合法权益,避免因违法犯罪行为而丧失作为公民应有的合法权益。每一位公民对法律的自觉坚守与维护是社会稳定和谐、国家长治久安的重要基石,在此意义上,法制安全是公共安全的坚实保障,法制安全在一定程度上维护与保障着公民的生命安全、财产安全、心理安全等多方面公共安全,为和谐社会的构建、法治社会的建设提供有力保障,是维护和促进公共安全环境可持续发展的恒久动力。

二、法制安全教育的内涵

法制安全教育即教育引导大学生学法、尊法、守法、用法、护法,严格依法办事,自觉以法

① 新华社. 习近平:高举中国特色社会主义伟大旗帜 为全面建设社会主义现代化国家而团结奋斗——在中国共产党第二十次全国代表大会上的报告[EB/OL].(2022-10-25)[2023-05-26]https://www.gov.cn/xinwen/2022-10/25/content_5721685.htm.

② 贵立义. 大学生法律基础知识[M]. 大连:东北财经大学出版社,1988:72.

律规范约束自己。概而言之,大学生法制安全教育是指对大学生进行以预防与应对违法犯罪行为为目的的一切教育活动。在教育内容层面,既包括预防违法犯罪行为的法律知识层面的理论学习,又包括应对违法犯罪行为、维护自身合法权益等法制实践能力的提升;在教育目的层面,既旨在提升大学生的法制素养和法制意识,培养具有法律信仰的公民,又旨在通过对法制安全教育的普及,引导大学生自觉成为社会主义法制的忠实崇尚者、自觉遵守者、坚定捍卫者,在全民尊法、学法、守法、用法、护法的良好风尚中维护社会公共安全,促进国家社会的稳定和谐和长远发展。

三、法制安全教育的意义

伴随着社会的不断发展、人类文明的不断进步、信息网络的快速普及,外来文化与多元价值观不断冲击着当代大学生,社会中的不稳定因素日益增多,大学生时刻面临着繁杂多变的不安全因素。根据“大学生公共安全教育研究与实践”课题组调查显示,多数大学生具备预防违法犯罪的自觉意识,“75.73%的大学生完全认同自身‘具有较强的预防违法犯罪的意识’,21.74%的大学生对此表示基本认同。”但由于法律知识贫乏或者法制意识淡薄,现实生活中仍有少数大学生会出现违法犯罪的行为,同时呈现出犯罪类型多样化、犯罪手段智能化等特点,特别是一些恶性犯罪行为对于大学生自身的身心健康成长、高校校园安全的维护、国家和社会公共安全的稳定发展都产生着不利影响。无论是大学生成长的外部环境,还是大学生内在的法制素养现状,都表征着在新的时代背景下与推进高校法制安全教育的重要性,亟须在高校进行行之有效的法制安全教育,帮助大学生掌握基本的法律知识、树立牢固的法制意识、提升法制实践能力,从而自觉约束自身行为、抵制违法犯罪行为、维护自身合法权益。作为大学生公共安全教育的重要环节,大学生法制安全教育的重要意义体现在以下几个方面:

(一) 大学生法制安全教育是素质教育的应有之义

习近平总书记在全国教育大会上强调,“培养什么人,是教育的首要问题。”①《中华人民共和国高等教育法》指出,“高等教育的任务是培养具有社会责任感、创新精神和实践能力的高级专门人才,发展科学技术文化,促进社会主义现代化建设。”②由此可见,高等教育旨在培养具有较高综合素质、德智体美劳全面发展的社会主义合格建设者和可靠接班人。根据“大学生公共安全教育研究与实践”课题组调查显示,“67.9%的大学生完全认同‘大学生提升自身公共安全素养和能力非常重要’,29.44%的大学生对此表示基本认同。同时,43.77%的大学生完全认同‘我能够自觉提升自身公共安全素养和能力’,45.89%的大学生对此表示基本认同”,说明大部分大学生自身也深刻地意识到公共安全教育对于大学生综合素养提升的重要意义,并能够自觉提升自身的公共安全素养与能力。身处现代社会之中,法

---

① 新华社.习近平出席全国教育大会并发表重要讲话[EB/OL].(2018-09-10)[2023-05-26]https://www.gov.cn/xinwen/2018-09/10/content_5320835.htm? tdsourcetag=s_pctim_aiomsg.

② 中国人大网.中华人民共和国高等教育法[EB/OL].(2019-01-07)[2023-05-26]http://www.npc.gov.cn/npc/c30834/201901/9df07167324c4a34bf6c44700fafa753.shtml.

律已渗透到大学生社会生活的方方面面，与此同时，全面落实依法治国战略和建设社会主义法治国家的目标又进一步强化了法制素养在大学生综合素养中的重要地位，对新的时代背景下高等教育的育人目标提出了新的要求，大学生必须具备较高的法制素养才能适应社会发展的时代需求，成为未来社会所需要的高素质人才，作为大学生公共安全教育的重要环节，大学生法制安全教育对于提升大学生综合素养的重要性不言而喻。

素质教育作为高校培养高素质人才的基石，是贯彻党的教育方针的基本要义。素质教育要求高校应适应大学生全面发展的客观需要，既要注重培养大学生智力和体力，又要弘扬社会主义核心价值观，培养大学生的爱国主义、集体主义思想等高尚的道德品质，树立正确的世界观、人生观、价值观，以及文明行为习惯和实践能力。可以说，素质教育旨在促进社会主义新时代的大学生全方位的发展和综合能力的提升，而提升大学生的法制素养是其题中应有之义。开展大学生法制安全教育不仅能够减少和避免大学生违法犯罪行为的发生，提升大学生的法制素养，引导大学生将法制意识内化为一种自觉的道德修养，同时或直接或间接地对大学生的知识结构、价值观、道德品质、实践能力等各方面都产生着积极重要的影响，对于全面提高大学生综合素养具有非常重要的意义，在一定程度上有助于高校素质教育的有效推进，帮助高校大学生实现自身的全面发展。

（二）大学生法制安全教育是构建平安校园的有力保障

高校作为培育高素质人才的重要基地，承担着为社会输送高素质人才的重要职责，高校的校园安全直接关系到大学生的身心健康甚至生命财产安全，进而深刻影响着高校育人的效果，可以说，安全稳定的校园环境是保证师生学习、工作与生活等各项教育工作有序开展的前提条件。构建高等学校平安校园建设，实现大学校园的安全、稳定、和谐，不仅是高等教育自身发展的需要，更是构建社会主义和谐社会的有机组成部分和重要实现路径。具体而言，构建平安校园的重要意义体现在以下三个层面："宏观层面，它是构建社会主义和谐社会在学校场域中的时代诉求和具体落实，平安有序、稳定和谐的校园既是社会安定繁荣的晴雨表，也是促进社会和谐的重要力量；中观层面，它是高校顺利履行基本职能、实现创新发展和办人民满意学校的前提条件和内在要求；微观层面，它是保障广大师生人身和财产安全的基础性举措，是保证教师安心乐教、学生专心向学的根本要求。"①近年来，在国家、地方和高校各方力量的共同推进中我国高校校园整体呈现出环境比较优美、秩序较为井然、师生安全指数不断提高的良好态势。与此同时，面对复杂多变的社会环境、逐步扩大的办学规模和步伐加快的转型发展的时代背景，由于大学生群体的身心特点、高校学生结构的复杂性、高校校园与社会互动的紧密性、高校校园周边安全隐患的复杂性等特殊性，高校的校园安全问题不同于中小学，高校校园安全的维护面临着更多的风险与挑战，维护高校校园安全、构建平安校园不仅需要物质设备方面的"物防"，更需要强化大学生的安全防范意识与能力，构建"人防—物防—技防"的全方位联防体系（如图 13-1 所示），共同致力于维护校园的稳定与和谐，构建有利于大学生成长成才的平安校园。

---

① 易连云，邹太龙. 大数据驱动下的高校平安校园建设研究[J]. 中国电化教育，2019(8)：57-62.

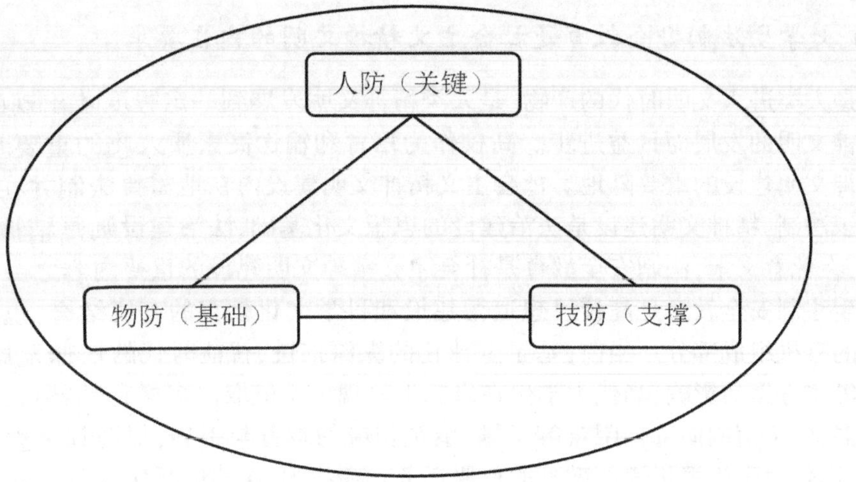

图 13-1 平安校园“人防—物防—技防”全方位联防体系示意图

大学生法制安全教育是构建平安校园的有力保障，大学生法制安全教育作为提高大学生安全防范意识与能力的有效途径，是强化大学生安全保障、法制理念的重要渠道，已经成为高校预防校园公共安全事故、防范风险与减少损失的重要举措之一。加强大学生法制安全教育有助于提升高等学校的法制水平、维护良好的教育教学秩序、营造和谐的校园环境、创建优良的校园文化、构建有利于大学生身心发展的平安校园，从而推进高校深化教育教学改革，引领高校的各项事业呈良性发展。

（三）大学生法制安全教育是国家法治化建设的重要基石

一个国家公民的法制意识水平是衡量其法治化建设的重要尺度，大力、广泛开展各种普法宣传和法制教育的根本目的在于促进当代中国民主法治向前发展，推动社会主义法治国家、法治政府和法治社会的建设。推进国家法治化建设，就要求提高公民的法制意识，引导公民自觉将法律作为其生活的需要和内在的信仰。法制安全教育的重要价值就在于帮助受教育者养成良好的守法品质和行为习惯，树立正确的法治观念。高等学校是社会的重要组成部分，肩负立德树人的重任，大学生法制安全教育是社会法制安全教育的重要组成部分，是面向青年群体中知识文化水平最高、思想最活跃、最富有创新精神和创造力的大学生所开展的法制安全教育，大学生作为中国特色社会主义建设的生力军与创新者，更需要具有法制安全意识和法制素养，他们既是未来社会的主人，更是未来社会的建设者，因而，对大学生进行法制安全教育的重要性及使命感不言而喻。

大学生法制安全教育在我国民主法治建设中发挥着基础性作用，面对大学生开展法制安全教育有助于引导大学生树立法制思维，自觉在家庭、工作和生活等各种情境中争做知法、守法、用法、护法的表率，从而对其身边的公民产生直接或间接的影响，进而带动整个社会风气的转变、推进全民法治观念的形成，在一定程度上发挥着法律知识传播者和民主法治建设带动者的重要作用。可以说，大学生法制安全教育是国家法治化建设的重要基石，加强大学生法制安全教育对于巩固社会公共安全、提升社会文明程度、增强民族凝聚力、提高我国的综合国力有着十分重要的意义。

（四）大学生法制安全教育是社会主义精神文明的内在要求

法制是人类进入文明时代的产物，是人类精神文明发展到一定程度才出现的，并随着人类社会精神文明的发展而日益进步。高校作为培育和输送高素质人才的重要基地，也是社会主义精神文明建设的重要阵地。社会主义精神文明建设内在地需要法制并在相当大的程度上依赖于法制，精神文明建设是法治建设的思想文化基础，法治建设则是精神文明建设的可靠保证，在此意义上，法制安全教育是社会主义精神文明建设的重要内容之一。

大学生法制安全教育是高校思想道德建设和科学文化教育的有机结合，也是高校精神文明创建的有机组成部分。当前，基于全球化的纵深推进、智能时代的快速发展、社会思潮的多元化等多方面的影响，当代大学生在思想上呈现出价值取向多样化的特点，且容易出现价值标准混乱、价值取向选择困难等问题，亟须相应的教育与引导，帮助其树立正确的价值观，这也是当代大学生思想道德教育的首要任务。在我国，法律的规定与社会主义道德的要求在本质上是一致的，道德所提倡的内容一般都会被法律所保护，法律所禁止的行为往往也会被道德所谴责。因此，高校开展大学生法制安全教育，引导大学生按照法律的要求去规范自己的行为，在一定程度上有助于大学生将法律的强制性约束内化为自觉的道德修养，并将精神品质的内在要求外化为行为习惯，在“他律”与“自律”的相互融合之中不断完善自身的思想道德修养，从而树立正确的世界观、人生观、价值观，自觉弘扬社会主义核心价值观，在很大程度上能够弘扬法制精神、维护社会主义道德风尚，进而推动社会主义精神文明建设。

（五）大学生法制安全教育是总体国家安全观的具体落实

安全是人类生存与发展的基本前提，是人类社会历史进程与目标追寻的永恒主题，国家安全是安邦定国的重要基石，是社会发展、国家富强的前提保障，更是每个人创造与享用美好生活的必要条件。“国家安全一切为了人民，一切依靠人民。强化人民群众的国家安全意识，是国家安全的固本之策和长久之计。”①国家安全以人民安全为宗旨，国家安全保障着每个人生存与发展的权益，与此同时，国家安全也需要每个人去积极维护，要求每个人自觉肩负起维护国家安全的义务，担负起保护国家安全的责任，从而为实现中华民族伟大复兴提供坚实的安全保障。

党的二十大报告强调：“把维护国家安全贯穿党和国家工作各方面全过程。”②总体国家安全观是新时代国家安全工作的根本遵循，是指导新时代国家安全工作的强大思想武器。青年大学生是国家所培养的高素质人才，是实现中华民族伟大复兴的先锋力量，肩负着维护国家安全的重要使命，应自觉在维护国家安全的宏伟实践中发挥主力军的作用。总体国家安全观作为国家安全格局建构的行动指南，既重视外部安全，又重视内部安全，面向大学生开展法制安全教育有助于引导大学生依法行事，争做公共安全和国家安全的维护者而非破

---

① 中共中央宣传部，中央国家安全委员会办公室编．总体国家安全观学习纲要［M］．北京：学习出版社 人民出版社，2022：149.

② 新华社．习近平：高举中国特色社会主义伟大旗帜 为全面建设社会主义现代化国家而团结奋斗——在中国共产党第二十次全国代表大会上的报告［EB/OL］．(2022-10-25)［2023-05-26］https://www.gov.cn/xinwen/2022-10/25/content_5721685.htm.

坏者，自觉主动地维护国家、社会内部的稳定与团结。大学生法制安全教育是贯彻与落实总体国家安全观的重要环节，是维护与巩固全社会公共安全的必要保障，加强大学生法制安全教育有利于推进国家安全教育与高校公共安全教育的有机融合，对当前高校适应新时代中国特色社会主义现代化建设的现实需求和推进国家安全体系的现代化建设都具有重要意义。

▶▶ 第二节 法制安全教育的主要内容 ◀◀

作为大学生公共安全教育的重要环节，大学生法制安全教育的主要目的是让大学生具备基本的法制素养，拥有明辨是非的能力，形成规范运用法律和自觉维护法律的意识，掌握以法律维护自身合法权益的基本技能，增强大学生的安全防范意识，提升大学生预防与应对法制安全事件的实践能力，从而教育引导大学生合理应对各种公共安全法制问题，维护并巩固社会公共安全。具体而言，大学生法制安全教育主要包括以下内容：

一、法律的基本知识

“法律是由国家制定或认可并依靠国家强制力保证实施的，反映由特定社会物质生活条件所决定的统治阶级意志，规定权利和义务，以确认、保护和发展有利于统治阶级的社会关系和社会秩序为目的的行为规范体系。”①对于“什么是法律”的学习是运用法律和维护法律的基础与前提，因此，大学生法制安全教育应首先对大学生展开法律基本知识的普及教育。

关于法律的基础理论教育能够帮助大学生树立正确的法治观念，明晰法律的特征，理解法律权利与义务的关系、民主与法治的关系，强化法制意识、涵养法律精神，为大学生全面客观地分析日常生活中的法律现象及其背后所反映的法律问题奠定理论基础，进而指导大学生正确地运用所学法律知识处理生活、学习、工作中遇到的法律问题。

二、我国社会主义法律体系

对于“我国的法律体系都包含哪些内容”的学习是规范运用法律的现实基石，因此，大学生法制安全教育应面向大学生开展关于我国社会主义法律体系的相关教育，进而引导大学生深入理解社会主义法律精神，树立社会主义民主法治观念，强化社会主义法律修养，自觉维护社会主义法律权威。

中国特色社会主义法律体系(如图 13-2)，是保障国家和社会生活各方面有法可依，全面落实依法治国基本方略的重要前提和基础。对于中国特色社会主义法律体系的理解与认

---

① 吴建国，王文华，唐敬业主编. 思想首先修养与法律基础[M]北京：国家行政学院出版社，2015：112.

识，是认同社会主义法律制度的前提，因此，大学生法制安全教育应引导大学生全面了解以宪法为核心的法律体系的基本内容和框架结构，从宏观上把握我国法治国家建设的丰硕成果和实践经验，认识社会主义法律体系对中国特色社会主义兴旺发达的推动和保障意义，进而增强自身对社会主义法律制度的认同，培育大学生的公民意识，引导大学生自觉做社会主义法律制度的维护者。

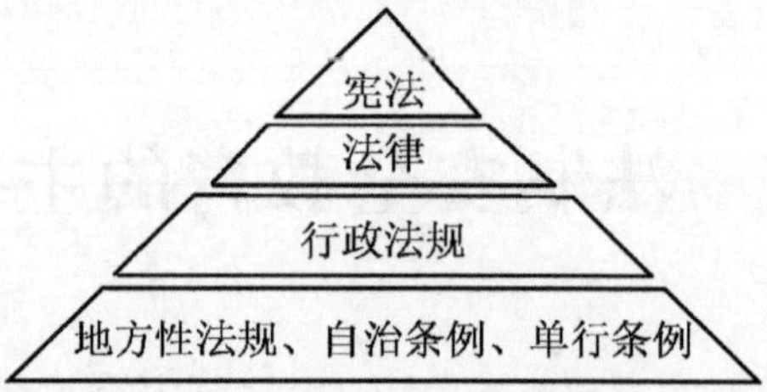

图 13-2 中国特色社会主义法律体系的层次

［知识链接］

中国特色社会主义法律体系①

（一）宪法

宪法是中国特色社会主义法律体系的统帅。宪法是国家根本大法，是国家长治久安、民族团结、经济发展、社会进步的根本保障。在中国，各族人民、一切国家机关和武装力量、各政党和各社会团体、各企业事业组织，都必须以宪法为根本的活动准则，并负有维护宪法尊严、保证宪法实施的职责。我国宪法在中国特色社会主义法律体系中具有最高的法律效力，一切法律、行政法规、地方性法规的制定都必须以宪法为依据，遵循宪法的基本原则，不得与宪法相抵触。

（二）法律

法律是中国特色社会主义法律体系的主干，我国宪法规定，全国人大及其常委会行使国家立法权。全国人大及其常委会制定的法律，是中国特色社会主义法律体系的主干，解决的是国家发展中带有根本性、全局性、稳定性和长期性的问题，是国家法制的基础，行政法规和地方性法规不得与法律相抵触。全国人大及其常委会制定的法律，确立了国家经济建设、政治建设、文化建设、社会建设和生态文明建设等基本的法律制度，构成了中国特色社会主义法律体系的主干，也为行政法规、地方性法规的制定提供了重要依据。

（三）行政法规

行政法规是中国特色社会主义法律体系的重要组成部分。国务院根据宪法和法律制定行政法规。这是国务院履行宪法和法律赋予的职责的重要形式。行政法规可以就执行法律的规定和履行国务院行政管理职权的事项作出规定，同时，国务院对应当由全国人大及其常委会制定法律的事项，可以根据全国人大及其常委会的授权决定先制定行政法规。行政法规在中国特色社会主义法律体系中具有重要地位，是将法律规定的相关制度具体化，是对法律的细化和补充。

---

① 吴建国，王文华，唐敬业. 思想道德修养与法律基础［M］. 北京：国家行政学院出版社，2015：129-130.

(四) 地方性法规

地方性法规也是中国特色社会主义法律体系的重要组成部分。有立法权的地方人大及其常委会积极行使地方立法职权,从地方经济社会发展实际出发,制定了大量地方性法规,对保证宪法、法律和行政法规在本行政区域内的有效实施,促进改革开放和社会主义现代化建设,发挥了重要作用。

三、预防与应对法制安全事件

预防与应对法制安全事件包含两个层面的内容:一方面,在了解与大学生生活和学习息息相关的法律常识及政策法规的基础之上,知道什么是违法犯罪的行为,并能够自觉遵守法律,严格以法律来规范自己的行为,避免违法犯罪事件的发生。例如在法制安全教育中重点介绍国家安全、保密工作和大学生应遵守的政治纪律;结合时代特点,围绕《全国人民代表大会常务委员会关于维护互联网安全的决定》讲授网络安全的相关法律知识,规范网络言行、遵守网络道德,引导大学生自觉抵制不良网络信息;围绕《中华人民共和国高等教育法》和校规校纪,结合近期高校发生的刑事、治安等方面的真实案件,教育引导大学生规范自身在校言行,遵纪守法。

【知识链接】

“违法”与“犯罪”的区别

1. 性质不同。违法行为不一定是犯罪行为,但犯罪行为一定是违法行为,即违法行为是包含犯罪行为的。违反任何法律法规都构成违法,但是只有在违反《中华人民共和国刑法》时才构成犯罪。

2. 概念不同。违法,是违反法律、行政法规的行为,致使法律所保护的社会关系和社会秩序受到破坏,依法应承担法律责任的行为。犯罪,比违法更严重,是违反了法律的规定,致使法律所保护的社会关系和社会秩序受到破坏,并具有严重的社会危害性,应当承担法律责任的行为。

3. 处罚方法不同。违法的处罚,可以是警告、行政拘留、罚款、吊销证件等。而犯罪的处罚,一般是拘役、管制、徒刑、死刑,可以并处罚金、剥夺政治权利、没收财产等。

法律依据:《中华人民共和国刑法》第十三条,“一切危害国家主权、领土完整和安全,分裂国家、颠覆人民民主专政的政权和推翻社会主义制度,破坏社会秩序和经济秩序,侵犯国有财产或者劳动群众集体所有的财产,侵犯公民私人所有的财产,侵犯公民的人身权利、民主权利和其他权利,以及其他危害社会的行为,依照法律应当受刑罚处罚的,都是犯罪,但是情节显著轻微危害不大的,不认为是犯罪。”

另一方面,当大学生的合法权益被侵害时,教育引导大学生以合法途径维护自身的正当权益,当遇到劳动合同纠纷、人身财产安全问题、校园违法犯罪行为等问题时知道如何运用法律来保护自己的合法权利。预防与应对法制安全事件既关涉大学生的法制意识培养,又注重大学生规范用法的法律实践能力的提升,因此,预防与应对法制安全事件是大学生法制安全教育的核心内容。

案例 13.2-1 案例 13.2-2

▶▶ 第三节 增强大学生法制安全意识的途径和方法 ◀◀

根据“大学生公共安全教育研究与实践”课题组调查显示，当前高校开展公共安全教育的主要内容排在前五位的分别为“预防和应对网络、信息安全事故”“预防和应对社会安全类事故”“预防和应对公共卫生事故”“预防和应对心理问题”以及“预防和应对意外伤害事故”（如图 13-3 所示）。

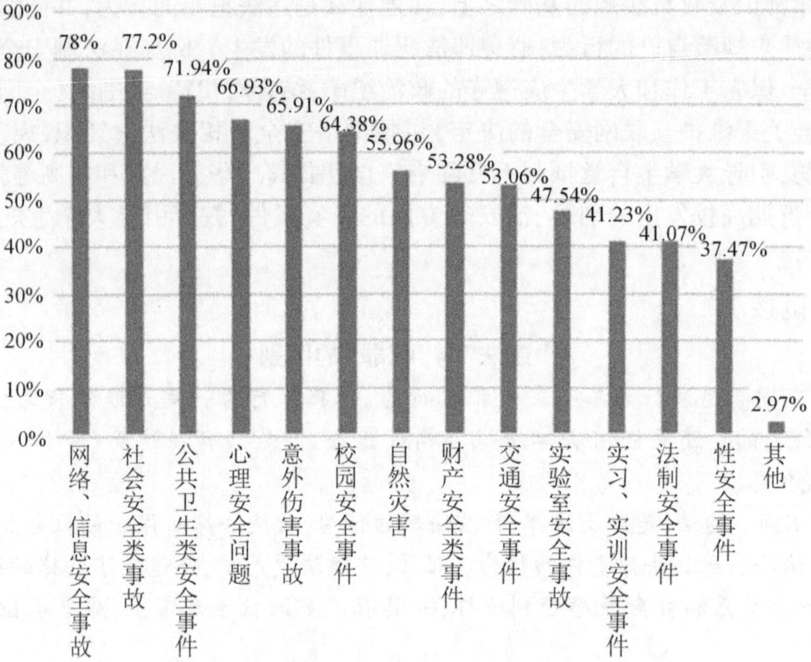

图 13-3 高校开展公共安全教育的主要内容统计图

可以说，以“预防和应对法制安全事件”为主要教育内容的大学生法制安全教育意义重大，法制安全教育有助于引导大学生自觉抵制危害公共安全的违法犯罪行为，并在遇到各类公共安全事件时采取合法手段保护自身合法权益，例如学习《中华人民共和国网络安全法》有助于大学生了解国家关于网络安全的管理要求、维护网络信息安全的具体规定以及违反规定的相关法律责任，从而引导大学生规范使用网络，自觉维护公共网络安全，避免参与到危害公共网络安全的违法犯罪活动之中；学习《中华人民共和国劳动法》《中华人民共和国劳动合同法》有助于大学生在实习就业过程中识别常见实习就业陷阱，避免由此引发的人身、财产等方面损失。但经调研发现，法制安全教育仍是当前高校公共安全教育的薄弱环节，鉴于此，增强大学生法制安全、提升大学生预防和应对法制安全事件的能力可以从以下几方面着手：

一、加强高校普法宣传，预防大学生违法与犯罪行为的发生

法律是全体社会成员都要共同遵守的行为规范，遵纪守法是对每一个大学生的根本要求。一个不懂法、不知法、不守法的大学生，即使掌握再多的科学文化知识，也并非一个符合时代发展需要的高素质人才，因为他随时可能因缺乏法律常识而不自觉地身陷违法犯罪活动之中，从而对自身的长远发展与国家社会的和谐稳定产生不利影响。因此，增强高校法制安全，开展大学生法制安全教育首先应加强普法宣传，提升大学生对法律知识的理论认知水平，增强大学生的法制意识，自觉做到知法、懂法、守法、用法、护法，避免有意或无意地参与到违法犯罪活动之中，这也是大学生担负起社会责任并实现自身价值的前提条件。

首先，开展体系化的普法宣传理论教育，夯实大学生法制素养的理论基础。根据“大学生公共安全教育研究与实践”课题组调查显示，当前高校开展公共安全教育的主要形式排在前三位的分别为“开展主题班会”“组织专题讲座”和“开展知识竞赛”，由此可见，包括大学生法制安全教育在内的大学生公共安全教育形式较为零散，缺乏系统性（如图 13-4 所示）。

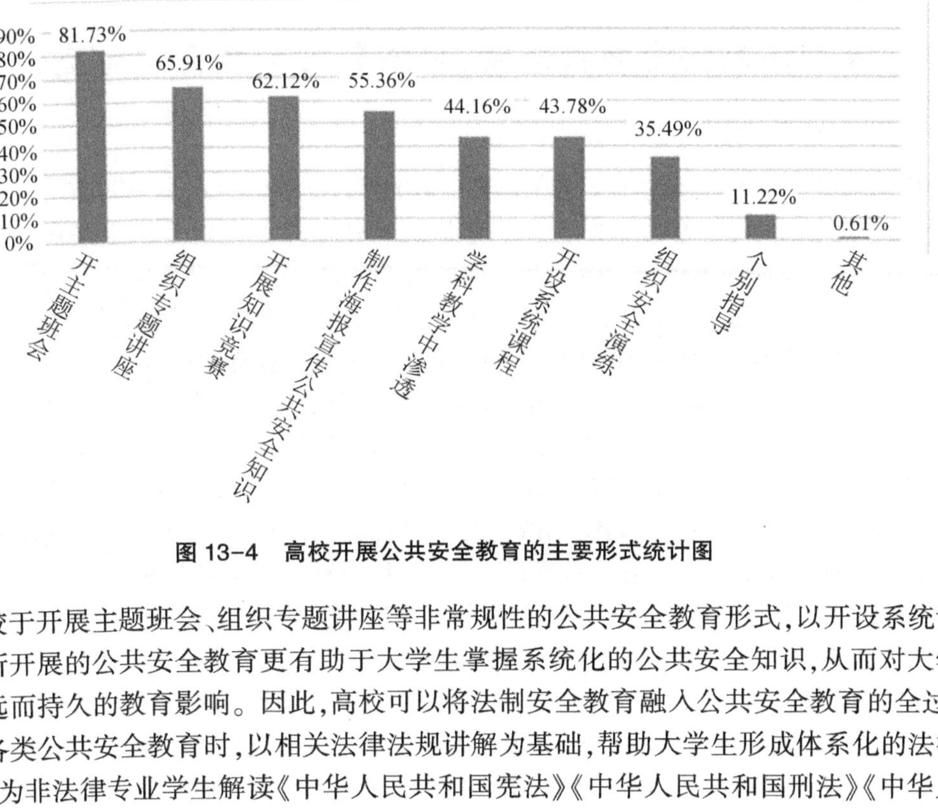

图 13-4　高校开展公共安全教育的主要形式统计图

相较于开展主题班会、组织专题讲座等非常规性的公共安全教育形式，以开设系统课程的形式所开展的公共安全教育更有助于大学生掌握系统化的公共安全知识，从而对大学生产生深远而持久的教育影响。因此，高校可以将法制安全教育融入公共安全教育的全过程，在开展各类公共安全教育时，以相关法律法规讲解为基础，帮助大学生形成体系化的法律知识，例如为非法律专业学生解读《中华人民共和国宪法》《中华人民共和国刑法》《中华人民共和国民法典》等基本法律常识，以及与大学生校园生活和学习息息相关的如《中华人民共和国劳动法》《中华人民共和国劳动合同法》等必要法律常识，与时俱进结合新修订的法律条文，对大学生进行体系化的普法宣传教育，帮助大学生树立法制安全意识和法律思维。

其次，拓展普法宣传教育的形式，提升普法宣传教育的有效性，巩固公共安全教育课程教学效果。高校可综合运用多种方式开展普法宣传教育，例如通过校园广播站、校园宣传栏

等途径开展常态化法制知识宣讲;依托学校官方网站、微博、微信等平台宣传网络虚假兼职、校园贷等防范技巧与实用性预防策略;开展主题社团活动、情景剧展演等大学生参与度高的普法活动,以大学生喜闻乐见的形式帮助大学生了解新型违法犯罪形式,增强法制安全违法犯罪防范意识;拓展法制安全教育教学资源,强化社会支持,组织大学生参观辖区法院、参与相关公开庭审,通过旁听与大学生关联密切的案件,发挥警示教育的作用,预防大学生违法与犯罪行为的发生。

最后,强化大学生普法宣传的主人翁意识,增强大学生预防违法与犯罪行为的实践能力。大学生作为青年群体中的高素质人才,不仅应做到学法、守法、懂法、用法,更应积极成为法律的维护者与宣讲者,发挥自身的示范引领作用,为身边的群众普及法律知识,做社会主义法治社会建设的有力推动者。高校可增设班级普法宣传员,在发挥大学生主动性、提升大学生参与度的前提下,培养大学生普法宣传的自觉意识,在同辈群体对热点案例的解读与交流中强化自身的法制意识、增进自身对法律的认识、提升自身的法制素养,从而自觉抵制违法与犯罪行为,在“学”与“讲”的双向促进中不断增强自身预防违法与犯罪行为的实践能力。

二、完善法制安全教育体制,将法制安全教育贯穿高校育人全过程

《中华人民共和国高等教育法》《高等学校学生行为准则(试行)》《普通高等学校学生安全教育及管理暂行规定》等法律法规中明确指出,高等院校必须对大学生进行公共安全教育。不同于中小学阶段聚焦于个体生命层面的安全教育,面向大学生所开展的安全教育是公共取向的安全教育,是旨在引导大学生理解与应对公共安全事件的教育,法制安全教育作为大学生公共安全教育的重要组成部分,肩负着引导大学生自觉地遵守相关法律法规,切实履行公民法定义务,自觉维护公共利益的重要使命。因此,高校应尤为重视大学生法制安全教育,要完善高校法制安全教育体制,将法制安全教育贯穿高校育人的全过程之中。

制度保障是提升大学生法制安全教育水平的坚实力量。高校要将法制安全教育纳入大学生培养方案,开设学分制的涵盖法制安全教育的课程,有助于提升大学生对法制安全教育的重视程度,增强大学生法制安全教育的系统性,从而对大学生产生更为深远而持久的影响。例如上海市教委印发《大学生安全教育大纲》,将安全教育贯穿大学生培养全过程。《大学生安全教育大纲》规定大学生安全教育课列入新生入学教育和每学期大学生第二课堂主题教育,重点在一、二年级实施,并贯穿大学生从入学到毕业的整个培养过程;要求各高校结合实际,将大学生安全教育纳入校本教育体系,制定具体教学计划,分年级安排相应教学时间,其中本科16~18学时,高职高专12~14学时;各高校经过一段时间的教学实践和课程建设,逐步把大学生安全教育课列入基础必修课,并落实相应学分。大学生法制安全教育课程可参考其做法,参照高校现行的《形势与政策》等思想政治类课程模式展开大学生法制安全教育,即每学期有固定学时和学分,在学时方面保障大学生获取法律理论素养培育的时间,纳入学分在一定程度上激励学生积极主动学习法律知识,从而避免零散、形式化、短效性的普法宣传和法制安全教育,提高大学生法制安全事件的防范意识和应对能力。

三、提升法制安全教育师资水平，强化实践性教学环节

法制安全教育有其自身教学特点和规律，学法的目的在于用法，因此，面向大学生所开展的法制安全教育具有较强的应用性和实践性。法制安全教育并非局限于法律条文照本宣科式的生硬复述，而强调在事与理的互释中，阐释现实法律案件背后所蕴含的法理，这对高校法制安全教师提出了较高的要求，基于此，提升高校法制安全教育的师资水平是增强大学生法制安全的关键。

一方面，高校可根据学生人数，配置一定比例的专业法制安全教育教师。根据"大学生公共安全教育研究与实践"课题组调查显示，当前高校开展公共安全教育的主讲人排在前三位的分别是"辅导员""心理健康教育教师"和"学生干部"(见图 13-5)。

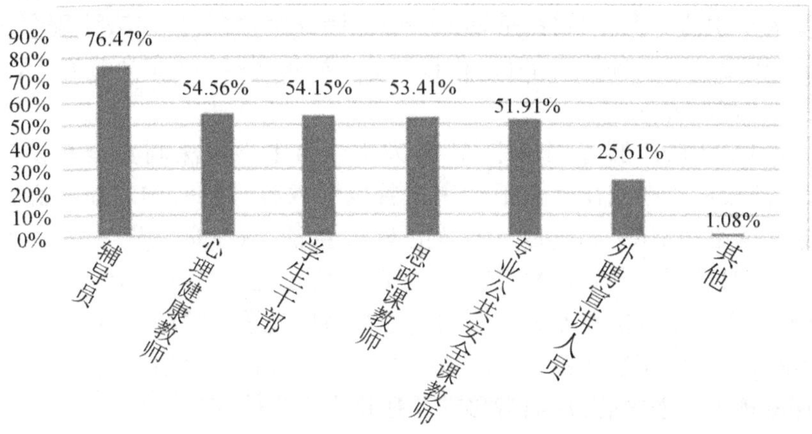

图 13-5　高校开展公共安全教育的主讲人统计图

由此可见大部分高校缺少专业的法制安全教育教师，在进行法制安全教育时主要由辅导员、心理健康教育教师或思想政治课教师等非法律专业背景的教职人员承担教学任务，这在一定程度上影响了法制安全教育的专业性和效果。当然，高校法制安全教育教师并非必须专岗专职，而是应突显其专业性，也可以面向辅导员、思想政治课教师等教职人员进行法制安全方面的专项培训，提升其专业度，再安排其进行法制安全教育。具体而言，专业的法制安全教育教师应具备以下基本素养：其一，法制安全教育教师应具备系统的法律专业理论知识和丰富的实践经验，从而能够深入透彻地讲解法律条文，并结合当下热点事件分析背后的法理，引导大学生将理论学习与现实生活相联系，在理论与实践的结合中不断提升自身的综合法制素养。其二，法制安全教育教师应具备相应学段的教育学知识，具备丰富的教学经验，从而在懂法的基础之上能够清晰、透彻地讲法，遵循教育规律开展大学生法制安全教育。其三，法制安全教育教师应具备相应学段的心理学知识，了解大学生的成长规律与心理特点，善于与大学生交往与沟通，才能帮助大学生敞开心扉，在遇到例如心理安全、性安全等法律困境时愿意向法制安全教育教师进行专业咨询、寻求帮助。

另一方面，在专业法制安全教育教师的带领下，依托法制安全教育社会资源，强化实践性教学环节。高校可依据本校情况，强化社会支持，联通社会资源共同搭建法制安全教育育

人平台。高校可依托法学院、法律社团、学生会等渠道与公安、检察院、法院等国家政法机关申请共同开展大学生法制安全教育活动,建立校外法制安全教育基地,组织参观政法机关、观看公开庭审等实践性教学活动,定期联合开展法制宣传交流活动。高校也可聘请有实践经验的政法干警、著名律师等作为校外政法辅导员或者客座教授,定期到学校开展普法宣传教育讲座等活动,在与一线政法工作者的交流互动中,提升大学生预防与应对法制安全事件的实践能力。

四、构建法律服务网络平台,为大学生提供"智慧法律服务"

伴随着互联网的飞速发展与智能时代的到来,网络在人们的日常生活中发挥着越来越重要的作用,高校应更新育人理念、创新育人途径,充分运用信息网络、大数据、人工智能等先进技术赋能大学生法制安全教育,推动大学生法制安全教育、公共法律服务与科技创新手段的深度融合,构建法律服务网络平台,积极探索"互联网+法制安全教育"的新模式,为大学生提供"智慧法律服务"。

首先,高校可搭建法律服务网络平台,为大学生自主学习法制安全知识提供智能化平台。具体而言,高校可以在法律服务平台中设置以下内容:其一,构建面向高校大学生的各类法律法规原文网络知识库,尤其是与大学生学习、生活、就业息息相关的法律法规,便于大学生随时查阅,及时巩固法制安全教育效果。其二,构建适于高校大学生的各类法律法规网络解读库,从已有大学生违法犯罪案件中归纳总结高校大学生的法律盲区,组织社会法律援助机构、律师事务所等各类法律服务团队依据相关法条进行针对性解读,在理论联系实际中帮助大学生深刻理解法条内容,从而潜移默化强化大学生的守法意识。其三,增设大学生法制安全教育意见反馈区,了解大学生对法制安全教育的评价与需求,从而有针对性地为大学生提供专业化的法制安全教育。

其次,依托高校法律服务网络平台,开展专业、便捷的大学生法律咨询服务。基于大学生的身心特点以及法律案件事发的非预见性,碍于隐私或限于时间,当大学生遇到校园贷、电信网络诈骗、性侵害、校园暴力等法制安全事件时可能第一时间不愿意或不能够当面向法制安全教育教师寻求帮助,高校可依托法律服务网络平台建立一体化咨询服务中心,搭建集电话咨询、网站咨询、微信公众号与小程序为一体的智能化法律服务体系,从而为全校师生提供全天候、高品质的在线法律服务,及时为大学生提供法律咨询服务,在保护大学生隐私的前提下解决大学生的法律困惑,同时提供矛盾纠纷调解、依法维权等法律援助服务。

最后,依托高校法律服务网络平台,建立大学生法制安全教育在线学评系统。大学生法制安全教育一方面可以通过线下教学活动提升大学生的法制理论素养和实践能力,另一方面可以依托线上资源巩固线下教学成果。高校可依托高校法律服务网络平台发布网络在线学习课程,制作并发布《大学生法制安全教育》慕课供大学生随时学习,采用线上线下相结合的教学模式将在线学习与课程学分相结合,依托智能化在线学评系统,记录每一位大学生的法制安全教育学习情况,归纳并分析其容易误解或理解不透彻的法律知识点,进而提供针对性的辅导,例如智能化推送大学生容易误解的法律条文释义。

总之,大学生法制安全教育作为大学生公共安全教育的重要环节和维护社会公共安全的有力保障，旨在引导大学生学法、尊法、守法、用法、护法，提升大学生预防与应对违法犯罪行为的综合能力。大学生法制安全教育对于大学生自身综合素养的提升、社会公共安全环境的维护、总体国家安全观的落实等方面都具有重要的现实意义，因此，高校应重视大学生法制安全教育，多措并举提升大学生法制安全教育的实效性，从而发挥大学生法制安全教育对于大学生公共安全教育的推进作用，引领每一位大学生将公共安全意识转化为自身的自觉行动，为良好社会公共安全环境的营造贡献智慧和力量。

思考题

1. 法制安全教育对于大学生而言有何意义？
2. 大学生应该如何增强法治观念，维护法律权威？
3. 大学生在国家法治化建设中能够发挥什么作用？
4. 当自身合法权益被侵害时，大学生应当如何维护自身合法权益？
5. 智能时代背景下，高校应如何依托互联网开展法制安全教育？

推荐阅读

1. 李战国. 新时代大学生法治教育概论[M]. 北京：知识产权出版社，2020.
2. 周莹. 大学生常见法律风险案例与法律知识解析[M]. 北京：北京理工大学出版社，2018.
3. 曾少华，刘小春. 大学生法律知识读本[M]. 南昌：江西高校出版社，2014.
4. 邓多文. 高校学生普法转型：从传授知识到培育价值[J]. 四川理工学院学报(社会科学版)，2019(4)：45-57.
5. 张磊，胡尊让. 生命·生存·生活：高校法制教育的三个维度[J]. 教育评论，2015(1)：104-107.
6. 中国法律服务网，http://www.12348.gov.cn/

参考文献

1. [德]乌尔里希·贝克. 风险社会:走向另一种现代性[M]. 何博闻,译. 上海:译林出版社,2004.

2. [法]西尔万·福尔热. 网络陷阱[M]. 聂云梅,译. 上海:上海译文出版社,2022.

3. [美]珍妮特·S·海德,约翰·D·德拉马特. 人类的性存在[M]. 贺岭峰,等译. 上海:上海社会科学院出版社,2005.

4. [英]安东尼·吉登斯. 第三条道路——社会民主主义的复兴[M]. 郑戈,译. 北京:北京大学出版社,2000:67.

5. [春秋]李聃著,赵炜编译. 道德经[M]. 西安:三秦出版社,2018.

6. [汉]许慎. 说文解字[M]. 北京:中华书局,1963:202.

7. [明]朱柏庐著,冯慧娟编. 朱子家训[M]. 长春:吉林出版集团股份有限公司,2016.

8. 习近平. 习近平著作选读(第2卷)[M]. 北京:人民出版社,2023.

9. 中共中央宣传部,中央国家安全委员会办公室编. 总体国家安全观学习纲要[M]. 北京:学习出版社人民出版社,2022.

10. 中共中央宣传部. 习近平总书记系列重要讲话读本[M]. 北京:人民出版社,2014.

11. 边玉芳. 心理健康[M]. 杭州:浙江教育出版社,2017.

12. 陈艳. 大学生心理健康与安全教育[M]. 天津:天津科学技术出版社,2020.

13. 程立军,赵博琼. 校园安全教育[M]. 北京:国家行政学院出版社,2022.

14. 冯建立,覃建雅. 大学生安全教育[M]. 大连:大连理工大学出版社,2021.

15. 冯建跃,赵建新,赫云忱,等. 高校实验室安全与环保论文选编[M]. 北京:中国轻工业出版社,2019.

16. 冯建跃,赵新建,史天贵,高惠玲,等. 高校实验室安全工作参考手册[M]. 北京:中国轻工业出版社,2020.

17. 张应立. 机械安全技术实用手册[M]. 北京:中国石化出版社,2009.

18. 甘玲. 大学生法律基础学[M]. 北京:中国物价出版社,2001.

19. 耿彦君,翟建北,赵志川. 大学生公共安全教育新论[M]. 石家庄:河北人民出版社,2009.

20. 贵立义. 大学生法律基础知识[M]. 大连:东北财经大学出版社,1988.

21. 郭念峰,毕希名. 常见心理疾病的临床表现与治疗[M]. 济南:山东科学技术出版社,2000.

22. 郭志强,李发学,王庆华. 大学生安全教育[M]. 北京:中国言实出版社,2020.

23. 郝珺. 大学生心理与安全教育研究[M]. 长春:东北师范大学出版社,2016.

24. 胡莹,李东明. 青春期教育[M]. 北京:北京理工大学出版社,2004.

25. 胡珍. 中国当代大学生性现状与性教育研究[M]. 成都:四川科学技术出版社,2003.

26. 黄健荣. 公共管理学[M]. 北京:社会科学文献出版社,2008.

27. 黄凯,郑琦. 大学生安全教育[M]. 长春:吉林人民出版社,2019.

28. 蒋建敏,潘晓红. 倾斜的世界——大学生艾滋病感染案例分析[M]. 杭州:浙江科学技术出版社,2017.

29. 李靖,戴文胜. 心理健康[M]. 成都:电子科技大学出版社,2014.

30. 李英霞,李玉侠. 新时代大学生安全教育教程[M]. 北京:中国人民大学出版社,2021.

31. 李战国. 新时代大学生法治教育概论[M]. 北京:知识产权出版社,2020.

32. 李振涛,赵玉谦. 大学生安全教程[M]. 北京:中国铁道出版社,2022.

33. 刘达临. 中华性学词典[M]. 哈尔滨:黑龙江人民出版社,1993.

34. 樊民胜. 性学词典[M]. 上海:上海辞书出版社,1998.

35. 徐震雷,张玫玫. 性教育学[M]. 北京:人民卫生出版社,2014.

36. 彭晓辉. 性科学概论[M]. 北京:科技出版社,2002.

37. 刘兰英. 抑郁症中医典籍撷英[M]. 上海:上海交通大学出版社,2021.

38. 刘欣,徐楠等. 大学生安全教育(第二版)[M]. 西安:西安电子科技大学出版社,2019.

39. 刘鑫淼. 当代中国公共精神的培育研究[M]. 北京:人民出版社,2010.

40. 刘跃进. 国家安全学[M]. 北京:中国政法大学出版社,2004.

41. 罗振辉. 网络安全与数据合规法律实务[M]. 北京:中国法制出版社,2023.

42. 中华人民共和国民法典[M]. 北京:中国民主法制出版社,2021.

43. 中华人民共和国刑法[M]. 北京:中国民主法制出版社,2021.

44. 邵长胜. 大学生安全教育[M]. 成都:电子科技大学出版社,2020.

45. 宋杨,张秦龙. 大学生安全教育(慕课版)[M]. 北京:人民邮电出版社,2021.

46. 本书编写组. 预防与处置群体性事件党政干部读本[M]. 北京:人民日报出版社,2009.

47. 王思迪,王耀远,鞠秀晶. 大学生安全教育[M]. 北京:中国民主法制出版社,2022.

48. 王应雄,王心如. 生殖健康学[M]. 北京:人民卫生出版社,2007.

49. 王忠林,熊伟东,汪亮. 大学生安全教育[M]. 上海:上海交通大学出版社,2020.

50. 吴建国,王文华,唐敬业. 思想道德修养与法律基础[M]. 北京:国家行政学院出版社,2015.

51. 徐玲,崔春红,余发有. 防范与对策——大学生安全教育[M]. 北京:中共中央党校出版社,2021.

52. 严峰. 网络群体性事件与公共安全[M]. 上海:上海三联书店,2012.

53. 晏修祥,许大春,林金龙. 大学生安全教育[M]. 徐州:中国矿业大学出版社,2022.

54. 杨海,郑伟民.大学生公共安全教育[M].北京:高等教育出版社,2021.

55. 姚伟,谢伟光.大学生心理健康与安全教育读本[M].南昌:江西高校出版社,2008.

56. 刘欢.大学生社会安全教育[M].西安:电子科技大学出版社,2019.

57. 张密丹.大学生安全教育(慕课版)[M].北京:人民邮电出版社,2016.

58. 赵立莹,樊荣,马琨.大学生心理健康及安全教育[M].北京:科学出版社,2016.

59. 周淮.城市公共交通风险防控[M].上海:同济大学出版社,2020.

60. 郑安文.道路交通安全[M].北京:北京大学出版社,2017.

61. 宁乐然.道路交通安全通论[M].北京:中国人民公安大学出版社,2006.

62. 刘波,等.城市公共交通管理[M].北京:中国发展出版社,2007.

63. 周莹.大学生常见法律风险案例与法律知识解析[M].北京:北京理工大学出版社,2018.

64. 曾光,黄建始,张盛年.中国公共卫生·理论卷[M].北京:中国协和医科大学出版社,2009.

65. 李立明.公共卫生与预防医学导论[M].北京:人民卫生出版社,2017.

66. 詹思延.流行病学[M].北京:人民卫生出版社,2017.

67. 陈华昌,王丽华.酒精医学理论与临床应用[M].北京:人民卫生出版社,2021.

68. 中国营养学会.中国居民膳食指南(2022)[M].北京:人民卫生出版社,2022.

69. 陶芳标.儿童少年卫生学[M].北京:人民卫生出版社,2017.

70. 孙长颢.营养与食品卫生学[M].北京:人民卫生出版社,2017.

71. 邹勇.大学生安全意识教育研究[D].重庆:西南大学,2014.

72. 江颖诗.面向大学生的高校心理健康服务设计研究[D].广州:广东工业大学,2023.

73. 负丽萍.健康中国视域下新时代大学生心理健康及其培育研究[D]西安:陕西师范大学,2023.

74. 王梦喆.新媒体环境下大学生心理健康教育对策研究[D].沈阳:沈阳航空航天大学,2022.

75. 马荣国.城市公共交通系统发展问题研究[D].西安:长安大学,2003.

76. 穆世欢.大学生性价值观教育的困境与出路[D].芜湖:安徽师范大学,2017.

77. 张伟.高校突发事件危机管理对策研究[D].泉州:华侨大学,2013.

78. 李海梅.论突发公共事件中政府形象建设[D].成都:四川大学,2007.

79. 李雄斌.基于人群便利性的疏散集结点选址优化[D].兰州:兰州交通大学,2018.

80. 姚姗姗.对于大学生交通安全教育的几点思考[J].科技资讯,2014(26):235.

81. 毛兴华,禹荣勋,罗俊.配电网中性点接地方式对人身的影响及防范方法研究[J].电力与能源,2020(2):200-204.

82. 刘元生.心肺复苏 2015 年指南与解读[J].临床心电学杂志, 2015 (6):401-409.

83. 苗瑞丹,吴文霞.习近平关于人民健康重要论述的思想内涵与实践价值研究[J].2023(1).

84. 刘辉,任靖寰,王锐等.2018 年全国食物中毒事件流行特征分析[J].中国食品卫生杂志,2022(1).

85. 黄建始. 公共卫生的主要特征[J]. 中国健康教育,2005(2).

86. 佘双好. 性安全教育 · 性纯洁教育 · 爱情教育——性健康教育的过去、现状和未来[J]. 青年探索,2003(1).

87. 王进鑫. 青春期留守儿童性安全问题调查研究[J]. 青年研究,2008(9).

88. 王蜜源. 近十年中国大学生抑郁症患病率的 Meta 分析[J]. 海南医学院学报,2020(9).

89. 许中志. 中国城市公共交通特点现状及发展趋势[J]. 人民公交,2022(10).

90. 黄建国. 客机的安全保障[J]. 科学,2014(5):56-58.

91. 马金路,赵洹琪,王政阳. 大学生交通安全现状分析及宣传教育建议[J]. 汽车与安全,2021(8):46-52.

92. 张文霞,纪国和. 试论中小学生的心理安全及其保障策略[J]. 现代教育科学,2008(10).

93. 张运红. 大学生心理危机预防途径探讨[J]. 现代预防医学,2009(3).

94. 郑晓江. 从生活感觉之“性爱”到生命安顿之“情爱"——关于大学生情感与恋爱问题的思考[J]. 中国性科学,2007(16).

95. 杨倬东,杨欢. 儿童性侵害之教育预防管理的理性思考[J]. 教育与教学研究,2015(6).

96. 易连云,邹太龙. 大数据驱动下的高校平安校园建设研究[J]. 中国电化教育,2019(8).

97. 尤嘉诚,项明强,谭先明. 大学生手机依赖与抑郁的关系:夜间熄灯后使用手机行为的效应修饰作用[J]. 中国健康心理学杂志,2021(5).

98. 俞国良. 发挥朋辈咨询在大学生心理健康教育中的作用[J]. 中国高等教育,2023(10).

99. 张晨阳. 中国大学生焦虑症状检出率的 Meta 分析[J]. 心理月刊,2022(12).

100. 张磊,胡尊让. 生命 · 生存 · 生活:高校法制教育的三个维度[J]. 教育评论,2015(1).

101. 李静华. 大学生心理健康教育和构建生态校园环境的关系研究[J]. 环境工程,2023(4).

102. 李云霞,刘燕,谢今朝,等. 青海大学在校大学生抑郁状况及影响因素研究[J]. 河南预防医学杂志,2018(1).

103. 范红霞,张亚亚,严磊. 大学生心理安全问卷的编制及现状调查[J]. 教育研究与实验,2015(6).

104. 曹红梅,徐晓阳,沈志. 农村留守儿童性安全现状及教育反思——以达州市大竹、开江县为例[J]. 大家,2012(14).

105. 韩丕国. 大学生自卑心理:基于社会比较的研究[J]. 中国成人教育,2014(12).

106. 刘颖,韦磊. 试析高校群体性事件发生的可能性和社会影响[J]. 现代交际,2012(4).

107. 王家合. 国内社会群体性事件研究的回顾与前瞻[J]. 湘潭大学学报(哲学社会科

学版),2011(4).

108. 张秀荣,王碌璐.高校群体性事件的特点及可能性分析[J].北京教育(德育),2012(Z1).

109. 何海颖.高校突发事件应急管理机制研究[J].国际公关,2021(9).

110. 王益民.边境地区民族、宗教群体性事件问题研究[J].湖北警官学院学报,2012(4).

111. 沈惠章.关于群体犯罪及其公安控制的研究[J].广西警官高等专科学校学报,2006(4).

112. 乔珍明.解决中国社会群体性事件的根本之策[J].商丘职业技术学院学报,2012(4).

113. 孙克常.高校学生突发事件预警及处理机制研究[J].现代经济信息,2018(16).

114. 郭兴旺.突发公共事件:绕不开的话题[J].中国发展观察,2005(5).

115. 杨贤芳.突发公共事件下思想政治教育方法再选择[J].法制与社会,2012(24).

116. 李大光.全球化背景下的总体国家安全研究[J].人民论坛·学术前沿,2018(8).

117. 李俊成.新时期高校安全教育的重要性[J].黑龙江科技信息,2011(2).

118. 付铁军.从构建和谐社会看改革发展稳定[J].中共成都市委党校学报(哲学社会科学),2005(5).

119. 翟绍果,谌基东.共建美好生活的时代蕴意、内涵特质与实现路径[J].西北大学学报(哲学社会科学版),2017(6).

120. 郭强.论新形势下的社会安全[J].学习与探索,2016(12).

121. 孙健.贯彻落实总体国家安全观为实现中国梦提供坚强有力的安全保障[J].军队政工理论研究,2014(4).

122. 周定平.关于社会安全事件认定的几点思考[J].中国人民公安大学学报(社会科学版),2008(5).

123. 张宝锋.社会资本理论视野下的农村治安问题研究[J].河南警察学院学报,2018(1).

124. 孙峻岭,林炳耀.和谐城市的层次性及其通用评估指标体系研究[J].经济地理,2011(12).

125. 郑杭生,洪大用.中国转型期的社会安全隐患与对策[J].中国人民大学学报,2004(2).

126. 许宪春,任雪,汤美微.关于中国平衡发展指数指标体系的构建[J].统计研究,2020(2).

127. 崔德华.从风险社会视角透视我国社会主义和谐社会的构建[J].云南社会科学,2008(4).

128. 覃健敏.我国学校突发公共卫生事件流行现状与应对措施[J].应用预防医学,2021(4).

后　记

人身处于公共生活之中，安全是人生命成长与发展的基本需求。人不仅具有“为我的”、维护自身安全的生存本能，也需要有“为人的”、维护公共安全的责任与使命，才能推进作为个体的人的长远发展与作为类的人的代际延续。教育应旨在引领人超越狭隘的、个体性的视域，学会置身于更广阔的视域去审思人的生命发展问题，在“为我”与“为人”的统合中涵养个体生命关怀他人安全、社会公共安全的公共精神，以公共取向的生命实践来维护公共利益、追求公共价值、建构公共秩序，实现人的超越式发展。与此同时，人所处的公共境域并非一成不变的，伴随着时代的变迁和社会的发展，公共安全形势也将不断变化，面向大学生所开展的公共安全教育也应不断丰富其内涵、扩充其内容体系以适应时代和社会的需求。本书仅是我们关于大学生公共安全教育的教育之思的起点，希望本书所讨论的问题、所提出的观念能够有助于读者更加深入和系统地思考相关问题，我们也将持续探索，不断丰富和完善大学生公共安全教育的理论体系、优化大学生公共安全教育的实践路径。

本书是多校联合建设、协同创新的成果，由郑州师范学院、河南大学、郑州大学、河南农业大学、洛阳师范学院、许昌学院、中原科技学院7所高校的不同领域的学者合作完成。全书由刘济良提出基本构想，参与编写人员共同讨论确定基本写作框架，分工撰写完成。本书写作的具体分工为：前言由刘济良、马苗苗、赵文慧撰写，第一章由刘济良、马苗苗撰写，第二章由张笑涛、赵学琴撰写，第三章由王东撰写，第四章由姜峰撰写，第五章由王金阳撰写，第六章由申梓刚撰写，第七章由孙雪帆撰写，第八章由朱大磊撰写，第九章由杜静、罗梦园撰写，第十章由赵丹妮撰写，第十一章由马宗培撰写，第十二章由徐明成撰写，第十三章由赵文慧撰写，后记由刘济良、赵文慧撰写。全书由刘济良负责统稿。

本书作为河南省2021年度高等教育教学改革省级重大研究项目“河南省大学生公共安全教育研究与实践”（2021SJGLX031）的成果之一，得到了河南省教育厅高等教育处和安全处的大力支持，在此，特别向他们致谢！

在本书编写过程中，我们参考和引用了近年来国内外的相关研究成果，在此特向有关学者致以诚挚的谢意。限于时间与精力，书中难免会有遗漏和不足之处，敬请读者批评指正。

河南大学出版社的孔令刚总编，郑鑫、屈琳玉编辑在本书的编写过程中付出了很多精力，在此表示真诚的感谢！

作　者

2024年1月